TACITE,

TRADUIT PAR

DUREAU DE LAMALLE;

AVEC LES SUPPLÉMENTS DE BROTIER,

TRADUITS

PAR M. NOËL.

—

TOME PREMIER.

IMPRIMERIE MOREAU,
Rue Montmartre, n°. 39.

Jules César

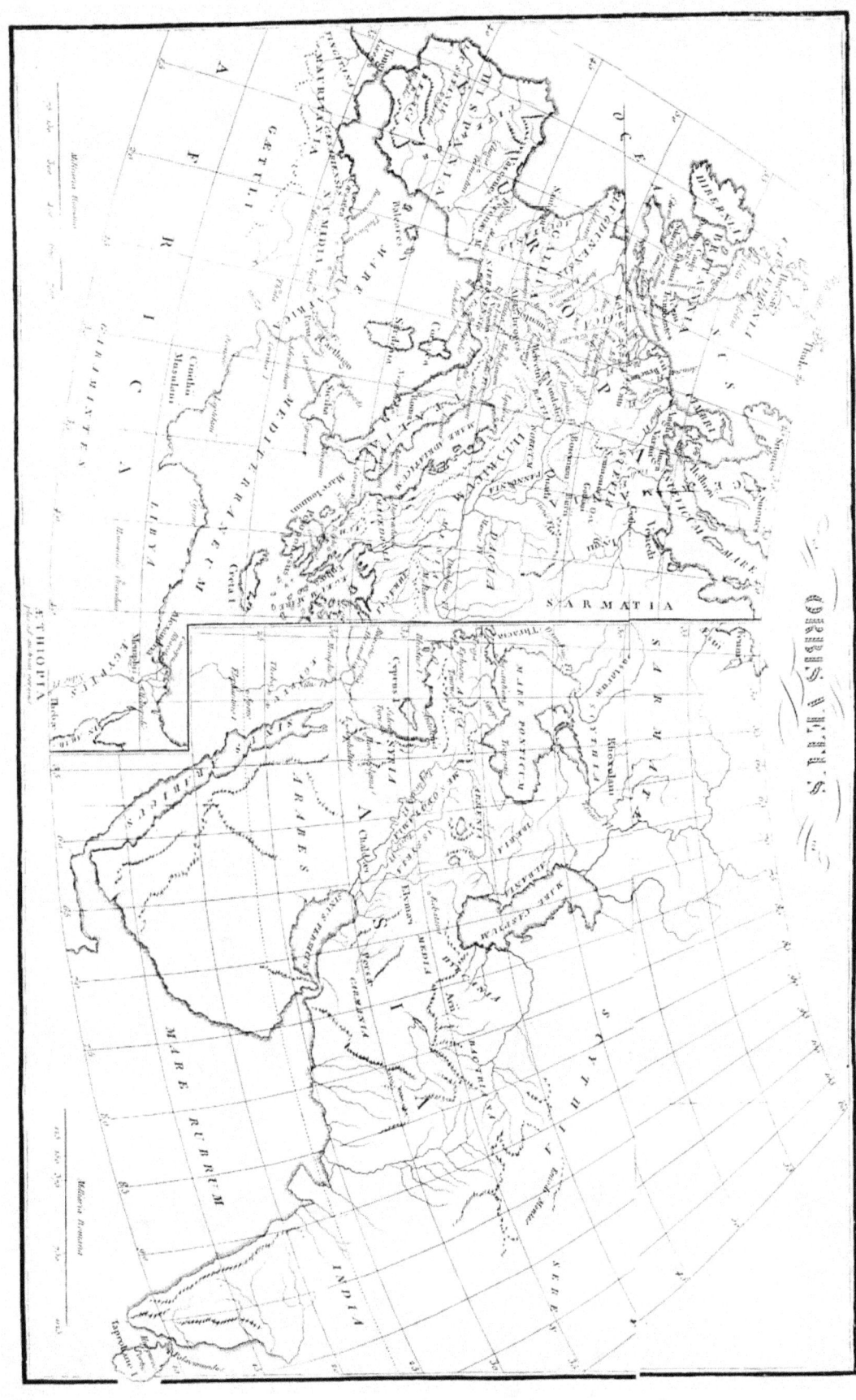

TACITE,

TRADUIT

PAR DUREAU DE LAMALLE,

DE L'ACADÉMIE FRANÇAISE,

AVEC LE TEXTE LATIN EN REGARD;

QUATRIÈME ÉDITION,

REVUE, CORRIGÉE ET AUGMENTÉE DES SUPPLÉMENTS DE BROTIER,

TRADUITS POUR LA PREMIÈRE FOIS

PAR M. NOËL,

CHEVALIER DE LA LÉGION-D'HONNEUR, INSPECTEUR GÉNÉRAL DES ÉTUDES
MEMBRE DE PLUSIEURS SOCIÉTÉS SAVANTES.

AVEC DES PORTRAITS D'APRÈS LES MONUMENTS, ET UNE CARTE
DE L'EMPIRE ROMAIN.

A PARIS,

CHEZ L.-G. MICHAUD, LIBRAIRE-ÉDITEUR,

PLACE DES VICTOIRES, N°. 3.

M. DCCC. XXVII.

AVERTISSEMENT

DE L'ÉDITEUR.

Tout a été dit sur Tacite. Il n'est point de commentateur, point de traducteur qui n'ait cherché à faire passer dans l'ame de ses lecteurs les émotions profondes que cette étude avait fait naître dans la sienne, et les temps orageux dont nous avons été les témoins en ont été le plus éloquent de tous les commentaires. L'énergique pinceau du peintre des Césars a flétri le despotisme et ses vils complices, quelques masques qu'ils prennent, de quelque nom qu'ils se décorent; son histoire est devenue la punition la plus terrible des tyrans, ainsi que la leçon de ceux qui seraient tentés de les imiter. A l'admiration des âges qui se sont succédés s'est joint un genre d'éloges non moins flatteur : la censure des hommes puissants qui l'ont accusé d'avoir calomnié Tibère et Néron, et dans lesquels cet aveu involontaire a décelé des vues et des penchants non moins funestes à l'humanité.

Mais s'il n'est personne qui n'ait frémi en contemplant les sombres tableaux que l'immortel historien a tracés pour l'instruction des siècles à venir, peut-être est-il vrai de dire qu'il n'est pas donné à tous ceux qui les étudient d'en sentir au même degré et d'en rendre avec le même bonheur les sublimes beautés. Il faut, pour atteindre ce but, une ame fière et sensible, passionnée pour la vertu et susceptible de ces *haines vigoureuses* qui poursuivent le vice et les forfaits.

Tous ceux qui ont connu M. Dureau de Lamalle reconnaissent que l'élévation de son caractère, la sévérité de ses principes, l'inaltérable pureté de sa vie, semblaient l'appeler d'une manière particulière à devenir l'interprète d'un écrivain avec lequel il se sentait une heureuse affinité. Il ne fut pas infidèle à cette noble vocation ; mais plus l'entreprise était glorieuse, plus le nouveau traducteur en sentit la difficulté. Plein d'un respect religieux pour son modèle, il ne regarda pas ce grand travail comme une de ces tentatives légères qu'on peut improviser avec quelque succès. On sait qu'il consacra seize années entières à la traduction de son auteur favori. Le suffrage unanime des gens de lettres et l'estime de la compagnie illustre qui lui ouvrit ses portes furent le digne prix de cette lutte pénible et prolongée.

Mais le traducteur ne crut pas avoir assez fait pour la gloire de Tacite et pour la perfection de son ouvrage. Il revint sur ses pas avec une nouvelle ardeur, soumit sa traduction à plus d'une épreuve, et chaque page offrit d'heureuses corrections, qui toutes reproduisaient avec plus d'énergie et de fidélité la concision et la profondeur de l'historien qu'il avait si long-temps médité.

Une mort prématurée ne lui permit pas de publier lui-même une nouvelle édition ainsi conçue ; mais il fut heureusement suppléé par son fils, qui, témoin des efforts soutenus de son père dans le cours d'une entreprise à laquelle il avait été associé, était peut-être plus capable qu'un autre d'entrer dans sa pensée, de suivre le fil des travaux paternels, et d'y porter le même esprit de finesse et d'observation.

Le zèle de cette piété filiale ne fut pas sans récompense, et le public applaudit aux améliorations nombreuses qu'offrirent les deux éditions qui se succédèrent rapidement. On reconnut que le texte de Tacite est une mine qui paraît d'autant plus riche qu'on en sonde la profondeur et dont les produits paient avantageusement le labeur de l'exploitation. Un examen répété prouve que le travail du traducteur avait plus d'une fois assoupli la langue en même temps qu'il lui avait donné un caractère de concision, d'énergie et de gravité, et qu'il l'avait enrichie de tours neufs sans bizarrerie et hardis sans exagération.

Le sort de ce bel ouvrage paraissant désormais fixé, nous avons cru remplir l'attente du public en faisant paraître cette quatrième édition, sur la rédaction de laquelle il est à propos de donner quelques détails.

Les occupations de M. Dureau de Lamalle fils ne lui permettant pas de se charger de cette révision, j'ai été invité à donner cette nouvelle preuve de mon respect pour la mémoire du père. Je ne me suis pas dissimulé qu'une mission si délicate offrait des difficultés et même des périls; et l'indulgence avec laquelle le public a bien voulu accueillir le *Tite-Live*, fruit des veilles du traducteur et des miennes, a pu seule me décider à ne pas m'y refuser. Effrayé par la conscience de mon infériorité, mais flatté de l'idée de voir mon nom une seconde fois associé à celui d'un homme de ce mérite, j'ai tâché de suppléer par le zèle et l'attention la plus scrupuleuse à ce qui pouvait me manquer du côté des talents et de la capacité.

J'ai conservé le texte d'Ernesti que M. Dureau de Lamalle avait préféré comme le plus parfait, non sans avoir consulté toutes les éditions et les commentaires qui avaient précédé son travail.

Quant à la traduction, l'on sent avec quelle réserve j'ai dû y toucher. Étranger admis en quelque sorte dans l'héritage d'autrui, ce n'est que d'une main timide et dans une perpétuelle défiance de moi-même que j'ai hasardé quelques changements légers, et dont l'effet était de rendre le tour plus vif ou la phrase plus harmonieuse.

Le traducteur s'est bien gardé de noyer le texte dans une mer de commentaires, qui, sans éclaircir le sens de l'auteur, n'ont guère d'autre but que de faire briller l'érudition du scoliaste.

Les notes de M. Dureau de Lamalle, celles que son fils a cru devoir y ajouter, sont substantielles et judicieuses. Je me suis conformé à cette sage économie, et je ne me suis permis d'y joindre que celles qui, empruntées aux meilleures éditions, offraient quelque indication nécessaire ou quelque heureux rapprochement.

On trouvera dans cette édition comme dans la précédente les Suppléments de Brotier, trop vantés peut-être alors qu'ils parurent, mais trop décriés depuis. Des critiques éclairés, mais sévères, ont, ce me semble, un peu outré la censure à son égard. Suivant eux « ce n'est » qu'une compilation informe, une gazette, sans » faits, sans action, sans mouvement et par con- » séquent sans intérêt *. » Ce jugement me paraît un peu rigoureux. Je conviens que Brotier s'efforce de coudre ensemble des passages de différents auteurs dont le style a peu de rapport avec

* Edme Ferlet, Observations littéraires, critiques, etc., sur les Histoires de Tacite, Ann., IX; 1801.

l'énergique concision de Tacite, et qu'il a le tort de caractériser ce mélange par cette phrase trop peu modeste : *stylo moreque Corneliano expressa*. Mais le lecteur est bien aise de retrouver sous sa main la suite des faits qu'il lui faudrait aller puiser dans plusieurs sources différentes ; et désormais il ne semble pas qu'aucune édition de Tacite puisse se passer de ces Suppléments.

Quoi qu'il en soit de leur mérite, cette édition présente une différence notable avec les précédentes. On s'y était contenté de rapprocher du texte latin de Brotier le supplément français que Dotteville a placé dans son estimable traduction de Tacite. Bien qu'identique pour le fond des choses, ce morceau avait trop peu de rapport avec les pages en regard. Je me suis donc imposé la loi de donner la traduction des Suppléments de Brotier, qui paraît aujourd'hui pour la première fois, et j'ai tâché d'allier à la fidélité une manière plus serrée qui fût moins étrangère au style de l'inimitable modèle qui lui-même est bien loin d'avoir été imité.

J'ai inséré dans le *Dialogue des orateurs* le Supplément d'assez bon goût de Brotier, et j'en ai donné la traduction. J'ai emprunté à M. de Sigrais, de l'académie des Belles-Lettres, un des traducteurs de ce *Dialogue*, quelques notes et quelques leçons qui m'ont paru importantes.

On a reporté au commencement du premier volume la Notice généalogique de la famille des Césars, et à la fin du sixième le Tableau chronologique. Le dernier de ces morceaux est devenu, sous la plume de M. le marquis de Fortia d'Urban, un traité complet de chronologie qui, par la sagacité des observations et l'importance des recherches, est un des principaux ornements de cette édition.

Pour lui donner un nouveau prix, on a joint à la carte de l'empire romain les portraits des douze Césars, d'après l'iconologie romaine.

La Table, examinée avec des yeux attentifs,

est beaucoup plus exacte et plus ample que dans les éditions précédentes.

Il n'est pas besoin d'ajouter que les épreuves, tant du texte que de la traduction, ont été revues à plusieurs reprises avec le soin même le plus minutieux.

Enfin, l'Éditeur n'a rien oublié de tout ce qui pouvait, soit par la correction, soit par la beauté de l'impression, la commodité du format et même le luxe des accessoires, rendre cette édition digne de la réputation du grand historien qu'elle reproduit et du traducteur qui a marché de si près sur ses traces.

TABLEAU GÉNÉALOGIQUE

DE

LA FAMILLE DES CÉSARS,

Traduit du latin de Brotier, pour l'intelligence des Annales et des Histoires de Tacite.

I. Caïus Julius Cæsar, de l'illustre famille des Jules, père du dictateur. Il eut pour frère, *Lucius Julius Cæsar*. Tous deux, ayant obtenu les honneurs de la préture, moururent d'une mort prématurée, Lucius à Rome, Caïus à Pise, l'an 670. Julie, leur sœur, eut pour époux Caïus Marius, sept fois consul, aussi fameux par ses cruautés que par ses victoires. Les Césars et toute la famille des Jules prétendaient descendre d'Ascagne, d'Énée et de la déesse Vénus. Voyez *Sueton., in Jul.*, I et VI ; *Plin.*, VII, 53 ; *Plutarch., in Mario*, pag. 408.

II. Aurélia, sœur de Caïus Julius César, femme de mœurs honnêtes. *Plutarch., in Cæsare*, pag. 711 ; *Tacit., de orator.*, 28.

III. Caïus Julius Cæsar, dictateur perpétuel et premier empereur, né le 4 des ides (12) de juillet 654, sous le consulat de Lucius Valérius Flaccus, et le sixième de Caïus Marius. Vainqueur de Pompée aux champs de Pharsale, il commanda à Rome, la maîtresse du monde connu, l'an 706. Quatre ans après, il fut tué par M. Brutus, C. Cassius et d'autres conjurés, aux ides de mars (15) 710. Jules-César fut le plus grand des Romains et serait le plus digne d'éloges, s'il n'avait détruit la liberté de son pays, seul crime qu'il ait commis, et qu'il expia cruellement. Voyez *Macrob. Saturnal.*, I, 12 ; *Vell. Patercul.*, II, 41 ; et *Plin.*, VII, 25.

Sur les médailles, il est appelé *Cæsar. imp. cos. aug. pont. max. dict. perp.*, c'est-à-dire, *Cæsar, imperator, consul, augur, ponti-*

fex maximus, *dictator perpetuò*. Après sa mort on le nomma *Divus Julius*.

IV. Cossutia, première femme de César, d'une famille de chevaliers romains. Elle fut répudiée. Voyez *Sueton.*, *in Jul. Cæs.*, I.

V. Cornélia, fille de Cinna, quatre fois consul, seconde femme de César, que les menaces de Sylla ne purent déterminer son époux à répudier. Elle mourut pendant sa questure, et il prononça son éloge à la tribune aux harangues. Voyez *Suet.*, *in Jul.*, v et vi ; *Plutarch.*, *in Jul.*, pag. 107.

VI. Julie, fille de César et de Cornélia, mariée d'abord à Servilius Cæpion, répudiée, puis devenue l'épouse de Cn. Pompée-le-Grand, en 695 ; morte en 700 : son petit-fils, Octave, prononça son éloge. César, son père, institua, en son honneur, des chasses et des combats de gladiateurs. Voyez *Suet.*, *in Jul.*, xxi ; *in Aug.*, viii ; *Dion*, xxxviii, pag. 63 ; xxxix, pag. 120 ; xliii, pag. 225.

VII. Cnéus Pompéius, dit *le Grand*, fils de Pompée Strabon et de Lucilia, naquit la veille des calendes d'octobre (30 septembre) 648. Il fut l'époux de Julie, désignée dans l'article précédent. A dix-huit ans il entreprit la guerre civile. Il eût été le plus grand des Romains, si César n'eût pas existé. Il sut assurer à sa patrie l'empire des mers. Il soumit l'Afrique, triompha des Arméniens, des Syriens, des Paphlagoniens, des Ciliciens, des Cappadociens, des Scythes, des Juifs, des Ibériens, des Crétois. Il eût été le meilleur et le plus fortuné des hommes, s'il eût su supporter un égal. Il fut vaincu et périt l'an 706, et César donna des larmes à sa mort. Voyez *Plin.*, vii, 26 ; xxxvii, 2 ; *Tacit. Ann.*, xiii, 6 ; *Velleius Paterc.*, ii, 29 ; *Plutarch.*, *in Pompeio*, pag. 619.

VIII. N., fils de Pompée et de Julie, petit-fils de César, mort peu de temps après lui, en 701. Voyez *Vell. Patercul.*, ii, 47.

IX. N., fille de Pompée et de Julie. Sa mère mourut en la mettant au monde ; elle-même ne vécut que peu de jours. Voyez *Plutarch.*, *in Jul.*, pag. 647 ; *Dion*, xxxix, pag. 120.

X. Pompéia, fille de Quintus Pompéius, petite-fille de Lucius Sylla, troisième femme de César, qui la répudia comme soupçonnée d'adultère avec Publius Clodius. Voyez *Sueton.*, *in Jul.*, vi ; *Plutarch.*, *in Jul.*, pag. 711 ; *in Cicerone*, pag. 874 et 875.

XI. Calpurnia, fille de Lucius Calpurnius Pison, mariée à César en 695. Après la mort de ce dernier, elle se réfugia auprès de Marc-Antoine, emportant avec elle quatre mille talents. Voyez *Sueton., in Jul.*, lxxxi; *Plutarch., in Jul.*, pag. 714; *in Antonio*, page 922.

XII. Julie, fille de Caïus Julius César, prétorien, et d'Aurélie, sœur de César le dictateur; et femme de Marcus Atius Balbus. Voyez *Sueton., in Aug.*, iv.

XIII. Marcus Atius Balbus, originaire d'Aricino, mari de la précédente, aïeul d'Auguste. Voyez *Sueton., in Aug.*, iv.

XIV. Atia, fille de M. Atius Balbus et de Julie, femme de Caïus Octavius, mère d'Auguste. Voyez *Sueton., in Aug.*, iv; *Tacit., de orat.*, 28.

XV. Caïus Octavius, mari de la précédente, père d'Auguste, né à Vélétri, d'une famille de chevaliers romains, ancienne et riche. Après sa préture, la Macédoine lui échut en partage. Il vainquit les Thraces dans une grande bataille, et mourut subitement en revenant de la Macédoine, et avant d'avoir obtenu le consulat. Voyez *Sueton., in Aug.*, iii, iv, v.

XVI. Octavie, fille d'Octavius et d'Atia, sœur d'Auguste. Destinée d'abord à Faustus Sylla, puis à Claudius Marcellus, enfin à Marc-Antoine. Femme recommandable par ses vertus et son amour pour les lettres. Elle mourut en 743. Auguste prononça son éloge, et les Corinthiens lui dédièrent un temple. Voyez *Sueton., in Jul.*, xxvii; *Dion*, liv, pag. 546; *Pausanias, in Corinth.*, ii, 3; *Plin.*, iii, 2, sect. 5.

XVII. Caïus Claudius Marcellus, mari de la précédente, fut consul en 704. Quoique parent de César, il fut un de ses plus cruels ennemis. Voyez *Sueton., in Jul.*, xxvii; *Dion*, xl, pag. 148.

XVIII. Marcus Marcellus, fils d'Octavie et de Caïus Claudius Marcellus, jeune homme d'une grande espérance et cher à Auguste. Il fut enlevé à la fleur de l'âge, en 731, et immortalisé par Virgile. Voyez *Tacit. Ann.*, ii, 41; iii, 64; *Dion*, liii, pag. 517; *Virgil. Æneid.*, vi, 883.

XIX. Pompéia, fille de Sextus Pompéius, mariée à Marcus Marcellus en 715. Voyez *Dion*, xlviii, pag. 380.

Julie, fille d'Auguste et de Scribonie, autre femme de Marcus Marcellus en 729. Voyez *Dion*, LIII, pag. 515.

XX. Marcella *major*, fille de Claude Marcellus et d'Octavie, première femme, à ce que nous croyons, d'Apuléius; mariée ensuite à Valérius Messala. Voyez *Sueton., in Aug.*, LIII; *Dion*, LIV, p. 543.

XXI. Apuléius, mari de la précédente, peut-être fils de Sextus Apuléius, qui fut consul en 723. Voyez *Dion*, LIV, pag. 543.

XXII. Apuléa Varilia, petite-fille d'Octavie, sœur d'Auguste, fille d'Apuléius et de Marcella *major*; condamnée pour adultère en 770, et exilée. Voyez *Tacit. Ann.*, II, 50.

XXIII. Marcus Valérius Messala Barbatus, autre mari de Marcella *major*, consul en 742. Voyez *Sueton., in Aug.*, LXIII; *in Claud.*, XXVI; *Dion*, LIV, pag. 541.

XXIV. Marcus Valérius Messala Barbatus, fils du précédent et de Marcella *major*, père de Messaline. Voyez *Sueton., in Claud.*, XXVI.

XXV. Domitia Lépida, fille de Lucius Domitius Ahénobarbus et d'Antonia *minor*, femme de Messala Barbatus, mère de Messaline; femme impudique, infâme, cruelle, digne émule d'Agrippine, condamnée à mort en 807. Voyez *Tacit. Ann.*, XI, 37; XII, 64; *Sueton., in Claud.*, XXVI; *in Ner.*, VII.

XXVI. Valéria Messalina, fille de la précédente et de Messala Barbatus, femme de l'empereur Claude, célèbre par ses débauches. Elle osa, du vivant de son mari, épouser publiquement Silius. Ce crime la conduisit à la mort en 801. Voyez *Sueton., in Claud.*, XXVI; *Tacit. Ann.*, XI, 26.

XXVII. Marcella *minor*, fille de Marcellus et d'Octavie, mariée d'abord à Marcus Vipsanius Agrippa, ensuite à M. Julius Antonius. Voyez *Sueton., in Aug.*, LXIII; *Plutarch., in Anton.*, pag. 955.

XXVIII. N. N. Enfants de la précédente et de M. Vipsanius Agrippa. Voyez *Sueton., in Aug.*, LXIII.

XXIX. Marcus Julius Antonius, fils de Marc-Antoine le triumvir et de Fulvie; époux de Marcella *minor*, après qu'Agrippa l'eut répudiée. Il fut consul en 744, et puni de mort pour adultère avec Julie, fille d'Auguste. Horace l'a célébré. Voyez *Tacit. Ann.*, III, 18; IV, 44; *Dion*, LIV, p. 546; LV, p. 555; *Horat.*, Od. 2, l. IV.

DE LA FAMILLE DES CÉSARS.

XXX. Lucius Antonius, fils de Jules Antoine et de Marcella *minor*. Exilé à Marseille, dès sa tendre jeunesse, pour le crime de son père; mort en 778. Voyez *Tacit. Ann.*, IV, 44.

XXXI. Marc-Antoine, triumvir, fils de Marc-Antoine l'orateur. Il épousa, en 714, Octavie, sœur d'Auguste, et la répudia, en 722, pour se livrer à son amour pour Cléopâtre, reine d'Égypte. Il perdit la bataille d'Actium, en 724, suivit Cléopâtre en Égypte et s'y donna la mort. Voyez *Vell. Patercul.*, II, 60, 87; *Dion*, L, pag. 420; *Plin.*, VII, 45; *Plutarch., in Anton.*

Sur les médailles il est ainsi désigné : *M. Anton. M. F. M. N. aug. imp. cos. desig. iter. et tert.* IIIvir, *R. P. C.*, c'est-à-dire : *Marcus Antonius, Marci filius, Marci nepos, augur, imperator, consul designatus iterùm et tertiùm, triumvir reipublicæ constituendæ.*

XXXII. Antonia *major*, fille du précédent et d'Octavie, sœur d'Auguste, femme de Lucius Domitius Ahénobarbus, appelée *Minor* par Tacite. Voyez *Dion*, XLVIII, pag. 390; *Tacit. Ann.*, IV, 44; *Sueton., in Ner.*, V; *Plutarch., in Anton.*, pag. 955.

XXXIII. Lucius Domitius Ahénobarbus, fils de Cnéus Domitius, un des meurtriers de César; mari d'Antonia *major*. Il pénétra plus avant qu'aucun autre en Germanie, et obtint les ornements triomphaux. Il mourut en 778. Voyez *Sueton., in Ner.*, IV; *Tacit. Ann.*, IV, 44.

XXXIV. Cnéus Domitius Ahénobarbus, fils du précédent et d'Antonia *major*. Il épousa, en 781, Agrippine, fille de Germanicus, et fut consul en 785. Voyez *Sueton., in Ner.*, V; *Tacit. Ann.*, IV, 75; *Dion*, LVIII, page 633; LXI, pag. 690.

XXXV. Lucius Domitius Néro Claudius, sixième empereur, né le 18 des calendes de janvier (15 décembre) 790, de Cnéus Domitius Ahénobarbus et d'Agrippine. Adopté par Claude, il parvint à l'empire en 807, signala son règne par ses crimes, et périt en 821. En lui finit la race des Césars. Voyez *Plutarch., in Ant.*, pag. 955; *Sueton., in Ner.*, VI; *Tacit. Ann.*, XII, 25; *Plin.*, XXII, 22, sect. 46; *Dion*, LXIII, pag. 727.

Sur les médailles, avant son principat, il est ainsi désigné : *Nero. Claud. Cæs. Drusus. Germ. princ. juvent. cos. desig. sacer. coop. in. omn. coll. supra num. ex. sc.*, c'est-à-dire, *Nero Claudius Cæ-*

sar *Drusus Germanicus*, *princeps juventutis*, *consul designatus*, *sacerdos cooptatus in omnia collegia supra numerum ex senatús-consulto*.

Comme empereur il est appelé : *Nero Claud. divi. Claud. F. Cœsar, Aug. Germ, pont. max. imp. tr. p. p. p.*, c'est-à-dire, *Nero Claudius*, *divi Claudii filius*, *Cæsar*, *Augustus*, *Germanicus*, *pontifex maximus*, *imperator*, *tribunitiá potestate*, *pater patriæ*.

XXXVI. Octavie, fille de l'empereur Claude et de Messaline, sœur de Britannicus, née en 795, mariée d'abord à Lucius Silanus, puis à Néron en 806, femme de mœurs irréprochables et digne d'un autre siècle. Néron la répudia, la rappela, puis l'exila dans l'île Pandatarie, où il la fit périr en 815. Voyez *Tacit. Ann.*, XII, 3, 25; XIV, 60, 64; *Dion*, LXII, pag. 706.

Sur les médailles elle est appelée *Octavia Augusta*.

XXXVII. Poppæa Sabina, fille de T. Ollius et de Poppæa Sabina; mariée d'abord à Rufius Crispinus, ensuite à Marcus Salvius Othon, depuis empereur, enfin à Néron, en 815. Néron, après l'avoir chérie, la tua d'un coup de pied en 818, puis prononça son éloge. Son corps ne fut point brûlé, suivant la coutume des Romains, mais embaumé, puis déposé dans le tombeau des Jules. Trois ans après sa mort, Néron lui consacra un temple sous le nom de Vénus Sabine. Voyez *Tacit. Ann.*, XIII, 45; XVI, 6; *Sueton.*, *in Ner.*, XXXV; *Dion*, LXIII, pag. 726.

Sur les médailles elle est appelée *Poppæa Augusta* et *diva Poppæa*.

XXXVIII. Claudia Augusta, fille de Poppée et de Néron, née à Antium en 816, reçut, en naissant, le titre d'Augusta; morte à quatre mois. Voyez *Tacit. Ann.*, XV, 23; *Sueton.*, *in Ner.*, XXXV.

Sur ses médailles on lit : *diva Claudia Ner. F. (Neronis filia)*.

XXXIX. Statilia Messalina, bis-arrière-petite-fille de T. Statilius Taurus, troisième femme de Néron, qui, pour l'épouser, fit périr, en 818, le consul Atticus Vestinus, son époux. Voyez *Suet.*, *in Ner.*, XXXV; *Tacit. Ann.*, XV, 68.

XL. Domitia, fille d'Antonia *major*, et de L. Domitius Ahénobarbus, tante de Néron, femme de Passiénus Crispus, et que Néron fit empoisonner en 812. Voyez *Quinctilian.*, *in Instit. orat.*, VI, 1; *Tacit. Ann.*, XIII, 19, 21; *Dion*, LXI, pag. 697.

XLI. Caïus Appius Junius Silanus, préfet des Espagnes; marié par Claude à Domitia Lépida; mis à mort, par ordre de ce prince, en 795. Voyez *Dion*, LX, pag. 674.

XLII. Antonia *minor*, fille de Marc-Antoine le triumvir, et d'Octavie, sœur d'Auguste; femme de Néron Drusus, mère de Germanicus; femme d'un rare mérite. Voyez *Plin.*, VII, 19; *Suet.*, *in Caio*, 1; *Tacit. Ann.*, III, 3; XI, 3; *Plutarch.*, *in Ant.*, pag. 955; *Valer. Max.*, IV, 3, n°. 3.

Dite, sur les médailles, *Antonia Augusta*.

XLIII. Caïus Octavius Cæsar, Auguste, fils d'Atia et de Caïus Octavius, né le 9 des calendes d'octobre (23 septembre) 691. Il fut le fondateur de l'empire romain. Il entreprit la guerre civile à dix-neuf ans, et la conduisit de telle sorte que, trois ans après, il n'existait plus un seul des meurtriers de César, son père adoptif. Il triompha de Pompée, de Lépide, de Marc-Antoine, et parvint à la suprême puissance. Ami de la paix, protecteur des lettres, il gouverna Rome pendant cinquante-six ans, et obtint le titre de *Père de la patrie*. Il mourut le 14 des calendes de septembre (19 août) 767, âgé de soixante-seize ans. Voyez *Sueton.*, *in Aug.*, V; *Tacit. Ann.*, 1, 1; XIII, 6; *Florus*, IV, 12; *Aurel. Vict.*, *de Cæsaribus*, c. 1; *Plin.*, VII, 45; *Senec.*, *Consol. ad Polyb.*, XXXIV.

Sur les médailles, avant son principat, il est ainsi désigné : C. Cæsar. divi. F. imp. IIIvir. RPC. cos. libertatis p. R. vindex., c'est-à-dire, *Caïus Cæsar, divi filius, imperator, triumvir reipublicæ constituendæ, consul, libertatis populi romani vindex*.

Comme empereur : Cæsar. Aug. Augustus. divi. F. imp. cos. pont. max. tr. pot. pater patriæ. (*Cæsar Augustus, Augustus, divi filius, imperator, consul, pontifex maximus, tribunitiá potestate, pater patriæ*.)

Après sa mort, *divus Augustus*.

XLIV. Clodia, fille de Publius Clodius et de Fulvie, belle-fille du triumvir Marc-Antoine, qu'Auguste épousa pour cimenter la paix, quoique à peine nubile, et qu'il renvoya encore vierge à ses parents. Voyez *Sueton.*, *in Aug.*, LXII.

XLV. Scribonia, sœur de Lucius Scribonius Libon, autre femme d'Auguste, mariée précédemment à deux consuls. Auguste la répudia en 715. Voyez *Sueton., in Aug.*, LXIII, LXIX ; *Dion*, XLVIII, pages 366, 377; *Propert., Eleg.*, II, liv. IV.

XLVI. Julie, fille d'Auguste et de Scribonia, née en 715; mariée à Marcellus, puis à Agrippa, ensuite à Tibère. Femme célèbre par ses débauches, qu'Auguste exila dans l'île Pandatarie, en 752. Elle périt de misère en 767. Voyez *Plin.*, VII, 45 ; *Dion*, LV, p. 555; *Tacit. Ann.*, I, 53 ; *Vell. Paterc.*, II, 100.

Sur les médailles, elle est appelée *Julie Aphrodite*.

XLVII. Marcus Vipsanius Agrippa, d'une naissance obscure, mais compagnon des victoires d'Auguste, qui le fit consul, l'associa à la puissance tribunitienne, et le prit pour gendre après la mort de Marcellus, en 733. Il mourut en 742, âgé de cinquante-un ans. Voyez *Tacit. Ann.*, I, 3 ; *Plin.*, III, 2 ; VII, 8 ; XXXV, 4, sect. 9 ; *Dion*, LIV, pag. 515, 541 ; *Vell. Pater.*, II, 96.

Sur les médailles, il est ainsi désigné : *M. Agrippa. L. F. cos. des. cos. ter. præf. oræ. marit. et class.*, c'est-à-dire, *Marcus Agrippa, Lucii filius, consul designatus, consul tertiùm, præfectus oræ maritimæ et classis*.

XLVIII. Caïus Cæsar, fils d'Agrippa et de Julie, né en 734 : adopté par Auguste, prince de la jeunesse et consul, meurt, jeune, en Lycie, le 9 des calendes de mars (21 février) 757. Voyez *Tacit. Ann.*, I, 3 ; *Dion*, LIV, pag. 526; *Noris cenotaphia pisana, dissert.* II, 17, pag. 347.

Sur ses médailles on lit : *C. Cæsar. Augusti. F. augur. pont. cos. des. cos.*

XLIX. Lucius Cæsar, fils d'Agrippa et de Julie, frère du précédent, né en 737 ; prince de la jeunesse, consul; adopté, par Auguste, dans la famille des Césars. Il mourut à Marseille, au mois d'août 755. Voyez *Tacit. Ann.*, I, 3 ; *Noris cenotaphia pisana, dissert.* II, 15, pag. 265.

Sur les médailles il est ainsi désigné : *L. Aug. F. princ. juvent.* ; et les deux frères réunis : *C. et L. Cæsares. Aug. F. cos. d. princ. juvent.*

L. Marcus Agrippa Cæsar Postumus, fils posthume d'Agrippa et de Julie, frère des deux précédents, né en 742. Auguste l'adopta le 5 des calendes de juillet (27 juin) 757, puis le relégua, dans l'île de Planasie, pour ses mœurs grossières. Tibère le fit tuer en 767. Voyez *Dion*, LIV, pag. 542; *Vell. Paterc.*, II, 104; *Tacit. Ann.*, I, 3, 6; *Plin.*, VII, 45.

LI. AGRIPPINE, fille de Julie et d'Agrippa, femme de Germanicus; femme recommandable par la pureté de ses mœurs, mais d'un orgueil inflexible. Elle périt misérablement, dans l'île de Pandatarie, le 15 des calendes de novembre (18 octobre) 786. Voyez *Tacit. Ann.*, IV, 12; VI, 25; XIV, 63.

Sur ses médailles elle est appelée: *Agrippina, Marci filia, mater Caii Cæsaris Augusti Germanici.*

LII. JULIE, fille de Julie et d'Agrippa, femme de Lucius Æmilius Paulus, exilée, pour adultère, dans l'île de Trimète, en 761; morte en 781. Voyez *Tacit. Ann.*, IV, 71.

LIII. LUCIUS ÆMILIUS PAULUS, mari de la précédente, fils de Paul Émile Lépide, censeur, et de Cornélie, né en 732. Voyez *Sueton., in Aug.*, LXIV; *Dion*, LIV, pag. 521.

LIV. MARCUS ÆMILIUS LÉPIDUS, fils du précédent et de Julie, mari de Drusilla, corrupteur de ses sœurs, et compagnon des débauches de Caligula; condamné pour crime de lèse-majesté en 792. Voyez *Dion*, LIX, pag. 648, 657; *Sueton., in Caio*, XXIV, XXXVI; *Tacit. Ann.*, XIV, 2.

LV. ÆMILIA LÉPIDA, fille de Lucius Æmilius et de Julie, arrière-petite-fille d'Auguste, mariée à Claude dans sa jeunesse, puis à Junius Silanus. Voyez *Sueton., in Claud.*, XXVI; *Plin.*, VII, 13.

LVI. JULIUS SILANUS, mari de la précédente. Voyez *Tacit. Ann.*, II, 59.

LVII. MARCUS JULIUS SILANUS, fils du précédent et d'Æmilia Lépida, homme simple, que Caligula nommait *pecus aurea*. Il fut proconsul en Asie, et empoisonné, par ordre de Néron, en 807. Voyez *Tacit. Ann.*, XIII, 1.

LVIII. N., sa femme, mère de Lucius Silanus Torquatus. Son nom est inconnu.

LIX. LUCIUS SILANUS TORQUATUS, fils du précédent, arrière-petit-fils d'Auguste; mis à mort, par ordre de Néron, en juin 818. Voyez *Tacit. Ann.*, XVI, 7, 8, 9.

LX. LUCIUS JULIUS SILANUS, fils de Julius Silanus (LVI) et d'Æmilia Lépida, arrière-petit-fils d'Auguste, destiné à Octavie, fille de Claude, puis mis à mort, par ordre de ce prince, en 802. Voyez *Dion*, LX, pag. 668 ; *Tacit. Ann.*, XII, 3, 8.

LXI. JUNIUS SILANUS TORQUATUS, fils de Junius Silanus et d'Æmilia Lépida, arrière-petit-fils d'Auguste, mis à mort par ordre de Néron, en juin 817. Voyez *Tacit. Ann.*, XV, 35; XVI, 8 et 12; *Dion*, LXII, pag. 714.

LXII. JUNIA CALVINA, fille de Junius Silanus et d'Æmilia Lépida, arrière-petite-fille d'Auguste. Exilée par Néron en 812, elle vécut jusqu'au temps de Vespasien. Voyez *Tacit. Ann.*, XII, 4, 8; XIV, 12; *Sueton., in Vespas.*, XXIII.

LXIII. VITELLIUS, fils du censeur Lucius Vitellius et de Sextilie ; mari de Junia Calvina, consul en 801. Voyez *Tacit. Ann.*, XII, 4 ; *Sueton., in Vitellio*, III et XVIII.

LXIV. LÉPIDA, fille de Junius Silanus et d'Æmilia Lépida, femme de Caïus Cassius, préfet de Syrie, exilé en 818. Voyez *Tacit. Ann.*, XVI, 8 et 9.

LXV. CAÏUS CASSIUS, préfet de Syrie, mari de la précédente, célèbre jurisconsulte, exilé en Sardaigne en 818. Voyez *Tacit. Ann.*, XII, 2, 12; XVI, 8, 9.

LXVI. LIVIE, dite aussi LIVIA DRUSILLA, et, après la mort d'Auguste, nommée JULIA AUGUSTA, fille de Livius Drusus Claudianus ; mariée d'abord à Tibère Claude Néron, ensuite à Auguste en 716 ; morte en 782, âgée de quatre-vingt-six ans. Voy. *Vell. Paterc.*, II, 75 ; *Suet., in Tiber.*, III et IV; *Dion*, XLVIII, p. 628 ; *Tacit. Ann.*, V, 1.

Sur les médailles on lui donne les titres de *genitrix orbis*, *mater patriæ*, *diva Julia*.

LXVII. TIBÈRE CLAUDE NÉRON, mari de Livie, père de l'empereur Tibère, préteur et pontife, mort en 719. Voyez *Vell. Paterc.*, II, 75 ; *Sueton., in Tib.*, IV, VI; *Dion*, XLVIII, p. 366.

LXVIII. TIBÈRE NÉRON, troisième empereur, fils de Tibère Claude Néron et de Livie, né le 16 des calendes de décembre (16 novembre) 712; adopté par Auguste en 757; empereur en 767; mort le 17 des calendes d'avril (16 mars) 790. Le portrait qu'a tracé de lui Tacite ne laisse rien à désirer. Voyez *Vell. Paterc.*, II, 75 ; *Tacit. Ann.*, I, 5; VI, 51 ; *Plin.*, XXVIII, 2 ; *Suidas*.

DE LA FAMILLE DES CÉSARS.

Sur ses médailles on lit : *Tiberius Cæsar Augustus*, *divi Augusti filius*, *imperator, consul*, *augur, pontifex maximus, tribunitiá potestate*.

LXIX. Vipsania Agrippina, fille de Marcus Vipsanius Agrippa et de Pomponia, petite-fille de Cæcilius Atticus, auquel Cicéron a adressé des lettres, première femme de Tibère, répudiée en 742 ; mariée ensuite avec Asinius Gallus ; morte en 779. Voyez *Tacit. Ann.*, III, 19.

LXX. Drusus Cæsar, fils de Tibère et d'Agrippine, né en 739, trois fois consul. Il périt, par les intrigues de Séjan, en 776. Voy. *Dion*, LIV, p. 543 ; *Tacit. Ann.*, I, 55 ; III, 56 ; IV, 3, 8 ; *Plin.*, XIV, 22.

LXXI. Livie, dite aussi Livilla, fille de Néron Claude Drusus et d'Antonia *minor*, sœur de Germanicus et de Claude, mariée d'abord à Caïus César, puis à Drusus César. Voyez *Sueton., in Claud.*, 1 ; *in Tiber.*, LXII ; *Tacit. Ann.*, IV, 3, 40 ; VI, 2 ; *Dion*, LVIII, p. 628.

LXXII. Tibère, fils de Drusus César et de Livie, petit-fils de l'empereur Tibère, né, avec un frère jumeau, en 772. Caligula le fit périr en 790. Voyez *Tacit. Ann.*, II, 84 ; *Dion*, LIX, p. 640, 645.

LXXIII. N., frère jumeau du précédent, mort à quatre ans, en 776. Voyez *Tacit. Ann.*, II, 84 ; IV, 15.

LXXIV. Julie, fille de Drusus César et de Livie ; mariée d'abord à Néron César, puis à Rubellius Blandus, périt par les intrigues de Messaline, en 796. Voyez *Tacit. Ann.*, III, 29 ; VI, 27 ; XIV, 19 et 22 ; *Dion*, LX, page 677.

LXXV. Rubellius Blandus, fils d'un chevalier romain, mari de Julie en 786. Voyez *Tacit. Ann.*, VI, 27 ; *Dion*, LVIII, page 634.

LXXVI. Rubellius Plautus, fils du précédent et de Julie, arrière-petit-fils de Tibère, mis à mort par ordre de Néron en 815. Voyez *Tacit. Ann.*, XIII, 19 ; XIV, 22, 58.

LXXVII. Antistia Pollutia, fille de Lucius Antistius Vétus, petite-fille de Sextia, femme de Rubellius Plautus, périt en 818. Voyez *Tacit. Ann.*, XIV, 58 ; XVI, 10, 11.

LXXVIII. N., fils de Tibère et de Julie, né à Aquilée, mort, enfant, vers 748. Voyez *Sueton., in Tiber.*, VII ; *Dion*, LV, p. 554.

LXXIX. Néron Claudius Drusus, fils de Tibère Claude Néron et de Livie, frère de l'empereur Tibère, né en 716, surnommé *Ger-*

manicus, pour ses victoires en Germanie; mort en 745. Voy. *Sueton., in Claud.*, 1; *in Tib.*, IV; *Dion*, LV, p. 548; *Valer. Maxim.*, IV, 3.

LXXX. N. N., deux fils de Néron Claude Drusus et d'Antonia *minor*, morts avant 745. Voyez *Sueton., in Claud.*, 1.

LXXXI. GERMANICUS CÆSAR, fils de Néron C. Drusus et d'Antonia *minor*, adoré des Romains et le meilleur des fils. Tibère l'adopta, par ordre d'Auguste, en 757. Il périt, par les intrigues de Plancine, en 772. Voyez *Tacit. Ann.*, I, 3; II, 72, 73; *Dion*, LV, p. 557.

Sur les médailles de Mitylène il est qualifié de *divus Germanicus*.

LXXXII. NÉRON CÆSAR, fils de Germanicus et d'Agrippine, périt en 784. Voyez *Tacit. Ann.*, IV, 59, 60; V, 3, 4; *Sueton., in Tib.*, LIV; *Dion*, LVIII, p. 626.

LXXXIII. DRUSUS CÆSAR, fils de Germanicus et d'Agrippine, frère du précédent, et l'un des auteurs de sa mort, périt de faim en 785. Voyez *Tacit. Ann.*, IV, 60; VI, 23, 24; *Dion*, LVIII, p. 623.

Sur les médailles les deux frères ont le titre de *duumvirs*.

LXXXIV. ÆMILIA LÉPIDA, fille de Marcus Lépidus et femme de Drusus César, se tue en 789. Voyez *Tacit. Ann.*, IV, 20; VI, 27, 40.

LXXXV. CAÏUS CÉSAR, fils de Germanicus et d'Agrippine, mort jeune. Voyez *Sueton., in Caio*, VII et VIII.

LXXXVI. CAÏUS CÆSAR, surnommé CALIGULA, quatrième empereur, fils de Germanicus et d'Agrippine, et frère du précédent, né à Antium, la veille des calendes de septembre (31 août) 765, sous le consulat de Germanicus et de Capiton; tué le 9 des calendes de février (24 janvier) 794. Voyez *Senec., Consol. ad Helviam*, IX; *Sueton., in Caio*, VIII, XXXVII, LVIII; *Plin.*, VII et XXXVII; *Tacit. Ann.*, VI, 20.

LXXXVII. CLAUDIA, nommée par Suétone, JUNIA CLAUDILLA, fille de Marcus Silanus, femme de Caligula en 786; morte en couche. Voyez *Tacit. Ann.*, VI, 20; *Sueton., in Caio*, XII.

LXXXVIII. LIVIA ORESTILLA, appelée par Dion CORNELIA ORESTINA, autre femme de Caligula, qui l'enleva à Caïus Calpurnius Pison, et la répudia peu de jours après. Voyez *Sueton., in Caio*, XXV; *Dion*, LIX, pag. 646.

LXXXIX. LOLLIA PAULINA, petite-fille de Marcus Lollius, troisième femme de Caligula, qui l'enleva à Caïus Memmius Régulus,

DE LA FAMILLE DES CÉSARS.

et la répudia. Voyez *Plin.*, IX, 25; *Sueton., in Caio*, XXV; *Dion*, LIX, pag. 648.

XC. MILONIA CÆSONIA, fille de Vestilie, quatrième femme de Caligula, qui l'épousa dans son huitième mois de grossesse. Elle périt, avec lui, en 794. Voyez *Sueton., in Caio*, XXV et LIX; *Dion*, LIX, pages 658, 663; *Plin.*, VII, 5.

XCI. JULIA DRUSILLA, fille de Caligula et de Milonie, périt avec ses parents. Voyez *Sueton., in Caio*, XXV et LIX; *Dion*, LIX, p. 663.

XCII. N. N. Deux fils de Germanicus et d'Agrippine, morts en bas âge. Voyez *Sueton., in Caio*, VII et VIII.

XCIII. AGRIPPINE, fille de Germanicus et d'Agrippine, née en 769; mariée d'abord à Cnéus Domitius en 781, puis à Passiénus Crispus, enfin à Claude en 801. Elle fut la mère de l'odieux Néron, qui la fit périr en 812. Voyez *Tacit. Ann.*, II, 54; IV, 53; V, 75; XII, 74; XIV, 8; *Sueton., in Caio*, VII; *Dion*, LX, pag. 686.

XCIV. PASSIÉNUS CRISPUS, orateur, deux fois consul, mari de Domitia, puis d'Agrippine. Voyez *Plin.*, XVI, 44; *Tacit. Ann.*, VI, 20; *Senec. Quæst. nat.*, IV.

XCV. DRUSILLA, fille de Germanicus et d'Agrippine, née en 770; mariée d'abord à Lucius Cassius Longinus, ensuite à Marc Lépide; morte en 791. Caligula, son frère et son corrupteur, la mit au rang des déesses, et l'appela *Panthée*. Voy. *Tacit. Ann.*, VI, 15; *Sueton., in Caio*, VII et XXIV; *Dion*, LIX, pages 648, 657.

XCVI. LUCIUS CASSIUS LONGINUS, mari de la précédente, consul en 783. Voyez *Sueton., in Caio*, XXIV; *Tacit. Ann.*, VI, 15; *Dion*, LVIII.

XCVII. JULIE, nommée LIVILLA par Suétone, fille de Germanicus et d'Agrippine, née en 771; exilée, pour ses débauches, dans les îles du Pont, en 792, par Caius; mise à mort, par ordre de Messaline, en 796. Voyez *Tacit. Ann.*, II, 54; *Sueton., in Caio*, VIII et XXIV; *in Claud.*, XXIX; *Dion*, LIX, pag. 657; LX, 670, 677.

XCVIII. QUINCTILIUS VARUS, fils de Claudia Pulchra, mari de Julie; condamné à mort en 788. Voyez *Senec. Controv.*, I, 3; *Tacit. Ann.*, IV, 52, 66.

XCIX. MARCUS VINICIUS, autre mari de Julie en 786, deux fois consul, empoisonné, par ordre d'Agrippine, en 799. Ce fut à lui que Velléius Paterculus dédia son histoire. Voyez *Tacit. Ann.*, vi, 15; *Dion*, lx, page 683.

C. Tibère Claude Drusus Germanicus, cinquième empereur, fils de Néron Claude Drusus et d'Antonia *minor*, frère de Germanicus, né à Lyon, aux calendes d'août (1er. août) 744, parvint à l'empire en 794; mort empoisonné par Agrippine, le 3 des ides d'octobre (13 octobre) 807. Voyez *Sueton.*, *in Claud.*, ii, x, xli, xlii; *Tacit. Ann.*, xii, 69; *Senec. Apocolocynt.*; *Plin.*, xxxvi, 15.

CI. Plautia Urgulanilla, fille d'Aulus Plautius et femme de Claude, puis répudiée. Voyez *Sueton.*, *in Claud.*, xxvi; *Dion*, lx, page 685.

CII. Drusus, fils de Claude et de Plautia Urgulanilla, mort jeune à Pompéia. Voyez *Sueton.*, *in Claud.*, xxvii; *Tacit. Ann.*, iii, 29.

CIII. Claudia, fille d'Urgulanilla et d'un affranchi. Voyez *Sueton.*, *in Claud.*, xxvii.

CIV. Ælia Pétina, fille de Quinctius Ælius Tubéro, consul en 742; femme de Claude et bientôt répudiée. Voyez *Sueton.*, *in Claud.*, xxvi; *Tacit. Ann.*, xii, 1 et 2.

CV. Antonia, fille de Claude et d'Ælia Pétina, mariée d'abord à Cnéus Pompéius, puis à Cornélius Sylla. Néron la fit périr. Voyez *Sueton.*, *in Claud.*, xxvii; *in Ner.*, xxxv; *Tacit. Ann.*, vii, 68.

CVI. Cnéus Pompéius Magnus, mari de la précédente en 794; mis à mort par ordre de Claude. Voyez *Dion*, lx, page 668; *Sueton.*, *in Claud.*, xxvii et xxix; *Zonaras*, pag. 563.

CVII. Faustus Cornélius Sylla, autre mari d'Antonie, tué à Marseille, par ordre de Néron, en 815. Voyez *Sueton.*, *in Claud.*, xxvii; *Tacit. Ann.*, xiii, 23; xiv, 57.

CVIII. Britannicus, fils de Claude et de Messaline, né la veille des ides de février (12 février) 794, empoisonné, par ordre de Néron, en 808, à quatorze ans. Voyez *Sueton.*, *in Claud.*, xxvii; *Tacit. Ann.*, xii, 25; xiii, 15 et 16.

Des cent huit individus composant la famille des Césars, trente-neuf, c'est-à-dire plus du tiers, périrent d'une mort violente. Ce trait suffit pour caractériser les temps horribles dont Tacite a décrit l'histoire d'une manière si énergique.

VIE DE TACITE.

Caius Cornelius Tacitus naquit dans les premières années de Néron (1), c'est-à-dire, vers le milieu du premier siècle de Jésus-Christ. On ignore le lieu de sa naissance ; dans ses écrits, il se donne pour Romain : mais, en conclure qu'il vit le jour à Rome, ce serait raisonner comme le père Hardouin, qui veut enlever Pline, le naturaliste, à la ville de Vérone, parce que celui-ci, parlant de la nation, des lois et des coutumes romaines, dit : nos usages, notre nation, nos lois. Tout citoyen romain parlait de la sorte, et, dans un sens, avait Rome pour patrie ; fût-il né sur les bords du Danube ou de l'Euphrate, ne fût-il même citoyen que d'adoption.

Le nom de *Cornelius* ne saurait non plus faire preuve que Tacite appartînt à la maison *Cornelia*, divisée en deux branches principales, l'une patricienne, l'autre plébéienne, toutes deux fécondes en personnages distingués. Sous le gouvernement im-

(1) Pline le jeune nous apprend qu'il était à peu près du même âge que Tacite. Or Pline avait dix-sept ans accomplis, il était dans sa dix-huitième année (*agebam duodevigesimum annum*), lorsque son oncle périt par l'éruption du Vésuve, arrivée au mois de novembre, l'an de J.-C. 79. Par conséquent Pline était né en 61 ou 62, c'est-à-dire dans la septième ou huitième année de Néron. Lorsqu'à l'âge de dix-neuf ans il plaida sa première cause, Tacite avait déjà de la réputation au barreau ; d'où l'on peut conclure que Tacite était plus âgé que Pline au moins de quatre à cinq ans, et qu'il doit être né vers l'an 54 ou 55.

périal, les noms de famille les plus illustres étaient donnés, ce semble, arbitrairement, et ne prouvaient rien en faveur de ceux qui les portaient. Du temps même de la république, les esclaves recevaient avec la liberté le nom de leurs maîtres; et l'étranger, quand il devenait citoyen, se décorait, pour l'ordinaire, de celui de son protecteur. Le nom de *Cornelius* ne devait pas être rare, puisque dix mille esclaves, affranchis par Sylla le dictateur, l'avaient pris tous à la fois.

On suppose, avec quelque vraisemblance, que notre historien était fils de *Cornelius Tacitus*, procurateur, c'est-à-dire, intendant de la Belgique, contemporain de Pline le naturaliste, et le même, sans doute, qu'une inscription, trouvée au pays de Juliers, nomme *Cornelius Verus Tacitus*. Ce chevalier romain était destiné, s'il fut père de Tacite, à donner au monde des prodiges de plus d'une espèce; car il eut un autre fils, qui, selon le rapport de Pline, témoin oculaire, crût de trois coudées, dans l'espace de trois ans, sans que son esprit se développât, et mourut bientôt d'une contraction de nerfs (1).

Nous ne savons aucune particularité touchant l'éducation de Tacite : mais, à juger de la culture par les fruits, il fut mieux élevé que ne l'était en ce temps-là le plus grand nombre des Romains. Les pères livraient leurs enfants, avec une sécurité qui ne pouvait être excusée que par la mode, à de prétendus hommes de lettres, presque tous Grecs de naissance ou d'origine. On sait combien la nation grecque était alors corrompue, superficielle, adroite à flatter les penchants de ceux qu'elle voulait dominer, ennemie des Romains au fond du cœur, tandis qu'elle rampait devant eux. Des maîtres de cette espèce inspi-

(1) Quelques-uns ont cru que le père de cet enfant monstrueux était Tacite l'historien; mais cette opinion n'est pas soutenable. Bayle la réfute invinciblement dans son Dictionnaire, à l'article TACITE.

raient à leurs élèves le goût d'une littérature frivole, d'une fausse politesse, des spectacles et des plaisirs, du manége et de l'intrigue. Ils infectaient ainsi la source des mœurs nationales, et faisaient, à ce qui restait encore de vertu, des brèches que la philosophie d'Épicure n'élargissait que trop, et que celle des stoïciens ne réparait qu'imparfaitement. Tacite eut probablement l'avantage de tomber dans son enfance en de meilleures mains; ou peut-être que la force d'un heureux naturel, et le pouvoir des exemples domestiques, résistèrent aux impressions de l'éducation en usage, et suppléèrent à ce qu'elle avait eu de défectueux. On reconnaît, dans les ouvrages de Tacite, non-seulement un génie supérieur, soigneusement cultivé, mais encore une ame vraie, forte, désintéressée, un patriote, un Romain. Il n'arrive pas toujours que les auteurs se peignent dans leurs écrits. Quelques-uns, ainsi que Salluste, sont éloquents contre leurs propres désordres; mais Tacite ne démentit point ses livres par ses actions; et la preuve qu'il vécut et pensa comme il écrivait, c'est que Pline le jeune, ce citoyen d'une probité si délicate, le regardait comme un autre lui-même, et fit autant de cas de ses vertus que de ses talents.

Les études des Romains étaient plus bornées que ne le sont les nôtres. Jamais ils ne se livrèrent aux spéculations métaphysiques, non plus qu'aux sciences exactes : tout cela leur paraissait trop appliquant, trop capable d'absorber l'homme entier, de l'enlever à la vie active, et de le distraire des devoirs de citoyen. La physique même n'eut aucun attrait pour eux : ils se croyaient faits pour conquérir le monde, et non pas pour l'étudier. De toutes les langues étrangères, le grec fut la seule dont ils crurent avoir besoin.

Quant à ce genre de littérature qui s'occupe des débris de l'antiquité, dans le dessein de l'éclaircir et de la connaître, peu d'entre eux s'en occupèrent. S'ils recherchèrent quelques monuments antiques, ce fut pour les faire servir au luxe et pour repaître une stérile vanité. Je ne parle point des arts : Rome les accueillit par air ; mais elle les méprisa toujours par principe. Les artistes ne furent à ses yeux que des manœuvres et des esclaves ; et, tandis qu'elle les payait largement, elle ne put, ou ne voulut point leur accorder la récompense la plus flatteuse pour le génie, la seule qui puisse l'échauffer et le développer ; je veux dire une estime éclairée, une admiration fondée sur le discernement.

On trouve, à la vérité, chez les Romains, des hommes pour ainsi dire universels, dont l'esprit et le goût s'étendirent à tout ce qu'on pouvait savoir de leur temps. Mais un Cicéron, un Varron, un Nigidius Figulus, un Pline l'ancien, et quelques autres, sont des phénomènes singuliers, et des exceptions rares qui ne tirent point à conséquence.

L'ancien gouvernement avait accoutumé les Romains à n'estimer, outre la science de la guerre, que le talent de la parole et la connaissance des lois : moyens suffisans pour un républicain de devenir homme d'état, et d'acquérir une grande autorité parmi ses concitoyens. Depuis qu'Auguste, en mettant la république sur le pied d'une monarchie, eut donné aux Romains le loisir d'être savants, la nation ne laissa pas de conserver à peu près les mêmes idées, toujours entretenues par les restes du gouvernement ancien, qui subsistaient sous le nouveau. L'éloquence et la jurisprudence attiraient encore la considération, le crédit, les richesses ; elles ouvraient l'entrée du sénat ; elles conduisaient aux honneurs. Ainsi les autres études leur étaient subordonnées : on n'étudiait communément que ce qui pouvait y avoir rapport, c'est-à-dire, sa propre langue et celle des Grecs, la poésie, la dialectique et l'histoire.

L'esprit de Tacite était de la même trempe que celui des grands hommes dont j'ai fait mention. S'il n'embrassa pas comme eux toutes les sciences de la Grèce, du moins il excella dans les genres que je viens d'indiquer. Dire qu'il savait parfaitement le latin, ce serait lui faire injure, si certains puristes exclusifs, et, sur leur parole, des littérateurs subalternes ne lui refusaient une place entre les écrivains de la bonne latinité. Il lut avec application les auteurs grecs, entre autres Thucydide, dont on lui reproche d'avoir imité jusqu'aux défauts.

Une de ses lettres, qui s'est conservée parmi celles de Pline le jeune (1), nous apprend qu'il composait des poèmes dans un âge assez avancé. Mais, indépendamment d'un témoignage si positif, la chaleur et quelquefois la cadence de sa prose décèlent un poète rompu dans le métier des bons vers, forcé de se tenir en garde contre ceux qui veulent naître sous sa plume. À la justesse de ses raisonnements, on reconnaît qu'il dut briller dans l'étude de la dialectique, où personne ne réussit mieux que celui qui n'a pas besoin de l'apprendre. Il puisa vraisemblablement sa morale à l'école des stoïciens. Les éloges qu'il leur donne ne permettent pas d'en douter, non plus que l'élévation de ses sentiments et le goût décidé pour la vertu qui règne dans ses écrits. Il paraît avoir possédé ce que connaissaient d'histoire ancienne les Grecs et les Romains, nations concentrées dans l'estime d'elles-mêmes, et trop d'accord à négliger les antiquités des autres peuples. Surtout, il se rendit très profond dans la connaissance des usages, des lois, du droit public et de la politique de sa nation : mais il s'attacha plus particulièrement à l'éloquence. On a lieu de croire qu'il fut disciple du célèbre Quintilien, dont l'école, ouverte pendant vingt années, prépara l'heureuse révolution qu'éprouvèrent les lettres au temps de Trajan ; siècle inférieur à celui d'Auguste, mais en soi très estimable, et dont les siècles suivants n'approchèrent pas.

(1) Voy. cette lettre à la page 29 ci-après.

Tacite entra dans le monde au commencement du règne de Vespasien. La république, après avoir éprouvé successivement la méchanceté réfléchie de Tibère, les fureurs de Caligula, l'imbécillité de Claude et les horreurs de Néron, était enfin gouvernée par un prince sage, assez habile pour guérir les maux de l'État, assez instruit des principes du gouvernement romain pour ne se regarder que comme le premier magistrat d'une ville libre, trop économe sans doute, mais ne connaissant plus le prix de l'argent, dès qu'il s'agissait d'encourager le mérite et la vertu. L'air de la liberté, que Tacite respira dans les années de sa jeunesse les plus décisives, donna du ressort à une ame comme la sienne : il devint un homme de génie. Peut-être n'eût-il jamais été qu'un homme d'esprit, s'il les avait passées sous Néron.

Les Romains d'une certaine distinction, ceux même qui se destinaient à parvenir aux emplois par la route de l'éloquence, servaient quelques années en qualité de volontaires avant que de se montrer au barreau. Leur famille les confiait à des généraux d'armée, à des commandants de légion, qui leur donnaient la table et le logement, ne les perdaient point de vue, les instruisaient des principes, leur conféraient quelquefois un grade honoraire ; et, pour mettre à l'épreuve leur courage et leur intelligence, les employaient comme aides-de-camp : cette formalité rendait hommage aux mœurs primitives. Originairement tout Romain était soldat. Ainsi, depuis même que les armes et l'éloquence firent comme deux professions séparées, elles ne furent jamais censées l'être. Un candidat n'aurait osé demander au peuple, du temps de l'ancienne république, au sénat sous les empereurs, la moindre magistrature, sans avoir porté les armes pour la patrie. Cicéron les avait portées sous Sylla ; Pline le jeune servit en Orient ; et nous pouvons assurer que Tacite se conforma comme eux à l'usage. Je me souviens d'avoir entendu dire à un habile militaire, versé dans la lecture des anciens auteurs, que Tacite parle toujours de guerre très pertinemment; au lieu que Tite-Live, admirable à tant d'autres égards, paraît ignorer cette partie, jusqu'à défigurer Polybe, lorsqu'il le traduit. C'est que Tite-Live, qui se borna toujours à l'état d'homme de lettres, n'avait pas eu besoin de servir, et que Tacite, aspirant aux dignités, fit nécessairement quelques campagnes pour s'en ouvrir le chemin.

Revenu de l'armée, il se distingua bientôt au barreau. Pline le jeune, qui plaida la première fois à dix-neuf ans, fut si frappé des succès de Tacite, un peu plus âgé que lui, qu'il se serait estimé très heureux de pouvoir le suivre de loin. Le consulat, regardé dans un sens, même par les empereurs, comme la première place de la république, était toujours le terme que se proposait l'ambition d'un Romain. Il fallait passer comme autrefois par les autres magistratures. L'empereur nommait assez souvent les consuls. La préture et les grades inférieurs étaient à la disposition du sénat, devenu depuis Tibère représentatif de la nation et dépositaire de ses droits. Mais, en vertu d'une concession spéciale faite aux empereurs, les candidats expressément recommandés par le prince devaient être préférés; de sorte qu'on disait d'un homme qui demandait une grâce avec hauteur, un bienfait à titre de dette : *Il demande comme un candidat de César.* Le premier pas dans la carrière des honneurs avait été la questure; mais, depuis Auguste, il était nécessaire, pour l'exercer, d'avoir rempli les fonctions du *Vigintivirat*. On comprenait sous ce nom les emplois de vingt officiers chargés respectivement de la monnaie, du soin des prisons et de l'exécution des criminels, des rues et du jugement de quelques affaires. Personne ne pouvait être exempt de ces emplois, sans obtenir une dispense du sénat. Tibère la demanda pour Drusus, fils de Germanicus. C'est au moins de ce préalable à la questure, et probablement de la questure même, que parle Tacite, quand il dit qu'il fut redevable du commencement de sa fortune à l'empereur Vespasien (1). Ce prince se connaissait en hommes : il méritait de protéger Tacite, et Tacite de l'avoir pour protecteur. Nous ignorons en quel endroit celui-ci exerça la questure ; mais cette place lui donna certainement entrée au sénat. On pouvait alors être questeur à vingt-cinq ans commencés, et sénateur à vingt-cinq ans accomplis. Les lois annales avaient été mitigées par l'usage, ou par de nouvelles lois.

L'estime universelle dont Tacite jouissait déjà, lui valut un établissement avantageux. Agricola, que ses services militaires venaient d'élever au consulat et au rang des patriciens, et que la voix publique nommait au gouvernement de la Grande-Bretagne, l'une des plus importantes provinces du domaine impérial, lui donna sa fille en mariage. Si elle ressemblait à sa mère Domitia, Tacite dut couler des jours heureux. Je crois sentir, en effet, que les louanges dont il comble la mère, sont l'éloge indirect de la fille, et qu'il veut nous apprendre son propre bonheur en peignant celui d'Agricola.

La mort de Vespasien, arrivée l'an de J.-C. 79, ne troubla point le cours de la fortune de Tacite. Sous le meilleur des princes, sous Titus, le vrai mérite n'avait ni peur, ni besoin de l'intrigue et de la cabale. D'ailleurs, l'éclat des victoires qu'Agricola remportait dans la Bretagne, rejaillissait vivement sur un gendre capable d'être quelque jour au sénat, ce que le beau-père était à l'armée. Titus, couronné de nouveaux lauriers par ce conquérant, prit, selon la coutume, le titre d'*Imperator*, ou général victorieux. Pouvait-il ne pas s'intéresser à

---

(1) « Dignitatem nostram à Vespasiano inchoatam, à Tito auctam, à Domitiano longiùs provectam non abnuerim. » (TACIT. HIST., lib. I.)

l'avancement de Tacite? Aussi l'appuya-t-il (1) dans la demande, soit de l'édilité, soit du tribunat du peuple. Un plébéien comme Tacite pouvait remplir l'un ou l'autre de ces emplois. Il obtint l'un des deux, et je présume que ce fut le tribunat. Les patriciens, ne pouvant exercer cette magistrature plébéienne, étaient comme en possession de l'édilité.

Titus ne régna que deux ans. Domitien, son indigne frère, et peut-être son meurtrier, choisit Tibère pour modèle, et fut tyran par système. Sombre, défiant, vindicatif, sanguinaire, connaissant le bien, préférant le mal, il rendait intérieurement justice aux qualités éminentes, et en était effrayé; il faisait cas des vertus, et les punissait. Du temps de Vespasien et de Titus, pour masquer son ambition, il avait joué l'amour des lettres jusqu'à devenir auteur; et même, après les avoir abandonnées, il portait bassement envie à ceux qui les cultivaient. Les poètes seuls trouvèrent grâce auprès de lui. Serait-ce qu'ayant acquis en ce genre quelque supériorité, il croyait les avoir effacés d'avance, et ne les estimait pas assez pour les haïr? Du reste, implacable ennemi de son père et de son frère, il détestait tout ce qu'ils avaient aimé.

Sous ce règne, Tacite avait contre lui ses qualités personnelles, l'estime des deux derniers empereurs, et l'alliance d'Agricola, que Domitien ne laissa pas long-temps à la tête des légions britanniques, et dont le retour, quoiqu'honorable, était une disgrâce, fondée sur la jalousie et sur la peur. Cependant, on ne doit pas juger absolument de tout ce règne par l'affreux tableau qu'en trace notre historien, dans la chaleur de la haine publique encore récente. Il est fait d'après les trois ou quatre dernières années de Domitien, dont la tyrannie n'augmenta que par degrés, comme l'auteur le reconnaît. Pendant l'espace

(1) « Dignitatem nostram.... à Tito auctam. »

de dix ou douze années la persécution contre le mérite ne fut pas générale; il perçait même quelquefois, pourvu qu'il évitât de se montrer d'une façon trop brillante.

J'imagine que Tacite, dans une espérance assez incertaine de la préture, continua de partager son temps entre les fonctions de sénateur, les exercices du barreau, la solitude de son cabinet et la conversation d'un petit nombre d'amis, au milieu desquels il retrouvait la liberté, bannie du sénat, des places publiques, et de tous les lieux où l'on pouvait être entendu par les délateurs.

Le talent de la poésie lui devait être de quelque ressource : c'était celui que Domitien pardonnait le plus volontiers. Si Tacite fut auteur de je ne sais quel ouvrage de facéties (1), cité par Fulgentius Planciadès, écrivain du cinquième siècle, il le composa sous le même règne, et sans doute vers la fin, à l'exemple de Pline le naturaliste, qui, dans les dernières années de Néron, publia deux livres de grammaire, parce que la tyrannie avait rendu dangereux tout genre d'écrire plus libre et plus élevé.

Tacite n'était pas de ces républicains intraitables, qui, sans distinguer la nouvelle république de l'ancienne, imitateurs déplacés des Favonius et des Catons, blessaient les meilleurs princes et mettaient en fureur les tyrans. S'il haïssait le despotisme, il respectait le gouvernement établi par les lois. Sa juste et profonde vénération pour les Thraséas et les Helvidius ne lui faisait pas approuver leurs indiscrétions : une vertu plus souple et mieux assortie aux conjonctures, était, selon lui, capable d'adoucir les tyrans même, surtout quand ils n'avaient point encore jeté le masque. Il ne croyait pas impossible qu'un homme d'honneur, tenant un sage milieu entre la bassesse qui se pros-

---

(1) *Facetiarum libri.*

titue, et la roideur inflexible qui ne connaît aucun égard, fît son chemin, servît la patrie, vécût pour elle, au lieu de se perdre inutilement.

Soit habileté, soit bonheur, Tacite obtint la préture sous Domitien, qu'il compte parmi les princes qui contribuèrent à sa fortune. Quand le tyran, pour toute faveur, se serait contenté de ne point mettre d'obstacle à des prétentions légitimes, Tacite aurait dû lui en savoir gré. Un prince de ce caractère, lorsqu'il ne faisait point de mal, passait pour faire du bien, et semblait donner ce qu'il n'ôtait pas. Tacite fut préteur pour la huitième année de Domitien, 841 de la fondation de Rome, 88 de l'ère chrétienne : année mémorable par les jeux séculaires que fit célébrer ce prince, consul pour la quatorzième fois.

Tacite eut part à la célébration de ces jeux, en qualité de préteur et de membre du collége des *quindécimvirs*. On appelait ainsi les officiers qui gardaient les livres sibyllins, livres précieux à la superstition comme à la politique, puisqu'ils renfermaient, disait-on, les destinées de l'empire, et les moyens d'apaiser la colère des dieux, quand elle se manifestait par des prodiges ou par des calamités. Les quindécimvirs avaient seuls le privilége de consulter au besoin cet auguste dépôt ; ils ne pouvaient y jeter les yeux sans un ordre spécial ; mais leur rapport était reçu sans examen : on faisait aveuglément ce qu'ils prescrivaient. Nous ne pouvons dire si ce fut par le choix de Titus, de Domitien, ou du collége même, que Tacite parvint à ce sacerdoce, qui donnait une grande considération et ne finissait qu'avec la vie. Comme les jeux séculaires étaient une institution religieuse, soumise à la décision des oracles sibyllins, les préparatifs et l'exécution de ces longues et curieuses cérémonies roulaient principalement sur les quindécimvirs. Tacite, parlant des jeux séculaires de Claude, nous apprend qu'à ceux de Domitien il remplit les fonctions de son ministère avec tout le soin possible, et renvoie, pour le détail, à un endroit de son histoire que nous n'avons plus.

L'année suivante, il sortit de Rome avec sa femme, et leur absence dura plusieurs années. Quelques-uns, pour grossir le nombre des illustres proscrits, ou sur une raison de convenance, tirée des vertus de Tacite et de l'injustice de Domitien, prétendent que ce prince l'exila; d'autres aiment mieux qu'il se soit exilé lui-même, pour n'être pas témoin des malheurs de sa patrie. Je saisirais avidement l'une ou l'autre de ces conjectures si j'écrivais un roman; mais Tacite n'avait personnellement qu'à se louer de Domitien; il a le courage et l'équité d'en convenir. Pour ce qui est de l'exil volontaire, un sénateur ne pouvait s'absenter de Rome, ni même du sénat, sans raisons légitimes et approuvées. La prudence permettait-elle à Tacite de hasarder une démarche que le premier délateur aurait dénoncée comme une censure de la conduite du prince et de son administration? Je crois, avec plus de vraisemblance, que Tacite, au sortir de la préture, eut quelque gouvernement. Ce ne fut pas un de ceux qui dépendaient du sénat, places annuelles, et qu'on n'obtenait, depuis Auguste, que plusieurs années après le consulat ou la préture; mais une des provinces impériales qu'on pouvait gouverner en sortant de charge, et tant qu'il plaisait à l'empereur. Les vertus et les talents n'étaient pas encore tout-à-fait un titre d'exclusion dans la neuvième année de Domitien, ni long-temps après. Nous voyons, en effet, que, dans la douzième, Trajan fut choisi pour commander les légions de la Basse-Germanie.

Tacite et sa femme étaient hors de Rome depuis plus de quatre ans, lorsqu'ils apprirent la mort d'Agricola. Ce coup imprévu leur fut d'autant plus sensible, qu'ils n'eurent pas seulement la triste consolation de recueillir les derniers soupirs du meilleur des pères, et de lui rendre les devoirs de la piété filiale.

Pour comble d'affliction, il leur revenait de toutes parts que l'empereur, ne trouvant point de prétexte pour se défaire de ce grand homme, avait eu recours au poison. La douleur est souvent trop crédule : cependant elle ne fit pas oublier à Tacite que la renommée calomnie quelquefois les tyrans même. Aussi, par un trait d'impartialité propre à confondre les critiques injustes qui le taxent de noirceur, il déclare, dans l'éloge de son beau-père, qu'il n'ose garantir le fait ; mais, si la mort d'Agricola ne fut pas un des crimes de Domitien, du moins elle fut comme l'époque de ses plus horribles cruautés. Alors parut, à visage découvert, cette tyrannie impudente et consommée, qui, pendant le cours de trois ans entiers, ne cessa de ravager la capitale et les provinces, jusqu'à faire regretter Néron.

Tel était ou commençait d'être l'état de Rome, lorsque Tacite y retourna. Je présume qu'il ne fut pas mal reçu de Domitien, à qui les dernières volontés d'Agricola pouvaient inspirer quelque reconnaissance passagère. Agricola venait de laisser à l'empereur le tiers de ses biens : sage précaution de la tendresse paternelle et conjugale, qui composait avec ce brigand pour l'empêcher de ravir les deux autres tiers à une épouse, à une fille tendrement chéries, et pour acheter, s'il était possible, la sûreté d'un gendre, que sa réputation exposait à mille dangers ! Domitien avait paru s'attendrir sur la mort d'Agricola ; et, par orgueil, il avait regardé ce legs comme une preuve d'estime et d'attachement ; mais ce n'était là, pour Tacite, qu'une faible sauvegarde, peu capable de le rassurer contre un tyran toujours agité de soupçons, toujours dévoré de jalousie, qui ne gardait plus de mesures, et qui, sur la moindre délation, ou simplement par caprice, passait tout d'un coup des transports de l'amitié à la fureur de la haine. Tacite tenait un rang considérable dans le sénat ; et c'était principalement sur les sénateurs que Domitien exerçait ses barbaries. Tantôt ce monstre employait le poignard ou le poison ; tantôt, las d'assassiner, et pour commettre aussi des crimes en règle, il dénonçait au sénat l'homme de bien qu'il voulait faire périr ; il environnait de soldats le lieu de l'assemblée. Après avoir écouté, pour la forme, les défenses de l'accusé, il demandait les avis : le premier opinant parlait seul, et toujours contre sa propre pensée; les autres, tremblants, éperdus, baissant la tête et les yeux, semblaient acquiescer ; et l'innocence était condamnée avec cette apparente unanimité que produit l'esclavage complet, et qui souvent est la marque de l'improbation générale.

Tacite donne assez à entendre qu'il eut la faiblesse de céder au torrent (1), et de prendre quelque part aux fautes de son corps. Mais, dans un temps si affreux, c'était une sorte d'héroïsme de n'avoir que de la faiblesse ; c'était risquer beaucoup, et renoncer, pour le moins, à toute espérance d'avancement. Ce que Pline le jeune dit de sa propre situation, doit s'appliquer à celle de son ami : « Si je parus avancer dans les honneurs sous » un prince très dissimulé, qui n'avait point encore fait éclater » sa haine contre les gens de bien, je m'arrêtai dès qu'il se » montra sans déguisement. Après avoir connu quelle était la » voie la plus courte pour arriver aux dignités, je préférai la » plus longue, et j'étais au nombre de ceux qui gémissaient » dans l'amertume et dans la frayeur. » On peut juger que c'était principalement avec Tacite qu'il partageait sa douleur, ses alarmes, et l'attente d'un avenir plus heureux.

Domitien fut tué dans son palais, le 18 septembre, l'an de J.-C. 96. Sous Nerva, prince citoyen, fait pour être aimé, quand il n'aurait pas eu l'avantage de succéder à un tyran, la vertu rentra dans ses droits, et les places furent offertes aux sujets di-

---

(1) « Mox nostræ duxère Helvidium in carcerem manus; nos Maurici » Rusticique visus, nos innocenti sanguine Senecio perfudit. »

gnes de les occuper. Tacite parvint au consulat dès l'année 97 ; cependant on ne trouve point son nom dans les fastes, parce qu'il ne fut pas consul ordinaire. Le consulat ne se donnait pas alors pour une année entière ; et communément l'empereur même ne le prenait que pour quelques mois. Ceux qui entraient en charge au commencement de janvier, et dont les noms servaient de date dans tout l'empire, étaient appelés consuls ordinaires ; les autres, consuls subrogés. L'année où Tacite exerça cette magistrature, eut, pour consuls ordinaires, Nerva lui-même, et l'illustre Verginius Rufus. Ce fut une singularité très intéressante, de voir élevés ensemble à la dignité suprême de l'ancienne république, l'un et l'autre pour la troisième fois, deux vénérables vieillards, dont l'un venait d'accepter l'empire à regret ; et l'autre, depuis trente ans, jouissait de la gloire éclatante, mais dangereuse, de l'avoir refusé.

Les funérailles du même Verginius, qui mourut dans le cours de cette année, illustrèrent le consulat de Tacite, et donnèrent aux Romains le plus mémorable spectacle qu'ils eussent vu depuis long-temps. Elles se firent aux dépens du trésor public. Tacite, consul alors, parut dans la tribune ; et, sur ce théâtre de l'éloquence républicaine, où, depuis Auguste, les magistrats montaient rarement, il prononça l'oraison funèbre. « La fortune, toujours fidèle à Verginius, dit Pline le jeune, » gardait, pour dernière grâce, un tel orateur à de telles » vertus. » Il s'agissait d'un citoyen supérieur aux places qu'il avait remplies, et même à celles qu'il avait constamment refusées, d'un héros dont la modestie et le courage résistèrent aux légions de Germanie, obstinées à le proclamer empereur, avant et après la mort de Néron, et qui, durant la guerre civile, sollicité par d'autres légions, avait bravé plus de périls pour éviter la puissance souveraine, que l'ambition n'en affronte pour l'obtenir. Honoré des bons empereurs, souffert des mauvais, enfoncé dans une retraite d'où il ne sortait que pour des devoirs indispensables, il s'occupa de littérature, et tâcha de faire oublier des vertus que la poésie et l'histoire avaient célébrées de son vivant; enfin, rappelé sur la scène par Nerva, son ami, Verginius mourut dans sa quatre-vingt-quatrième année, au comble de la réputation où peut arriver un mortel, et des honneurs que pouvait espérer un particulier qui n'avait pas voulu être souverain. Quelle carrière pour l'éloquence de Tacite, et de Tacite donnant l'essor à son génie sous l'empire de Nerva!

La même année, ce prince, ayant adopté Trajan, qui commandait les légions de la Basse-Germanie, le fit nommer, par le sénat, son collègue et son successeur : il mourut au commencement de l'année suivante, d'autant plus cher aux Romains, qu'un tel choix était la preuve qu'il avait craint d'être regretté.... Ce fut dans l'intervalle de trois mois, qui s'écoulèrent entre ces deux événements, que Tacite composa la *Vie* de son beau-père. Tant que dura la tyrannie, il n'aurait pu traiter un pareil sujet sans le manquer ou sans se perdre. Libre enfin de toute contrainte, sa plume traça ce portrait avec la force dont elle était seule capable. La mémoire de Domitien, flétrie par un jugement national, ne méritait aucun égard; et les vertus d'Agricola ressemblaient à celles des princes qui gouvernaient alors. Ce grand homme, son historien, les deux empereurs, avaient tous couru les mêmes risques sous le règne du tyran; et cette société de périls avait dû resserrer les liaisons formées par une estime mutuelle entre des citoyens vertueux, de même rang, et à portée de se connaître. Nous lisons dans Tacite, qu'Agricola désirait et prédisait l'élévation de Trajan : ainsi on peut assurer que l'ouvrage fut également applaudi du public et des puissances. On y trouve la fleur de tous les genres de beautés que Tacite a répandues dans ses autres écrits : c'est un chef-d'œuvre qui satisfait à la fois le jugement et l'esprit, l'imagination et le cœur. On a raison de le proposer comme un modèle d'éloge historique; les louanges n'ont rien d'outré ni de vague; elles naissent des faits mêmes; tout attache, tout instruit. Le lecteur aime Agricola, l'admire, se passionne pour lui, l'accompagne dans ses expéditions, partage sa disgrâce et profite de ses exemples. L'intérêt va toujours croissant; et quand il semble ne pouvoir plus augmenter, des morceaux pathétiques et sublimes mettent l'âme hors d'elle-même, et ne lui laissent la faculté de sentir que pour détester le tyran, et pour s'attendrir, sans faiblesse, sur la destinée du héros.

Après avoir élevé ce monument à la gloire de son beau-père, Tacite écrivit son ouvrage sur les Germains, dans le cours de l'année 98 : c'était alors la seule nation du Nord, capable d'inquiéter désormais les Romains. Elle les avait insultés pendant tout le règne de Domitien, qui se contentait de triompher au lieu de vaincre, et dont les lieutenants, par politique, n'osaient faire leur devoir qu'à demi. Lorsqu'il mourut, rien n'était plus essentiel que de pourvoir solidement à la sûreté des frontières, et de raccoutumer les Barbares à respecter le nom romain. Aussi Trajan, qui avait appris à Cologne la nouvelle de son association, ne se hâta pas, même après la mort de Nerva, de retourner en Italie. Il passa plus d'un an, soit à rétablir la discipline dans les armées qui gardaient le Danube et le Rhin, soit à réparer les forts que Drusus et les anciens généraux avaient construits dans le pays ennemi. Les légions, assurées de la victoire sous la conduite de Trajan, demandaient qu'il les menât contre les Barbares. Ceux-ci tâchaient de le désarmer par les plus humbles soumissions : mais ce prince, qui toute sa vie n'eut que trop d'amour pour la guerre, pouvait aisément succomber à la tentation d'une conquête.

On conçoit que l'absence d'un nouvel empereur, impatiemment attendu dans la capitale, y faisait beaucoup parler des Germains. Ce fut peut-être ce qui détermina Tacite à donner une description de leur pays, de leurs mœurs et de leurs usages. Il l'eût moins abrégée, s'il avait prévu que la nation à demi-sauvage, qu'il décrivait alors, démembrerait un jour l'empire romain; que le sang et le gouvernement germaniques prévaudraient dans la meilleure partie de l'Europe, et que tous les peuples, formés du mélange des vainqueurs et des vaincus, regarderaient cette relation de la Germanie comme l'histoire de leur patrie ancienne, et, si j'ose m'exprimer ainsi, comme les archives de leurs lois, de leur droit public, de leur première constitution.

L'ouvrage dont il s'agit est court, sans être superficiel. Dans un petit nombre de pages, il renferme plus de morale, de politique et de vues, plus de substance et de suc, que souvent on n'en pourrait exprimer de plusieurs énormes volumes. Ce n'est point une de ces descriptions simplement agréables, qui ne font que glisser sur l'âme, et lui laissent sa tranquillité; c'est une peinture mâle comme le sujet, pleine de vie, de sentiment et de traits de feu qui vont au cœur. On se croit en Germanie; on se familiarise avec ces prétendus Barbares; on leur pardonne leurs défauts, et presque leurs vices, en faveur de leurs vertus; et, toute compensation faite, dans certains accès d'enthousiasme, on voudrait être Germain.

Un des objets que Tacite se propose, en peignant les mœurs des Germains, est de censurer indirectement celles de sa nation. En apparence occupé de la Germanie, jamais il ne perd Rome de vue. Il serait fâché que ses lecteurs ne fissent point le parallèle qu'il a dans l'esprit, et qui certainement est la clé de son ouvrage. On pourrait donc soupçonner Tacite d'avoir traité cette matière avec peu d'exactitude, et surtout d'avoir embelli les Barbares pour mieux faire sentir aux Romains leur propre difformité; mais, ce que d'autres auteurs nous apprennent des Germains, donne lieu de croire qu'en général, et, sauf quelques exceptions, le tableau de Tacite est d'après nature; et, d'ailleurs, il est si bien peint, qu'on l'admirerait encore quand il ne serait pas ressemblant.

Ces deux ouvrages annonçaient que Tacite, dont l'éloquence faisait l'admiration du sénat et du barreau, savait également prendre le ton de l'histoire. Loisir, talents, liberté, rien ne lui manquait pour réussir en ce genre. Sa fortune était solidement établie, et son ambition satisfaite. Il avait achevé sa carrière des honneurs; le titre de consulaire lui donnait une place distinguée dans le conseil public de sa nation. Homme d'état, orateur, philosophe, toujours environné d'une foule de savants *, qui le consultaient comme leur oracle, il avait pour lors environ quarante-cinq ans: âge où l'esprit a toute la maturité dont il est capable; où l'imagination encore vive se laisse dominer par le jugement; où la raison, perfectionnée par l'usage du monde, réunit les avantages de la jeunesse et de la vieillesse sans en avoir les défauts: enfin, Tacite vivait sous Trajan et sous les lois. Temps heureux et rare! s'écrie-t-il, où l'on jouit de la liberté de penser et d'exprimer ce qu'on pense!

Aussi en profita-t-il dès les premiers instants pour entreprendre l'histoire romaine, depuis la mort de Néron jusqu'à celle de Domitien. C'est cet ouvrage que l'auteur annonce,

---

* « Copia studiosorum quæ ad te, ex admiratione ingenii tui, conve
» nit. » (Plin., Ep. IV, 11.)

dans le préambule de la *Vie d'Agricola*, comme une image de la servitude passée, et comme une preuve de la félicité présente : il comprenait vingt-huit années très fertiles en événements. Révolutions de toute espèce, guerres civiles, guerres étrangères; trois fantômes d'empereurs, qui ne montent sur le trône que pour en tomber avec fracas ; deux grands princes, dont l'un sait allier avec le pouvoir suprême la modestie d'un simple citoyen; mais contraint, par le désordre des finances, de charger les peuples, et trop gouverné par un ami auquel il devait l'empire, n'est pas aimé comme il méritait de l'être : l'autre, vicieux et redouté du public avant que d'être empereur, devient les délices du genre humain, à qui bientôt il est enlevé, peut-être par le crime d'un frère : une tyrannie longue et sanglante, des forfaits atroces; au milieu d'une corruption presqu'universelle, des traits héroïques de vertu ; enfin le tyran massacré par ses domestiques; dans ce même espace de temps, l'Italie frappée d'horribles fléaux ; des villes englouties ou renversées; Rome en proie aux incendies, le Capitole réduit en cendres par des Romains : c'était là le sujet que Tacite avait à traiter.

Non-seulement contemporain, mais encore spectateur attentif et intelligent, quelquefois acteur, il connaissait par lui-même un grand nombre des personnages principaux; il avait été dans le point de vue nécessaire pour bien voir et pour juger sainement. Dès qu'il eut formé le projet d'écrire, il prit soin de consulter ceux dont les lumières lui pouvaient être de quelque secours. La lettre où Pline le jeune détaille la mort de son oncle, Pline l'ancien, est une réponse à Tacite, qui voulait s'instruire exactement de ce fait, à dessein de l'insérer dans son histoire.

Comme on était convaincu qu'elle passerait à la postérité, on s'empressait de lui fournir des mémoires, et peut-être plus qu'il n'en désirait. Pline, dans une autre lettre, le conjure de ne pas oublier une action courageuse qu'il s'applaudit d'avoir faite sous le règne de Domitien. « J'ai, dit-» il, un pressentiment, et ce pressentiment ne me trompe » pas, que votre histoire sera immortelle; c'est, je vous » l'avoue ingénument, ce qui redouble ma passion d'y trouver » une place. Si nous avons coutume de prendre tant de soin » que notre portrait soit de la main d'un excellent artiste, » pouvons-nous trop souhaiter qu'un pinceau comme le vôtre » daigne peindre nos actions et leur donner du relief? Je » vous indique donc un fait qui ne saurait échapper à votre » attention, parce qu'il est dans les registres publics; mais » je ne laisse pas de vous l'indiquer, afin que vous soyez » persuadé quel plaisir j'aurai, si cette action.... qui.... fut » favorablement regardée, reçoit de votre esprit et de votre » approbation un nouveau lustre. Je ne demande pourtant » pas que vous exagériez; je sais que l'histoire ne doit jamais » s'écarter de la vérité, et que la vérité honore assez les » bonnes actions. » Cette lettre est d'un ton plus modeste que celle où Cicéron supplie Lucceius de farder son consulat, et de violer, en faveur de l'amitié, les lois de l'histoire. L'orgueil de Pline était plus adroit; et je doute que Tacite eût été d'humeur à servir la vanité de ses amis aux dépens de la sincérité.

Nous n'avons aujourd'hui que les quatre premiers livres de son histoire, avec le commencement du cinquième; cependant elle devait en contenir un grand nombre, puisque ces quatre livres, échappés du naufrage, ne renferment pas deux ans entiers, et que plusieurs des autres vingt-six années qu'embrassait le plan de l'auteur, n'étaient ni moins riches ni moins abondantes en faits. Il voulut que cet ouvrage portât le titre d'*Histoire*, parce que le mot grec, adopté par les Latins, signifie proprement, et selon la rigueur étymologique, le récit des faits que celui qui les raconte a sus ou pu savoir par lui-même; or, la narration de Tacite commençait au temps où, déjà sorti de l'enfance, il avait été capable de réfléchir et de prendre part aux événements.

Tacite, en s'appliquant à écrire l'histoire, ne renonça point au barreau. Les consulaires même ne croyaient pas que la fonction d'avocat fût au-dessous d'eux; et, quoique la forme du gouvernement, introduite par Auguste, eût resserré le talent de la parole dans des bornes plus étroites, néanmoins il se présentait assez souvent des affaires dignes des Hortensius et des Cicéron, parce que les procès criminels étaient plaidés, et que, parmi les gouverneurs des provinces, on ne trouvait que trop de Verrès.

Comme, dans les causes de ce genre, il s'agissait et de peuples désolés, qui se plaignaient d'avoir souffert des injustices criantes, et de sénateurs du premier ordre, menacés de perdre leurs biens, leur dignité, leur état, l'éloquence pouvait y déployer toutes ses richesses, tonner, foudroyer, attendrir, tirer des larmes. Outre l'importance des objets, la majesté du tribunal animait puissamment les orateurs. Sous le gouvernement des Césars, la connaissance de ces sortes d'affaires appartenait au sénat.

L'an de J.-C. 99, troisième de Trajan, Marius Priscus, cidevant proconsul d'Afrique, fut accusé de concussion par les habitants de cette province. Le sénat leur donna Pline et Tacite pour avocats. Tacite, plus ancien, et déjà consulaire, aurait dû, ce me semble, être nommé avant Pline; mais ce dernier avait été demandé par les Africains, et ce fut apparemment l'unique raison qui lui fit donner le premier rôle. La cause de Priscus était si désespérée, qu'au lieu de penser à se défendre, il offrit de subir les peines portées par la loi, c'est-à-dire, de perdre le rang de sénateur et de restituer ce qu'il avait pris. En conséquence, il demandait qu'on lui donnât des commissaires pour régler la somme qu'il devait rendre. Pline et Tacite se crurent obligés de remontrer au sénat que les crimes en question étaient d'une énormité qui ne permettait pas de civiliser l'affaire. On accusait Priscus d'avoir vendu la condamnation, et même la vie des innocents. Le sénat le renvoya devant les commissaires pour ce qui regardait la concussion; mais, quant aux autres délits, il s'en réserva la connaissance, et remit le jugement à la prochaine assemblée.

Elle se tint au mois de janvier de la quatrième année de Trajan, et fut également auguste et nombreuse. L'empereur y présida : il était alors consul pour la troisième fois. Je n'entrerai point dans les détails des trois séances consécutives qu'occupa cette grande affaire, et qui furent prolongées jusqu'à la nuit. D'un côté Pline et Tacite, de l'autre Salvius Liberalis et Catius Fronto, très célèbres orateurs, mirent en œuvre tous les ressorts de l'indignation et de la pitié. Pline, dans la première séance, parla cinq heures de suite avec tant de feu, que Trajan, inquiet pour sa santé, le fit avertir plusieurs fois de songer à la délicatesse de sa complexion. Le lendemain, Tacite, en répliquant à Fronto, fit éclater ce beau, ce sublime * qui caractérisait tous ses discours. La troisième et dernière séance décida du sort de Priscus, qui fut condamné à porter au trésor public les sommes qu'il avait reçues pour prix du sang innocent, et banni de Rome et de l'Italie à perpétuité : tant les lois étaient indulgentes pour les citoyens romains! Au reste, le sénatus-consulte cou-

---

* « Respondit Cornelius Tacitus eloquentissimè, et quod eximium orationi ejus inest : σεμνῶς.

vrit de gloire Pline et Tacite : on y déclarait que l'un et l'autre avaient rempli dignement leur ministère et l'attente du sénat.

Ils étaient en possession de l'estime publique. Chacun d'eux réunissait, dans un degré très éminent, les vertus civiles et les qualités de l'esprit qui peuvent la mériter. Leur amitié avait pour base la conformité de principes et de mœurs. Comme dans l'essentiel ils se ressemblaient parfaitement, d'assez grandes différences sur tout le reste ne servaient qu'à la rendre plus piquante et plus utile. On saisit facilement le caractère personnel de Pline, qui nous a laissé un volume de lettres. Nous connaissons moins Tacite, dont nous n'avons que des ouvrages d'apparat ; mais, autant qu'on peut juger l'un et deviner l'autre, la probité de Pline était plus douce, plus liante, assaisonnée de tout ce qui fait les délices du commerce : celle de Tacite était plus franche, plus naturelle, sans apprêt ; en un mot, vraiment romaine. Le premier, par ses qualités aimables, gagnait tous les cœurs ; le second les subjuguait par la force de son mérite, par l'ascendant de sa vertu. L'un, courtisan délié sans bassesse, et même avec dignité, semblait fait pour vivre sous le gouvernement fondé par Auguste, et pour être l'ami d'un prince tel que Trajan : l'autre, républicain sans aigreur et sans imprudence, avait droit à l'estime des bons princes ; mais il aurait été mieux encore sous l'ancien gouvernement. Il eut besoin, si je ne me trompe, de prendre sur lui-même pour se façonner au nouveau ; et ce dut être l'ouvrage de toute sa vie.

Pline aimait passionnément la vertu, lui prodiguait l'encens partout où il croyait la trouver, et peut-être la voyait quelquefois où elle n'était pas ; il louait avec une profusion qui pouvait rendre problématique son discernement ou sa sincérité. Il mettait, dans ses préventions les plus injustes, une sorte de modération et d'équité ; témoin la demi-justice qu'il rend aux chrétiens, en reconnaissant la pureté de leurs mœurs, tandis qu'il les regarde comme des malheureux aveuglés par une folle superstition. Tacite haïssait fortement le vice; il distribuait les louanges avec économie, et toujours en connaissance de cause. L'horreur qu'il avait de la flatterie et du mensonge, le poussait vers les excès opposés. A force d'avoir étudié l'homme profondément, et trop finement sans doute, il n'avait pas assez de réserve à soupçonner le mal. Ajoutons (car enfin je n'écris pas un panégyrique, mais une Vie) qu'il adoptait quelquefois les préjugés de sa nation dans toute leur atrocité. Comment excuser un homme tel que lui, d'avoir cru, sur parole, que le christianisme était une secte détestable, digne, par ses forfaits et par sa haine contre le genre humain, des châtiments les plus rigoureux?

On voit combien ces deux amis étaient nécessaires l'un à l'autre. Peut-être que, sans la douceur de Pline, Tacite ne se serait pas préservé d'une philosophie sauvage, de cette haine des hommes qu'il reprochait faussement aux chrétiens. Sans le caractère mâle de Tacite, la bonté d'ame de Pline aurait pu dégénérer en une complaisance outrée, en adulation, en fadeur. Ils avaient tous deux l'esprit vif, solide et juste; l'imagination féconde, le sentiment délicat. Rien de la surface des objets n'échappait à Pline; rien de leur intérieur, à l'œil perçant de Tacite. L'un avait en partage le brillant, l'aménité, les grâces légères; il savait même se donner au besoin de l'élévation et de la force; mais c'était un état violent pour lui : il revenait bientôt à son goût pour les fleurs. L'autre, plein d'une vigueur soutenue, joignait, à la chaleur des idées, à l'énergie de l'expression, à la vivacité des images, un sens exquis, une prééminence de raison. Chez Pline, le sentiment s'évaporait quelquefois en pensées ingénieuses : chez Tacite les réflexions se tournaient en sentiment. On dit que celui-ci ne résolut d'écrire l'histoire, qu'après avoir fait des efforts inutiles pour engager Pline à ce travail. S'il y eut entre eux un combat de modestie, ce n'est pas un malheur que celle de Pline l'ait emporté.

La nation, d'une voix unanime, leur déférait l'empire de l'éloquence et de la littérature. Tacite avait ses partisans, et Pline les siens; mais, en donnant à l'un des deux la première place, on s'accordait à placer l'autre immédiatement après lui. Pour eux, à la honte de tant de minces écrivains qui se disputent des rangs que le public ne leur donne pas, ils partageaient sans jalousie cette espèce de souveraineté, la plus flatteuse de toutes, ou plutôt ils en jouissaient par indivis.

Ce serait trop peu de dire qu'une liaison très étroite, si rare entre concurrents, étouffait dans leur cœur jusqu'au moindre sentiment de rivalité. Leur intime union faisait disparaître de leur commerce toute distinction d'intérêt, et semblait confondre leurs personnes mêmes. Ils regardaient leur gloire comme un bien commun, y travaillaient de concert, se communiquaient leurs lumières, se soumettaient réciproquement tout ce qui sortait de leur plume; et, se croyant solidaires l'un pour l'autre, chacun s'efforçait de perfectionner, par une critique sévère, mais pleine de cordialité, les productions de son ami. Pline reconnaissait la supériorité de Tacite * sans en être humilié. Tacite ne se prévalait nullement de ses avantages; et, par un prestige que l'amitié parfaite est capable d'opérer, il pouvait bien ne les pas sentir.

Le public ne séparait point ces deux illustres amis. On ne parlait jamais de l'un qu'en même temps l'autre ne se présentât à l'esprit. Le seul mot de belles-lettres rappelait le souvenir de Tacite et de Pline. Tacite, se trouvant un jour au spectacle du

---

* « Tu magister; ego contrà.... qui non modò magister tuus, sed ne discipulus quidem dici debeam. » (Plin. ad Tacit. VIII, 7.)

cirque, lia conversation avec un chevalier romain qui était assis auprès de lui. Après un entretien savant et diversifié, cet homme lui demanda s'il était d'Italie ou de province : « Je ne vous suis » pas inconnu, répondit Tacite, et c'est aux belles-lettres que » j'en ai l'obligation. — Il faut que vous soyez Tacite ou Pline », reprit vivement le chevalier. Pline raconte ce fait avec une extrême complaisance, plus flatté de cet éloge fortuit, que des applaudissements qu'il recevait au tribunal des *centumvirs*, et de la gloire qu'il s'était acquise dans le sénat.

Nous avons dix lettres de Pline à Tacite, qui sont honorables pour l'un et pour l'autre. On me permettra d'en copier une, qui justifie tout ce que j'ai dit de leur confiance mutuelle et de leur inviolable attachement. Je me sers de la traduction de Sacy, que l'auteur même n'aurait pas désavouée.

PLINE A TACITE SON AMI. « J'ai lu votre livre, et j'ai marqué, » avec le plus d'exactitude qu'il m'a été possible, ce que je crois » y devoir être changé, et en devoir être retranché; car je n'aime » pas moins à dire la vérité, que vous à l'entendre; et d'ailleurs » on ne trouve point de gens plus dociles à la censure que ceux » qui méritent le plus de louanges. Je m'attends qu'à votre » tour vous me renverrez mon livre avec vos critiques. O l'a- » gréable, ô le charmant échange! Que j'ai de plaisir à pen- » ser que, si jamais la postérité fait quelque cas de nous, elle » ne cessera de publier avec quelle union, quelle franchise, » quelle amitié nous vivions ensemble! Il sera rare et remar- » quable que deux hommes, à peu près du même âge, de même » rang, de quelque nom dans l'empire des lettres (car il faut » que je parle modestement de vous, puisqu'en même temps » je parle de moi), se soient si fidèlement aidés dans leurs » études. Pour moi, dès ma plus tendre jeunesse, la répu- » tation, la gloire que vous aviez acquise, me faisaient déjà » désirer et de marcher et de paraître marcher sur vos traces,

» non pas de près, mais de plus près qu'un autre. Ce n'est
» pas qu'alors nous n'eussions à Rome beaucoup d'esprits du
» premier ordre; mais le rapport de nos inclinations vous
» montrait à moi comme le plus propre à être imité, comme
» le plus digne de l'être. C'est ce qui redouble ma joie, quand
» j'entends dire que, si la conversation tombe sur les belles-
» lettres, on nous nomme ensemble; que, si l'on parle de
» vous, aussitôt on pense à moi. Je sais bien qu'il y a des
» gens qu'on nous préfère à l'un et à l'autre; mais, pourvu
» qu'on nous place tous deux ensemble, il ne m'importe en
» quel rang : car, dès que l'on me met au-dessus de vous,
» je me crois au premier; et dès que l'on me met au-dessous
» de vous, je me crois au second. Vous avez pu même remar-
» quer que, dans les testaments, excepté ceux de quelques amis
» particuliers, on ne laisse point de legs à l'un de nous,
» qu'on en laisse un semblable à l'autre. La conclusion de tout
» ce discours, c'est que nous ne pouvons trop nous aimer,
» nous, que les études, les mœurs, la réputation, les der-
» nières volontés des hommes unissent par tant de nœuds.
» Adieu. »

A cette lettre, si pleine de sentiments, j'en ajoute une moins intéressante; mais qu'on lira d'autant plus volontiers, que j'y joindrai la réponse, c'est-à-dire, l'unique lettre de Tacite qui soit venue jusqu'à nous. On verra, dans l'une et dans l'autre, combien ces grands hommes étaient ménagers de leur temps. L'étude les suivait dans leurs plaisirs même, ou, pour mieux dire, ils ne connaissaient de plaisir que le changement d'études et de lieux.

PLINE A TACITE SON AMI. « Vous allez rire; et je vous le
» permets. Ce Pline que vous connaissez, a pris trois sangliers,
» mais très grands! Quoi! lui-même, dites-vous? Lui-même.
» N'allez pourtant pas croire qu'il en ait coûté beaucoup à

» ma paresse. J'étais assis près des toiles. Je n'avais à côté
» de moi ni épieu ni dard, mais des tablettes. Je rêvais,
» j'écrivais, et je me préparais la consolation de remporter
» mes feuilles pleines, si je m'en retournais les mains vides. Ne
» méprisez pas cette manière d'étudier. Vous ne sauriez croire
» combien le mouvement du corps donne de vivacité à l'es-
» prit; sans compter que l'ombre des forêts, la solitude et
» le profond silence qu'exige la chasse, sont très propres à
» faire naître d'heureuses pensées. Ainsi, croyez-moi, quand
» vous irez chasser, portez votre pannetière et votre bou-
» teille; mais n'oubliez pas vos tablettes. Vous éprouverez que
» Minerve se plaît autant sur les montagnes que Diane. Adieu. »

TACITE A PLINE SON AMI. « J'aurais grande envie de suivre
» vos * leçons; mais les sangliers sont si rares ici, qu'il n'est
» pas possible d'accorder Minerve avec Diane, quoique, selon

---

* Quelques éditions attribuent cette Lettre à Pline. Dans l'édition d'El-
zevir, faite en 1669, elle a pour titre : CORNELIO TACITO SUO C. PLINIUS, S.
Cet arrangement prouve qu'il faut lire CORNELIUS TACITUS S. C. PLINIO
SUO; car Pline met toujours son nom le premier, même en écrivant à
l'empereur Trajan. Il suffit de jeter l'œil sur la lettre en question, pour
voir que c'est une réponse à celle de Pline. D'ailleurs on y trouve le sé-
rieux de Tacite, et nullement le badinage de son ami. J'ai cru que le
lecteur serait bien aise de la rencontrer ici dans la langue originale. Je
suis surpris qu'on ne l'ait pas insérée dans les éditions de Tacite.

« Cupio præceptis tuis parere; sed aprorum tanta penuria est, ut Mi-
» nervæ et Dianæ, quas ais pariter colendas, convenire non possit. Ita-
» que Minervæ tantùm serviendum est, delicaté tamen, ut in secessu
» et æstate. In viâ planè nonnulla leviora, statimque delenda, eâ gar-
» rulitate, quâ sermones in vehiculo seruntur, extendi. His quædam
» addidi in villâ, cùm aliud non liberet. Itaque poemata quiescunt;
» quæ tu inter nemora et lucos commodissimè perfici putas. Oratiuncu-
» lam unam et alteram retractavi : quanquàm id genus operis inamabile,
» inamœnum, magisque laboribus ruris, quàm voluptatibus simile. Vale. »

» vous, on les doive servir toutes deux ensemble. Il faut
» donc se contenter de rendre ses hommages à Minerve ; et
» cela même avec ménagement, comme il convient à la cam-
» pagne, et pendant l'été. J'ai composé sur la route quel-
» ques bagatelles, qui ne sont bonnes qu'à effacer. Aussi n'y
» ai-je donné d'autre application que celle qu'on donne en
» chemin aux conversations ordinaires. J'y ai ajouté quelque
» chose depuis que je suis à ma terre, n'ayant pas trouvé à
» propos de m'attacher à d'autre ouvrage. Je laisse donc re-
» poser les poésies, que vous croyez ne pouvoir jamais être
» plus heureusement achevées qu'au milieu des forêts et des
» bois. J'ai retouché une ou deux petites harangues, quoi-
» que ce genre de travail soit désagréable, rude, et tienne
» plus des fatigues que des plaisirs de la vie champêtre. Adieu. »

Les excursions que faisait Tacite dans la poésie et dans d'autres genres de littérature, n'étaient que des délassements passagers, qui ne le détachaient point de son objet principal. Son goût le fixait à l'histoire ; et le succès ne pouvait que l'encourager. Lorsqu'il commença d'écrire les événements arrivés depuis Néron jusqu'à Domitien, il projetait de donner ensuite les règnes de Nerva et de Trajan, et regardait comme une perspective délicieuse l'exécution de ce projet, qui devait être, dit-il, la consolation de sa vieillesse *. Mais convenait-il à Tacite d'être l'historien d'un prince vivant ? Il voulait dire toute la vérité.

Les vertus de Trajan n'étaient pas sans tache. Insatiable de victoires comme Alexandre, et, comme lui, sujet au vin, réduit à la sage, mais humiliante précaution de défendre qu'on obéît aux ordres qu'il pourrait donner au sortir de ses longs

* « Quod, si vita suppeditet, principatum divi Nervæ et imperium Tra-
» jani uberiorem securioremque materiam senectuti seposui. »

repas, il était d'ailleurs esclave d'un vice honteux, que les païens même condamnaient. Le nom de *seigneur*, toujours détesté par Auguste, et néanmoins souffert par Trajan, ne devait pas être du goût des républicains. En un mot, il était aisé de faire le panégyrique de ce prince sans rien dire de faux ; impossible d'écrire fidèlement son histoire sans insinuer au moins quelque chose de désobligeant. Qui sait même si Tacite, lorsqu'il publia son premier ouvrage où se trouvaient intéressées tant de personnes vivantes, n'éprouva pas qu'il est plus prudent de ne parler que des morts? Toutes réflexions faites, il se dispensa de l'espèce d'engagement qu'il avait contracté ; mais il dédommagea ses lecteurs avec usure, en remontant à des règnes plus anciens, et reprenant l'histoire de sa nation depuis la mort d'Auguste jusqu'à Néron inclusivement.

Ce second ouvrage porte le titre d'*Annales*. Ce n'est pas que l'historien y suive l'ordre des années avec une exactitude plus scrupuleuse que dans son *Histoire*, ni qu'il développe les faits lorsque les parties d'un même événement, d'une guerre, par exemple, ne sont pas assez considérables pour être présentées séparément. A cet égard, nulle différence entre les deux ouvrages de Tacite. La seule qui soit bien marquée, c'est qu'il détaille moins les faits dans les *Annales*, et que le style en est plus serré. Aussi renfermaient-elles près de cinquante-quatre années en seize livres ; tandis que l'*Histoire*, dans un plus grand nombre de livres peut-être, ou du moins à peu près égal, ne contenait que l'espace de vingt-huit ans. Mais, parce que les Romains, durant plusieurs siècles, n'avaient eu d'autre histoire que les annales rédigées par leurs pontifes, ce mot, quand on l'opposait, comme fit Tacite, à celui d'*histoire*, spécifiait une narration où l'auteur, racontant des faits anciens, n'entrait pas dans un extrême détail, et semblait imiter un peu la brièveté des vieilles chroniques pontificales *.

Le temps a moins maltraité les *Annales* de Tacite que son *Histoire*. Cependant il nous manque trois ans de Tibère, les quatre années de Caligula, les six premières de Claude, et les deux dernières de Néron. Ainsi nous sommes privés d'une infinité de morceaux curieux, où Tacite devait s'être surpassé lui-même. Tels étaient la chute de Séjan et les artifices de Tibère pour miner ce colosse redoutable, qu'il avait eu l'imprudence d'élever, et qu'il n'osait attaquer ouvertement; la conjuration qui délivra l'univers de la rage de Caïus; Rome, après sa mort, libre pendant trois jours, et qui ne sait pas maintenir sa liberté; le stupide Claude poussé sur le trône, tandis qu'il n'attendait que la mort, et tremblait devant le sénat qu'il faisait trembler; la révolte de Camillus; le trépas héroïque d'Arria et de Pétus; le soulèvement général des Romains contre Néron, qui n'évita la rigueur des lois qu'en devenant son propre bourreau : voilà quelques-unes de nos pertes; mais ce que nous possédons encore, est, au jugement des connaisseurs, un des plus grands efforts de l'esprit humain.

Tacite avait à peine commencé le troisième livre de ses *Annales*, qu'il se proposait déjà, quand il les aurait achevées, de remonter encore plus haut, et d'écrire le règne

---

* Grotius, fidèle disciple de Tacite, a divisé pareillement, et pour la même raison, en *Annales* et en *Histoire* son ouvrage de la Révolution des Pays-Bas, *de Rebus Belgicis*. Ses *Annales*, écrites d'une manière plus serrée, contiennent ce qui s'était passé avant qu'il fût au monde, ou pendant sa première enfance. L'*Histoire*, plus étendue et plus circonstanciée, commence au généralat du prince Maurice, et finit à la trêve conclue en 1608, entre l'Espagne et les Provinces-Unies.

d'Auguste *, s'il vivait assez pour entreprendre ce travail. Quel génie était plus capable de mesurer le génie d'Auguste, et d'en sonder les abîmes? Le sujet et l'historien auraient été de même force; mais Tacite ne put se hâter que lentement dans la composition de ses *Annales*. Un ouvrage si sensé, si réfléchi, où l'on ne trouve rien de faible ni de négligé, où chaque partie a toute la perfection dont elle est susceptible, ou la dernière phrase qu'on vient de lire paraît toujours la meilleure, l'occupa nécessairement plusieurs années, et peut-être jusqu'à la fin de ses jours.

Quoi qu'il en soit, la *Vie d'Agricola*, la *Description de la Germanie*, connue sous le nom de *Mœurs des Germains*, les débris de l'*Histoire* et des *Annales*, avec la *Lettre* que j'ai rapportée, sont les seuls ouvrages qui nous restent de lui, à moins qu'il ne soit l'auteur du dialogue intitulé : *Des orateurs célèbres, ou des Causes de la corruption de l'éloquence*. Il a tâché, dit-on, de se conformer au style de chacun de ses interlocuteurs, mais, par la même raison, il a dû conserver le sien lorsqu'il parle en son propre nom : or, on convient que le style du préambule est beaucoup plus périodique et plus nombreux que celui de Tacite. Ainsi, quoique cette pièce soit une des *meilleures de l'antiquité*, je ne crois pas qu'on la lui doive attribuer **.

Nous ignorons en quel temps mourut ce grand homme : on conjecture qu'il eut la douleur de survivre à Pline. En effet, Pline, qui dans ses lettres ne manque jamais de faire

---

* « Sed aliorum exitus, simul cetera illius ætatis memorabo, si, effectis
» in quæ tendi, plures ad curas vitam produxero. »

** Morabin, qui, aidé du célèbre académicien La Monnoie, en a donné une traduction assez estimée, ne croyait pas que ce dialogue fût de Tacite. On peut voir dans sa préface les motifs sur lesquels il fonde son opinion.

l'éloge funèbre de ceux qu'il estime, n'y rend point ce triste hommage à la mémoire de son ami. Tacite laissa une postérité : l'empereur M. Claudius Tacitus, élu par le sénat en 275, descendait de lui. Ce bon prince, que la Providence ne fit que montrer à l'empire, homme de lettres, ennemi du pouvoir arbitraire, zélé pour la grandeur du sénat *, était agréablement flatté de cette origine ; il regardait en plus d'un sens Tacite comme son auteur. Les sentiments romains qu'il conserva, même sous la pourpre, il pouvait les avoir puisés à cette source domestique ; et ce fut peut-être autant pour perpétuer la tradition des idées nationales, que pour éterniser la gloire de sa maison, qu'il ordonna de placer, dans toutes les bibliothèques, un *Tacite* complet **, et de le copier dix fois chaque année authentiquement et aux dépens du public. Cet empereur ne régna pas six mois, et j'ignore si ses volontés furent exécutées : en tout cas, elles n'ont été que des précautions inutiles contre les ravages des Barbares, et contre ceux de l'ignorance, aussi barbare qu'eux.

Polémius, Gaulois de nation, homme d'une naissance très illustre, orateur, poète et philosophe platonicien, qui fut

---

* L'empereur Tacite ayant demandé pour Florien, son frère, une place de consul subrogé, ne put l'obtenir, parce que le sénat avait fait la clôture des comices consulaires. Ce refus le combla de joie. Enchanté de voir les Pères conscrits user librement de leurs droits, il dit avec transport : « Que le sénat connaît bien le prince qu'il a choisi ! » *Scit senatus quem principem fecerit.* (Vopisc. *Vitâ Taciti. imp.*) Quel dommage qu'un prince de ce caractère n'ait pas un historien semblable à celui duquel il se glorifiait de descendre !

** « Cornelium Tacitum scriptorem Historiæ Augustæ, quòd parentem » suum eundem diceret, in omnibus bibliothecis collocari jussit : et, ne » lectorum incuriâ deperiret, librum per singulos annos decies scribi pu- » blicitùs in * evicis (*lego* civicis) archiviis jussit, et in bibliothecis poni. » (Vopisc., *Vitâ Taciti imp.*)

préfet des Gaules après le milieu du cinquième siècle, sous l'empereur Julius Népos, prédécesseur d'Augustule, comptait Tacite parmi ses aïeux; mais l'illustration des descendants de Tacite n'ajoute rien à celle que lui donnent ses écrits : ils seront précieux à l'humanité tant qu'on fera cas d'un historien instructif, sublime et touchant; d'un citoyen pénétré de l'amour du bien public; d'un politique profond, sans être abstrait ni chimérique; de l'anatomiste du cœur humain.

Quelques censeurs croient trouver dans les ouvrages de Tacite de grands défauts, soit pour le fonds, soit pour le style. On l'accuse de peindre les hommes trop vicieux et trop conséquents dans le mal; de creuser dans les intentions secrètes de ceux qu'il introduit sur la scène; d'entendre finesse aux démarches les plus simples; d'envenimer les plus innocentes : en un mot, dit-on, sous prétexte de donner des leçons de prudence à ses lecteurs, il tient école de soupçons, et détruit, autant qu'il peut, cette douce et noble confiance qui fait le lien et le bonheur de la société.

Je sais que la plume de Tacite n'est pas indulgente; mais aussi de quel siècle nous a-t-il laissé l'histoire? Les seuls noms des princes dont il écrit les règnes lui servent d'apologie ou d'excuse. Ne prenons point la raison animée pour passion, ni le cri de la sincérité pour emportement. Est-ce la faute de Tacite s'il est réduit à peindre le vice plus souvent que la vertu? Il montre l'un dans toute sa laideur, et l'autre sous la forme la plus aimable.

Tacite a dans le caractère quelque chose de caustique, j'en conviens; mais il est en garde contre lui-même, et contre l'humeur que donne à la probité le spectacle d'une corruption générale. Je remarque mille traits d'équité dans ses ouvrages, pour un ou deux jugements faux ou hasardés qu'on lui reproche éternellement. Toutes les nuances du vice y sont démêlées avec précision ; la faiblesse et l'incapacité n'y sont point des crimes. Il déteste Néron; mais il a pitié de Claude, et ne le confond pas avec ses femmes et ses affranchis. Il distingue scrupuleusement les diverses gradations de la tyrannie de Tibère. Loin de surcharger les scélérats, jamais Tacite ne dissimule leurs bonnes qualités quand ils en ont eu, ne supprime leurs actions louables quand il leur en est échappé, ni n'oublie de les disculper des crimes dont le public les chargeait injustement.

S'il représente les hommes plus conséquents dans le mal qu'ils ne nous le paraissent ; s'il ne fait point agir ses personnages au hasard ; s'il leur donne des vues combinées, une conduite soutenue, c'est que les hommes dont il parle sont des Romains : la constance et la solidité furent toujours le caractère distinctif de la nation romaine ; en se corrompant, elle conserva dans le mal cet esprit de suite qu'elle avait eu dans le bien.

Le reproche qu'on fait à Tacite est fondé principalement sur le tableau du long règne de Tibère : or, que l'on consulte les autres auteurs, on y verra du moins les germes de ce que Tacite développe, et l'on ne sera point tenté de prendre pour un vain raffinement la sagacité de l'historien, qui suit Tibère pas à pas dans ses voies obliques et tortueuses, et qui décompose l'ame double et systématique du plus impénétrable des tyrans.

Tacite n'a point conçu le projet coupable et ridicule de bannir du monde la confiance générale, que les hommes devraient avoir par raison, s'ils ne l'avaient par instinct, pour tous ceux de leurs semblables qui ne leur sont pas devenus suspects. Il veut encore moins proscrire cette confiance particulière que nous donnent l'estime et l'amitié pour des hommes vertueux et sûrs, cette confiance, dis-je, dont Tacite et Pline étaient un parfait modèle ; mais il enseigne à ne la pas prodiguer, à ne pas s'ouvrir indiscrètement. Il inspire une prudente réserve, une sage défiance plus ou moins essentielle, selon les personnes, les temps et les lieux, et dont le contraire n'est qu'une vertu de dupe, si toutefois c'en est une. Il précautionne les gens de bien contre l'imposture et la perfidie, contre leur propre simplicité. Si Tacite ne présentait à ses lecteurs que des monstres, on aurait un prétexte de l'accuser de noirceur ; mais, au commencement de son *Histoire*, il avertit que le siècle qu'il va décrire, quoique stérile en vertus, n'a pas laissé de produire dans tous les genres, dans toutes les conditions, parmi les esclaves même, des exemples éclatants qui font honneur à l'humanité. On se sent pénétré de tendresse et de respect pour Germanicus, sur l'idée qu'il donne de ce héros. Qui ne voudrait avoir pour amis Burrhus, Thraséa, Soranus, Helvide, Agricola, Tacite lui-même ? Car, en peignant ces grands hommes, il se peint sans y penser. On ne loue point si dignement la vertu, sans être soi-même vertueux. Non, Tacite n'enseigne point à haïr les hommes ; il apprend à les choisir.

Venons au style de Tacite : c'est principalement de ce côté-là que l'on attaque ses écrits ; on prétend que son style est obscur, qu'il se ressent du mauvais goût de son siècle, et que sa latinité s'éloigne beaucoup de celle des bons auteurs. Disons un mot sur chacun de ces trois chefs d'accusation, et commençons par le plus grave, je veux dire l'obscurité.

Tacite se propose moins d'amuser que d'instruire. Il veut former des hommes d'État, de véritables citoyens ; apprendre à juger de ceux qui sont en place ; à gouverner sagement lorsqu'on s'y trouve soi-même ; à se conduire avec prudence dans toutes les situations. Ses ouvrages sont le manuel des politiques, et devraient être celui de tous les hommes. Il n'entre dans le détail des faits qu'autant qu'il le juge nécessaire pour amener les principes et les vérités qui doivent en être le résultat. Avare de paroles, et même de pensées superflues, il sous-entend tout ce que le génie de sa langue et l'intelligence d'un lecteur attentif permettent de supprimer. Son style, précis et nerveux, est tissu de sentences, ou plutôt d'oracles, qui n'ont rien de pédantesque ni de traînant, parce qu'il les fond et les incorpore avec les faits et les images. Chez lui souvent un mot rapide enferme une profonde réflexion. Content de mettre sur la voie, il laisse le plaisir de la découverte; il agace, et pique par un air de mystère.

Dans un discours fait pour être prononcé, la manière de Tacite serait déplacée, et ne donnerait pas assez de prise à l'auditeur le plus appliqué; mais, dans un ouvrage qui doit être lu; dans un ouvrage historique où les lecteurs, toujours guidés par le fil de la narration, peuvent marcher lentement, s'arrêter, prendre haleine, revenir sur leurs pas; la brièveté, soutenue par des images frappantes, par des expressions vigoureuses, par une harmonie mâle, et qui tient un peu de la cadence poétique, est la manière la plus sûre pour imprimer dans les esprits des traces ineffaçables.

Aussi, de tous les auteurs en prose, Tacite est le seul qui se fasse retenir comme un poète. S'il en coûte quelque effort pour le pénétrer, cet effort sert à le graver plus avant dans la mémoire. Pour peu qu'on ait lu Tacite, on en sait par cœur plusieurs traits; on le cite souvent; on le relit volontiers; c'est une mine inépuisable où vous découvrez sans cesse de nouveaux trésors : il attache et fixe les esprits les plus volages. Montagne, qui, depuis vingt ans, ne faisait que voltiger de livre en livre, et n'avait pas donné une heure de suite à la lecture d'un même auteur, relut Tacite sans interruption, et, comme il le dit lui-même, *le courut d'un fil.*

Mais beaucoup de gens, faute de qualité nécessaire pour saisir la précision de Tacite, la nomment obscurité. Semblables à cette femme, dont Sénèque parle, qui, devenue aveugle, s'imaginait follement qu'on avait bouché les fenêtres de la maison, ils rendent Tacite responsable de leurs propres ténèbres. Que l'on sache le latin; que, par l'usage du monde, on ait appris à connaître les hommes, ou qu'en s'étudiant soi-même on les ait devinés; qu'à ces connaissances on joigne une idée juste du gouvernement romain; que l'on n'exige pas que l'auteur fasse tous les frais; que l'on aille quelquefois au-devant de lui : Tacite alors sera clair et lumineux.

J'avoue néanmoins qu'il se rencontre dans ses écrits quelques passages difficiles; mais, outre que la difficulté vient presque toujours de la faute des copistes, quel est l'auteur latin sur lequel on ne soit arrêté quelquefois? Marche-t-on de plain-pied dans les ouvrages de Cicéron et de Tite-Live, quand on n'a pas eu soin de se les rendre familiers? Les Romains n'étaient pas, comme nous, esclaves de cette clarté qui fait le principal mérite de notre langue, et le supplice de quiconque veut l'écrire correctement. Quoique le latin, par la variété de ses tours, de ses inflexions et de ses pronoms, leur fournît, pour être clairs, des ressources que nous n'avons point, ils aimaient mieux laisser aux lecteurs quelque sorte d'embarras, que de rétrécir leur génie, que d'amortir le feu de leur composition, pour éviter l'ombre même de l'équivoque, et les ambiguïtés purement grammaticales. A cet égard, nous portons notre délicatesse jusque dans les langues étrangères, lorsque nous les parlons; et c'est toujours aux dépens de leur vrai goût et de leur hardiesse originale. La clarté française caractérise ordinairement les ouvrages latins qui sortent de la plume d'un Français. Nous ne la trouvons pas, cette clarté, dans les écrits des anciens; nous voudrions que tout fût exprimé : les anciens sous-entendent beaucoup, et Tacite plus qu'un autre; mais il écrivait pour sa nation; et jamais les Romains ne lui reprochèrent qu'il fût obscur.

Quant au second chef d'accusation, qui concerne le mauvais goût, je suis étonné que Montagne y souscrive, en disant : *Tacite plaide toujours par raisons solides et vigoureuses, d'une façon pointue et subtile, suivant le style affecté du siècle. Ils aimaient tant à s'enfler, qu'où ils ne trouvaient de la pointe et subtilité aux choses, ils l'empruntaient des paroles.* Pour moi, je remarque dans Tacite beaucoup de finesse, de profondeur et d'élévation; mais je n'y découvre nulle enflure; rien ou presque rien de subtil et de pointu; rien qui sente la *plaidoirie*, c'est-à-dire la déclamation, à moins qu'on ne nomme ainsi une certaine chaleur, toujours modérée par le jugement. Le siècle de Tacite était idolâtre, comme est le nôtre, d'un style concis, ingénieux et pensé, qui ne dégénère que trop en épigrammes, en jeux de mots, en hyperboles, en subtilités. Ce style, analogue peut-être à la nouvelle forme du gouvernement qui s'était introduite chez les Romains, avait commencé de prévaloir vers la fin du règne d'Auguste. Sénèque avait achevé de le mettre à la mode et de le corrompre; Tacite se l'appropria en génie supérieur; il en saisit toutes les beautés, et sut en éviter les défauts.

Montagne dit que Tacite *ne retire pas mal à l'écrire de Sénèque; mais que Tacite semble plus charnu, et Sénèque plus aigu.* C'est distinguer imparfaitement ces deux auteurs. Leur principale ressemblance consiste en ce que l'un et l'autre ont toujours l'air de penser; mais l'air de Sénèque trompe quelquefois. Pour Tacite, il tient encore plus qu'il ne promet : ses pensées ne sont ni fausses, ni alambiquées, ni décousues et entassées pêle-mêle. Jamais il ne donne des mots pour des choses, ni ne met l'esprit à la place de la raison ou du sentiment. Enfin, ce même genre d'écrire, qu'on trouve si vicieux dans Sénèque, Tacite l'épure, le rectifie, et le porte à un degré de perfection qui ne laisse rien à désirer.

Le troisième chef d'accusation contre le style de Tacite tombe sur sa latinité. Il emploie des mots, des expressions et des tours qui ne se rencontrent point dans les quatre ou cinq auteurs que le commun des grammairiens est convenu de regarder comme les seuls dépositaires de la pureté du latin. Mais sur quoi cette décision exclusive est-elle fondée? Térence, Cicéron, César, Virgile et Horace avaient-ils employé toutes les expressions latines? avons-nous tous leurs écrits? En perdant ces hommes illustres, Rome devait-elle être privée du droit d'enrichir sa langue et d'y faire des changements? Cicéron et Horace pensaient le contraire, et croyaient laisser à leurs successeurs un privilége dont eux-mêmes avaient usé. Sans examiner si les langues sont susceptibles de corruption, proprement dite, et si l'on ne parle pas toujours bien lorsqu'on suit l'usage présent d'une nation polie et savante, j'observerai que ce n'était point le langage, mais le goût qui, depuis le siècle d'Auguste, avait souffert de l'altération chez les Romains. Quintilien se plaint de la décadence de l'éloquence, et ne dit nullement que la langue latine fût altérée. Il ne s'y était pas encore introduit assez de nouveautés pour la corrompre.

Les principes du goût sont invariables, étant fondés sur le vrai. Pour les langues, l'usage a sur elles des droits fort étendus, parce qu'elles sont de pure convention.

Le règne de Louis XIV est encore réputé le siècle d'or de la nôtre. Supposé qu'un jour elle cesse d'être vivante, et qu'alors des puristes prétendus décident qu'on doit l'étudier uniquement dans quelques auteurs de ce règne, sera-t-il défendu d'appeler d'un tel jugement? Les bons écrivains, postérieurs à cette époque, pour s'être servi d'un petit nombre de mots et de tours que le public avait adoptés, ou qu'eux-mêmes auront, soit inventés, soit rajeunis, seront-ils atteints et convaincus d'avoir mal parlé français ? Le cas de Tacite est plus favorable sans comparaison. La langue des Romains leur permettait des hardiesses que la nôtre nous interdit.

« Qui sommes-nous, dit judicieusement Muret, nous autres
» latinistes modernes *, pour nous ériger en censeurs d'un

---

* « Qui nos sumus, si omnes in unum conferamur, quicumque hâc
» tempestate latinè loqui videmur, ut de scriptore sapientissimo, nato iis
» temporibus quibus adhuc romana lingua florebat (planè enim floruit usque ad Hadrianum) habito disertissimo ætatis suæ, sinistrè judicare audeamus ? — Quis hodiè pro certo affirmare audeat, cùm tanta veterum
» scriptorum facta jactura sit, ea quæ quibusdam apud Tacitum nova videntur, non apud veteres quoque in usu fuisse ? Si quis hodiè, in Germaniâ aut in Poloniâ natus, qui Italiam nunquàm vidisset, nunquàm
» hominem Italum loquentem audiisset, paucos tantùm quosdam libros
» Etrusco sermone scriptos legisset, eosque utcumque intellexisset, et omnium vocularum quæ in eis legerentur indicem confecisset; deindè incideret in aliquem Florentiæ natum et educatum, qui inter cives suos disertissimus haberetur; et eum notare vellet tanquàm malè loquentem,
» quod quædam diceret quæ ipse in illis paucis libris et in illo præclaro suo
» indice non haberet, quis nostrûm in tali spectaculo risum tenere posset ?
» Atqui nihilo minor nostra stultitia est, qui in tantâ veterum scriptorum
» dispersione, tam longo temporum intervallo, tantâ latini sermonis oblivione et ignoratione, optimæ notæ scriptores damnare non veremur;
» quorum coqui et muliones multò meliùs quàm omnes nos latinè et intelligebant et loquebantur. — Ego vobis hoc omni adseveratione confirmo,
» multa in Tacito nova istis videri, quæ ex ultimâ antiquitate repetita
» sunt, quæque apud Catonem, Varronem, Sallustium, quædam etiam
» apud Ciceronem ipsum leguntur; quædam fortassis novata, sed ità ut
» elegantiùs non potuerint : quædam parcè ex græco fonte detorta, quibus
» oratio ipsius tanquàm modicè asperso sale suavissimè condiatur. Et hoc
» quoque habet simile Thucydidis, in quo Græci critici quasdam voces antiquas, quasdam ab ipso cusas et novatas notant. » (M. Ant. Muretus,
Orat. quæ inscribitur, Defensio Taciti.)

» écrivain de ce mérite, du plus grand orateur d'un siècle où
» la langue romaine était encore florissante ; car elle le fut jus-
» qu'au règne d'Adrien ?..... Après la perte d'un si grand nom-
» bre d'anciens auteurs, qui peut répondre que les prétendues
» innovations de Tacite n'en avaient aucun pour garant ? Nous
» ririons d'un Allemand ou d'un Polonais, qui, ne sachant d'i-
» talien que ce qu'il en aurait appris dans deux ou trois livres,
» n'ayant d'autre dictionnaire que le catalogue des mots qu'il
» en aurait recueillis, traiterait de barbare le langage d'un
» habile Florentin, parce qu'il y remarquerait des mots qui ne
» se trouveraient point dans cet admirable vocabulaire ? Som-
» mes-nous moins ridicules, lorsque nous critiquons, sur leur
» propre langue, des hommes dont les esclaves savaient mieux
» le latin que nous ne le saurons jamais ?..... J'ose assurer,
» poursuit Muret, qu'une partie des mots et des constructions
» de Tacite, que l'on croit être de nouvelle date, est tirée de
» Caton, de Varron, de Salluste, et de Cicéron même. Ceux
» qui peuvent être nouveaux sont tous marqués au bon coin.
» Un petit nombre est emprunté du grec, et donne à sa diction
» quelque chose d'agréable et de piquant. Thucydide avait em-
» ployé des mots antiques ; en avait créé de nouveaux : c'est
» un trait de ressemblance que Tacite a de plus avec cet histo-
» rien. »

Ainsi parle Muret, dont l'autorité doit être d'un très grand poids : il possédait le latin aussi parfaitement qu'on peut posséder une langue morte ; il était excellent juge, et juge désintéressé. On ne le soupçonnera pas d'avoir plaidé sa propre cause, puisqu'il avait pris Cicéron pour modèle. Au reste, je m'occupe trop long-temps de cette frivole discussion. Qu'importe que Tacite s'exprime plus ou moins purement ? Je veux qu'il écrive aussi mal que la plupart des latinistes de notre temps, fort inférieurs aux contemporains de Muret ; il faut être bien insensible aux choses pour s'amuser, en lisant Tacite, à le chicaner sur des mots. Eût-il écrit dans une langue barbare, on la devrait apprendre pour recevoir de la première main les leçons d'un si grand maître. Ceci n'est point un enthousiasme de traducteur : *l'homme est l'étude propre de l'homme ;* or, personne ne l'a mieux connu que Tacite, et ne le fait connaître si bien

NOTICE
HISTORIQUE ET LITTÉRAIRE
SUR
DUREAU DE LAMALLE.

Jean-Baptiste-Joseph-René Dureau de Lamalle naquit, le 21 novembre 1742, à Saint-Domingue, dont son grand-père avait été nommé gouverneur, en récompense de ses services militaires. Resté orphelin dès le plus bas âge, le jeune Dureau, envoyé en France, à peine âgé de cinq ans, entra à sept au collége du Plessis, où il fit d'excellentes études, couronnées par les succès les plus brillants. Ces préludes heureux ne sont pas toujours, il est vrai, des garanties pour l'avenir : ils en furent pour Dureau de Lamalle ; et il resta constamment fidèle à l'espèce d'engagement que ses premiers succès lui faisaient contracter avec les Lettres. Il sentit que les études les mieux faites dans la jeunesse ne sont et ne peuvent être encore que des études commencées, que le travail et la réflexion d'un âge plus mûr doivent ensuite perfectionner. La nature avait fait beaucoup pour lui ; mais il ne se dissimula point ce qu'il lui restait à faire pour répondre dignement à ces dons précieux, trop souvent accordés à des insensés qui en abusent, ou à des ingrats qui en méconnaissent le prix. Entouré de tous les piéges de la jeunesse, de toutes les séductions d'une grande fortune, Dureau de Lamalle sut se défendre des uns et des autres, en leur opposant une égide impénétrable : le goût des lettres et l'amour du travail. Bientôt sa maison, dont il lui eût été facile de faire le centre des plaisirs et de la dissipation, devint le rendez-vous des hommes alors les plus distingués dans la littérature, et dont plusieurs avaient été ses compagnons d'étude et ses rivaux de gloire. Là, se trouvaient habituellement réunis d'Alembert, La Harpe, Marmontel, Champfort, etc., et surtout Delille, l'un des plus anciens et des plus honorables amis de Dureau. Il était impossible qu'une pareille société n'exerçât pas sur lui une influence salutaire ; ne lui révélât insensiblement le secret de ses forces, et ne lui inspirât pas le désir d'entrer lui-même dans une carrière où l'avait d'avance appelé la nature. Le premier fruit de cette généreuse émulation fut une traduction du *Traité des bienfaits* de Sénèque. La Harpe en rendit compte avec l'impartiale équité d'un juge, qui, sans oublier que l'auteur est son ami, le laisse tout au plus soupçonner au lecteur, qui ne cherche et ne veut, dans la critique d'un ouvrage, que raison, justice et vérité. La préface de cet essai de traduction annonçait, dans Dureau de Lamalle, un homme spécialement appelé à ce genre de littérature, trop négligé autrefois, peut-être trop cultivé depuis. C'est que tous les traducteurs ne se pénètrent pas, comme celui de Tacite et de Tite-Live, de l'importance de leurs fonctions, et de la comptabilité qu'ils s'imposent aux yeux du public; c'est qu'ils n'ont pas fait, comme lui, des réflexions profondes sur le génie des langues comparées entre elles, et sur le génie particulier des divers écrivains. On va maintenant plus vite en besogne ; on traduit pour traduire, et l'on croit avoir fait un ouvrage : aussi, jamais les bonnes traductions n'ont-elles été plus rares que depuis qu'elles se sont multipliées à un point vraiment scandaleux. Car, pour le dire en passant, et puisque l'occasion s'en présente, cette infatigable manie de *Traductions* a porté aux études un coup mortel, en paralysant, entre les mains des professeurs, une foule d'auteurs dont ils ne peuvent plus rien emprunter sans s'exposer au danger de se voir prévenus par la sagacité des élèves, toujours fort ingénieux en ce genre de découvertes. Il n'en est pas de même, il est vrai, de ces écrivains qui, soit par la nature ou l'étendue des sujets qu'ils ont traités, soit par l'ordre supérieur de leurs idées, tiennent dans les lettres un rang à part, et ont mis, pour ainsi dire, une barrière entre eux et la faiblesse, qui ne peut la franchir, ou la médiocrité, qui ne le tente même pas. Ceux-là, sans doute, ont besoin qu'un guide habile et sûr facilite auprès d'eux un accès, trop difficile sans le secours de leurs lumières. Sénèque, Tacite, découragent quelquefois le zèle le plus laborieux, dont ils trompent les efforts. Voilà les auteurs dont la traduction est un service réellement rendu à la littérature ; et Dureau de Lamalle a mérité, sous ce rapport, la reconnaissance de tous les vrais amis des bonnes études.

Encouragé par les éloges, et même par les critiques de La Harpe, le traducteur du *Traité des bienfaits*, se crut assez fort pour se mesurer avec Tacite. La Harpe en avait jugé de même, et terminait son article sur Sénèque par ces phrases remarquables : « Pourquoi M. Dureau traduit-il Sénèque ? Pénétré » de l'esprit des grands modèles, plein de talent » pour écrire, il semble gêné par le commerce d'un » esprit trop étranger au sien. *Qu'il travaille sur » Tacite*, et il se trouvera à sa hauteur naturelle : » il élèvera un monument qui manque à notre lan- » gue, et qui sera celui de sa propre gloire *. »

Dureau répondit à cette noble provocation ; le *monument fut élevé*, et il restera jusqu'à ce qu'il paraisse un traducteur capable de remplir mieux que

---

* OEuvres de La Harpe, tom VI. pag. 399.

Dureau de Lamalle, une tâche que J.-J. Rousseau et d'Alembert avaient infructueusement voulu s'imposer. Leurs essais, en ce genre, sont à peine dignes de leur plume. D'Ablancourt ne paraît pas avoir soupçonné la difficulté de l'entreprise. Plus exacts, mais dénués de chaleur, d'énergie et de caractère dans l'expression, La Bletterie et Dotteville n'avaient laissé que des copies imparfaites de l'un des plus grands peintres de l'antiquité. Tant de motifs, capables de décourager un homme moins sûr de ses forces, ne firent que ranimer celles de Dureau de Lamalle ; et, après seize années d'une lutte continuelle avec un modèle aussi désespérant, il fit paraître, en 1790, la première édition de sa traduction de *Tacite*.

L'époque n'était guère favorable aux productions littéraires ; et le nouvel ordre de choses et d'idées qui occupaient alors la France entière, les troubles qui l'agitaient de toutes parts, semblaient condamner les lettres à l'inaction, ou du moins au silence. Il n'y eut cependant qu'une voix sur le mérite de la traduction nouvelle, et sa supériorité sur toutes celles qui l'avaient devancée, ne fut pas contestée un moment. Un accueil aussi distingué, et que les circonstances rendaient plus honorables encore, fut, pour le traducteur de Tacite, une espèce d'invitation à poursuivre la carrière où ses premiers pas avaient été un triomphe. Il céda sans peine à l'invitation, et donna, quelques années après, sa traduction de *Salluste*, qui, sans prendre immédiatement sa place, dans l'opinion publique, à côté du *Tacite* français, fut néanmoins jugée supérieure à celles qui existaient alors. Il y avait infiniment plus loin de Salluste à Tite-Live, que du peintre de Tibère et de Néron, à l'historien de Catilina et de Jugurtha. Il existe, en effet, dans le style de ces deux écrivains, une espèce d'analogie qu'il n'est pas impossible de saisir ; et le succès de la première traduction était, pour la seconde, d'un heureux présage ; mais l'abondance continue de Tite-Live, l'harmonie imposante de son style, le luxe même de ses expressions, et l'étendue surtout de l'entreprise, tout rendait ici la tâche du traducteur beaucoup plus difficile, et lui supposait une constance inébranlable et un talent que rien ne pouvait décourager. Les lettres françaises se virent cependant au moment de perdre ce grand et dernier monument élevé à leur gloire par Dureau de Lamalle : la mort le surprit lorsqu'il n'avait encore terminé que la première décade, les trois premiers livres de la troisième, et les deux premiers de la quatrième. Mais, heureusement pour Tite-Live, et pour l'honneur des lettres, Dureau trouva, dans M. Noël, un continuateur digne d'associer ses travaux aux siens, et la traduction complète du grand historien de Rome parut successivement, accompagnée du texte latin soigneusement revu, en 15 vol. in-8°., 1810 et suiv. On oublia dès-lors que Vigenère, Duryer et Guérin avaient autrefois traduit Tite-Live, et il ne fut plus question que de MM. Dureau de Lamalle et Noël.

Les travaux assidus de M. Dureau, sur les trois historiens romains, ne l'empêchèrent pas de cultiver quelquefois la poésie, pour laquelle il avait un goût très vif. Toujours fidèle à l'antiquité, il mit en vers l'*Achilléide* de Stace, écrivain aujourd'hui peu lu, même des littérateurs, mais qui ne lui semblait pas avoir mérité l'injurieux oubli dans lequel il est presque tombé. Il essaya même de le réhabiliter dans une Dissertation qu'il se proposait de placer à la tête de l'ouvrage, et dans laquelle il analyse et apprécie les différentes productions de ce poète.

Il n'eut jamais à se reprocher aucune de ces opinions funestes qui lâchèrent la bride à tous les crimes; mais, comme tant d'autres, il n'en eut pas moins sa part dans les malheurs qu'elles avaient préparés. Le plus cruel, pour son cœur, fut la mort de son fils aîné, qui périt à Saint-Domingue en défendant l'héritage de ses pères. Par une suite des mêmes désordres, il se vit enlever toute sa fortune coloniale, perte qu'il supporta sans se plaindre, quoiqu'elle dût lui être bien sensible, puisqu'elle le forçait de mettre des bornes étroites à cette bienfaisance qui était une habitude de toute sa vie. Il avait été long-temps riche ; il n'avait plus que de l'aisance : elle lui fut ravie bientôt par l'infidélité de l'homme auquel était confiée l'administration de sa terre, et il se trouva réduit à la plus stricte médiocrité. Il lui restait les consolations de l'étude, une ame ferme et courageuse, une épouse et un fils qu'il chérissait : il reporta sur ce fils tous les soins et toute la tendresse que, jusqu'alors, il avait partagés entre son frère et lui ; il développa ses dispositions naissantes, sourit à ses premiers efforts, et l'associa à toutes ses études. Bientôt il le crut en état de commencer la traduction en vers de l'*Argonautique* de Valérius Flaccus, poème qui lui paraissait digne d'être rappelé à l'attention des littérateurs ; et il eut la satisfaction de le voir avancer, dans cette longue et pénible tâche, avec une constance bien rare à cet âge, et qui est un gage presque assuré du succès.

En 1805, il fut élu membre de la deuxième classe de l'Institut. Plusieurs de ses amis, qui étaient alors auprès de lui, se rappellent que, dans le premier moment, cette nomination lui causa un léger chagrin : l'obligation de faire un discours de réception lui semblait pénible ; il ne se rassura qu'au bout de quelques jours, lorsqu'après en avoir disposé tout le plan et écrit les premières pages, il s'aperçut qu'il pourrait se tirer honorablement de ce qu'il appelait un mauvais pas. Il y réussit, en effet, au-delà de ses espérances. Ce *Discours*, prononcé d'un ton noble et animé, fut couvert des plus vifs applaudissements, et l'épreuve décisive de la lecture justifia complètement l'accueil flatteur qu'il avait reçu. En effet, on y trouve autre chose que ces lieux-communs et ces éloges outrés, écrits d'un style plus ou moins sonore et harmonieux, dont on est convenu de se contenter dans les discours académiques; beaucoup de fonds et de substance; des réflexions solides et nouvelles sur le génie des langues, sur la traduction, sur les ressources de notre idiome, que, dans sa lutte journalière avec les historiens latins, l'auteur avait appris à approfondir, rangent cette production dans le très petit nombre de celles, du même genre, qui ont mérité de survivre à la circonstance qui les fit naître.

En 1806, M. Dureau fut présenté, par le corps législatif, candidat pour la présidence, et il eut encore à redouter les conséquences d'une distinction aussi flatteuse. Il aimait et estimait trop le caractère et les talents de celui qui occupait avant lui cette place (M. de Fontanes), pour désirer de lui succéder, et il pensait qu'il l'avait rendue trop difficile à remplir. Il s'interdit donc toute espèce de démarches, et il vit avec un vrai plaisir ces éminentes fonctions confiées de nouveau à l'éloquent magistrat qui les avait tant honorées.

M. Dureau, membre d'un des premiers corps de l'État et de la première société savante de l'Europe, jouissant de la double considération que lui méritaient son caractère moral et ses talents, occupé d'ouvrages utiles qui lui promettaient de nouveaux titres à l'estime publique, voyait sans inquiétude s'avancer la vieillesse, pour laquelle il s'était préparé de si nobles ressources. Agé de plus de soixante-un ans, il paraissait n'en avoir que cinquante, et conservait, dans un corps dispos et vigoureux, toute la force de tête, toute la vivacité d'imagination de la jeunesse. Malheureusement il compta trop sur la force de son tempérament. Étant allé un jour dîner à trois lieues de son habitation, il fut trempé par une pluie violente, et s'obstina néanmoins à rester toute la journée avec ses vêtements humides. Dès ce moment, il prit le germe d'un catarrhe, qui, ayant été long-temps négligé, dégénéra en phthisie laryngée, et finit par causer sa mort. Vainement sa femme et son fils le pressaient de faire quelques remèdes ; il ne pouvait se croire malade, et refusa constamment de se soumettre à un traitement qui lui aurait peut-être sauvé la vie.

Au commencement de 1807, son état avait déjà sensiblement empiré : toutefois, les plus habiles médecins de la capitale le rassurèrent, ainsi que sa famille, sur les dangers de sa maladie. Il partit pour sa terre du Perche, où il espérait retrouver, dans le bon air, et dans l'usage des fruits et des légumes de l'été, cette santé précieuse qui lui avait été si fidèle dans tout le cours de sa vie. L'aspect de ce lieu qu'il aimait, et où presque tout ce qu'il voyait d'utile et d'agréable était son ouvrage, parut d'abord le ranimer ; il avait même repris un peu d'embonpoint, et s'était enfin décidé à mettre un vésicatoire, dont il ressentait quelque heureux effet, lorsqu'au commencement de septembre, il fut attaqué d'une fièvre tierce, épidémique dans le canton qu'il habitait, qui accéléra d'une manière effrayante les progrès d'un mal négligé trop long-temps. Il n'y eut que son extrême faiblesse qui put l'arracher à ses occupations habituelles, et il ne fut alité que huit jours. Pendant tout ce temps, il ne laissa pas échapper une plainte, et ne songea qu'à ménager la douleur de sa famille et de sa tendre et respectable compagne. Il conserva sa tête libre jusqu'au dernier moment, et mourut sans agonie, le 19 septembre, avec un calme, une résignation, une confiance dans la bonté divine, dignes de ses vertus et de toute sa vie.

DISCOURS

PRÉLIMINAIRE.

Tacite a été du petit nombre des écrivains qui ont mené de front les affaires et les lettres, qui ont réuni la gloire des talents et celle des dignités. Depuis lui, l'illustration de son nom s'accrut encore : un de ses descendants fut empereur. Mais un empire de six mois, qui ne fit que donner au monde des espérances, a laissé peu de traces dans la mémoire des hommes. Un consulat éphémère, qui n'était qu'un vain honneur sans pouvoir, n'en a laissé aucune. Les ouvrages de Tacite sont, aux yeux de la postérité, le plus beau titre de sa gloire. Les dignités passent, et les ouvrages restent: les titres ne sont que pour une seule famille ; les bons écrits sont pour l'universalité des hommes, dans l'universalité des âges; l'historien est connu de tout le monde, le consul et même l'empereur le sont à peine.

Tacite, comme presque tous ceux qui se destinaient aux magistratures, avait commencé par se livrer à l'éloquence du barreau. On doit regretter qu'aucun de ses plaidoyers ne nous soit parvenu. Il eût été curieux d'observer jusqu'à quel point ce grand homme avait pu réussir dans deux genres opposés; et la comparaison qu'on eût pu faire de sa manière avec celle de Cicéron, eût servi à montrer les ressources du talent ou ses bornes, l'étendue ou les limites de l'art.

Ce fut après son consulat, dans l'âge de la maturité, qu'il se mit à écrire l'histoire; et je crois, en effet, qu'il est impossible de bien l'écrire auparavant. Il en est comme d'une bonne comédie, qui ne fut jamais l'ouvrage d'un jeune homme. Il faut avoir acquis l'expérience des hommes et des affaires; il faut avoir vu se renouveler devant ses yeux une partie des faits, qui sont la matière ordinaire de l'histoire, des guerres étrangères ou civiles, des séditions, des révoltes, des défaites, des victoires. Il faut avoir pu observer le choc des opinions, la précipitation et la contrariété des jugements, et tout ce mouvement que les divers événements d'un siècle donnent aux esprits, parmi les grands, parmi le peuple, dans une cour, dans une capitale, dans les provinces. Ce sont les ambitieux qui sont les acteurs de l'histoire; comment les connaître et les peindre avant l'âge de l'ambition? D'ailleurs, l'historien doit être calme; c'est un juge froid et impartial : les bouillantes passions de la jeunesse permettent-elles cette paisible impartialité? A cet âge on blâme ou on loue avec excès; on ne tient point compte des obstacles et des résistances : c'est l'âge des passions, et c'est celui où l'on est le moins indulgent pour les fautes que les passions

vre; on ne verra jamais à vingt ans de grands historiens.

Aussi l'histoire fut-elle toujours un des projets de la vieillesse des bons écrivains de Rome. Cicéron voulait faire de ce travail l'occupation de sa retraite ; c'est par-là que Tacite avait conseillé à Pline de terminer sa glorieuse carrière: c'est par-là que lui-même il termina la sienne. Et il faut avouer que la forme de leur gouvernement leur donnait, pour ce genre d'écrits, de prodigieux avantages.

Il n'en était pas des Romains comme de nos nations modernes, où la société est morcelée en une infinité de classes isolées, qui n'ont rien de commun l'une avec l'autre : on dirait les castes de l'Inde ou de l'ancienne Égypte. Chez nous, l'homme de guerre n'entend rien aux lois; l'homme de lois n'entend rien à la guerre. Les lois civiles y sont même séparées de l'administration. La religion a ses ministres, la finance a ses secrets à part. La politique du dehors, les négociations y sont encore confiées à des mains différentes: toutes les connaissances sont éparses. A Rome, au contraire, le même homme avait été guerrier, avocat, magistrat, juge, financier, pontife; aucun des objets dont traite l'histoire ne lui était étranger. Combien les difficultés de ce genre de composition ne devaient-elles pas s'aplanir pour des hommes tels que Cicéron, Salluste, Pline, Tacite, qui, après avoir servi plusieurs années, et avoir connu par eux-mêmes les camps, l'esprit du soldat, et les opérations de la guerre; qui, après avoir entendu discuter au sénat, pendant vingt ans, toutes les affaires importantes; qui, après avoir passé par toutes les charges de la république, trouvaient, dans leurs seuls souvenirs et dans leur seule expérience, des connaissances sûres, que, nous autres, il nous faut aller mendier de côté et d'autre, sans pouvoir jamais les employer qu'avec cette défiance et cette timidité que donnent les richesses précaires et empruntées ?

Tite Live est le seul des historiens romains qui n'ait été qu'homme de lettres; mais, dans sa république, tout citoyen était, pour ainsi dire, magistrat. Entre divers genres de mérite, ce qui frappe dans les historiens de cette nation, c'est la profonde connaissance des lois et de la constitution de leur pays, laquelle met tant de justesse et de précision dans leurs jugements. Si, pour écrire l'histoire, cette connaissance est indispensable, elle ne l'est pas moins pour lire et pour juger à son tour l'historien.

L'abbé de Mably reproche à Tacite de n'avoir pas donné d'abord, au commencement de son ouvrage, une idée générale de la constitution impériale, telle qu'elle fut établie par Auguste. Ce reproche serait fondé, si Tacite n'avait pas dû écrire surtout pour les Romains, à qui ces notions étaient extrêmement familières. J'avoue que, pour nous, à la grande distance où nous sommes de ces temps, ce tableau eût levé bien des voiles et jeté sur le reste de l'ouvrage un grand jour. Je vais donc tâcher de suppléer à cette omission, autant du moins qu'on peut suppléer Tacite; et, pour mettre les lecteurs français au point où étaient les lecteurs de Rome, j'entrerai dans quelques détails sur cette nouvelle constitution, dont l'esprit et les principes sont trop généralement méconnus.

La bataille d'Actium avait livré au seul Octave le vaste empire romain. Des extrémités de la Gaule et de l'Espagne jusqu'à l'Euphrate, et du pied de l'Atlas jusqu'aux bords de l'Euxin et du Danube, tout était réuni dans une seule main.

Quatre cent mille hommes armés et cent vingt millions de sujets allaient ne plus avoir qu'un seul homme pour les gouverner et les contenir, et cet homme était d'une constitution frêle. Il n'aurait eu de droit que le fer de ses soldats; ses sujets, de frein, que la force momentanée d'un seul; et lui, de règle, que les caprices de sa volonté.

Dans cet empire immense se trouvaient quatre millions de citoyens romains, c'est-à-dire, de souverains détrônés, qui, au milieu de leur abaissement, conservaient des prétentions et des souvenirs. Dans le nombre, il pouvait se rencontrer encore des Cassius et des Brutus.

Les quatre cent mille satellites, auteurs et soutiens de sa puissance, étaient encore plus redoutables : leur sédition avait fait trembler le vainqueur d'Actium. S'il refusait leurs demandes, il s'attirait leur courroux; s'il les satisfaisait, ou il dépouillait les citoyens, ou il épuisait le trésor public.

Tant qu'il avait eu Antoine et Lépide pour complices de son usurpation, il en avait moins senti les inconvénients et les dangers. Une partie des vexations et des injustices pouvait se rejeter sur eux; la haine publique se partageant entre les trois oppresseurs, les effets en étaient moins sensibles pour Octave, et ses jours plus en sûreté, parce que sa mort, faisant passer sa puissance à ses collègues, n'eût fait qu'appesantir le joug des Romains, en réunissant sur deux le pouvoir de trois.

Ce n'était plus la même chose depuis qu'il était resté le seul maître : toute la charge et tous les périls retombaient sur lui seul. Salvidiénus et Lépide * avaient conspiré con-

---

* Fils du triumvir.

tre lui : d'autres pouvaient conspirer encore et être plus heureux. Les vingt-trois coups de poignards par lesquels Jules-César avait expié les outrages faits à un peuple libre, se représentaient sans cesse à son esprit, et troublèrent plus d'une fois son sommeil. Ce fut alors qu'Octave dut bien sentir toute la vanité de la puissance; ce fut alors aussi qu'il songea à donner à son autorité une base plus sûre, en l'appuyant sur les lois et sur le consentement de sa nation, en rétablissant la puissance et la dignité du sénat, afin de pouvoir opposer un corps intermédiaire aux demandes des soldats et aux mécontentements du peuple. Il eut le courage de casser tous les actes de son triumvirat, flétrissant ainsi lui-même une moitié de son administration, afin d'affermir et de légitimer l'autre. Il remit ou parut vouloir remettre au sénat cette puissance qui lui avait coûté tant de soins, tant de combats, et surtout tant de crimes. Il la reprit du consentement et sur les instances du sénat, et il la reprit sous un titre républicain, sous celui de prince *. Ce moment fut l'époque de la nouvelle constitution que les Romains appelèrent le principat. Le sénat eut toute l'administration civile, tous les jugements importants, et la moitié des provinces de l'empire. Toutes les lois de la république, oubliées ou violées depuis Jules-César, reprirent ou durent reprendre leur cours. Toutes les anciennes magistratures furent conservées, avec les mêmes fonctions et les mêmes décorations. De son côté, le prince eut les armées et les provinces où étaient les armées; il fut revêtu de la puissance tribunitienne; le grand pontificat fut attaché à sa place; il obtint le

---

* Voyez la première note du livre Ier. des *Annales*.

pouvoir consulaire dans Rome, le pouvoir proconsulaire dans les provinces.

Ce fut de la réunion de tous ces titres et de tous ces pouvoirs que se constitua le pouvoir impérial. Pour bien l'apprécier, il importe d'examiner ce que chacun de ces titres donnait de puissance séparément : par-là on jugera de ce qu'en devait produire la cumulation.

Le prince, comme revêtu de la puissance tribunitienne, n'était, sous un autre nom, qu'un simple tribun du peuple. Il est même remarquable que, quoique Auguste eût reçu cette puissance à perpétuité, lui et ses successeurs prenaient de nouveau, chaque année, possession de leur puissance tribunitienne, comme on le faisait d'un simple tribunat. Ce n'était qu'une forme; mais cette forme rappelait et conservait l'esprit de la constitution.

Deux prérogatives rendaient cette magistrature précieuse à Auguste : d'abord ce droit d'opposition, qui faisait qu'un tribun du peuple, avec le seul mot *veto*, sans être tenu de motiver sa résistance, rendait nulles les ordonnances des consuls et des préteurs, suspendait les délibérations du peuple et du sénat, empêchait la promulgation des lois. L'autre prérogative, c'était le respect qu'il croyait qu'elle imprimerait pour sa personne. Celle d'un tribun était inviolable. Rien de plus terrible que les peines et les malédictions prononcées par la loi sacrée contre quiconque eût osé, je ne dirai pas même attenter à ses jours, mais seulement lever la main sur lui. C'est de ce privilége que quelques empereurs firent par la suite un si terrible abus, lorsqu'ils introduisirent les accusations de lèse-majesté. Du reste, les tribuns n'avaient aucun commandement dans Rome : il est vrai que personne, pas même les consuls, ne pouvait leur commander; mais toute leur fonction se réduisait à protéger les particuliers opprimés. La seule différence qui fut introduite, c'est que les tribuns n'avaient le droit de protection que dans l'enceinte de Rome, et qu'il fut étendu pour le prince à mille pas en dehors *.

En qualité de grand-pontife, le prince n'avait d'inspection que sur la religion, et il ne l'avait que conjointement avec tous les colléges des prêtres. Cette dignité, indépendamment de l'éclat que la religion répand sur ses ministres, avait, comme les autres sacerdoces, l'avantage d'être perpétuelle et inamovible. Aussi Auguste, qui, de tout temps avait songé à en faire une des décorations du principat, se donna bien garde de rendre douteuse une prérogative aussi importante, en ôtant le grand pontificat au triumvir Lépide, à qui il avait ôté tout le reste. Ce trait de la conduite d'Auguste est un de ceux, peut-être, qui décèlent le plus son caractère, cette politique froide à laquelle il soumettait toutes ses haines et toutes ses affections. Auguste avait contre ce Lépide des ressentiments implacables; toute sa vie il se plut à l'accabler des plus humiliantes mortifications, et il lui laisse une

* Ce fut encore en vertu de leur puissance tribunitienne, que les princes reçurent les appels, les jugèrent en dernier ressort ; et ce fut un des inconvénients de cette constitution, que la puissance de juger se trouvât réunie avec d'autres pouvoirs. Mais les princes, peu jaloux de cette prérogative, moins honorable encore que pénible, ne songèrent qu'à la restreindre. Depuis Adrien, il ne fut plus permis d'appeler du sénat au prince ; et, quant aux autres appels, on était obligé de consigner le tiers de la somme contestée, lequel restait dévolu au fisc, si l'appelant venait à succomber. Un pareil réglement n'était pas fait pour encourager les appels et pour les multiplier.

dignité éminente, une dignité qu'il convoitait au fond de son cœur, et il la lui laisse toute la vie de Lépide, qui fut longue; parce qu'il importait à l'ambition d'Auguste que cette dignité lui parvînt dans tout l'éclat et dans toute l'intégrité de ses priviléges. Un jour Labéon avait nommé ce Lépide parmi les autres sénateurs; Auguste s'échappa à marquer son mécontentement : *Comment*, dit Labéon, *ne reconnaîtrais-je pas pour sénateur un homme qui est resté grand-pontife ?* Auguste n'eut plus qu'à dissimuler et contre Lépide et contre Labéon.

Les princes, avec leur pouvoir proconsulaire, étaient ce que furent les proconsuls de la république. Ceux-ci seulement perdaient ce titre en entrant dans Rome, au lieu que les princes l'y conservaient; et si, lorsqu'ils allaient dans les provinces, leur autorité était supérieure à celle des autres proconsuls qui s'y trouvaient en même temps, ce ne fut point une distinction exclusive du principat; cette même distinction avait été accordée à Pompée sous la république; et, depuis les empereurs, elle fut décernée à des particuliers, à Germanicus sous Tibère, à Corbulon sous Néron.

Le pouvoir le plus important pour les princes était celui qu'ils tiraient de leur titre de *général* ou *empereur*. Ce pouvoir était déjà très grand sous la république même. Toutes les lois qui, partout ailleurs, dans Rome, dans l'Italie et dans les provinces, rendaient, pour ainsi dire, sacrée la personne d'un citoyen romain, se taisaient dans le camp, où le général exerçait une autorité presque despotique. Il pouvait emprisonner, dégrader, châtier, punir de mort; toutes les formes légales étaient suspendues; il jugeait sans appel, et l'exécution suivait de très près le jugement Mais ce pouvoir énorme, nécessaire, après tout, pour le maintien de la discipline et pour la promptitude de l'obéissance, ne s'étendait que sur les soldats, ne s'exerçait qu'à l'armée; il venait expirer aux portes de Rome, où le général perdait, en entrant, son droit de commander, et même jusqu'à son titre de commandant. Le généralat impérial, donnant le même pouvoir, avait les mêmes bornes. D'après la constitution, les empereurs du principat n'avaient pas plus d'autorité sur le dernier des citoyens que les empereurs de la république, car c'était le même nom. La seule prérogative du principat fut que les premiers conservaient dans Rome leur titre d'empereur, leur autorité sur les armées; au lieu que les autres, comme je l'ai dit, l'y perdaient.

Leur puissance consulaire était la seule chose qui donnât aux princes une autorité légale dans Rome, et c'est celle dont il importe le plus de fixer l'étendue et les limites.

Tous les magistrats, à l'exception des tribuns, étaient aux ordres des consuls. Les consuls avaient le pouvoir de rendre nulles les élections, en refusant de prononcer le résultat des suffrages; d'exclure du nombre des candidats ceux qu'ils croyaient indignes; ils pouvaient emprisonner tout citoyen qui n'était pas, dans le moment, revêtu de quelque magistrature, convoquer extraordinairement le sénat; ils le présidaient, ils proposaient les affaires, ils recueillaient les voix, ils congédiaient l'assemblée. Tels étaient les droits que la constitution donnait aux consuls.

Je ne parle point de ce pouvoir extraordinaire qui, dans des moments de crise, leur fut attribué quelquefois, en vertu de ce décret du sénat si connu, par lequel on autorisait les magistrats à pourvoir à ce que la république ne souffrît aucun dommage. Les consuls avaient alors une souveraineté momentanée, qui durait autant que le péril. Ils pouvaient prendre les mesures les plus violentes, lever des troupes, infliger des châtiments, réprimer à leur gré les séditieux. Ce pouvoir n'était point attaché au consulat; il n'était l'effet que d'un décret particulier, émané du sénat même; et je ne pense point, quoi qu'en dise La Bletterie *, que ce pouvoir eût été conféré à Auguste, parce qu'il n'avait lieu que dans des cas très rares et très urgents, qu'il eût été insensé, qu'il était impossible d'assigner, avant les circonstances qui les déterminaient **.

Quoique Auguste eût reçu la puissance consulaire à perpétuité, il accepta plusieurs fois depuis le consulat annuel; et son exemple fut une loi pour ses successeurs. C'était un trait de popularité que de paraître briguer un titre qu'ils partageaient avec des citoyens; c'était honorer le consulat et leurs collègues.

D'ailleurs Auguste, toujours fidèle à son système de modération apparente, satisfait d'avoir, pour ainsi dire en secret, la réalité de ce pouvoir consulaire, en avait refusé toutes les décorations extérieures qui pouvaient l'annoncer aux yeux et le rappeler aux esprits. Il ne prit jamais le titre de consul perpétuel; il ne prit point les douze *** faisceaux; il

---

* Dans une excellente dissertation intitulée : *De l'empereur romain dans le sénat*, faisant partie du *Recueil des Mémoires de l'Académie des inscriptions*, et qui m'a été fort utile.

** On n'a qu'à consulter le décret de Vespasien : ce décret n'en parle pas.

*** Voyez cette même dissertation de La Bletterie, tome XL, édition in-12 des *Mémoires de l'Académie des inscriptions*.

usa seulement du droit qu'avaient les consuls de commander aux questeurs et d'inspecter les finances. Du reste il n'accepta, pour toute distinction dans le sénat, qu'une simple chaire curule entre les deux consuls.

Voilà pourquoi les empereurs n'étaient pas fâchés d'y joindre de temps en temps le consulat annuel, qui avait conservé toutes ces distinctions frappantes qui imposent à la multitude. Domitien, entre autres, qui avait toutes les petitesses de l'envie et de la vanité, porta à l'excès cette ambition. Son principat ne fut qu'un long et perpétuel consulat.

Les consuls n'opinaient point. On avait redouté l'influence qu'une magistrature suprême, quoique passagère, pouvait avoir sur les opinions. Les princes, quand ils étaient consuls, n'opinaient pas non plus. Les consuls n'exerçaient point une autorité arbitraire ; ils étaient soumis aux lois, et ils juraient de les observer. Ces mêmes règles, ces mêmes formalités contenaient et limitaient le pouvoir consulaire des princes. Trajan, toutes les fois que, dans son principat, il fut nommé consul, prêta le serment que prêtaient les magistrats de la république. Il se tenait debout devant l'ancien consul, qui restait assis ; il répétait mot à mot le serment qu'on lui dictait, et par lequel il se dévouait lui et sa famille à la colère des dieux, s'il manquait d'observer les lois. Au sortir du consulat, il jura qu'il avait rempli son serment. Auguste, dans son sixième consulat, époque de l'établissement de la nouvelle constitution, avait rempli les mêmes formes, s'était lié par un serment pareil *.

---

* Claude en fit autant. *Voyez* Dion.

PRÉLIMINAIRE. 69

Quand le prince n'était pas consul, il ne présidait pas*; ce n'était qu'un sénateur qui opinait à son rang, comme les autres, et dont on pouvait fort bien ou combattre ou ne pas suivre l'opinion; car son titre de prince ne lui donnait pas la moindre autorité, ni civile ni militaire.

Du temps de la république, ce titre était affecté au citoyen que les censeurs**, en faisant le dénombrement, inscrivaient le premier sur la liste du sénat; et Auguste l'avait reçu de la même manière. C'était Agrippa, censeur conjointement avec lui, qui l'avait nommé prince.

Le principat n'était point une magistrature; c'était une sorte de décanat, qui se conférait au mérite le plus éminent.

La seule prérogative dont les princes du sénat eussent joui pendant quelque temps, fut celle d'opiner le premier; et ils l'avaient perdue depuis Pompée. Cette prérogative avait passé aux consuls désignés ***, qui la conservèrent sous les empereurs.

Le prince du sénat n'avait pas même de décorations extérieures; et, tandis que l'empereur ou le général s'annonçait hors de Rome par la pourpre, que, dans Rome, le consul s'annonçait par la prétexte, les licteurs et les faisceaux, le prince du sénat n'avait rien qui le distinguât des autres citoyens. Et ce fut la grande raison pour laquelle Auguste choisit de préférence ce titre pour désigner les chefs de la nouvelle constitution qu'il établissait. Il entrait dans la politique

---

* « Princeps præsidebat; erat enim consul. » (*Panég. de Trajan.*)

** « Princeps senatûs dictus fuit is, qui, in lectione senatûs quæ per
» censores, peracto censu, fiebat, primo loco recitabatur. » (Rosin., *Antiq. rom.*, liv. VII, ch. 5.)

*** Pompée fut le premier consul désigné.

de cet ambitieux hypocrite de ne s'offrir à l'imagination d'un peuple jaloux du nom de liberté, qu'avec un titre modeste, qui ne réveillait aucune idée d'autorité, de commandement, de puissance, qui s'attirait le respect sans inspirer la crainte, et sous lequel il cachait, pour ainsi dire, tous les autres pouvoirs qu'il avait réunis sur sa tête.

Mais, encore une fois, tous ces pouvoirs étaient circonscrits. Comme tribun, il n'avait que son droit d'opposition; comme proconsul, il n'avait d'autorité que dans les provinces; comme empereur, que dans les camps; consul, il était subordonné à toutes les lois qui liaient les consuls; et, enfin, comme prince, il n'était pas même magistrat.

Le mal fut qu'Octave n'obtint que successivement tous ces pouvoirs; que sa puissance légale fut trop bornée d'abord; qu'elle ne fut pas dans les commencements ce qu'elle devint par la suite.

Je suppose qu'il eût mis plus de bonne foi dans sa conduite; qu'au lieu de feindre de remettre tout son pouvoir, il se fût borné seulement à le restreindre et à le légitimer; qu'au lieu de suppléer, comme il le fit pendant cinq années consécutives, par le consulat annuel, aux autres pouvoirs du principat, qui ne lui furent conférés qu'à de longs intervalles, il les eût demandés tous à la fois dès le jour même où il établit la nouvelle constitution; je suppose qu'il eût parlé ainsi au sénat:

« Si, pour justifier tous les titres d'honneur dont vos
» suffrages, pères conscrits, ont décoré Octavien, il suffisait
» d'avoir surmonté de grands obstacles, vaincu des ennemis
» puissants, exécuté des entreprises difficiles, j'oserais me
» flatter d'en avoir fait assez peut-être, pour que nous n'eus-

» sions à rougir, ni vous de m'avoir décerné des distinctions
» aussi éclatantes, ni moi de les avoir acceptées. Les bornes
» de l'empire reculées jusqu'aux rives du Danube; la Mésie
» et la Pannonie, qui connaissaient à peine le nom romain,
» subjuguées et paisibles; le Nil tributaire du Tibre; la Si-
» cile et la Sardaigne reconquises; l'Orient, dont on avait
» fait la proie d'une femme égyptienne, rendu à votre domi-
» nation; cette vaste puissance, qui s'etait démembrée de
» toutes parts, et qui se dispersait en lambeaux, rassemblée
» en un seul corps; l'Italie purgée des brigands qui infestaient
» et ses terres et ses mers; partout le calme, l'abondance et la
» paix : tels sont les faits que, dans un espace à peine de douze
» années, l'administration d'Octavien peut offrir à votre mé-
» moire, pères conscrits; et j'hésite d'autant moins à vous les
» rappeler, que votre gloire fait la plus grande partie de la
» mienne, que la plupart d'entre vous ont été les instru-
» ments de mes succès et les coopérateurs de mes victoires.

» Mais ce ne serait point assez d'avoir rétabli au-dehors
» la grandeur du peuple romain, il importe encore plus de
» la rétablir au-dedans, en lui rendant ce qui seul fonda sa
» puissance, ce qui seul peut la maintenir, la liberté.

» J'arrête ici vos pensées, pères conscrits. Ne croyez point
» que j'entende, par ce mot, cette liberté turbulente et ora-
» geuse de la démocratie, qui, le plus souvent, n'est que
» l'impuissance des lois, et qui, depuis quarante ans, a fait
» tous les malheurs de l'État. Aux dieux ne plaise que mes
» conseils imprudents voulussent vous ramener à cette an-
» cienne forme de république, que dès long-temps votre sa-
» gesse aurait dû proscrire, instruite par nos dissensions;
» convenable à un peuple naissant, vertueux et pauvre,

» mais incompatible avec nos vices, nos richesses et la vaste
» étendue d'un empire qui s'affaisse sous sa propre grandeur.

» Il était beau à Sylla de n'avoir pas désespéré sitôt de la
» vertu publique, d'avoir cru le peuple romain digne encore
» de conserver son antique constitution; mais enfin, vous le
» savez, pères conscrits, quel a été le fruit de l'abdication
» de Sylla ? Deux ans à peine s'écoulent, et un nouvel am-
» bitieux, Lépide *, s'élève contre la république : puis
» viennent les Catilina, les Clodius; puis vingt ans d'anar-
» chie, de brigandages, de meurtres, et des guerres cruelles,
» qui n'ont fini qu'après avoir ensanglanté les trois parties
» de la terre.

» Une fatale expérience nous l'a trop appris; pour con-
» tenir tant de passions et d'intérêts, qui, en se choquant
» de toutes parts, ne tarderaient pas à bouleverser de nou-
» veau l'univers, il faut à Rome un seul chef; mais, puisque
» ce chef est Romain, et qu'il doit commander à des Ro-
» mains, il doit être, non un despote, mais un magistrat
» soumis à toutes les lois de la république; et, s'il importe de
» nous prémunir contre les attentats de tous, il n'importe
» pas moins de nous prémunir contre les attentats d'un seul.
» Sénateurs, c'est vous qui, dans l'ancienne république,
» contre-balanciez le pouvoir de la multitude; c'est vous qui,
» dans la nouvelle, contre-balancerez le pouvoir du chef.

» Et le premier acte de votre autorité sera d'élire vous-
» mêmes ce chef, dont le pouvoir ne doit servir qu'à faire
» respecter le vôtre. Malheur à l'empire si on laissait plus
» long-temps à la disposition de ses armées le droit de lui

* Il ne faut pas le confondre avec le triumvir.

PRÉLIMINAIRE.

» nommer ceux qui doivent le régir! Ce sont elles qui ont
» nommé Antoine; ce sont elles qui ont fait les triumvirs.

» Dernièrement, pères conscrits, vous m'avez vu abolir
» solennellement devant vous tous les monuments de cet af-
» freux triumvirat : c'était vous dire assez que je n'avais plus
» la coupable pensée de vouloir maintenir un pouvoir illé-
» gitime dont je cherchais à anéantir tous les actes, et, plût
» aux dieux! la mémoire. Eh! comment oserais-je faire ob-
» server les lois, si, persistant dans une usurpation tyran-
» nique, je les violais chaque jour? Non, non : il est temps
» de réparer l'outrage fait à la majesté du sénat. Octave n'a
» dû son pouvoir qu'au fer de ses légions; Octave * vient
» aujourd'hui le déposer à vos pieds; il ne le reprendra que
» de vos mains; il n'en reprendra que la partie qu'il convient
» à vous, qu'il convient au bien de l'État de me laisser, celle
» qui pourra servir à la félicité de toutes les générations de
» tout un peuple, et non plus à l'ambition momentanée
» d'un seul homme.

» Cette résolution, pères conscrits, vous surprendra peut-
» être de la part d'un homme, qui, j'en conviens, avait paru
» jusqu'ici faire beaucoup pour son autorité, bien peu pour
» la patrie. Mais, Romains, connaissez désormais le cœur
» d'Octave; et, comme il va s'ouvrir à vous sans réserve,
» livrez-vous à lui sans défiance. Assez et trop long-temps
» la dissimulation a fait toute ma politique; elle pouvait s'ex-
» cuser dans ces temps malheureux d'injustice et d'oppres-
» sion, où il était pardonnable peut-être de chercher à des

---

* Les historiens le nomment indifféremment Octave et Octavien, jusqu'au moment où l'adulation du sénat lui donna le titre d'*Auguste*.

» entreprises illégitimes quelques motifs qui parussent les
» rendre moins condamnables. Et encore, quel a été le fruit
» de cette dissimulation? Qui de vous a pu croire un mo-
» ment que l'ardeur de venger la mort d'un père eût été l'u-
» nique mobile de mes actions, et que celui qui avait com-
» battu d'abord pour délivrer un des meurtriers de César,
» n'eût combattu ensuite que pour les punir? Non, qu'on
» ne se flatte point d'abuser une grande nation; on ne trompe
» ni les autres, ni soi.

» Sans doute, pères conscrits, les mêmes moyens qui
» m'ont élevé à ce pouvoir injuste pourraient m'y maintenir,
» et ce que j'ai fait avec les ressources de trois provinces seu-
» lement, je pourrais le faire encore avec les forces du monde
» entier? Mais que gagnerais-je à cet excès de pouvoir? pour
» qui serait-il? Puis-je tout voir, tout entendre, tout faire?
» Qu'est-ce que la petite partie de puissance qui me resterait
» en propre, ou dont je disposerais personnellement, auprès
» de celle qu'il me faudrait perdre d'un côté et d'un autre,
» disperser dans mille mains; auprès de celle que, malgré
» moi, à mon insu, on saurait bien usurper sur moi, comme
» je l'aurais usurpée sur la république? Je n'aurais donc sou-
» tenu tant de guerres, bravé tant de périls, passé tant de
» jours orageux, tant de nuits inquiètes, qu'afin de voir des
» ministres ambitieux ou infidèles, des favoris avides, que
» dis-je? des affranchis, des esclaves peut-être, disposer sou-
» verainement et du peuple romain et de moi; que pour
» prêter un nom aux volontés des autres; que pour charger
» une seule tête des mécontentements de toute la terre? Ah!
» puisqu'il faut être gouverné, j'aime mieux l'être par vous,
» sénateurs, par vous, consuls, préteurs, édiles, vous tous

» dignes magistrats de ma république, j'aime mieux l'être
» par les lois.

» Dans ce moment-ci encore, un reste d'énergie que laisse
» le ressouvenir d'une liberté récente, maintient la valeur
» de nos légions; mais encore quelques années d'un pouvoir
» arbitraire, et ce reste aurait bientôt disparu. N'ayant plus
» que des esclaves, je n'aurais plus d'hommes, plus de ci-
» toyens, plus de soldats. Ne craignant rien au-dedans, il
» faudrait tout craindre au-dehors : rassuré contre les ré-
» voltes, qui me garantirait des invasions?

» Croyez-en, Romains, ma triste expérience : ah! qu'il
» est bien plus facile d'usurper et de détruire, que de main-
» tenir et de gouverner! Dans le trouble et dans la faction,
» nous trouvons toutes les passions promptes à nous servir.
» Voulons-nous rétablir l'ordre? toutes ces mêmes passions
» se tournent contre nous, et c'est alors que le besoin des
» vertus se fait sentir. Mais sur quelles vertus peut compter
» l'usurpateur qui les a outragées par ses attentats, et qui les
» indigne par ses succès? Maintenant, Romains, que tout
» sera soumis à une autorité légitime et modérée, que le sé-
» nat va reprendre son ancienne splendeur; tous les magis-
» trats leurs fonctions; que toutes nos formes antiques et
» sacrées vont être rétablies, et que l'empire des lois sera
» substitué à celui des hommes, les vertus vont reparaître
» en foule et se propager les unes par les autres. Viens, gé-
» néreux Sestius *, toi, qui n'as pas craint de braver les

* Lorsqu'Auguste, dans son onzième consulat, se démit enfin de cette magistrature, il se subrogea Sestius. Ce fut dans l'enthousiasme universel qu'excita cette générosité du prince, qu'on lui conféra la puissance tribu-nitienne à perpétuité, le pouvoir proconsulaire, etc.

» ressentiments du vainqueur pour te conserver fidèle à l'a-
» mitié malheureuse, et qui, depuis douze ans, portes in-
» trépidement sur ton sein l'image de Brutus, ton ancien
» général; vertueux * Messala, dont le courageux attache-
» ment pour Cassius m'est garant de celui que tu réserves au
» nouvel ami que, depuis, ton cœur a daigné choisir; Pi-
» son **, Agrippa, vous tous qui, soit dans mes camps, soit
» dans ceux de Sextus et d'Antoine, vous êtes signalés par le
» même courage, par la même fidélité, et que je réunis au-
» jourd'hui dans mon cœur par la même estime et la même
» admiration; venez tous avec assurance demander au sénat
» et au peuple romain la récompense de vos vertus. Et toi,
» digne fils du plus éloquent des Romains, de ce grand et
» vertueux citoyen dont le nom retrace à mon cœur des sou-
» venirs si déchirants, et dont, après douze années de pros-
» périté, mes yeux n'osent envisager l'image qu'en tremblant;
» viens, jeune Cicéron, viens t'enorgueillir ici de ce nom sa-
» cré, et recevoir les distinctions que t'assurerait la seule
» gloire de ton père, quand tes propres vertus ne les solli-
» citeraient point. Ah! Romains, combien ce fatal instant
» d'une lâche condescendance a jeté d'amertume sur mes
» jours! Ombre vénérable! si tant de larmes versées en secret
» sur ta cendre, si mes remords, si mon repentir sincère,
» si les honneurs *** prodigués au digne fils dans lequel tu
» te plais sans doute à te voir survivre, peuvent consoler tes

* *Voyez* Tacite, dans le discours de Crémutius Cordus, liv. IV des *Annales*.

** Tacite, liv. II des *Annales*.

*** Le fils de Cicéron fut consul sous Auguste.

» mânes, reçois, en expiation de ma faute, le serment so-
» lennel de m'oublier à jamais, pour ne plus envisager que
» le bonheur de cette patrie qui t'avait proclamé son père
» d'une voix unanime, et que tu aimais d'un amour si sin-
» cère. Hélas! Romains, pendant douze années, personne
» autour de moi n'avait daigné parler * une seule fois de
» ce grand homme, dont les écrits sont dans toutes les mains,
» et le nom dans toutes les bouches. Et voilà comme on traite
» les grands? Ah! sortons au plus tôt de cette triste puis-
» sance, qui nous prive de l'amitié, de la vérité, les deux
» biens les plus nécessaires au malheureux qui gouverne; que
» je goûte la douceur de vivre avec mes égaux. Et vous, sé-
» nateurs, songez maintenant à cimenter, par les liens d'une
» constitution durable, la liberté des citoyens et la tranquil-
» lité de l'État. Jamais de plus grands objets n'auront été
» soumis à vos délibérations. Songez que de ce jour va
» dépendre le destin de toute la terre dans toute la suite des
» siècles. »

Lorsque le questeur du consul aurait lu le plan de la nouvelle constitution, tel à peu près que je l'ai tracé, et avec de
plus grands détails encore, Octavien, reprenant la parole, aurait représenté : « Que, le sénat seul ayant tout le pouvoir
» législatif, le droit d'opposition devenait nécessaire au prince
» pour défendre ses prérogatives et maintenir la constitution;
» que le commandement général de toutes les troupes, réuni

---

* Le jeune Marcellus, neveu d'Auguste, croyait devoir se cacher de
son oncle pour lire Cicéron. Il fut surpris un jour; mais Auguste, loin de
lui en vouloir, dit, en lui remettant le livre : « C'était un homme de
» bien que Cicéron, et qui aimait sincèrement la patrie. »

» dans une seule main, assurerait la tranquillité; qu'en effet,
» un corps de sénateurs, toujours occupés de délibérations
» paisibles, ne pourrait jamais en imposer à des soldats gros-
» siers et farouches, comme un général unique, qui, maître à
» la fois de toutes les armées, aurait dans chacune un garant
» de la fidélité de toutes; que, sans l'autorité proconsulaire
» dans les provinces, et sans l'autorité consulaire dans Rome,
» le prince n'aurait aucune force légale pour prévenir ou ré-
» primer au besoin les mouvements dans l'empire et dans
» la capitale; que, dans le cours ordinaire de l'administra-
» tion, ces deux pouvoirs devaient être sans exercice; que
» les magistrats et les lois suffisaient alors, et même valaient
» mieux que le prince; que ce serait seulement une ressource
» extraordinaire pour les moments imprévus où les lois se-
» raient menacées et la constitution en péril; que le prince n'é-
» tait nullement établi pour statuer et pour gouverner, mais
» uniquement pour modérer et pour contenir; qu'au reste,
» quels que fussent les pouvoirs et les prérogatives qu'il pa-
» raîtrait convenable de lui conférer, il fallait qu'ils le fus-
» sent tous à la fois et dans ce jour, en sorte que les pouvoirs
» du sénat et ceux du prince, une fois déterminés, devinssent
» invariables, sans qu'il fût jamais possible ni d'en rien ôter,
» ni d'y rien ajouter; qu'il y avait sans doute un grand incon-
» vénient dans la nouvelle forme d'administration; que l'ar-
» mée pouvait être, dans la main d'un mauvais prince, un
» instrument d'oppression; mais que cet inconvénient était
» inévitable, qu'il était attaché à la nature même des choses
» et à la grandeur de l'empire, qui ne pouvait défendre cette
» vaste étendue de frontières contre les incursions subites de
» tant de nations barbares, sans de grands corps de troupes

» stationnaires, qui, dans quelque forme de gouvernement
» qu'on adoptât, seraient toujours plus disposés à écouter les
» promesses d'un général ambitieux que les ordres d'un sé-
» nat éloigné; mais que, là où les lois et la constitution étaient
» insuffisantes, il fallait y suppléer par les mœurs; que, le
» droit d'élire appartenant au sénat, que, les pouvoirs du
» prince n'étant qu'une réunion de magistratures que des
» lois sacrées et toujours subsistantes ne permettaient pas
» même de solliciter avant l'âge de la maturité, le principat
» ne pouvait être héréditaire; qu'il fallait donc, par l'élec-
» tion, s'assurer de princes toujours vertueux; et qu'afin de
» prévenir les brigues et les dissensions qu'entraîneraient cette
» forme élective et l'incertitude de la succession à l'empire,
» le premier acte du prince nouvellement élu serait d'adop-
» ter *, pour son successeur, parmi un certain nombre
» de sénateurs que lui présenterait le sénat ou plutôt la loi,
» celui qui réunirait au plus haut degré les vertus militaires
» et les vertus civiles; que ce devait être une loi fondamen-
» tale de la nouvelle constitution, consacrée solennellement
» en ce jour par la sanction auguste du sénat; qu'ainsi, réu-

* J'aurais désiré qu'on eût établi un corps d'*adoptables*, au nombre de quatre ou six, plus ou moins, tous choisis parmi ceux qui auraient montré le plus de talents dans le commandement des armées, dans le gouvernement des provinces et dans les délibérations du sénat. Du temps de Néron, par exemple, on eût nommé *adoptables* Corbulon et Suétonius, Thraséas et Soranus, Burrhus et Sénèque. Les *adoptables* auraient été nommés par le sénat et par le peuple romain assemblés. Dans le nombre, le prince nouvellement élu aurait adopté pour son successeur celui dont le caractère lui aurait plu davantage. On aurait pu encore, si l'on eût voulu, prendre l'expédient qu'indique J.-J. Rousseau, chap. 14 du *Gouvernement de Pologne*.

» nissant constamment, et pour la législation, la sagesse d'un
» corps toujours exercé aux affaires, et, pour l'exécution,
» la force et les talents d'un chef vertueux, on aurait une
» constitution aussi peu défectueuse que pourrait le comporter
» un grand empire. »

Je ne doute pas qu'un pareil discours n'eût excité les acclamations unanimes du sénat; et, dans la juste admiration que lui aurait donnée une conduite aussi franche, ce noble aveu de ses fautes, et le courage d'une ambition généreuse et modérée qui se fût ainsi montrée à découvert, Octave eût infailliblement obtenu, dès ce moment même, tout ce qui manquait à son pouvoir légal. Mais tant de magnanimité sans doute ne pouvait être le fruit du remords seul, et n'appartenait qu'à une vertu constamment irréprochable.

Octave, le jour de sa feinte abdication, n'avait que le commandement des armées et la puissance tribunitienne. Il n'obtint le pouvoir proconsulaire que quatre * ans après, et le pouvoir consulaire qu'au bout ** de dix ans. Une année, on lui accordait le droit de convoquer extraordinairement le sénat; une autre, le droit de proposer une affaire dans chaque assemblée. Tantôt on l'exemptait d'une loi, tantôt d'une autre, et toujours par autant de concessions partielles : cela mit de l'instabilité dans la constitution, cela fit qu'il n'y eut jamais de point fixe et arrêté. Comme le sénat ne pouvait savoir si le dernier privilége que son chef avait accepté était le dernier qu'il voulait recevoir, il allait toujours renchérissant sur ses premiers décrets. Auguste n'avait reçu

---

* L'an de Rome 730.
** L'an de Rome 736.

que le droit de proposer * une seule affaire dans chaque assemblée : Marc-Aurèle eut le droit d'en proposer cinq; Pertinax, quatre; Probus, trois. Auguste et Tibère avaient obtenu, pour leurs fils et petits-fils, la dispense de posséder les dignités cinq ans, dix ans plus tôt que la loi annaire ** ne le permettait. Marc-Aurèle obtint la puissance tribunitienne pour Commode, à quinze ans ; Jovien alla jusqu'à faire son fils consul au berceau.

La plupart de ces titres et de ces honneurs n'ayant été accordés que successivement *** à Auguste, et même à ses successeurs, ce n'étaient plus alors des droits inhérents à la souveraineté, c'étaient des récompenses décernées à des citoyens : et rien ne prouve mieux, contre l'opinion vulgaire, que les empereurs n'étaient pas des souverains, n'étaient pas des monarques; car quel est le sujet qui s'arrogerait le droit de récompenser son maître? Mais cela même, en prouvant la puissance et la liberté constitutionnelle du sénat, contribua à sa dégradation et à son avilissement.

Ces titres et ces distinctions étant une récompense, ne pas les déférer aux mauvais princes, c'eût été accuser leur administration; et, comme il importait de ne point irriter leurs soupçons et leur jalousie, plus ils méritaient de censure, plus le sénat leur prodiguait de louanges; plus ils devaient abuser de leur pouvoir, plus il fallait l'augmenter.

* Ce qu'on appelait *jus relationis primæ, tertiæ, quintæ*, etc.
** Ainsi nommée, parce qu'elle fixait, pour chaque magistrature, l'âge (*annos*) où l'on pouvait la posséder.
*** « Hæc autem non omnia simul principi, sed intervallis aliquot pro-
» ferebantur. » (Gravina, *De ortu et progressu juris civilis*, pag. 138.
« Ac ne tribunitiam quidem potestatem, et patris patriæ appellationem
» nisi serò recepit. » (Suet., *de Vesp.*)

La constitution donnait un grand pouvoir au sénat, le sénat devenant l'ennemi naturel des mauvais princes qui violaient la constitution; et, pour se précautionner contre les effets terribles de cette inimitié, il n'y avait d'autre parti pour le sénat que de chercher à diminuer sa puissance. Ainsi le sénat perdait son pouvoir par son pouvoir même : pareil au bois qui fournit lui-même les coins qui l'entr'ouvrent et le déchirent.

C'est le propre de l'adulation de renchérir toujours sur elle-même, parce que le caractère de tout ce qui est distinction est d'être extraordinaire et d'ajouter à ce que l'on connaît déjà. Or, cet esprit d'adulation, se fortifiant de jour en jour, devait fortifier le pouvoir impérial. Bientôt il n'y eut plus d'infraction des lois qui ne devînt une loi, d'abus qui ne devînt un usage, d'usurpation dont on ne fît un titre; et cela était d'autant plus inévitable, que l'ancienne république fournissait elle-même à l'adulation des prétextes et des autorités. Le peuple romain avait quelquefois dispensé de la loi ses citoyens : le moyen que le sénat n'en dispensât point ses princes ! On avait déféré à Cicéron le titre de père de la patrie : pouvait-on refuser un pareil titre à Auguste, à Tibère, à Claude ? Les cinq consulats consécutifs de Marius justifiaient les sept de Domitien [*]; et, puisque le premier Africain avait été nommé proconsul à vingt-quatre ans et avant d'être consul, on ne pouvait plus trouver si extraordinaires des innovations pareilles pour les Augustes et les Césars.

Le caractère personnel d'Octave influa encore beaucoup sur cet esprit général du sénat. Comme ce prince alla toujours

---

[*] Domitien fut consul dix-sept fois; mais il ne le fut que sept fois consécutivement.

PRÉLIMINAIRE.

au pouvoir par des voies obliques et détournées ; qu'en remettant d'une main, il cherchait à retenir de l'autre ; qu'il enveloppa toujours son administration de ruses, d'artifices et de dissimulation, le sénat, de son côté, se tint toujours en garde contre des refus qui n'étaient point sincères, contre une modération qui n'était qu'apparente. Dans la crainte de ne pas faire assez, il fit toujours beaucoup trop ; il se jeta dans cette excessive adulation qui est la dissimulation des inférieurs ; et comme Tibère, qui succéda à Auguste, suivit ce même plan de politique et de dissimulation insidieuse, que l'administration de ces deux princes fut longue et embrassa presque l'étendue d'un siècle, ce caractère d'adulation eut le temps de se fortifier de plus en plus ; il devint le caractère général du sénat, qui ne reprit ses droits et sa dignité que sous le petit nombre de bons princes qui se conformèrent à la constitution, et qui, en respectant le sénat, lui apprirent à se respecter lui-même.

Ce qu'il y eut de plus funeste, c'est que ces adulations perpétuelles du sénat mirent de l'instabilité dans la chose qu'il était le plus important de fixer, je veux dire les principes qui devaient régler la succession à l'empire. C'était bien une opinion généralement répandue, que l'empire n'était point héréditaire ; qu'on devait toujours adopter le plus capable. « Eh » quoi ! » disait Pline [*], alors consul, au milieu d'une assemblée solennelle du sénat, en présence du prince lui-même, « eh quoi ! vous allez transmettre à un seul homme le sénat » et le peuple romain, nos légions, nos provinces, nos alliés ; » et vous irez prendre votre successeur dans les bras d'une

---

[*] Panégyrique de Trajan.

» épouse! vous vous bornerez à chercher dans votre famille
» seule le dépositaire d'aussi grands intérêts et l'héritier d'une
» aussi vaste puissance! Vous ne porterez pas vos regards dans
» tout l'empire, et vous ne regarderez pas comme votre fils,
» comme votre parent le plus proche, celui que vous verrez
» le plus digne par ses vertus de représenter les dieux! Non,
» ajoutait-il, il faut choisir entre tous celui qui doit com-
» mander à tous : ce n'est point un maître qu'on donne à
» des esclaves; c'est un magistrat qu'on nomme à des ci-
» toyens. »

Plus de cent ans après, Falconius, sénateur consulaire, tenait le même langage devant l'empereur Tacite. Le discours que l'historien met dans la bouche de Galba, au moment où celui-ci adopte Pison, ne faisait qu'exprimer la doctrine nationale, que semblaient avoir consacrée les quatre adoptions successives de Trajan, d'Adrien, d'Antonin et de Marc-Aurèle, qui donnèrent au monde un siècle de bonheur. Mais malheureusement il n'y eut jamais là-dessus de loi assez formellement exprimée. Auguste avait d'abord commencé par la reconnaître en quelque sorte, lorsque, dans une maladie grave, qui mit ses jours en danger, il avait, au préjudice de son neveu Marcellus et de ses autres parents, désigné pour son successeur Agrippa, qui, par lui-même, était de la naissance la plus obscure, et qu'il n'avait point encore alors adopté pour son fils. Mais, depuis, il enfreignit la constitution sur ce point comme sur mille autres; et, lorsqu'ensuite Marc-Aurèle eut fait la même faute, qu'au lieu d'adopter *

---

* C'est le reproche grave que lui fait l'empereur Julien dans ses *Césars*. Or, l'empereur Julien était fort instruit des vrais principes de la constitution, et il eut toujours grand soin d'y conformer sa conduite.

Pompéien ou Pertinax, il eut donné son fils Commode pour successeur aux Trajans et aux Antonins, tout fut perdu, et la constitution dégénéra en une anarchie militaire, à laquelle il n'y eut plus de remède.

On se plaint du pouvoir absolu des empereurs, de leur despotisme, et l'on ne voit pas que le défaut de cette prétendue monarchie, c'est qu'on y laissa beaucoup trop de république ; sans compter le sénat, il y eut, pour ainsi dire, trois souverains : le peuple, le soldat, et le prince.

Je ne parle point du pouvoir d'élire ses magistrats, qu'Auguste avait d'abord laissé au peuple, et que Tibère lui ôta dès les premiers jours de son principat. Mais le peuple conserva tous ses autres priviléges : il resta exempt d'impôts et de charges publiques; les empereurs étaient obligés de le nourrir gratuitement, comme on faisait sous les consuls; et le nombre de ceux qui étaient ainsi nourris aux dépens de l'État ne descendit guère au-dessous de deux cents, et s'éleva long-temps à plus de trois cent mille. A ces distributions gratuites de blé, qui revenaient régulièrement tous les ans, se joignaient ces gratifications extraordinaires, connues sous le nom de * *congiarium*, qui avaient commencé sous les consuls, et qui se perpétuèrent sous les empereurs. Ces largesses ruineuses étaient une obligation indispensable du principat, à laquelle les princes les plus économes ne pouvaient pas plus se soustraire que les autres; elles revenaient plusieurs fois sous le même principat, et le nombre de ces libéralités

---

* Depuis Adrien elles prirent le nom de *liberalitas*; depuis Carus, celui d'*abundantia*. — Voyez les notes sur le *Dialogue des Orateurs*, ch. 17.

alla toujours en croissant. Auguste, dans une administration de cinquante-six ans, ne donna au peuple que cinq *congiaria*; et, dans une administration qui, pour chacun, ne fut pas de plus de vingt années, Adrien, Marc-Aurèle, en donnèrent sept; Sévère, huit; Antonin, neuf: la valeur de ces largesses s'augmenta également dans une proportion effrayante. C'était déjà une libéralité excessive à Jules-César et à Auguste d'avoir distribué, par tête, à chaque citoyen, quatre cents sesterces *, et d'avoir consommé, dans une seule de ces gratifications, près de vingt millions de notre monnaie. Sévère en consomma le double; ce qui, dans la proportion où était alors le numéraire, forme une somme vraiment exorbitante. De plus, il fallait que les princes amusassent toujours le peuple, comme le faisaient autrefois les édiles, par des jeux, des courses de chars et de chevaux, par des naumachies, par des combats de gladiateurs et de bêtes. Venaient ensuite les soldats, qui avaient une portion de la souveraineté, qui étaient en possession de confirmer l'élection des empereurs, qui, depuis, s'arrogèrent le droit de les élire seuls, et qui coûtaient à l'État encore plus que le peuple, par ces gratifications énormes qu'il fallait renouveler à chaque mutation de prince, à chaque dixième année de son principat, dans mille autres circonstances, que la cupidité du soldat, la faiblesse des empereurs ne multiplièrent que trop pour la fortune publique. Marc-Aurèle, le plus sage des princes, succédant paisiblement à son père adoptif, revêtu dix ans d'avance de tous les titres qui lui assuraient l'empire, Marc-Aurèle, à son avènement, fut obligé de donner

---

* 77 livres.

à chaque soldat 2500 livres de notre monnaie. Que l'on multiplie cette somme par les quatre cent mille soldats que l'empire avait pour sa défense, et qu'à ces dépenses extraordinaires, qui étaient si excessives, on ajoute les sommes énormes que coûtaient et la retraite de chaque soldat, et sa solde, doublée par Jules-César, augmentée encore d'un quart par Domitien, redoublée par Sévère, triplée par Caracalla. Cependant les empereurs, forcés de subvenir à tant de charges et de dépenses, ne connaissaient point la ressource des emprunts, et n'avaient pas le droit de mettre des impôts.

Depuis la conquête de la Macédoine, qui avait jeté dans le trésor public un argent immense, le peuple romain avait été affranchi de tout tribut, et cette exemption, consacrée par une possession de deux cents ans, était devenue, sous Auguste, une prérogative inviolable des citoyens romains, à laquelle il eût été dangereux de porter atteinte.

Dans la guerre contre Antoine, Octave, qui régnait alors par la force, avait mis un impôt sur toutes les terres d'Italie : cet impôt avait causé un soulèvement général, et, aussitôt après la bataille d'Actium, l'impôt fut supprimé.

Il faut lire, dans Dion, tout le détail des précautions et des ruses qu'Auguste employa, lorsque, désirant former une caisse permanente pour la retraite et les récompenses des soldats, il voulut établir un impôt pour fournir les fonds de cette caisse. D'abord, il consulte le sénat : le sénat, après de longues délibérations, qui se prolongent d'une année à l'autre, ne trouve rien qui puisse contenter les esprits, prévenir les reproches d'une nation fière et jalouse à l'excès de ses priviléges; tous étaient même révoltés du seul projet d'une imposition, quelle qu'elle fût. Alors Auguste fait porter de son propre trésor, et de celui de Tibère, quelques fonds dans une caisse, à laquelle il donne le nom de caisse militaire, et dont il confie l'administration à d'anciens préteurs. Il décore de quelques licteurs ces nouveaux magistrats; il reçoit les souscriptions de quelques rois et de quelques peuples; mais les sénateurs, mais les chevaliers, mais le peuple de Rome s'obstinent à ne point contribuer, et les fonds restent insuffisants pour un objet d'une si grande importance; car il ne s'agissait de rien moins que d'assurer les propriétés. Jusqu'alors on avait donné les récompenses et les retraites aux soldats, en terres dont on dépouillait les citoyens, et c'était pour prévenir un abus aussi criant que l'on proposait un expédient qui l'était bien moins. Mais, telle était l'ombrageuse jalousie du peuple romain sur tout ce qui pouvait effleurer ses franchises; telle était sa prévention contre tout ce qui pouvait ressembler à un tribut, et confondre le peuple-roi avec les peuples-sujets, que tous se refusaient avec opiniâtreté à la sage innovation d'Auguste. Ce dernier s'adresse de nouveau au sénat, et, pour éviter l'éclat d'une délibération publique, qui pouvait compromettre vis-à-vis de la nation les sénateurs qui auraient ouvert l'avis de l'impôt, il demande à chacun de lui remettre un projet par écrit; après qu'il eut mis ainsi à couvert, d'un côté, les sénateurs sous le voile du secret, de l'autre, sa personne sous l'autorité du premier ordre de l'État, il publia la taxe qu'il avait arrêtée depuis long-temps en lui-même. C'était le vingtième sur les legs et les successions collatérales. On exceptait celles des parents les plus proches et les plus pauvres; et il avait choisi cette taxe de préférence, d'abord parce que, l'imposition ne devant être payée qu'au moment d'un accroissement de fortune, le dédommagement devait rendre naturellement le sacrifice moins pénible, et ensuite, parce qu'ayant été déjà établie une fois par Jules-César, elle avait moins l'air d'être une nouveauté, et qu'elle arrivait en quelque sorte protégée par un grand nom, pour lequel le peuple romain conservait de l'admiration et du respect. Mais tant de circonspection, de ménagements et d'adresse échouèrent contre des préventions enracinées depuis deux siècles dans tous les esprits; le peuple murmura; des placards furent affichés dans tous les quartiers de Rome : mille cris séditieux éclatèrent, et tout menaçait d'une révolution.

J'ai été bien aise d'entrer dans ces détails, afin de faire voir quel était, sur ce point, l'esprit général de la nation.

Lors donc que les profusions insensées des princes avaient épuisé le trésor public, l'impossibilité d'en remplir le vide par des impositions nouvelles, ne leur laissait d'autre ressource que les condamnations, les meurtres et les confiscations; car, malgré la férocité des mœurs romaines, dont je parlerai plus bas, il ne faut pas supposer non plus que les empereurs * eussent toujours une rage aveugle, une cruauté absurde, qui, sans motif et sans objet, se complût à répandre le sang pour le plaisir de le répandre, et qu'ils eussent accumulé gratuitement tant de barbaries atroces, dont l'infaillible effet devait être de soulever contre eux toutes les haines, et de compromettre tôt ou tard leur vie et leur pouvoir, s'ils n'eussent été poussés à ces affreuses extrémités par une

---

* Je n'en excepte que Tibère, qui fut cruel par humeur, par haine, par vengeance, par mépris pour les hommes. Voyez, sur ce prince, un morceau très bien fait par Laharpe, dans ses notes sur Suétone.

nécessité impérieuse, par ce besoin d'argent qui renaissait sans cesse, et qu'il leur était impossible de satisfaire par des voies légales. Lisez l'histoire de Caïus, de Néron, de Domitien, de Commode, de tous les mauvais princes, vous verrez que les commencements de leur règne n'ont point été odieux; parce que, entre autres raisons, dans les commencements, l'argent ne leur manquait point. Les rapines de Tibère, la sage administration de Burrhus et de Sénèque, la rigide économie de Vespasien et de Marc-Aurèle, avaient laissé à Caïus, à Néron, à Domitien, à Commode, un trésor bien garni, des finances en bon ordre, et une surabondance de richesses qui suffit quelque temps à leurs folles dissipations. La cruauté ne vint qu'à la suite de la prodigalité. Ce fut lorsque Caïus eut voulu faire de la mer la terre, et de la terre la mer, que Néron eut bâti un palais aussi grand qu'une capitale, que Domitien et Commode eurent prodigué les trésors de l'empire, dans ces fêtes insensées où, chaque jour, ils jetaient dans le cirque et dans l'arène les revenus de trois ou quatre royaumes; ce fut alors qu'on vit commencer et se succéder sans relâche les accusations, les condamnations, les confiscations *, les massacres, uniques expédients connus dans un État qui n'avait que des revenus et point de ressources, où, dès le temps de Claude, il y avait déjà six millions d'hommes qui échappaient à toute imposition, et qui, loin de contribuer en rien aux dépenses de l'État, formaient eux-mêmes la plus onéreuse et la plus forte de toutes.

* Car il faut regarder comme une vraie confiscation ces parts qu'on était obligé d'adjuger, dans son testament, aux mauvais princes, afin d'assurer à ses enfants le reste de sa succession.

Après la mort de Caïus, on trouva dans ses papiers deux registres intitulés : l'un, l'*épée*, et l'autre, le *poignard* : c'était une liste de tous les chevaliers, et une autre de tous les sénateurs riches, destinés à être accusés successivement et condamnés, pour que leurs dépouilles subvinssent aux besoins du fisc. Les empereurs ne connaissaient pas d'autres ressources de finances.

Ce même Caïus revoyait tous les mois la liste de ses accusés, pour choisir ceux qu'il fallait condamner à mort, afin de se procurer de l'argent. Il appelait cela *apurer ses comptes*. Le mot est horrible ; mais ce mot peint l'esprit de ce temps et la vraie situation des choses.

Je sais qu'il y a eu beaucoup d'actes tyranniques qu'il ne faut imputer qu'aux ombrages de l'autorité et à la jalousie du pouvoir ; mais, pour une ou deux victimes immolées à la défiance, vingt autres l'étaient à la cupidité. Caïus (car, en fait de barbarie, c'est toujours lui qu'il faut citer de préférence), avait mis sur la liste des condamnés un certain Junius, préteur, qu'on croyait fort riche, et il se trouva qu'il ne l'était point. *Junius m'a trompé*, dit Caïus, *il n'est pas si riche que je le croyais : j'aurais pu le laisser vivre.* Ce trait donne l'explication des crimes des empereurs. En général, ils n'étaient cruels que par le besoin d'argent ; ils tuaient afin de voler.

Et c'est en quoi cette loi de lèse-majesté leur était d'une prodigieuse ressource. Comme elle était vague, qu'elle se pliait à toutes les extensions arbitraires qu'on voulait lui donner, qu'elle enveloppait non-seulement les actions, mais les paroles, les gestes, les intentions, jusqu'aux choses les plus indifférentes, pour peu qu'elles parussent avoir avec l'empercur le moindre rapport, si éloigné qu'il fût, c'était pour le fisc une source intarissable de richesses. On lit dans Tacite, dans Suétone, dans Dion, dans Sénèque, que des citoyens furent déclarés criminels de lèse majesté, l'un, pour un songe; l'autre, pour avoir vendu de l'eau chaude; d'autres, pour s'être déshabillés devant la statue de l'empereur; pour avoir été à la garde-robe avec une bague sur laquelle était gravée la tête du prince; que, sous Néron, l'on fit un crime à un sénateur d'un surnom héréditaire de père en fils dans sa famille, parce que ce surnom * se trouva être le même que celui qui fut décerné à Néron par le sénat, pour les couronnes que ce prince avait remportées dans les jeux Pythiens, et que c'était, disait-on, une usurpation sacrilége d'un titre sacré de l'empereur. Quand on lit ces faits, et mille autres pareils, le premier mouvement est de les rejeter comme absurdes, comme impossibles. Tout s'explique, quand on songe que les princes, qui dépensaient au-delà de leurs revenus, n'avaient plus de ressources; qu'ils ne pouvaient subsister que de confiscations; et, à défaut de crimes réels, il fallait bien en admettre d'imaginaires.

Drusilla, sœur de Caïus, mourut et fut divinisée après sa mort: Caïus fit accuser de lèse-majesté ceux qui pleuraient Drusilla, parce qu'elle était déesse, et ceux qui ne la pleuraient pas, parce qu'elle était sa sœur. C'est qu'il fallait à Caïus de l'argent, pour cela des accusés, et que, de cette manière, il ne pouvait manquer d'en avoir.

Je ne finirais point, si je voulais rapporter la multitude de faits qui tendent tous à établir ce que j'avance. Mucien a

---

* Pythicus.

besoin d'argent pour les préparatifs de la guerre qui devait porter à l'empire Vespasien, son ami et son collègue; Mucien suit la routine générale : il a recours aux accusations et aux confiscations. « On n'examinait point, dit Tacite, si les » accusations étaient fondées, mais si les accusés étaient ri- » ches. C'étaient des délations en foule, et tout ce qu'il y » avait de plus opulent était la proie inévitable du fisc. » Voilà où les empereurs étaient réduits par le besoin d'argent, et par le défaut de ressources * légales pour s'en procurer.

Il faut voir aussi avec quelle chaleur le sénat entier s'opposa au projet qu'eut Néron, un moment, de supprimer dans Rome tous les droits d'entrée: l'édit de suppression eût été l'arrêt de mort de tous les sénateurs.

Dans la gêne extrême où les dépenses énormes du peuple et du soldat tenaient continuellement les empereurs, il n'y avait qu'une extrême parcimonie qui pût maintenir leurs vertus et conserver la fortune de l'État. Aussi les princes sages s'imposèrent-ils la loi de l'économie la plus sévère, et ils la portèrent à un point qui confond nos imaginations, accoutumées à voir en eux des monarques, et remplies de la splendeur et de la magnificence qui environnent ordinairement la monarchie. Auguste habita quarante ans la même chambre, l'été comme l'hiver. Ses meubles avaient à peine l'élégance de ceux d'un simple particulier; trois plats, six

---

* On peut objecter Vespasien, qui mit, en effet, quelques impôts. Mais remarquez que ces impôts ne portaient pas sur le peuple romain, toujours privilégié. Il augmenta les tributs, qui n'étaient payés que par les peuples conquis; il y ajouta quelques légers droits d'entrée sur des objets de luxe. Remarquez aussi que, par-là même, sous Vespasien, il n'y eut ni condamnations à mort, ni confiscations.

au plus composaient ses repas, et les mets étaient les plus simples et les plus vulgaires. Il s'habillait de la laine qu'avaient filée sa femme, sa sœur, sa fille et ses petites-filles. Vespasien, Trajan, Adrien, les Antonins, ne se piquèrent pas de plus de somptuosité. L'extrême économie était le caractère distinctif de tous les bons princes. Pertinax, empereur, envoyait ses enfants à l'école. Marc-Aurèle, obligé de vendre ses meubles pour fournir à des dépenses imprévues, n'en acheta point de nouveaux; en sorte que les murs de son palais restèrent nus, et n'en ressemblaient que mieux, a dit son panégyriste*, au temple d'un dieu.

De Witt, grand pensionnaire de Hollande, dans un moment où il n'y avait point de stathouder, chef d'une république alors puissante, et en quelque sorte l'égal des plus grands monarques par le pouvoir de sa place et de sa nation, de Witt allait à pied, avait pour tout domestique une servante. Voilà les mœurs républicaines, et voilà l'image de celles des empereurs qui se conservaient fidèles aux principes de leur gouvernement. C'est qu'encore une fois ce n'était point des monarques, encore moins des despotes, quoiqu'ils eussent exercé bien des actes de despotisme. L'économie, je dis l'économie extrême, était un besoin, un devoir de leur place, une suite naturelle et nécessaire de la constitution. Le peuple n'avait plus, il est vrai, le pouvoir de souverain, mais il en faisait toujours la dépense; et, sitôt que le prince se regardait aussi comme un souverain, qu'il voulait en avoir la magnificence, tenir une cour, bâtir et décorer des palais, tout était perdu, parce que les dépenses

---

* Thomas, Éloge de Marc-Aurèle.

de souveraineté pour le peuple et le soldat, auxquelles même l'administration la plus attentive * avait peine à pourvoir, étant une fois prélevées, il ne restait plus rien pour celles du prince, en sorte que si, à tous les caprices d'une multitude oisive et d'une soldatesque avide, qu'il était impossible de ne point satisfaire, le prince se fût permis d'en joindre un seul pour sa personne, ce seul caprice satisfait eût laissé dans le trésor un vide qu'on n'eût pu remplir que par des injustices et des cruautés. Et c'est là ce qui explique la suite de tyrans et de crimes qui souillent cette partie de l'histoire ; c'est que cette monstrueuse constitution mettait les empereurs de Rome dans une position toujours violente. A moins que d'être les plus parfaits des hommes, il fallait qu'ils fussent des monstres. Ils n'avaient qu'une ligne infiniment étroite sur laquelle ils pussent marcher : s'ils sortaient d'un seul pas de la plus rigide vertu, de la plus extrême modération, de la plus stricte économie, il fallait qu'ils tombassent sur-le-champ dans le crime. Ainsi les injustices mêmes des empereurs et leurs violences, que l'on a voulu donner en preuve de leur despotisme, provenaient au contraire, en grande partie, de la gêne extrême de leur pouvoir. C'est parce que leur autorité n'était rien moins qu'absolue, qu'elle fut si tyrannique : ils étaient comme les ruisseaux, qui se débordent plus facilement parce qu'ils coulent dans un lit trop étroit.

Ajoutez que la férocité de la nation influa sur ses chefs. Sept cents ans de guerres continuelles, à peine interrompues par deux ou trois intervalles de paix très courts, en

---

* Voyez Tacite, liv. 1er. des *Annales*.

faisant des Romains le peuple le plus intrépide de la terre, en avaient fait un peuple cruel. Leur droit de la guerre et des gens, qui était horrible, l'esclavage domestique, cette foule de nations sauvages qui bordaient leur empire de tous côtés, le pouvoir atroce que les lois donnaient aux pères et aux maris sur les femmes et les enfants, surtout ces combats de gladiateurs, si fréquents dans la capitale et dans les provinces, et perpétuels dans les camps, tout contribuait à les endurcir, à les rendre féroces. Comme ils recevaient la mort sans peine, ils la donnaient sans remords; ils versaient le sang comme l'eau même. Leur religion avait des traces de barbarie; plus d'une fois ils se permirent d'immoler des victimes humaines. Ces affreux sacrifices paraissent dans la seconde guerre punique et auparavant; ils reparaissent encore sous Marius et sous Jules-César; on les retrouve jusque sous leurs derniers empereurs *. Dans la seconde bataille de Bédriac, qui dura vingt-quatre heures consécutives, les soldats romains, épuisés enfin de lassitude et de faim, interrompent un moment leur horrible combat: des femmes accourent de Crémone, et, au milieu des ruisseaux de sang, au milieu des morts, des blessés, des mourants, viennent tranquillement porter et distribuer aux combattants des rafraîchissements et des vivres. « *Camarades,* » se disaient les uns aux autres les soldats de Vitellius et de Vespasien, « *Camarades, buvons et mangeons, nous en aurons plus de force pour nous tuer après.* » Quel peuple que celui où des gladiateurs pleuraient de douleur de ce que, cette sorte de spectacle, étant devenue plus rare sous Tibère, ils n'avaient

* Sous Aurélien.

plus si souvent le plaisir de tuer et de se faire tuer; où, malgré l'opprobre attaché à ce vil métier de gladiateur, des chevaliers, des sénateurs, des femmes même, jusqu'à des empereurs, s'empressèrent de descendre sur l'arène! comme si ce peuple féroce eût trouvé dans le meurtre, dans le spectacle de la mort, dans la vue du sang et des blessures, je ne sais quel inconcevable raffinement de volupté, qu'il ne balançait pas d'acheter, même au prix du déshonneur.

Ce qui fait voir combien la cruauté était le caractère dominant de ce peuple, c'est qu'elle se manifestait dans les circonstances qui, partout ailleurs, adoucissent les esprits. C'était à table, au milieu des plaisirs et des doux épanchements du festin, que les Campaniens se donnaient le spectacle des combats de gladiateurs; c'était à table que Marius se faisait apporter les têtes sanglantes des proscrits. L'influence des mœurs publiques avait dénaturé les femmes romaines; et qu'on imagine ce que sont les hommes dans une nation où les femmes mêmes, ce sexe formé par la nature pour la douceur et la commisération, ne connaissent plus le sentiment de la pitié: leurs épouses, leurs filles, jusqu'à leurs vestales, assistaient froidement à ces spectacles de sang. On voit des restes de la férocité nationale dans leurs plus grands hommes, dans ceux mêmes dont l'histoire a le plus vanté la douceur et la clémence. Jules-César fait tuer de sang-froid, après la victoire, L. Ligarius, L. César, Afranius, Faustus Sylla; Brutus, embarrassé d'un train de prisonniers qui gênait sa marche, les fait massacrer. Germanicus crie à ses soldats, vainqueurs des Chérusques: « Exterminez, extermi-
» nez; vous n'aurez la paix que par la destruction entière de
» la nation. » Ce caractère de cruauté perce dans leurs plus

sages et leurs plus vertueux écrivains. Tacite parle, dans ses *Mœurs des Germains*, de soixante mille Bructères qui vinrent s'entr'égorger à la vue du camp romain, et l'idée du spectacle de ce massacre, dont jouirent les soldats de son pays, arrache à Tacite un cri, lui donne une joie de Cannibale.

Vous n'avez seulement qu'à ouvrir le dictionnaire de ce peuple : voyez combien leur langue * est riche pour exprimer toutes les idées de destruction. Vous n'avez qu'à lire leurs poètes, voyez comme ils se complaisent à décrire bien longuement des batailles bien meurtrières; ils n'omettront pas une seule blessure; ils en retracent les circonstances les plus dégoûtantes.

En lisant dans Virgile les atrocités qui déshonorent le caractère de son Énée, je m'étais dit d'abord : Il faut donc que l'esprit d'imitation soit bien servile, pour avoir égaré à ce point ce grand poète, pour lui avoir persuadé de copier un défaut, qui, en tant d'endroits, me gâte l'Iliade d'Homère. Mieux instruit, j'ai reconnu que le poète romain n'avait point cherché à imiter en cela le poète grec; qu'il n'avait fait, comme lui, que copier les mœurs et flatter le goût de son siècle.

Les cruautés des empereurs ne sont pas autres que celles qui avaient eu lieu sous la république. Les vengeances d'Opimius contre les partisans des Gracques égalent toutes les

---

* Ils ont trois mots pour dire du sang : *cruor, sanguis, tabum*. Ils ont un mot pour exprimer la mort naturelle, *mors*; et un autre pour exprimer la mort violente, *nex*; et combien d'expressions pour dire tuer ! *occidere, interficere, interimere, perimere, necare, mactare, obtruncare*, etc.

atrocités de Tibère. Dira-t-on que, du temps d'Opimius, il n'y avait pas de constitution ?

Qu'on ne perde donc pas de vue ce principe, qui est démontré par les monuments, par les faits historiques et par le témoignage * des grands écrivains, que les empereurs n'avaient d'autorité légale que celle qui résultait des différentes magistratures dont ils avaient été revêtus; que l'autorité de ces magistratures, chacune prise à part, était, à la faible extension près que j'ai indiquée, la même que du temps de la république; qu'à l'exception du petit nombre de lois dont le sénat et le peuple, par des décrets particuliers, avaient dispensé les empereurs, toutes les autres lois de la république subsistaient pour eux; qu'enfin les empereurs n'étaient que les premiers magistrats d'une république.

J'insiste sur ce point, parce que, si l'on s'en écarte, il y a mille choses dans Tacite qu'on ne peut entendre et qu'on jugera mal, parce que, au milieu d'un grand nombre de vérités éternelles qui sont de tous les pays et de tous les siècles, il s'y trouve quelques principes qui ne peuvent convenir qu'à cette forme de gouvernement, et qu'il est important de prémunir les esprits faibles contre les fausses applications.

Tous les magistrats de la république devaient compte au sénat de leur gestion. Les empereurs, simples magistrats comme eux, devaient un compte pareil. Ce fut d'après ce principe constitutionnel que le sénat jugea ses princes morts,

---

* *Scis quàm diversa sint principatus et dominatio :* et, dans un autre endroit, *principem quàm simillimum esse privato.... decet.* (Panégyrique de Trajan.)

qu'il flétrit la mémoire de Tibère, de Caïus, de Domitien, etc., qu'il condamna Néron vivant à périr du supplice des esclaves.

Trajan, remettant l'épée entre les mains d'un préfet du prétoire, qu'il venait de nommer, lui dit : « Prends cette » épée pour me défendre si j'observe les lois, pour me pu- » nir si je les enfreins. » Ce mot de Trajan était l'esprit même de la constitution.

Le sénat n'était point le sénat du prince, mais le sénat de la nation. Loin de lui commander, les princes prenaient, en lui parlant ou en lui écrivant, le ton de la déférence et même du respect. Quelques empereurs allèrent jusqu'à lui donner les titres de *majesté*, d'*éminence*. Qu'on lise la lettre de l'empereur Probus au sénat, telle qu'elle est rapportée dans Vopiscus, on verra combien c'était une chose reconnue que la souveraineté résidait essentiellement dans le sénat; et remarquez que Probus parlait ainsi près de trois cents ans après Auguste, lorsque tant d'élections tumultuaires faites par les armées, et cette suite de barbares élevés à l'empire, auraient dû naturellement bouleverser toutes les idées et confondre toutes les notions : tant la doctrine nationale, touchant la supériorité du sénat, était profondément imprimée dans tous les esprits.

Ces principes, plus ou moins en vigueur, se conservèrent jusqu'à la grande révolution que commença Dioclétien, et que Constantin acheva. Tout changea depuis cette époque. L'empire, jusqu'alors indivisible, fut partagé entre les deux Augustes et les deux Césars. On dépouilla le sénat de ses provinces, pour leur faire des départements. La distinction du trésor de l'empereur et de celui de la nation fut anéantie.

PRÉLIMINAIRE.

Lors même que tout se trouva rassemblé dans la main d'un seul prince, on ne restitua rien au sénat. L'Italie ne fut plus regardée que comme une province; on se dégoûta de Rome, centre de la liberté. Le sénat ne fut plus consulté; il perdit la part qu'il avait toujours eue à la puissance législatrice. Les quatre lettres * républicaines qui désignaient le sénat et le peuple romain disparurent du *Labarum*. Les empereurs, dédaignant de prendre les titres des différentes magistratures impériales, ne les mirent plus sur leurs monnaies ni à la tête de leurs lois. Julien seul et Majorien se ressouvinrent de l'ancienne constitution; après eux tout fut oublié sans retour; il n'y eut plus que des despotes.

Ce serait le lieu maintenant de parler de ce qu'on a appelé les secrets du style de Tacite; mais ce discours n'est déjà que trop long, et je crois mes lecteurs plus impatients de connaître les idées de Tacite que les miennes. La plupart des traducteurs se sont permis de juger les traductions qui avaient précédé la leur : je ne crois pas devoir suivre leur exemple; il me semble qu'on n'est jamais assez sûr de porter dans de pareils jugements une entière impartialité : chaque traducteur a ses principes et sa poétique; sans le vouloir il ramène toujours à ses propres idées le travail des autres; il approuve ou il condamne, suivant les ressemblances ou les différences qu'il trouve avec lui; ainsi ses louanges ne peuvent manquer d'être suspectes, et surtout ses critiques.

Beaucoup de bons esprits, parmi lesquels se trouvent des écrivains célèbres **, ont regardé une bonne traduction de

---

* S. P. Q. R. *Senatus Populus Que Romanus*.
** Marmontel et Laharpe.

Tacite comme une œuvre impossible. Je pense fermement qu'il ne leur a manqué que de l'entreprendre pour se réfuter eux-mêmes. Au reste, si jamais l'entreprise fut praticable, c'est dans ce moment-ci. Les excellents *Commentaires* d'Ernesti et de M. l'abbé Brottier ne laissent presque rien à désirer pour la parfaite intelligence du texte; les *Notes* savantes de ce dernier achèvent d'éclairer les passages sur lesquels l'ignorance des faits et des usages aurait pu laisser encore quelque obscurité; et, dans ce grand nombre de traductions, entières ou par fragments, qui ont paru, il en est peu qui n'offrent des vues fines et des explications ingénieuses : jusqu'aux méprises même sont un avertissement et une leçon; en sorte qu'en profitant de cette réunion de lumières et de secours, il serait possible même de faire mieux, quoique avec moins de travail et de talent. Si ce nouvel essai, comme j'ai lieu de le craindre, ne remplit pas ce qu'on a droit d'attendre du traducteur de l'écrivain le plus parfait de l'antiquité, ce sera du moins, entre les mains d'un plus habile, un secours de plus.

ANNALES

DE C. CORN. TACITE.

BREVIARIUM LIBRI PRIMI.

I. ROMANARUM rerum status ab urbe conditâ ad Augusti excessum. V. Tiberius imperium suscipit, tardè et cupidinem dissimulans. Roma in servitium ruit. XVI. Pannonicas legiones tres seditio gravis incessit. Ea, misso Druso, Tiberii filio, ægrè componitur. XXXI. Idem in Germaniâ inferiore motus, qui consedit, non sine sanguine et cæde. L. Germanicus in hostem ducit : eâque expeditione Marsi, Tubantes, Bructeri, Usipetes vastati, aut cæsi. LIII. Julia, Augusti filia, Rhegii vitam finiit. LIV. Sodales in honorem Augusti, et ludi Augustales instituti. LV. Germanicus iterùm Rhenum transmittit, in Cattos ducit : agros, domos, homines, vastat, urit, cædit : Segestem obsidione Arminii liberat. Ob hoc *Imperator* consalutatus. LIX. Bellum deindè in Cheruscos gestum. Reliquiæ Vari et militum lectæ : supremaque iis soluta. LXIII. Romani in reditu, sub Cœcinâ duce, periclitati. Hostes tamen prosperâ eruptione fusi, fugati. LXXII. Majestatis lex reducta, et asperè exercita. LXXVI. Tiberis inundat. LXXVIII. Theatri licentia erumpit : et per eam causam decreta patrum expressa ad coercendos histriones. LXXIX. Postremò actum de subducendis Tiberi aquis. Eoque nomine querelæ civitatum Italiæ et legationes.

Hæc biennio ferè gesta.

A. U. C.	J.-C.		
DCCLXVII.	14	coss.	Sexto Pompeio. Sexto Appuleio.
DCCLXVIII.	15	coss.	Druso Cæsare. C. Norbano Flacco.

SOMMAIRE DU LIVRE PREMIER.

I. TABLEAU de Rome, depuis sa fondation jusqu'à la mort d'Auguste. V. Tibère prend les rênes du gouvernement, mais avec des délais qui dissimulent ses désirs. Rome se précipite vers la servitude. XVI. Révolte des trois légions de Pannonie. Drusus, fils de Tibère, l'apaise avec peine. XXXI. Mêmes mouvements dans l'armée de Germanie; ils ne sont calmés que par le massacre des coupables. L. Germanicus marche contre l'ennemi, ravage le territoire des Marses, des Tubantes, des Bructères et des Usipètes, ou taille en pièces leurs armées. LIII. Julie, fille d'Auguste, finit ses jours à Rhèges. LIV. Établissement de colléges et de jeux en l'honneur d'Auguste. LV. Germanicus passe une seconde fois le Rhin : il marche contre les Cattes, et porte le fer et le feu sur leur territoire. Il délivre Ségeste assiégé par Arminius. Son armée victorieuse le proclame *Imperator*. LIX. Expédition contre les Chérusques. On recueille les restes de Varus et de ses soldats ; on leur rend les derniers devoirs. LXIII. Dangers que courent les Romains à leur retour, sous la conduite de Cécina. Une sortie heureuse repousse les ennemis et les met en fuite. LXXII. Loi de lèse-majesté remise en vigueur et rigoureusement exécutée. LXXVI. Débordement du Tibre. LXXVIII. Licence théâtrale portée à l'excès, et décrets du sénat pour la réprimer. LXXIX. On propose de détourner les eaux qui se jettent dans le Tibre. Plaintes et députations des cités d'Italie à ce sujet.

Espace de deux ans.

A. DE R.	DE J.-C.		
DCCLXVII.	14	coss.	Sextus Pompeius. Sextus Appuleius.
DCCLXVIII.	15	coss.	Drusus César. C. Norbanus Flaccus.

C. CORNELII TACITI

ANNALIUM

LIBER PRIMUS.

1. Urbem Romam à principio reges habuêre. Libertatem et consulatum L. Brutus instituit. Dictaturæ ad tempus sumebantur : neque decemviralis potestas ultra biennium, neque tribunorum militum consulare jus diù valuit. Non Cinnæ, non Sullæ longa dominatio : et Pompeii Crassique potentia citò in Cæsarem; Lepidi atque Antonii arma in Augustum cessêre, qui cuncta, discordiis civilibus fessa, nomine Principis, sub imperium accepit. Sed veteris populi romani prospera vel adversa claris scriptoribus memorata sunt, temporibusque Augusti dicendis non defuêre decora ingenia, donec gliscente adulatione deterrerentur. Tiberii, Caiique, et Claudii, ac Neronis res, florentibus ipsis, ob metum falsæ; postquàm occiderant, recentibus odiis compositæ sunt. Indè consilium mihi pauca de Augusto, et extrema tradere; mox Tiberii principatum, et cetera, sine irâ et studio, quorum causas procul habeo.

ANNALES
DE C. CORN. TACITE.

LIVRE PREMIER.

I. Rome fut d'abord gouvernée par des rois. Brutus y établit la liberté et le consulat. Les tribuns militaires ne gardèrent pas long-temps l'autorité : Rome n'eut ses dictateurs qu'au besoin, ses décemvirs que pour deux ans. La domination de Cinna, la tyrannie de Sylla furent courtes. Le pouvoir passa bientôt de Crassus et de Pompée à César, de Lépide et d'Antoine à Auguste, qui, profitant de la lassitude des discordes civiles, se fit accepter pour maître, sous le nom (1) de Prince. Les revers et les succès de l'ancien peuple romain ont été transmis à la mémoire par de grands écrivains; le siècle d'Auguste n'a pas manqué non plus d'historiens célèbres, jusqu'à l'époque où la nécessité de flatter les dégoûta d'écrire (2). Mais, pour les règnes de Tibère, de Caïus, de Claude et de Néron, la crainte pendant leur vie, après leur mort des haines récentes ont altéré les faits. C'est pourquoi je me propose de tracer rapidement les derniers moments d'Auguste; ensuite j'écrirai l'histoire de Tibère et des trois autres, sans animosité comme sans flatterie; les motifs en sont loin de moi.

II. Postquàm, Bruto et Cassio cæsis, nulla jam publica arma; Pompeius apud Siciliam oppressus; exutoque Lepido, interfecto Antonio, ne Julianis quidem partibus, nisi Cæsar, dux reliquus, posito Triumviri nomine, consulem se ferens, et, ad tuendam plebem, tribunitio jure contentum; ubi militem donis, populum annonâ, cunctos dulcedine otii pellexit, insurgere paulatìm, munia senatûs, magistratuum, legum in se trahere, nullo adversante; cùm ferocissimi per acies aut proscriptione cecidissent; ceteri nobilium, quantò quis servitio promptior, opibus et honoribus extollerentur; ac, novis ex rebus aucti, tuta et præsentia, quàm vetera et periculosa mallent. Neque provinciæ illum rerum statum abnuebant; suspecto senatûs populique imperio, ob certamina potentium et avaritiam magistratuum; invalido legum auxilio, quæ vi, ambitu, postremò pecuniâ turbabantur.

III. Ceterùm Augustus, subsidia dominationi, Claudium Marcellum, sororis filium, admodùm adolescentem, pontificatu et curuli ædilitate; M. Agrippam, ignobilem loco, bonum militiâ, et victoriæ socium, geminatis consulatibus extulit; mox, defuncto Marcello, generum sumpsit: Tiberium Neronem et Claudium Drusum, privignos, imperatoriis nominibus auxit, integrâ etiam tùm domo suâ. Nam genitos

Auguste.

II. Lorsque la défaite de Cassius et de Brutus eut anéanti le parti de la république, que Sextus * eut succombé en Sicile, que l'abaissement de Lépide, que la mort d'Antoine n'eurent plus laissé, même au parti de César, d'autre chef qu'Auguste, celui-ci, renonçant au titre de triumvir, parut se contenter de la dignité de consul, en y joignant pourtant celle de tribun, pour le maintien des droits du peuple. Bientôt après, ayant gagné les soldats par ses largesses, le peuple par des distributions de blé, tous les ordres de l'État par les douceurs de la paix, on le vit s'enhardir, et attirer insensiblement à lui seul tous les pouvoirs, ceux du sénat, des magistrats, des lois; rien ne lui résista. Les plus fiers républicains avaient péri dans les combats ou par la proscription ; le reste des nobles, voyant les richesses et les honneurs payer leur empressement pour la servitude, et trouvant leurs avantages dans la révolution, préféraient leur sûreté à des périls, ce qu'ils voyaient établi à ce qui était oublié. Ces changements même ne déplaisaient point aux provinces, le gouvernement du sénat et du peuple faisant toujours craindre les divisions des grands et la cupidité des magistrats, qui n'était contenue que par des lois faibles, impuissantes contre la violence, la brigue et l'argent.

III. Cependant Auguste, pour affermir sa domination, donna à son neveu Marcellus, malgré sa grande jeunesse, un sacerdoce et l'édilité curule; et, malgré l'obscure naissance d'Agrippa, il honora ce brave guerrier, compagnon de sa victoire, de deux consulats successifs : après la mort de Marcellus, il le choisit pour gendre. Il décora du titre d'*imperator* ses beaux-fils Tibère et Drusus, quoiqu'il eût

---

* Sextus Pompéius, fils du grand Pompée.

Agrippâ, Caium ac Lucium, in familiam Cæsarum induxerat ; necdùm positâ puerili prætextâ, Principes juventutis appellari, destinari consules, specie recusantis, flagrantissimè cupiverat. Ut Agrippa vitâ concessit, L. Cæsarem euntem ad hispanienses exercitus, Caium remeantem Armeniâ, et vulnere invalidum, mors fato propera, vel novercæ Liviæ dolus abstulit; Drusoque pridem exstincto, Nero solus è privignis erat : illùc cuncta vergere, filius, collega imperii, consors tribunitiæ potestatis adsumitur, omnisque per exercitus ostentatur : non obscuris, ut anteà, matris artibus, sed palàm hortatu. Nam senem Augustum devinxerat adeò, uti nepotem unicum Agrippam Posthumum, in insulam Planasiam projiceret; rudem sanè bonarum artium, et robore corporis stolidè ferocem, nullius tamen flagitii compertum. At, herculè ! Germanicum Druso ortum, octo apud Rhenum legionibus imposuit, adscirique per adoptionem à Tiberio jussit, quanquàm esset in domo Tiberii filius juvenis : sed quò pluribus munimentis insisteret. Bellum eâ tempestate nullum, nisi adversùs Germanos, supererat; abolendæ magis infamiæ ob amissum cum Quinctilio Varo exercitum, quàm cupidine proferendi imperii, aut dignum ob

encore alors tous les appuis de sa famille ; car il avait adopté les deux premiers fils d'Agrippa, Caïus et Lucius, et ces nouveaux Césars, encore enfants, avaient été nommés princes (3) de la jeunesse, et désignés consuls *, distinctions que, malgré ses refus apparents, il avait ardemment désirées pour eux. Lorsqu'il eut perdu Agrippa, que Lucius, en se rendant à l'armée d'Espagne, Caïus, en revenant de l'Arménie, malade d'une blessure, lui eurent été enlevés à la fleur de l'âge, soit naturellement, soit par le crime de leur marâtre Livie, et qu'enfin la mort de Drusus ne lui eut plus laissé de beau-fils que Tibère, tout reflua vers ce dernier. Il est nommé fils d'Auguste, associé à l'empire et à la puissance tribunitienne, présenté en pompe à toutes les armées ; sa mère ne se bornait plus, comme autrefois, à d'obscures intrigues ; ses sollicitations étaient publiques. Elle avait tellement captivé la vieillesse d'Auguste, qu'elle lui fit reléguer ignominieusement dans l'île de Planasie **, Posthumus (4), le dernier des enfants d'Agrippa, jeune homme, il est vrai, d'une ignorance grossière, et stupidement enorgueilli de sa force prodigieuse, à qui toutefois on n'avait point de crimes à reprocher. Mais elle échoua contre Germanicus, fils de Drusus, qu'Auguste mit à la tête de huit légions sur le Rhin ; et, quoique Tibère eût un fils déjà sorti de l'adolescence, Auguste lui ordonna d'adopter Germanicus, voulant multiplier les soutiens de sa puissance. On n'avait plus de guerre alors, excepté contre les Germains, pour venger notre opprobre et la perte de l'armée de Varus, plutôt que par envie de s'agrandir, ou pour l'importance de la

---

* Ils le furent cinq ans d'avance.

** Pianosa, à l'occident de la Corse.

præmium. Domi res tranquillæ : eadem magistratuum vocabula. Juniores post Actiacam victoriam, etiam senes plerique inter bella civium nati; quotusquisque reliquus qui rempublicam vidisset?

IV. Igitur, verso civitatis statu, nihil usquàm prisci et integri moris : omnis, exutâ æqualitate, jussa principis aspectare; nullâ in præsens formidine, dùm Augustus, ætate validus, seque, et domum, et pacem sustentavit. Postquàm provecta jam senectus, ægro et corpore fatigabatur, aderatque finis, et spes novæ : pauci bona libertatis incassùm disserere; plures bellum pavescere; alii cupere; pars multò maxima imminentis dominos variis rumoribus differebant: trucem Agrippam, et ignominiâ accensum, non ætate, neque rerum experientiâ tantæ moli parem; Tiberium Neronem maturum annis, spectatum bello; sed vetere atque insitâ Claudiæ familiæ superbiâ * ; multaque indicia sævitiæ, quanquàm premantur, erumpere. Hunc et primâ ab infantiâ eductum in domo regnatrice : congestos juveni consulatus, triumphos : ne iis quidem annis, quibus Rhodi specie secessûs exsulem egerit, aliquid quàm iram, et simulationem, et secretas libidines meditatum. Accedere matrem muliebri impotentiâ : serviendum feminæ,

---

* Racine a imité ce passage, *Britannicus*, act. I, sc. 1 :

    Il se déguise en vain : je lis sur son visage
    Des fiers Domitiens l'humeur triste et sauvage.

conquête. Au-dedans, tout était tranquille ; les magistratures conservaient les mêmes noms ; la jeunesse romaine était née depuis la bataille d'Actium, la plupart des vieillards au milieu des guerres civiles ; combien peu en restait-il qui eussent vu la république !

IV. Aussi, depuis le bouleversement de la constitution, il n'existait plus de traces des anciennes mœurs, des anciennes vertus ; renonçant à l'égalité, tous attendaient les ordres du prince, tranquilles pour le moment, tant que la vigueur et la santé d'Auguste surent maintenir son autorité, sa famille et la paix. Mais, sur le déclin de sa vie *, lorsque les infirmités aggravèrent le poids de sa vieillesse, et que sa fin prochaine allait changer tous les intérêts, on vit se réveiller, dans quelques-uns, des regrets infructueux sur la perte de la liberté ; dans d'autres, le désir ; dans un plus grand nombre, la crainte de la guerre ; dans presque tous, des inquiétudes sur les maîtres dont ils étaient menacés. D'un côté, l'on craignait dans Agrippa sa férocité naturelle, irritée par l'ignominie, sa jeunesse, son inexpérience, inhabile à porter le fardeau d'un si vaste empire ; d'un autre, on observait dans Tibère, avec la maturité des années et l'expérience des armes, l'orgueil héréditaire, invétéré des Claudes, et plusieurs indices d'une cruauté qui perçait à travers le voile dont il l'enveloppait. On l'avait vu, dès sa première enfance, élevé dans une famille insatiable de domination ; jeune, on avait entassé sur sa tête les consulats et les triomphes ; tout le temps même de sa retraite de Rhodes, quoiqu'elle couvrît un véritable exil, avait été marqué par de la colère, par de la dissimulation, par des débauches se-

* L'an de la fondation de Rome 767, de J.-C. 14.

duobusque insuper adolescentibus, qui rempublicam interim premant, quandòque distrahant.

V. Hæc atque talia agitantibus, gravescere valetudo Augusti; et quidam scelus uxoris suspectabant. Quippè rumor incesserat, paucos ante menses, Augustum, electis consciis, et comite uno Fabio Maximo, Planasiam vectum, ad visendum Agrippam : multas illic utrinquè lacrymas, et signa charitatis ; spemque ex eo fore ut juvenis penatibus avi redderetur. Quod Maximum uxori Marciæ aperuisse, illam Liviæ ; gnarum id Cæsari : neque multò post, extincto Maximo (dubium an quæsità morte), auditos in funere ejus Marciæ gemitus, semet incusantis quòd caussa exitii marito fuisset. Utcunquè se ea res habuit, vixdùm ingressus Illyricum Tiberius, properis matris litteris accitur. Neque satis compertum est spirantem adhuc Augustum apud urbem Nolam, an exanimem repererit. Acribus namque custodiis domum et vias sepserat Livia : lætique interdùm nuntii vulgabantur ; donec, provisis quæ tempus monebat, simul excessisse Augustum et rerum potiri Neronem fama eadem tulit.

VI. Primum facinus novi principatûs fuit Posthumi Agrippæ cædes : quem, ignarum, inermemque, quamvis firmatus animo, centurio ægrè confecit.

Tibère.

crètes. Ne faudrait-il pas encore essuyer, dans la mère, l'humeur impérieuse de son sexe; se voir asservi à une femme, puis à deux jeunes gens*, qui opprimeraient l'État, en attendant qu'ils le démembrassent un jour?

V. Tandis qu'on se livrait à ces réflexions, la maladie d'Auguste s'aggrava, et quelques-uns l'attribuaient à un crime de sa femme (5). Le bruit avait couru, depuis quelques mois, qu'Auguste, ayant mis dans sa confidence quelques amis, s'était rendu, avec Fabius seulement **, à Planasie, pour y voir son petit-fils, et qu'il y avait eu, de part et d'autre, beaucoup de larmes, et des marques de tendresse qui faisaient croire que le jeune Agrippa reverrait le palais de son aïeul. On ajouta que Fabius instruisit de ce fait sa femme Marcie, qui le répéta à Livie; que Tibère en fut informé (6); et que, peu de temps après, aux funérailles de Fabius, dont la mort fut soupçonnée n'être point naturelle, on entendit Marcie qui s'accusait, en pleurant, d'avoir été la cause de la perte de son époux. Quoi qu'il en soit, Tibère entrait à peine dans l'Illyrie, lorsque des lettres pressantes de sa mère le rappelèrent à Nole. On ne sait s'il y trouva Auguste encore en vie, ou déjà mort; car Livie avait distribué autour du palais des gardes qui en fermaient avec soin toutes les avenues. De temps en temps on rassurait le peuple sur la santé de son prince; et lorsqu'enfin on eut pris toutes les mesures que les circonstances exigeaient, le même instant apporta la nouvelle qu'Auguste était mort, et que Tibère succédait à son pouvoir (7).

VI. Le premier acte du nouveau *principat* fut le meurtre

---

* Germanicus et Drusus.
** Fabius Maximus.

Nihil de eâ re Tiberius apud senatum disseruit. Patris jussa simulabat, quibus praescripsisset tribuno custodiae apposito ne cunctaretur Agrippam morte adficere, quandòque ipse supremum diem explevisset. Multa, sine dubio, saevaque Augustus, de moribus adolescentis questus, ut exilium ejus senatûsconsulto sanciretur, perfecerat: ceterùm in nullius unquàm suorum necem duravit; neque mortem nepoti, pro securitate privigni, inlatam, credibile erat. Propius vero Tiberium ac Liviam, illum metu, hanc novercalibus odiis, suspecti et invisi juvenis caedem festinavisse. Nuncianti centurioni, ut mos militiae, factum esse quod imperàsset, neque imperàsse sese, et rationem facti reddendam apud senatum, respondit. Quod postquàm Sallustius Crispus, particeps secretorum (is ad tribunum miserat codicillos), comperit; metuens ne reus subderetur, juxtà periculoso ficta seu vera promeret, monuit Liviam ne arcana domûs, ne consilia amicorum, ministeria militum vulgarentur: neve Tiberius vim principatûs resolveret, cuncta ad senatum vocando. Eam conditionem esse imperandi, ut non aliter ratio constet quàm si uni reddatur.

VII. At Romae ruere in servitium consules, patres, equites: quantò quis inlustrior, tantò magis falsi ac festinantes; vultuque composito, ne laeti excessu principis, neu tristiores primordio, lacry-

de Posthumus. Quoique surpris, sans armes, et attaqué par un centurion déterminé, Posthumus disputa (8) long-temps sa vie. Tibère ne parla nullement de cette mort au sénat. Il feignait qu'elle était le résultat des ordres de son père, et qu'il était enjoint au tribun préposé à la garde du jeune homme, de lui donner la mort, sans balancer, aussitôt que l'empereur aurait rendu le dernier soupir. Il est vrai qu'Auguste éclata souvent en reproches violents contre Posthumus, dont même il fit confirmer l'exil par un sénatus-consulte; mais ce prince respecta toujours le sang de ses proches; et il n'est point à croire que, pour la sûreté du fils de sa femme, il eût ordonné la mort de son petit-fils. Il est plus probable que Tibère et Livie, l'un par crainte, l'autre par haine de marâtre, précipitèrent la mort d'un rival odieux et suspect. Lorsque le centurion vint, suivant les formes militaires, annoncer à l'empereur qu'on avait exécuté ses ordres, celui-ci se défendit d'en avoir donné, et déclara qu'il faudrait rendre compte au sénat de cet événement. A cette nouvelle, Salluste, qui était du complot, car lui-même avait écrit le billet au tribun, craignant d'être impliqué dans une affaire où il serait également dangereux pour lui de dissimuler ou d'avouer la vérité, courut chez Livie, et lui fit sentir l'importance de ne point divulguer les mystères du palais, les délibérations intimes, les exécutions militaires; qu'en évoquant tout au sénat, Tibère énerverait la puissance impériale; que c'était le privilége du commandement qu'on ne rendît compte qu'à un seul.

VII. Cependant, à Rome, consuls, sénateurs, chevaliers, se précipitent dans la servitude; plus ils étaient d'un rang illustre, plus ils montraient d'empressement et de fausseté; se composant le visage pour ne laisser voir ni trop de

mas, gaudium, questus, adulationem miscebant. Sex. Pompeius et Sex. Appuleius, consules, primi in verba Tiberii Cæsaris juravére : apudque eos Seius Strabo, et C. Turranius, ille prætoriarum cohortium præfectus, hic annonæ : mox senatus, milesque et populus. Nam Tiberius cuncta per consules incipiebat, tanquàm vetere republicâ, et ambiguus imperandi. Ne edictum quidem quo patres in curiam vocabat, nisi tribunitiæ potestatis præscriptione posuit, sub Augusto acceptæ. Verba edicti fuêre pauca, et sensu permodesto : « De honoribus parentis con-
» sulturum ; neque abscedere à corpore ; idque unum
» ex publicis muneribus usurpare. » Sed, defuncto Augusto, signum prætoriis cohortibus, ut imperator, dederat; excubiæ, arma, cetera aulæ; miles in Forum, miles in curiam comitabatur : litteras ad exercitus, tanquàm adepto principatu, misit ; nusquàm cunctabundus, nisi cùm in senatu loqueretur. Caussa præcipua ex formidine ne Germanicus, in cujus manu tot legiones, immensa sociorum auxilia, mirus apud populum favor, habere imperium quàm exspectare mallet. Dabat et famæ, ut vocatus electusque potiùs à republicâ videretur, quàm per uxorium ambitum, et senili adoptione inrepsisse. Posteà cognitum est ad introspiciendas etiam procerum

contentement à la mort d'un prince, ni trop de tristesse à l'avènement d'un règne ; ils mêlaient ensemble les larmes, la joie, les regrets, l'adulation. Les consuls (9) Sextus Pompéius et Sextus Apuléius prononcèrent les premiers le serment d'obéissance (10) absolue à Tibère. Strabon, préfet du prétoire, et Turranius, préfet de l'annone *, le répétèrent après eux ; puis le sénat, les soldats et le peuple. Ce furent les consuls qui commencèrent, car Tibère mettait les consuls en tête de tous les actes, comme dans l'ancienne république, et comme s'il eût encore douté d'être empereur. Dans l'édit même par lequel il convoquait le sénat, il ne s'autorisait que de la puissance tribunitienne, qu'il tenait d'Auguste. L'édit était court, et singulièrement réservé. Il y demandait conseil sur les honneurs dus à Auguste ; il ne se séparerait point du corps de son père ; c'était, des fonctions publiques, la seule qu'il s'attribuât. Mais, aussitôt après la mort d'Auguste, il avait donné l'ordre, comme empereur, aux cohortes prétoriennes ; il avait pris des gardes, et tout l'appareil de la dignité impériale ; les soldats l'accompagnaient au Forum, l'accompagnaient au sénat ; il avait écrit aux armées comme étant déjà souverain ; il n'hésitait que dans ses discours au sénat. Son principal motif fut la crainte que Germanicus, qui avait dans sa main tant de légions, qui commandait une armée immense d'auxiliaires, qui était adoré du peuple, n'aimât mieux garder le pouvoir que l'attendre. D'ailleurs, il voulait donner à la réputation ; paraître avoir été élevé à l'empire par les suffrages de la république, plutôt que s'y être glissé par les intrigues d'une

---

* Le préfet de l'annone avait l'inspection des grains, et en général de toutes les subsistances.

voluntates inductam dubitationem : nam verba, vultus, in crimen detorquens, recondebat.

VIII. Nihil primo senatûs die agi passus nisi de supremis Augusti, cujus testamentum, inlatum per virgines Vestæ, Tiberium et Liviam heredes habuit. Livia in familiam Juliam, nomenque Augustæ adsumebatur : in spem secundam, nepotes pronepotesque ; tertio gradu primores civitatis scripserat, plerosque invisos sibi, sed jactantiâ gloriâque ad posteros. Legata non ultra civilem modum ; nisi quòd populo et plebi quadringenties tricies quinquies, prætoriarum cohortium militibus singula nummûm millia, legionariis autem cohortibus civium romanorum trecenos nummos viritìm dedit. Tùm consultatum de honoribus, ex quîs maximè insignes visi : Ut portâ triumphali duceretur funus, Gallus Asinius ; ut legum latarum tituli, victarum ab eo gentium vocabula anteferrentur, L. Arruntius censuêre. Addebat Messala Valerius renovandum per annos sacramentum in nomen Tiberii. Interrogatusque à Tiberio nùm, se mandante, eam sententiam prompsisset ? spontè dixisse respondit ; neque, in iis quæ ad rempublicam pertinerent, consilio nisi suo usu-

femme et l'adoption d'un vieillard. La suite fit voir qu'il s'était encore ménagé cette irrésolution, pour démêler les dispositions des grands ; épiant les discours, les visages, il marquait au fond de son cœur ses ennemis.

VIII. Tibère exigea que la première assemblée du sénat fût entièrement consacrée aux derniers devoirs envers son père. Son testament fut apporté par les vestales. Auguste y nommait Tibère et Livie ses héritiers ; après eux, ses petits-fils et arrière-petits-fils ; et, à leur défaut, les grands de Rome, la plupart haïs de lui, mais, par vaine gloire, et pour se faire un mérite auprès de la postérité. Le testament assignait de plus à Livie l'adoption dans la maison des Jules, et le titre d'Augusta. Les legs n'excédaient point ceux qu'auraient pu faire de simples citoyens, si l'on excepte quarante millions * de sesterces qu'il laissait à la nation, trois millions cinq cent mille au peuple, mille à chaque prétorien, et trois cents à chaque légionnaire. Ensuite on délibéra sur les honneurs funèbres, dont voici les plus remarquables : Asinius Gallus proposa de faire passer le convoi par la porte triomphale; Lucius Arruntius, de porter devant le corps d'Auguste, les titres des lois qu'il avait promulguées, les noms des nations qu'il avait vaincues; à quoi Valérius ajouta de renouveler (11) tous les ans, à l'empereur, le serment d'obéissance absolue ; et, comme Tibère lui demanda s'il l'avait chargé d'ouvrir cet avis, Valérius répondit que non ; mais que, dans tout ce qui concernerait le bien de l'État, il ne prendrait conseil que de lui seul, au risque même de

---

* Quarante millions de sesterces, huit millions de notre monnaie ; trois millions cinq cent mille sesterces, sept cent mille livres ; mille sesterces, deux cents livres ; trois cents sesterces, soixante livres.

rum, vel cum periculo offensionis. Ea sola species adulandi supererat. Conclamant patres corpus ad rogum humeris senatorum ferendum. Remisit Cæsar adroganti moderatione : populumque edicto monuit ne, ut quondam nimiis studiis funus divi Julii turbàssent, ita Augustum in Foro potiùs quàm in Campo Martis, sede destinatâ, cremari vellent. Die funeris, milites velut præsidio stetêre ; multùm inridentibus qui ipsi viderant, quique à parentibus acceperant diem illum crudi adhuc servitii, et libertatis improsperè repetitæ, cùm occisus dictator Cæsar, aliis pessimum, aliis pulcherrimum facinus videretur. Nunc senem principem, longà potentià, provisis etiam heredum in rempublicam opibus, auxilio scilicet militari tuendum, ut sepultura ejus quieta foret.

IX. Multus hinc ipso de Augusto sermo, plerisque vana mirantibus : Quòd idem dies accepti quondam imperii princeps et vitæ supremus ; quòd Nolæ in domo et cubiculo in quo pater ejus Octavius vitam finivisset. Numerus etiam consulatuum celebrabatur, quo Valerium Corvinum et C. Marium simul æquaverat ; continuata per septem et triginta annos tribunitia potestas ; nomen imperatoris semel atque vicies partum ; aliaque honorum multiplicata, aut nova. At, apud prudentes, vita ejus variè extolle-

déplaire. C'était la seule tournure de flatterie qui fût encore neuve. Les sénateurs s'écrièrent tous d'une voix qu'ils porteraient le corps au bûcher sur leurs épaules. Tibère y souscrivit (12) avec une docilité insultante ; et, dans un édit, il recommanda au peuple de ne point troubler, par un excès de zèle, les funérailles d'Auguste, comme autrefois celles de César, et de ne point exiger que le corps fût brûlé au Forum plutôt qu'au Champ-de-Mars, lieu fixé pour sa sépulture. Le jour des obsèques, les soldats parurent en bataille, comme pour soutenir le convoi. Aussi, tous ceux qui avaient vu, ou qui avaient entendu rappeler à leurs pères ce jour où, d'une servitude encore toute récente, on avait passé brusquement à une liberté si malheureusement recouvrée ; ou les uns regardaient le meurtre de César comme une action héroïque, les autres comme un forfait exécrable ; et qui, alors, comparaient, à ce meurtre du dictateur, la mort paisible d'un vieux prince, après une longue puissance, après avoir assuré, contre la république, la fortune de ses héritiers, rirent beaucoup de cet appareil menaçant, cru si nécessaire pour la tranquillité de sa sépulture.

IX. Ces réflexions en amenèrent d'autres sur Auguste même ; la multitude remarqua beaucoup de circonstances frivoles ; sa mort à pareil jour de son élévation à l'empire, dans la même maison et dans la même chambre que son père Octave. On vantait le nombre de ses consulats, égal à ceux de Corvinus * et de Marius réunis ; sa puissance tribunitienne (13) prorogée trente-sept ans ; le titre d'*imperator* obtenu vingt et une fois, et les autres honneurs créés ou multipliés pour lui. Mais, dans l'esprit des hommes sensés,

---

* Valérius Corvinus fut six fois consul ; Marius le fut sept fois.

batur, arguebaturve. Hi, pietate erga parentem, et necessitudine reipublicæ in quâ nullus tunc legibus locus, ad arma civilia actum, quæ neque parari possent, neque haberi per bonas artes : multa Antonio, dùm interfectores patris ulcisceretur, multa Lepido concessisse; postquàm hic socordiâ senuerit, ille per libidines pessùm datus sit, non aliud discordantis patriæ remedium fuisse quàm ut ab uno regeretur. Non regno tamen, neque dictaturâ, sed principis nomine constitutam rempublicam : mari Oceano, aut amnibus longinquis septum imperium : legiones, provincias, classes, cuncta inter se connexa : jus apud cives, modestiam apud socios : urbem ipsam magnifico ornatu : pauca admodùm vi tractata, quò ceteris quies esset.

X. Dicebatur contrà : pietatem erga parentem, et tempora reipublicæ, obtentui sumpta; ceterùm, cupidine dominandi, concitos per largitiones veteranos, paratum ab adolescente privato exercitum, corruptas consulis legiones, simulatam Pompeianarum gratiam partium : mox ubi, decreto patrum, fasces et jus prætoris invaserit, cæsis Hirtio et Pansa (sive hostis illos, seu Pansam venenum vulneri adfusum, sui milites Hirtium, et machinator doli Cæsar abstulerant) utriusque copias occupavisse; extortum invito senatu consulatum, armaque, quæ in Antonium acceperit, contra rempublicam versa : proscriptionem civium, divisiones agrorum, ne ipsis qui-

sa vie trouvait des panégyristes et des censeurs. Les uns disaient que la piété filiale et le malheur d'un État où les lois étaient alors sans pouvoir, l'avaient seuls entraîné dans des guerres civiles, qu'on ne peut entreprendre, ni soutenir par des voies légitimes. Ils rejetaient, sur le désir de punir les meurtriers de son père, ses complaisances pour Lépide et pour Antoine; et ses entreprises contre eux sur le mépris qu'excitèrent l'imbécillité de l'un, les débauches de l'autre, et sur la nécessité d'un seul maître pour la paix de tous. D'ailleurs, ils le louaient d'avoir préféré, au titre de roi et de dictateur, celui de prince; d'avoir donné pour barrières à l'empire l'Océan ou des fleuves éloignés; réuni vers un même but, contenu dans le devoir les flottes, les légions, les provinces. Ils vantaient sa justice pour les citoyens, sa douceur pour les alliés, sa magnificence même dans les embellissements de la capitale; ils pardonnaient quelques actes de violence qui avaient assuré le repos général.

X. D'un autre côté, l'on soutenait que sa tendresse pour son père et les désordres de la république n'étaient que le prétexte dont il avait coloré son ambition. Du reste, on l'avait vu, jeune et sans caractère public, lever une armée, séduire les vétérans par des largesses, corrompre les légions du consul, et enfin surprendre, par un zèle simulé pour le parti de Pompée, un décret du sénat, les faisceaux et la dignité de préteur. Depuis, à la mort des consuls Hirtius et Pansa (soit qu'ils eussent péri tous deux par le fer de l'ennemi, ou celui-ci par le poison versé sur sa plaie, et l'autre de la main de ses propres soldats excités par Octave), il s'était emparé de leur armée, il avait extorqué le consulat en dépit du sénat, et tourné, contre la république, les armes qu'elle lui avait remises pour combattre Antoine; la pros-

dem qui fecêre laudatas. Sanè Cassii et Brutorum exitus paternis inimicitiis datos (quanquàm fas sit privata odia publicis utilitatibus remittere); sed Pompeium imagine pacis, sed Lepidum specie amicitiæ deceptos; pòst, Antonium, Tarentino Brundisinoque fœdere, et nuptiis sororis inlectum, subdolæ adfinitatis pœnas morte exsolvisse. Pacem sine dubio posthæc, verùm cruentam; Lollianas, Varianasque clades; interfectos Romæ Varrones, Egnatios, Iulos. Nec domesticis abstinebatur. Abducta Neroni uxor; et consulti per ludibrium pontifices an, concepto, necdùm edito partu, ritè nuberet: qui Tedii et Vedii Pollionis luxus : postremò Livia, gravis in rempublicam mater, gravior domui Cæsarum noverca. Nihil deorum honoribus relictum, cùm se, templis et effigie numinum, per flamines et sacerdotes coli vellet. Ne Tiberium quidem charitate, aut reipublicæ curâ successorem adscitum : sed, quoniam adrogantiam sævitiamque ejus introspexerit, comparatione deterrimâ sibi gloriam quæsivisse. Etenim Augustus, paucis antè annis, cùm Tiberio tribunitiam potestatem à patribus rursùm postularet, quanquàm honorâ oratione, quædam de habitu

cription, le partage des terres, étaient condamnés même par les brigands qu'ils avaient enrichis. On convenait qu'il devait peut-être à la mémoire de son père la mort de Cassius * et des Brutus, quoiqu'il eût bien pu, sans crime, sacrifier à l'intérêt public ses ressentiments particuliers. Mais, comment le justifier d'avoir abusé Sextus par des apparences de paix, Lépide sous le voile de l'amitié, et, depuis, Antoine, qu'il éblouit par les traités de Brinde (14), de Tarente, par l'hymen d'Octavie **, et auquel il fit payer de sa vie une alliance insidieuse? La paix, sans doute, vint ensuite ; mais quelle paix! Au-dehors, les défaites de Lollius (15) et de Varus ; au-dedans, le meurtre des Varrons ***, des Egnatius, des Jules. On ne l'épargnait pas même dans sa vie privée. Il avait enlevé à Néron sa femme, et s'était joué des pontifes, en les consultant sur la légitimité de son mariage avec une femme enceinte d'un autre. On lui imputait le faste de Tédius **** et de Pollion (16), les déportements de Livie, mère fatale à la république, marâtre plus fatale aux Césars. Il n'avait laissé aux dieux aucune prérogative, exigeant, comme eux, des temples et des statues, des flamines, des prêtres et un culte. Enfin, Tibère même, on prétendait qu'il (17) ne l'avait choisi pour successeur, ni par tendresse pour lui, ni par intérêt pour l'État, mais par la connaissance secrète qu'il avait de son arrogance, de sa cruauté, et dans la vue de rehausser sa gloire par le plus effrayant contraste. En effet,

---

* Marcus Brutus, tué à Philippes, et Décimus Brutus.

** Sœur d'Auguste.

*** Varro Murena, Marcus Egnatius, avaient conspiré contre Auguste. Jule Antoine avait été l'amant de Julie, fille de ce prince ; il était fils du triumvir Antoine et de Fulvie.

**** On ne sait pas quel était ce Tédius : La Bletterie lit *Atedii*.

vultuque et institutis ejus jecerat, quæ velut excusando exprobraret.

XI. Ceterùm, sepulturâ more perfectâ, templum et cœlestes religiones decernuntur. Versæ indè ad Tiberium preces : et ille variè disserebat de magnitudine imperii, suâ modestiâ. « Solam divi Augusti
» mentem tantæ molis capacem : se, in partem cu-
» rarum ab illo vocatum, experiendo didicisse quàm
» arduum, quàm subjectum fortunæ regendi cuncta
» onus : proindè, in civitate tot inlustribus viris sub-
» nixâ, non ad unum omnia deferrent; plures faci-
» liùs munia reipublicæ sociatis laboribus exsecutu-
» ros. » Plus in oratione tali dignitatis quàm fidei erat : Tiberioque, etiam in rebus quas non occuleret, seu naturâ, sive adsuetudine, suspensa semper et obscura verba; tunc verò, nitenti ut sensus suos penitùs abderet, in incertum et ambiguum magis implicabantur. At patres, quibus unus metus si intelligere viderentur, in questus, lacrymas, vota effundi; ad deos, ad effigiem Augusti, ad genua ipsius manus tendere, cùm proferri libellum recitarique jussit. Opes publicæ continebantur; quantùm civium sociorumque in armis; quot classes, regna, provin-

Auguste, quelques années auparavant, demandant une seconde fois au sénat la puissance tribunitienne pour Tibère, avait, dans un discours destiné à le louer, jeté sur son extérieur, sur sa figure et sur ses mœurs, quelques traits qui, sous un air d'apologie, cachaient une satire.

XI. Les solennités de la sépulture achevées, on décerne à Auguste un temple et les honneurs divins. Ensuite on supplie Tibère de le remplacer. Mais lui se répandait en discours vagues, sur la grandeur de l'empire, sur son incapacité; « le » génie d'Auguste, disait-il, pouvait seul embrasser cette » immensité de détails; appelé à partager les soins du » gouvernement, il savait, par expérience, combien la » charge entière avait de poids et de danger; dans une ville » qui avait pour soutiens tant d'hommes distingués, il ne » fallait pas abandonner tout à un seul; en répartissant les » travaux sur plusieurs têtes, la république serait mieux » servie. » Il y avait, dans ce discours, plus d'ostentation que de bonne foi. D'ailleurs Tibère, qui, lors même qu'il ne dissimulait pas, laissait toujours dans sa phrase, soit par caractère, soit par habitude, je ne sais quoi d'obscur et d'incertain, maintenant qu'il redoublait d'efforts pour cacher profondément ses pensées, enveloppait encore plus son discours de nuages et d'ambiguités. Aussi les sénateurs, qui n'avaient d'autre crainte que de paraître le pénétrer, s'épuisaient en vœux, en lamentations, en larmes, embrassaient les statues des dieux, l'image d'Auguste, les genoux même de Tibère. Alors il fit apporter un registre, dont il ordonna la lecture; c'était un état des richesses de l'empire, des citoyens et des alliés sous les armes, des flottes, des provinces, des royaumes, des tributs et autres parties du revenu pu-

ciæ ; tributa, aut vectigalia, et necessitates ac largitiones : quæ cuncta suâ manu perscripserat Augustus : addideratque consilium coercendi intra terminos imperii, incertum metu, an per invidiam.

XII. Inter quæ, senatu ad infimas obtestationes procumbente, dixit fortè Tiberius se, ut non toti reipublicæ parem, ita, quæcumque pars sibi mandaretur, ejus tutelam suscepturum. « Tùm Asinius » Gallus, interrogo, inquit, Cæsar, quam partem » reipublicæ mandari tibi velis? » Perculsus improvisâ interrogatione, paulùm reticuit : dein, collecto animo, respondit : Nequaquàm decorum pudori suo legere aliquid, aut evitare ex eo cui in universum excusari mallet. Rursùm Gallus (etenim vultu offensionem conjectaverat): « Non idcircò interrogatum, » ait, ut divideret quæ separari nequirent ; sed ut, » suâ confessione, argueretur unum esse reipublicæ » corpus, atque unius animo regendum. » Addidit laudem de Augusto, Tiberiumque ipsum victoriarum suarum, quæque in togâ per tot annos egregiè fecisset, admonuit. Nec ideo iram ejus lenivit, pridem invisus, tanquàm, ductâ in matrimonium Vipsaniâ M. Agrippæ filiâ, quæ quondam Tiberii uxor fuerat, plus quàm civilia agitaret, Pollionisque Asinii patris ferociam retineret.

XIII. Post quæ L. Arruntius, haud multùm discrepans à Galli oratione, perindè offendit, quanquàm Tiberio nulla vetus in Arruntium ira : sed divitem, promptum, artibus egregiis, et pari famâ

blic *, des dépenses nécessaires et des gratifications. Auguste avait écrit le tout de sa propre main ; il y avait ajouté le conseil de ne plus étendre les bornes de l'empire ; on ignore si c'était prudence ou jalousie.

XII. Cependant, le sénat s'abaissant aux plus viles supplications, il échappe à Tibère de dire qu'il ne pouvait suffire seul à toute la république ; que, cependant, si l'on en détachait quelque portion, il consentirait à s'en charger. « Dis-» nous donc, César, lui demande aussitôt Asinius Gallus, » quelle partie tu veux qu'on te confie ? » Surpris par cette interrogation imprévue, Tibère reste un moment interdit ; puis, se remettant, il répond que la bienséance ne lui permettait nullement de choisir ou de rejeter en partie, lorsque, principalement, il aimerait mieux qu'on le dispensât de tout. Gallus, qui lit sur le visage du prince son mécontentement, réplique que, s'il vient de hasarder cette question, ce n'est point pour qu'on sépare ce qui ne peut être séparé, mais pour le convaincre, par son propre aveu, que l'État, ne formant qu'un corps, doit être gouverné par une seule tête. Il s'étend ensuite sur l'éloge d'Auguste ; il rappelle aussi à Tibère ses victoires, et les détails glorieux de sa longue administration. Mais il ne peut adoucir le ressentiment de ce prince, qui le haïssait depuis long-temps, parce qu'en épousant Vipsanie, fille de Marcus Agrippa, et d'abord femme de Tibère, Gallus avait annoncé des projets au-dessus d'un simple citoyen, et que, de plus, il conservait l'âpreté de Pollion son père.

XIII. Lucius Arruntius parla ensuite, à peu près dans le même sens que Gallus ; il déplut également. Ce n'est pas que Tibère eût contre lui d'anciens ressentiments ; mais Arrun-

---

* Voyez, sur le mot *vectigalia*, une note, liv. III, t. II.

publicè, suspectabat. Quippè Augustus, supremis sermonibus cùm tractaret quinam adipisci principem locum suffecturi abnuerent, aut impares vellent, vel idem possent cuperentque; M. Lepidum dixerat capacem sed aspernantem; Gallum Asinium avidum et minorem : L. Arruntium non indignum, et, si casus daretur, ausurum. De prioribus consentitur. Pro Arruntio quidam Cn. Pisonem tradidêre : omnesque, præter Lepidum, variis mox criminibus, struente Tiberio, circumventi sunt. Etiam Q. Haterius et Mamercus Scaurus suspicacem animum perstrinxêre : Haterius, cùm dixisset, Quoùsque patieris, Cæsar, non adesse caput reipublicæ ? Scaurus, quia dixerat, spem esse ex eo non inritas fore senatûs preces quòd relationi consulum jure tribunitiæ potestatis non intercessisset. In Haterium statìm invectus est ; Scaurum, cui implacabiliùs irascebatur, silentio tramisit : fessusque clamore omnium, expostulatione singulorum, flexit paulatìm, non ut fateretur suscipi à se imperium, sed ut negare et rogari desineret. Constat Haterium, cùm deprecandi caussà palatium introisset, ambulantisque Tiberii genua advolveretur, propè à militibus interfectum, quia Tiberius, casu an manibus ejus impeditus, prociderat : neque tamen periculo talis viri mitigatus est, donec Haterius Augustam oraret, ejusque curatissimis precibus protegeretur.

tius était riche, actif, joignait à de grands talents une grande réputation, et tout cela le rendait suspect. En effet, Auguste, dans ses derniers entretiens, recherchant ceux des Romains qui auraient à la fois le talent et le désir de régner, et ceux qui auraient l'un sans l'autre, dit qu'il voyait dans Lépide de la capacité sans ambition, dans Gallus de l'ambition sans capacité; mais qu'Arruntius n'était pas indigne du trône, et qu'il oserait y aspirer, si l'occasion se présentait. On s'accorde sur les deux premiers; d'autres nomment Cnéus Pison au lieu d'Arruntius; et, à l'exception de Lépide, tous, par la suite, furent enveloppés dans différentes accusations que suscita Tibère. Quintus Hatérius et Mamercus Scaurus blessèrent encore cet esprit ombrageux; le premier pour avoir dit : « Jusques à quand, César, laisseras-tu la république » sans chef? » et l'autre, qu'on devait espérer que les prières du sénat ne seraient pas inutiles auprès de celui qui n'avait point usé des droits de la puissance tribunitienne pour s'opposer à la délibération des consuls. Tibère éclata sur-le-champ contre Hatérius; mais, quant à Scaurus, comme il lui gardait une haine plus implacable, il se renferma dans le silence. Enfin, las des instances de chacun, des clameurs de tous, il céda peu à peu, cessant de refuser et de se faire prier, sans avouer encore qu'il acceptait. Il est constant qu'Hatérius, entrant au palais pour solliciter sa grâce, et se jetant aux genoux de Tibère, qu'il trouva debout, pensa être massacré par les soldats, parce que le prince fit une chute due au hasard ou au mouvement brusque d'Hatérius. Encore le péril qu'avait couru un homme de ce rang ne désarma point Tibère; il fallut, pour sauver Hatérius, les prières les plus pressantes d'Augusta *.

* Nom de Livie, depuis son adoption.

XIV. Multa patrum et in Augustam adulatio. Alii parentem, alii matrem patriæ appellandam; plerique, ut nomini Cæsaris adscriberetur Juliæ filius, censebant. Ille, moderandos feminarum honores dictitans, eâdemque se temperantiâ usurum in his quæ sibi tribuerentur : ceterùm, anxius invidiâ, et muliebre fastigium in deminutionem sui accipiens, ne lictorem quidem ei decerni passus est ; aramque adoptionis, et alia hujuscemodi prohibuit. At Germanico Cæsari proconsulare imperium petivit, missique legati qui deferrent, simul mœstitiam ejus ob excessum Augusti solarentur. Quominùs idem pro Druso postularetur, ea caussa quòd designatus consul Drusus, præsensque erat. Candidatos præturæ duodecim nominavit, numerum ab Augusto traditum : et, hortante senatu ut augeret, jurejurando obstrinxit se non excessurum.

XV. Tùm primùm è campo comitia ad patres translata sunt. Nam, ad eam diem, etsi potissima arbitrio principis, quædam tamen studiis tribuum fiebant : neque populus ademptum jus questus est, nisi inani rumore : et senatus, largitionibus ac precibus sordidis exsolutus, libens tenuit, moderante Tiberio, ne plures quàm quatuor candidos commendaret, sine repulsâ et ambitu designandos. Inter quæ, tribuni plebei petivêre ut proprio sumptu ede-

XIV. Les sénateurs n'épargnèrent pas non plus l'adulation à Livie. Les uns voulaient qu'on la désignât par le nom de *mère de César*, d'autres, par celui de *mère de la patrie* : la plupart, qu'on ajoutât au nom de Tibère celui de *fils de Julie* *. Mais lui, répétant qu'on ne devait point prodiguer au sexe des honneurs sur lesquels il se montrerait lui-même très réservé, ne cédant, au fond, qu'à l'inquiète jalousie, qui lui montrait son abaissement dans l'élévation d'une femme, s'opposa à l'érection d'un autel de *l'adoption*, et à d'autres distinctions pareilles ; il ne souffrit pas même qu'on donnât un licteur à sa mère. Cependant il demanda le proconsulat pour Germanicus ; une députation fut nommée pour lui porter le décret, et pour le complimenter en même temps sur la mort d'Auguste. Drusus étant présent, et désigné consul, Tibère ne fit pas pour lui les mêmes demandes. Ce prince nomma douze candidats pour la préture (c'était le nombre fixé par Auguste); et, loin de se rendre au vœu du sénat, qui le pressait d'ajouter à ce nombre, il s'imposa, sous la foi du serment, l'obligation de ne jamais l'excéder **.

XV. Alors, pour la première fois, les comices passèrent du Champ-de-Mars au sénat ; car, jusqu'à ce jour, quoique le prince décidât des élections importantes, il y en avait d'autres néanmoins où l'on consultait le vœu des tribus. Le peuple, dépouillé de son droit, ne marqua son mécontentement que par de vains murmures ; et le sénat, dispensé d'acheter ou de mendier bassement les voix, se réjouit de cette

---

* Autre nom de Livie.

** Il l'augmenta pourtant. Plusieurs années il y en eut quinze, quelquefois seize ; quelquefois aussi il n'y en eut que onze ou dix. *Voyez* Dion.

rent ludos, qui, de nomine Augusti, fastis additi, Augustales vocarentur : sed decreta pecunia ex ærario. utque per Circum triumphali veste uterentur : curru vehi haud permissum. Mox celebratio annuum ad prætorem translata, cui inter cives et peregrinos jurisdictio evenisset.

XVI. Hic rerum urbanarum status erat, cùm Pannonicas legiones seditio incessit ; nullis novis caussis nisi quòd mutatus princeps licentiam turbarum, et civili bello spem præmiorum ostendebat. Castris æstivis tres simul legiones habebantur, præsidente Junio Blæso : qui, fine Augusti et initiis Tiberii auditis, ob justitium aut gaudium, intermiserat solita munia. Eo principio lascivire miles, discordare, pessimi cujusque sermonibus præbere aures ; deniquè luxum et otium cupere, disciplinam et laborem aspernari. Erat in castris Percennius quidam, dux olim theatralium operarum, dein gregarius miles, procax linguà, et miscere cœtus histrionali studio doctus. Is, imperitos animos, et quænam post Augustum militiæ conditio ambigentes, impellere paulatìm nocturnis conloquiis, aut flexo in vesperam

innovation, Tibère se bornant d'ailleurs à ne jamais recommander que quatre candidats, qui devaient être élus sans opposition, sans avoir besoin de sollicitations. Dans le même temps, les tribuns du peuple demandèrent à faire eux-mêmes la dépense des jeux qu'on venait d'ajouter aux fastes, et qui, du nom d'Auguste, prirent celui (18) d'*Augustales*. Mais on assigna, pour cet objet, un fonds sur le trésor, afin qu'ils pussent paraître dans le cirque avec la robe des triomphateurs; on leur défendit néanmoins de s'y faire porter sur un char. Bientôt après, la célébration de ces jeux annuels fut attribuée au préteur chargé du jugement des contestations entre les citoyens et les étrangers.

XVI. Tel était à Rome l'état des choses, lorsque les légions de Pannonie se portèrent à la révolte, sans autre motif que la facilité d'exciter des troubles sous un nouveau prince, et l'espoir de s'enrichir dans une guerre civile. Trois légions étaient réunies dans le même camp (19). Leur commandant, Junius Blæsus, ayant appris la mort d'Auguste et l'avènement de Tibère, avait, à cause ou du deuil ou des réjouissances, interrompu les exercices ordinaires. Ce fut là la source du mal. Le désœuvrement produisit la licence et la discorde. Le soldat prête l'oreille aux discours des séditieux, soupire après la mollesse et le repos, se dégoûte de la discipline et du travail. Il y avait dans le camp un certain Percennius, autrefois chef d'histrions, depuis simple soldat, discoureur effronté, que toutes ses rivalités de théâtre avaient formé à la faction et à l'intrigue. Celui-ci, remarquant dans ces hommes simples, de l'inquiétude sur le sort des soldats après la mort d'Auguste, les anime insensiblement dans des conférences secrètes; il choisissait la nuit ou le soir, et, lorsque les plus sages s'étaient retirés, il attroupait tous les

die, et dilapsis melioribus, deterrimum quemque congregare. Postremò, promptis jam et aliis seditionis ministris, velut concionabundus interrogabat:

XVII. « Cur paucis centurionibus, paucioribus
» tribunis, in modum servorum obedirent ? quandò
» ausuros exposcere remedia, nisi novum et nutan-
» tem adhuc principem precibus, vel armis adirent?
» Satis per tot annos ignaviâ peccatum quòd tricena
» aut quadragena stipendia senes, et plerique trun-
» cato ex vulneribus corpore, tolerent : ne dimissis
» quidem finem esse militiæ, sed, apud vexillum re-
» tentos, alio vocabulo, eosdem labores perferre :
» ac, si quis tot casus vitâ superaverit, trahi adhuc
» diversas in terras, ubì, per nomen agrorum, uli-
» gines paludum vel inculta montium accipiant. Enim-
» verò militiam ipsam gravem, infructuosam ; denis
» in diem assibus animam et corpus æstimari ; hinc
» vestem, arma, tentoria ; hinc sævitiam centurio-
» num, et vacationes munerum redimi. At, herculè !
» verbera, et vulnera, duram hiemem, exercitas
» æstates, bellum atrox, aut sterilem pacem, sem-
» piterna : nec aliud levamentum quàm si certis sub
» legibus militia iniretur ; ut singulos denarios me-
» rerent ; sextusdecimus stipendii annus finem adfer-
» ret ; ne ultrà sub vexillis tenerentur, sed iisdem
» in castris præmium pecuniâ solveretur. An præto-
» rias cohortes, quæ binos denarios acciperent, quæ
» post sexdecim annos penatibus suis reddantur,
» plus periculorum suscipere ? Non obtrectari à se

pervers. Enfin, sûr de leur audace, et d'avoir en eux de nouveaux artisans de sédition, il prend le ton d'un général qui harangue; il demandait publiquement :

XVII. « Pourquoi souffraient-ils qu'un petit nombre de
» centurions, moins encore de tribuns, les menassent comme
» des esclaves? Quand oseraient-ils demander du soulage-
» ment s'ils ne pressaient par leurs prières ou par leurs armes
» un prince nouveau, chancelant encore sur son trône? C'é-
» tait déjà une assez grande lâcheté d'avoir souffert si long-
» temps qu'on exigeât, de vieillards, mutilés presque tous
» par des blessures, trente ou quarante ans de service. Leur
» congé même n'était pas un terme à leur misère; enchaînés
» à l'étendard, ils enduraient, sous un autre nom, les mêmes
» travaux; encore, s'il leur arrivait de survivre à tant de
» périls, on les traînait dans des régions éloignées, où on
» leur assignait, pour terres, des marais impraticables ou
» des roches incultes. Le service, par lui-même, était dur,
» infructueux; on évaluait dix as *, par jour, l'âme et le
» corps d'un citoyen; sur quoi, il fallait payer ses habits,
» ses armes, ses tentes, la pitié des centurions et les exemp-
» tions de service; mais rien, certes, ne les exemptait des
» châtiments et des blessures, des rigueurs de l'hiver, des
» fatigues de l'été. Ils avaient, pour attente éternelle, une
» guerre sanglante, ou une paix infructueuse. L'unique re-
» mède était de fixer eux-mêmes les conditions; un de-
» nier ** par jour; après seize ans la retraite (20); plus
» d'étendard pour les vétérans; et, dans le camp même,

---

* Environ dix sous de notre monnaie; sous la république, ce n'était que cinq sous. Ce fut Jules César qui doubla la paie du soldat.

** Environ seize sous de notre monnaie.

» urbanas excubias : sibi tamen , apud horridas gen-
» tes, è contuberniis hostem aspici. »

XVIII. Adstrepebat vulgus diversis incitamentis :
hi verberum notas, illi canitiem, plurimi detrita
tegmina et nudum corpus exprobrantes. Postremò eò
furoris venère, ut tres legiones miscere in unam agitaverint : depulsi æmulatione, quia suæ quisque le-
gioni eum honorem quærebant, aliò vertunt, atque
unà tres aquilas et signa cohortium locant : simul
congerunt cespites, exstruunt tribunal, quò magis
conspicua sedes foret. Properantibus Blæsus advenit, increpabatque, ac retinebat singulos, clamitans : « Meâ potiùs cæde imbuite manus : leviore fla-
» gitio legatum interficietis, quàm ab imperatore
» desciscitis. Aut incolumis fidem legionum retinebo :
» aut jugulatus pœnitentiam adcelerabo. »

XIX. Aggerebatur nihilominùs cespes, jamque
pectori usque adcreverat, cùm tandem pervicaciâ
victi incoeptum omisère. Blæsus, multâ dicendi arte,
non per seditionem et turbas desideria militum ad
Cæsarem ferenda, ait : Neque veteres ab imperatoribus priscis, neque ipsos à divo Augusto tam nova
petivisse : et parùm, in tempore, incipientes principis curas onerari. Si tamen tenderent in pace ten-

» leur récompense * payée en argent. Les cohortes préto-
» riennes, qui recevaient chaque jour deux deniers **,
» qui, après seize ans, revoyaient leurs pénates, couraient-
» elles plus de hasards? Il n'avait garde de leur envier leur
» service efféminé; mais lui, cependant, campé au milieu
» des nations barbares, voyait de sa tente l'ennemi. »

XVIII. Ce discours excite les applaudissements de la multitude; chacun raconte ses griefs; l'un montre les marques des coups de verge, l'autre ses cheveux blancs, ceux-ci leurs vêtements en lambeaux et leurs corps à moitié nus. Enfin, dans l'excès de leur emportement, ils agitent de réunir les trois légions en une seule. Dégoûtés de ce projet par l'impossibilité de concilier tous les soldats, qui réclamaient cet honneur chacun pour sa légion, ils prennent un autre parti; ils placent dans le même lieu les trois aigles et les enseignes des cohortes; ils entassent des gazons; ils forment une éminence, pour y placer un tribunal qui puisse s'apercevoir de plus loin. Tandis qu'ils se hâtent, Blæsus arrive; il les réprimande, et, saisissant les travailleurs, il leur crie : « Ver-
» sez plutôt mon sang; ce sera un moindre crime de tuer
» votre lieutenant que de trahir votre empereur. Ou ma vie
» conservera la fidélité de mes légions, ou ma mort accélé-
» rera leur repentir. »

XIX. Cependant l'ouvrage n'en avançait pas moins; déjà même on l'avait élevé jusqu'à la hauteur de la poitrine; toutefois ils l'abandonnent, vaincus enfin par l'opiniâtreté de

---

* Cette récompense, qu'on donnait à la fin du service, était, pour chaque légionnaire, de douze mille sesterces, deux mille trois cent trente-quatre livres de notre monnaie ; pour chaque prétorien, de vingt mille sesterces, trois mille huit cent quatre-vingt-dix livres.

** Environ une livre douze sous.

tare quæ ne civilium quidem bellorum victores expostulaverint; cur, contra morem obsequii, contra fas disciplinæ, vim meditarentur? decernerent legatos, seque coram mandata darent. Adclamavêre ut filius Blæsi, tribunus, legatione eâ fungeretur, peteretque militibus missionem ab sexdecim annis : cetera mandaturos ubi prima provenissent. Profecto juvene, modicum otium : sed superbire miles quòd filius legati, orator publicæ caussæ, satis ostenderet, necessitate expressa, quæ per modestiam non obtinuissent.

XX. Intereà manipuli, ante cœptam seditionem Nauportum missi, ob itinera et pontes, et alios usus, postquàm turbatum in castris accepêre, vexilla convellunt : direptisque proximis vicis, ipsoque Nauporto, quod municipii instar erat, retinentìs centuriones inrisu et contumeliis, postremò verberibus insectantur : præcipua in Aufidienum Rufum, præfectum castrorum, ira, quem dereptum vehiculo, sarcinis gravant, aguntque primo in agmine, per ludibrium rogitantes an tam immensa onera, tam

leur lieutenant. Alors Blæsus, avec de l'insinuation et de l'adresse, leur représente que ce n'était point par la révolte que des soldats devaient expliquer leurs désirs à César; que leurs ancêtres, sous les anciens généraux, ni eux-mêmes sous Auguste, n'avaient jamais formé de pareilles demandes, et qu'il était peu convenable de surcharger de nouveaux soins les embarras d'un nouveau règne. Cependant, s'ils persistaient à exiger en pleine paix, ce que, au milieu même des guerres civiles, les vainqueurs n'avaient pas demandé, pourquoi, au mépris de la subordination et de la discipline, employer la violence? Ils n'avaient qu'à choisir des députés, et, en sa présence, expliquer leurs intentions. Aussitôt ils nomment, par acclamation, le fils de Blæsus, déjà tribun, et le chargent de demander, pour les soldats, le congé au bout de seize ans, remettant à s'expliquer sur le reste lorsqu'ils auraient obtenu ce premier point. Le départ du député rétablit la paix pour un moment, mais il accrut l'insolence du soldat, qui, voyant le fils de son lieutenant devenu l'orateur de la cause publique, sentit que les menaces avaient arraché ce que la soumission n'eût jamais obtenu.

XX. Avant l'émeute, on avait envoyé quelques compagnies à Nauport *, pour réparer des chemins, des ponts et d'autres ouvrages semblables. Elles n'eurent pas plutôt appris les troubles qui s'étaient élevés, qu'elles décampèrent précipitamment. Les bourgs voisins, Nauport même, qui était une sorte de ville municipale, furent pillés. Les centurions veulent les retenir; ils les accablent de huées et d'outrages; ils en viennent jusqu'à les charger de coups. Ce fut surtout contre le préfet Rufus Aufidienus qu'éclata leur ressentiment.

* Laubach, dans la Carniole.

longa itinera libenter ferret ? Quippè Rufus, diù manipularis, dein centurio, mox castris præfectus, antiquam duramque militiam revocabat, vetus operis ac laboris, et eò immitior qua toleraverat.

XXI. Horum adventu redintegratur seditio, et vagi circumjecta populabantur. Blæsus paucos, maximè præda onustos, ad terrorem ceterorum, adfici verberibus, claudi carcere jubet; nam, etiam tùm, legato à centurionibus, et optimo quoque manipularium parebatur. Illi, obniti trahentibus, prensare circumstantium genua, ciere modò nomina singulorum, modò centuriam quisque cujus manipularis erat, cohortem, legionem, eadem omnibus imminere clamitantes : simul probra in legatum cumulant, coelum ac deos obtestantur, nihil reliqui faciunt quominùs invidiam, misericordiam, metum, et iras permoverent. Adcurritur ab universis, et, carcere effracto, solvunt vincula ; desertoresque ac rerum capitalium damnatos, sibi jam miscent.

XXII. Flagrantior indè vis ; plures seditioni duces : et Vibulenus quidam, gregarius miles, ante tribunal Blæsi adlevatus circumstantium humeris, apud turbatos, et quid pararet intentos : « Vos qui-
» dem, inquit, his innocentibus et miserrimis lucem
» et spiritum reddidistis : sed quis fratri meo vitam,
» quis fratrem mihi reddit ? quem, missum ad vos à

Ils l'arrachent de son chariot, le chargent de leurs bagages, et le font marcher à pied à la tête de la troupe, lui demandant, avec une ironie amère, s'il supportait avec plaisir des charges si pesantes et de si longues marches. Ce Rufus, long-temps simple soldat, puis centurion, enfin préfet de camp *, voulait ramener le service à son ancienne austérité. Il avait vieilli dans la peine et le travail, et l'exigeait avec plus de rigueur, l'ayant enduré lui-même.

XXI. L'arrivée de ces mutins rallume la sédition ; ils se répandent dans les campagnes environnantes, qu'ils dévastent. Blæsus, pour intimider les autres, fait arrêter quelques-uns de ceux qu'il voit le plus chargés de butin, et ordonne de les battre de verges et de les mener en prison. Jusqu'alors les centurions et tous les bons soldats obéissaient encore au lieutenant. Ils saisissent les coupables et les entraînent. Ceux-ci résistent, s'attachent aux genoux de tous ceux qu'ils rencontrent, appellent chaque soldat par son nom, invoquent leur centurie, leur cohorte, leur légion, crient à chacun qu'il est menacé du même sort, accumulent les imprécations contre le lieutenant, attestent le ciel et les dieux, n'omettent rien pour exciter la crainte, la pitié, la colère, l'indignation. On accourt de tous côtés, on enfonce la prison, on délivre tous les déserteurs, tous les malfaiteurs condamnés à mort, qui aussitôt se joignent aux autres.

XXII. Alors le désordre augmente ; la sédition gagne de nouveaux chefs. Un d'eux, nommé Vibulénus, simple légionnaire, se fait élever sur les épaules de quelques soldats devant le tribunal de Blæsus, et, en présence de cette mul-

---

* Le préfet du camp répondait, à peu près, à ce qu'est pour nous le maréchal-général-des-logis.

» Germanico exercitu, de communibus commodis,
» nocte proximâ jugulavit per gladiatores suos, quos
» in exitium militum habet atque armat. Responde,
» Blæse, ubi cadaver abjeceris? ne hostes quidem
» sepulturam invident : cum osculis, cum lacrymis
» dolorem meum implevero, me quoque trucidari
» jube; dùm interfectos nullum ob scelus, sed quia
» utilitati legionum consulebamus, hi sepeliant. »

XXIII. Incendebat hæc fletu, et pectus atque os manibus verberans : mox, disjectis quorum per humeros sustinebatur, præceps, et singulorum pedibus advolutus, tantùm consternationis invidiæque concivit ut pars militum, gladiatores qui è servitio Blæsi erant, pars cæteram ejusdem familiam vincirent, alii ad quærendum corpus effunderentur. Ac ni properè, neque corpus ullum reperiri, et servos, adhibitis cruciatibus, abnuere cædem, neque illi fuisse unquàm fratrem pernotuisset, haud multùm ab exitio legati aberant. Tribunos tamen, ac præfectum castrorum extrusère. Sarcinæ fugientium direptæ, et centurio Lucillius interficitur, cui, militaribus facetiis, vocabulum *cedo alteram* indiderant; quia, fractâ vite in tergo militis, *alteram* clarâ voce, ac rursùs

titude ameutée, qui observait avec attention ce mouvement :
« Soldats, s'écria-t-il, vous avez rendu la lumière et la vie
» à ces innocentes victimes; mais qui rendra le jour à mon
» frère? qui rendra mon frère à ma tendresse? L'infortuné,
» député vers vous par les légions de Germanie, pour nos
» intérêts communs, a été assassiné, la nuit dernière, par les
» gladiateurs * que Blæsus tient armés près de lui pour la
» destruction des soldats. Réponds, Blæsus, où as-tu jeté le
» corps de mon frère? L'ennemi même n'envie point la sé-
» pulture aux morts. Laisse-moi exhaler ma douleur par
» mes baisers, par mes larmes; puis, égorge-moi, j'y con-
» sens; pourvu que ces braves amis, touchés du sort de deux
» malheureux, dont tout le crime est d'avoir cherché le
» bien des légions, ne refusent point à notre cendre les der-
» niers honneurs. »

XXIII. Ce discours véhément, Vibulénus l'animait encore par ses larmes, se frappant le visage et la poitrine; puis,
écartant ceux qui le portaient, il se précipite, il se roule aux
pieds de chaque soldat; il excite des mouvements si violents
de crainte pour eux-mêmes, d'indignation contre Blæsus,
qu'ils partent tous en fureur; les uns vont enchaîner les gladiateurs et les esclaves du lieutenant; les autres se répandent
en foule pour chercher le corps; et, si l'on n'eût su promptement que le corps ne se trouvait pas, que les esclaves ap-
pliqués à la question niaient l'assassinat, et que Vibulénus n'a-
vait jamais eu de frère, c'était fait peut-être du lieutenant.
Cependant ils chassent les tribuns et le préfet de camp; ils
pillent leurs bagages; ils massacrent le centurion Lucillius,

---

* On donnait dans le camp des spectacles de gladiateurs, pour accoutumer les soldats au sang et aux blessures.

aliam poscebat : cæteros latebræ texêre, uno retento Clemente Julio, qui perferendis militum mandatis habebatur idoneus, ob promptum ingenium. Quin ipsæ inter se legiones octava et quintadecuma ferrum parabant, dùm centurionem cognomento Sirpicum, illa morti deposcit, quintadecumani tuentur ; ni miles nonanus preces, et adversùm aspernantis, minas interjecisset.

XXIV. Hæc audita, quanquàm abstrusum, et tristissima quæque maximè occultantem, Tiberium perpulêre ut Drusum filium, cum primoribus civitatis, duabusque prætoriis cohortibus mitteret, nullis satis certis mandatis : ex re consulturum. Et cohortes delecto milite supra solitum firmatæ. Additur magna pars prætoriani equitis, et robora Germanorum, qui tùm custodes imperatori aderant : simul prætorii præfectus Ælius Sejanus, collega Straboni patri suo datus, magnâ apud Tiberium auctoritate, rector juveni, et cæteris periculorum præmiorumque ostentator. Druso propinquanti, quasi per officium obviæ fuêre legiones, non lætæ, ut assolet, neque insignibus fulgentes ; sed illuvie deformi et vultu, quanquàm mœstitiam imitarentur, contumaciæ propiores.

qu'ils nommaient, par dérision, le centurion *une autre*, parce que, toutes les fois qu'il rompait une verge de sarment * sur le dos d'un soldat, il en demandait *une autre* à haute voix, et encore *une autre*. Le reste des centurions fut réduit à se cacher. Ils ne retinrent que Julius Clémens, qui, par la vivacité de son esprit, leur parut propre à porter la parole pour eux. Enfin, la dissension éclate entre les légions elles-mêmes, la huitième demandant, la quinzième refusant la mort d'un centurion nommé Sirpicus; et le sang allait couler, si la neuvième n'eût interposé ses prières, et, en cas de refus, ses menaces.

XXIV. A ces nouvelles, Tibère, quoique impénétrable, et accoutumé à couvrir du plus profond secret les plus fâcheux événements, se détermina à faire partir son fils Drusus, avec les principaux sénateurs et deux (21) cohortes prétoriennes. Les instructions n'avaient rien de précis; les circonstances devaient régler leur conduite. Les cohortes furent renforcées de surnuméraires choisis. On y ajouta une grande partie de la cavalerie prétorienne, et l'élite des Germains, qui, alors, composaient la garde de l'empereur. Séjan, préfet du prétoire, accompagnait Drusus. Il avait été nommé collègue de son père Strabon, et jouissait déjà d'un grand crédit auprès de Tibère, qui, dans ce moment, lui confia son fils, et ses pouvoirs pour récompenser ou pour punir. A l'approche de Drusus, les soldats, par un reste d'égards, allèrent à sa rencontre; mais sans faire éclater de transports, suivant l'usage; sans étaler leurs décorations; avec un extérieur négligé,

* C'était le privilège du soldat romain d'être battu avec le bois de la vigne. On châtiait le soldat étranger avec celui de tout autre arbre. *Decora vitis*, la vigne honorable, dit Pline. Le cep de vigne était la marque distinctive du centurion.

XXV. Postquàm vallum introiit, portas stationibus firmant, globos armatorum certis castrorum locis opperiri jubent : cæteri tribunal ingenti agmine circumveniunt. Stabat Drusus, silentium manu poscens. Illi, quotiens oculos ad multitudinem retulerant, vocibus truculentis strepere : rursùm, viso Cæsare, trepidare : murmur incertum : atrox clamor, et repentè quies : diversis animorum motibus, pavebant, terrebantque. Tandem, interrupto tumultu, litteras patris recitat, in quîs prescriptum erat, præcipuam ipsi fortissimarum legionum curam, quibuscum plurima bella toleravisset : ubi primùm à luctu requiesset animus, acturum apud patres de postulatis eorum : misisse interim filium, ut sine cunctatione concederet quæ statìm tribui possent : cætera senatui servanda, quem neque gratiæ, neque severitatis expertem haberi par esset.

XXVI. Responsum est à concione, mandata Clementi centurioni quæ perferret. Is orditur de missione à sexdecim annis ; de præmiis finitæ militiæ ; ut denarius diurnum stipendium foret ; ne veterani sub vexillo haberentur. Ad ea Drusus, cùm arbitrium senatûs et patris obtenderet, clamore turbatur : « Cur venisset, neque augendis militum stipen-
» diis, neque allevandis laboribus, deniquè nullâ

hideux, et d'un air qui, en affectant la tristesse, approchait de la révolte.

XXV. Sitôt qu'il fut entré dans les retranchements, ils s'assurent des portes et placent des détachements dans différents quartiers du camp ; le reste, en foule, se range autour du tribunal. Drusus était debout, faisant signe de la main qu'on l'écoutât. Toutes les fois qu'ils considéraient leur nombre, ils éclataient en menaces effrayantes ; puis, quand ils reportaient les yeux sur César, ils s'intimidaient ; tour à tour se succédaient un murmure sourd, des cris horribles, un calme soudain ; et, suivant les divers mouvements de leurs âmes, ils tremblaient ou faisaient trembler. Enfin, dans un intervalle de tranquillité, Drusus lit la lettre de son père. Tibère marquait aux soldats qu'il n'avait rien de plus cher que ses braves légions, qui l'avaient si bien servi dans ses guerres ; que, dans les premiers moments de repos que lui laisserait sa douleur, il communiquerait au sénat leurs demandes ; qu'en attendant, il envoyait son fils, dont ils obtiendraient sur-le-champ ce qui pouvait s'accorder sans délai, qu'il fallait réserver le reste à la décision du sénat, sans la participation duquel il ne convenait point de décerner des peines ou des grâces.

XXVI. Les soldats répondirent qu'ils avaient chargé le centurion Clémens d'expliquer leurs intentions. Celui-ci prend la parole : il demande le congé au bout de seize ans, des récompenses à la fin du service, un denier de paye par jour, et la promesse de ne plus retenir les vétérans sous le drapeau. Sur cela, Drusus les renvoyant à la décision du sénat et de son père, on l'interrompt par un cri : « Pourquoi » venir, s'il n'augmente point leur solde, s'il ne soulage point » leurs maux, enfin s'il n'a aucun pouvoir pour faire du

» benefaciendi licentia? at, herculè! verbera et ne-
» cem cunctis permitti. Tiberium olim nomine Au-
» gusti desideria legionum frustrari solitum; easdem
» artes Drusum retulisse: nunquàmne ad se nisi filios
» familiarum venturos? Novum id planè quòd impe-
» rator sola militis commoda ad senatum rejiciat:
» eumdem ergò senatum consulendum quotiens sup-
» plicia aut prælia indicantur. An præmia sub do-
» minis, pœnas sine arbitro esse? »

XXVII. Postremò deserunt tribunal, ut quis præ-
torianorum militum amicorumve Cæsaris occurreret,
manus intentantes, caussam discordiæ et initium armorum, maximè infensi Cn. Lentulo, quòd is, ante
alios ætate et gloriâ belli, firmare Drusum credebatur, et illa militiæ flagitia primus aspernari. Nec
multò post, digredientem cum Cæsare, ac provisu
periculi hiberna castra repetentem, circumsistunt,
rogitantes quò pergeret? ad imperatorem, an ad
patres? ut illìc quoque commodis legionum adversaretur? Simul ingruunt, saxa jaciunt: jamque la-
pidis ictu cruentus, et exitii certus, accursu mul-
titudinis, quæ cum Druso advenerat, protectus est.

XXVIII. Noctem minacem, et in scelus eruptu-
ram fors lenivit: nam luna claro repentè cœlo visa
languescere. Id miles, rationis ignarus, omen præ-
sentium accepit, ac, suis laboribus defectionem si-
deris assimilans, prosperèque cessura quæ pergerent, si fulgor et claritudo deæ redderetur. Igitur,

» bien ? Mais, certes, ils ont tous le pouvoir de les battre et
» de les égorger. Jadis Tibère se couvrait toujours du nom
» d'Auguste pour éluder le vœu des légions ; maintenant
» Drusus renouvelle les mêmes artifices. Ne leur enverra-t-on
» jamais que des enfants en tutelle ? C'est une chose étrange
» que les intérêts des troupes soient le seul objet que l'em-
» pereur réfère à l'autorité du sénat. Qu'on le consulte donc
» ce même sénat, toutes les fois qu'on les mène au combat
» ou au supplice. Reconnaissait-on une autorité supérieure
» pour les récompenser, et point pour les punir ? »

XXVII. Enfin ils quittent le tribunal, menaçant du geste tous les prétoriens, et tous les amis de Drusus qu'ils rencontrent ; ne cherchant qu'un prétexte pour commencer la querelle et le combat. Ils en voulaient surtout à Lentulus *. Ils se persuadaient que ce sénateur, le plus respectable par son âge et par sa réputation militaire, inspirait à Drusus la fermeté, et que ces attentats d'une soldatesque effrénée lui déplaisaient plus qu'à tout autre. Aussi, peu de temps après, comme il prenait congé de César, et qu'averti du péril, il cherchait à regagner le camp d'hiver, ils l'entourent, ils lui demandent où il va ; si c'est à l'empereur, si c'est au sénat, pour y combattre encore les demandes des légions. En même temps ils fondent sur lui à coups de pierres ; déjà son sang coulait, et sa perte était infaillible, lorsque la troupe qui accompagnait Drusus accourut pour le dégager.

XXVIII. La nuit menaçait de plus grands crimes, lorsque le hasard calma les esprits. Au milieu d'un ciel serein, on vit tout-à-coup la lune pâlir. Le soldat, ignorant la cause de ce phénomène, y cherche un rapport avec sa situation

---

* Cnéus Lentulus Getulicus.

æris sono, tubarum cornuumque concentu strepere; prout splendidior obscuriorve, lætari, aut mœrere: et, postquàm ortæ nubes offecere visui, creditumque conditam tenebris; ut sunt mobiles ad superstitionem perculsæ semel mentes, sibi æternum laborem portendi, sua facinora aversari deos, lamentantur. Utendum inclinatione eâ Cæsar, et quæ casus obtulerat in sapientiam vertenda ratus, circumiri tentoria jubet. Accitur centurio Clemens, et si alii bonis artibus grati in vulgus: ii vigiliis, stationibus, custodiis portarum se inserunt; spem offerunt, metum intendunt. « Quousque filium imperatoris obsi-
» debimus? quis certaminum finis? Percennione et
» Vibuleno sacramentum dicturi sumus? Percennius
» et Vibulenus stipendia militibus, agros emeritis
» largientur? deniquè, pro Neronibus et Drusis,
» imperium populi romani capessent? quin potiùs,
» ut novissimi in culpam, ita primi ad pœnitentiam
» sumus? Tarda sunt quæ in commune expostulan-
» tur: privatam gratiam statìm mereare, statìm
» recipias. » Commotis per hæc mentibus, et inter se suspectis, tironem à veterano, legionem à legione dissociant. Tùm redire paulatìm amor obsequii: omit-

présente, croit voir dans l'éclipse de cet astre un emblème de ses malheurs, et se flatte du succès de son entreprise, si la déesse recouvre sa lumière et son éclat. Dans cette idée, ils font retentir l'air du bruit de l'airain, du son des clairons et des trompettes ; suivant qu'elle est plus brillante ou plus obscure, on les voit s'affliger ou se réjouir ; enfin, quand les nuages qui s'amassèrent l'eurent dérobée à leur vue, et qu'ils la crurent ensevelie dans les ténèbres, comme l'esprit une fois frappé penche naturellement vers la superstition, ils se persuadent que le ciel leur annonce d'éternelles infortunes, et son indignation contre leurs forfaits ; ils déplorent leur révolte. Drusus, voyant combien le hasard pouvait servir la politique, résolut de profiter de ces dispositions ; il envoie des émissaires dans les tentes ; il mande le centurion Clémens, et tous ceux qui, par des moyens honnêtes, s'étaient rendus agréables à la multitude. Ceux-ci se mêlent parmi les sentinelles, dans les corps-de-garde, au milieu des détachements, présentent des espérances, inspirent de la crainte : « Jusqu'à
» quand assiégerons-nous le fils de notre empereur ? Quel est
» le but de nos combats ? Est-ce à Percennius et à Vibulénus
» que nous prêterons serment ? Vibulénus et Percennius don-
» neront-ils la paye aux soldats, des terres aux vétérans ? En-
» fin, au lieu des Nérons et des Drusus, règneront-ils sur le
» peuple romain ? Pourquoi ne pas être plutôt les premiers
» repentants, ayant été les derniers coupables ? On obtient
» toujours tard ce qu'on demande en commun ; méritez sans
» délai des grâces particulières, et, sans délai, vous les ob-
» tiendrez. » Ces discours ébranlent les esprits, y jettent de la défiance ; les jeunes soldats se détachent des vieux, une légion d'une autre. Peu à peu la subordination renaît ; ils abandonnent les postes ; les enseignes, qui, au commencement

tunt portas; signa, unum in locum principio seditionis congregata, suas in sedes referunt.

XXIX Drusus, orto die, et vocatâ concione, quanquàm rudis dicendi, nobilitate ingenitâ, incusat priora, probat præsentia : negat se terrore et minis vinci : flexos ad modestiam si videat, si supplices audiat, scripturum patri ut placatus legionum preces exciperet : orantibus, rursùm idem Blæsus et L. Apronius, eques romanus, è cohorte Drusi, Justusque Catonius, primi ordinis centurio, ad Tiberium mittuntur. Certatum indè sententiis, cùm alii opperiendos legatos, atque interim comitate permulcendum militem censerent; alii fortioribus remediis agendum : nihil in vulgo modicum : terrere, ni paveant : ubi pertimuerint, impunè contemni : dùm superstitio urgeat, adjiciendos ex duce metus, sublatis seditionis auctoribus. Promptum ad asperiora ingenium Druso erat : vocatos Vibulenum et Percennium interfici jubet. Tradunt plerique intra tabernaculum ducis obrutos ; alii corpora extra vallum abjecta ostentui.

XXX. Tùm, ut quisque præcipuus turbator, conquisiti : et pars extra castra palantes à centurionibus, aut prætoriarum cohortium militibus cæsi : quosdam ipsi manipuli, documentum fidei, tradidère. Auxerat militum curas præmatura hiems, imbribus continuis, adeòque sævis ut non egredi ten-

de la sédition, avaient été réunies dans le même lieu, sont reportées à leurs places.

XXIX. Drusus, au point du jour, ayant convoqué les soldats, avec une dignité naturelle qui supplée en lui à l'éloquence, se plaint du passé, se loue du présent ; leur déclare que les menaces et la terreur ne peuvent le fléchir ; mais que, les voyant respectueux et suppliants, il écrirait à son père d'oublier leurs fautes et de condescendre à leurs vœux. Sur leur prière, on députa une seconde fois vers l'empereur le fils de Blæsus, avec Apronius, chevalier romain de la suite de Drusus, et Catonius, centurion d'une première compagnie (22). Les avis étaient partagés ; les uns voulaient qu'on attendît les députés, et que, dans l'intervalle, on achevât de ramener le soldat par la douceur ; d'autres opinaient pour des remèdes plus violents, disant « que la multitude est tou-
» jours extrême ; qu'elle menace si elle ne tremble ; qu'une
» fois intimidée, on la brave impunément ; qu'aux terreurs
» religieuses il fallait ajouter la crainte de l'autorité, et se
» défaire des chefs de la révolte. » Les partis rigoureux flattaient le penchant de Drusus. Il mande Percennius et Vibulénus, et les fait tuer. Plusieurs rapportent qu'on les enterra secrètement dans la tente du général ; d'autres, que leurs corps furent exposés hors des retranchements, à la vue des soldats.

XXX. On rechercha ensuite les principaux artisans des troubles. Une partie errait hors du camp ; elle fut massacrée par les centurions ou par les prétoriens. Les soldats eux-mêmes, pour preuve de leur fidélité, en livrèrent quelques-uns. Cette année, l'hiver fut prématuré ; des pluies continuelles, impétueuses, empêchaient les soldats de sortir de leurs tentes, de se rassembler ; à peine pouvaient-ils dé-

toria, congregari inter se, vix tutari signa possent, quæ turbine atque undâ raptabantur. Durabat et formido cœlestis iræ, nec frustrà adversùs impios hebescere sidera, ruere tempestates ; non aliud malorum levamentum, quàm si linquerent castra infausta temerataque, et soluti piaculo suis quisque hibernis redderentur : primùm octava, dein quintadecuma legio rediére. Nonanus opperiendas Tiberii epistolas clamitaverat : mox, desolatus aliorum discessione, imminentem necessitatem sponté prævenit : et Drusus, non exspectato legatorum regressu, quia præsentia satis consederant, in urbem rediit.

XXXI. Iisdem fermè diebus, iisdem caussis, Germanicæ legiones turbatæ, quantò plures, tantò violentiùs : et magnâ spe fore ut Germanicus Cæsar imperium alterius pati nequiret, daretque se legionibus, vi suâ cuncta tracturus. Duo apud ripam Rheni exercitus erant : cui nomen superiori, sub C. Silio legato ; inferiorem A. Cæcina curabat. Regimen summæ rei penes Germanicum, agendo Galliarum censui tùm intentum. Sed, quibus Silius moderabatur, mente ambiguâ fortunam seditionis alienæ speculabantur; inferioris exercitûs miles in rabiem prolapsus est, orto ab unetvicesimanis quintanisque initio, et tractis primâ quoque ac vicesimâ legionibus : nam, iisdem æstivis, in finibus Ubiorum habebantur, per otium, aut levia munia. Igitur, audito fine Augusti, vernacula multitudo, nuper acto in urbe delectu, lasciviæ sueta, laborum intolerans,

tendre leurs ense'gnes contre la violence des ouragans et des torrents ; tout cela redoublait leurs alarmes. Encore frappés de la crainte du courroux céleste, ils se disaient que, nécessairement, des impies faisaient pâlir les astres, attiraient sur eux les tempêtes; que l'unique remède à leurs maux était d'abandonner un camp sinistre, souillé par tant de forfaits, et, après les avoir expiés, de regagner chacun leurs quartiers d'hiver. La huitième légion partit d'abord ; puis la quinzième. La neuvième insistait pour qu'on attendît la réponse de Tibère; mais, privée d'appui par le départ des autres, elle suivit de bonne grâce l'impulsion générale ; et Drusus, sans attendre le retour des députés, voyant la tranquillité rétablie, reprit le chemin de Rome.

XXXI. Presque au même temps, et pour les mêmes causes, se soulevaient les légions de Germanie, avec une violence proportionnée à leur nombre. Elles se flattaient que Germanicus, trop fier pour souffrir un maître, se donnerait aux légions, et, par sa force, entraînerait avec lui tout l'empire (23). Il y avait deux armées, celle du haut et celle du bas Rhin : Silius commandait la première, Cæcina la seconde; tous deux subordonnés à Germanicus, qu'occupait alors la répartition du tribut des Gaules. L'armée de Silius, encore irrésolue, attendait l'événement; mais, dans l'autre, le soldat poussa l'emportement jusqu'à la rage. La vingt-unième et la cinquième légions éclatèrent d'abord, et entraînèrent la première et la vingtième. Toutes quatre étaient campées sur les frontières des Ubiens *, désœuvrées ou trop faiblement occupées. Sitôt qu'on eut appris la mort d'Auguste, cette foule d'affranchis dont on avait formé les der-

---

* Près de Cologne.

implere cæterorum rudes animos. Venisse tempus
quo veterani maturam missionem, juvenes largiora
stipendia, cuncti modum miseriarum exposcerent,
sævitiamque centurionum ulciscerentur. Non unus
hæc, ut Pannonicas inter legiones, Percennius, nec
apud trepidas militum aures alios validiores exercitus respicientium; sed multa seditionis ora vocesque:
suâ in manu sitam rem Romanam, suis victoriis au-
geri rempublicam, in suum cognomentum adscisci
imperatores.

XXXII. Nec legatus obviàm ibat, quippè plurium
vecordia constantiam exemerat. Repentè lymphati,
districtis gladiis, in centuriones invadunt; ea vetus-
tissima militaribus odiis materies, et sæviendi principium : prostratos verberibus mulctant, sexageni
singulos, ut numerum centurionum adæquarent.
Tùm convulsos laniatosque, et partìm exanimos,
ante vallum, aut in amnem Rhenum projiciunt.
Septimius cùm perfugisset ad tribunal, pedibusque
Cæcinæ advolveretur, eò usque flagitatus est donec
ad exitium dederetur. Cassius Chærea, mox cæde
C. Cæsaris memoriam apud posteros adeptus, tùm
adolescens et animi ferox, inter obstantes et armatos ferro viam patefecit. Non tribunus ultrà, non
castrorum præfectus jus obtinuit: vigilias, stationes,
et si qua alia præsens usus indixerat, ipsi partieban-
tur. Id militares animos altiùs conjectantibus præci-

mières recrues, et qui, accoutumée à la licence d'une grande ville, ne pouvait supporter le travail, se mit à remplir de vaines prétentions l'esprit grossier et crédule du soldat. « Le » temps était venu, pour les vétérans, de hâter leur congé ; » pour les jeunes militaires, d'augmenter leur solde ; pour » tous, d'obtenir un terme à leur misère et de punir la » cruauté des centurions. » Ce n'était pas un seul homme qui, comme Percennius dans les légions de Pannonie, remuait sourdement quelques soldats timides, dans une armée faible, que de plus grandes forces tenaient en respect : ici, la sédition avait mille bouches, mille voix, qui répétaient que les légions germaniques faisaient seules le destin de l'empire ; leurs victoires, son agrandissement ; leur nom *, celui de leur chef.

XXXII. Et le lieutenant ne s'opposait à rien, car leur nombre et leur rage lui ôtaient sa fermeté. Tout-à-coup ces furieux se jettent, l'épée à la main, sur les centurions, de tout temps l'objet de la haine du soldat et ses premières victimes : ils les renversent, se réunissent soixante soldats contre chaque centurion, parce qu'il y avait soixante centurions dans chaque légion ; ils les meurtrissent de coups, les mettent en pièces, et les jettent, morts en partie, devant les retranchements ou dans le Rhin. Septimius s'était réfugié dans le tribunal, et s'y roulait aux pieds de Cæcina : les soldats l'y poursuivirent avec tant d'acharnement, que le lieutenant fut obligé de le livrer à leur rage. L'intrépide Chéréa, si célèbre depuis dans la postérité par le meurtre de Caïus **,

---

* Sans compter Germanicus, qui n'est connu que par ce nom, son père Drusus, Tibère et Claude, avaient le surnom de *Germanique*.
** Autrement Caligula.

puum indicium magni atque implacabilis motûs, quòd neque disjecti, nec paucorum instinctu, sed pariter ardescerent, pariter silerent; tantâ æqualitate et constantiâ, ut regi crederes.

XXXIII. Intereà Germanico, per Gallias, ut diximus, census accipienti, excessisse Augustum adfertur. Neptem ejus Agrippinam in matrimonio, pluresque ex eâ liberos habebat. Ipse Druso, fratre Tiberii, genitus; Augustæ nepos : sed anxius occultis in se patrui aviæque odiis, quorum caussæ acriores quia iniquæ. Quippè Drusi magna apud populum romanum memoria; credebaturque, si rerum potitus foret, libertatem redditurus : undè in Germanicum favor, et spes eadem. Nam juveni civile ingenium, mira comitas, et diversa à Tiberii sermone, vultu, adrogantibus et obscuris. Accedebant muliebres offensiones, novercalibus Liviæ in Agrippinam stimulis : atque ipsa Agrippina paulò commotior, nisi quòd castitate, et mariti amore, quamvis indomitum animum in bonum vertebat.

XXXIV. Sed Germanicus, quantò summæ spei propior, tantò impensiùs pro Tiberio niti. Sequanos

Germanicus.

mais jeune alors, se fit jour avec le fer au milieu des glaives de ces forcenés. Dès ce moment, ils ne reconnaissent plus ni tribun, ni préfet de camp; ils assignent eux-mêmes tous les postes, placent les sentinelles, et se partagent tous les soins que leur sûreté demande. Il y avait surtout, pour quiconque connaît l'esprit du soldat, un indice que l'orage serait violent et durable; c'est qu'on n'entendait point des cris séparés, quelques voix prédominantes: tous éclataient, tous se taisaient à la fois, avec un accord si parfait, si constant, qu'on l'eût cru commandé.

XXXIII. Cependant Germanicus, occupé, comme nous l'avons dit, à recueillir le tribut des Gaules, reçoit la nouvelle de la mort d'Auguste. Il avait épousé la petite-fille de ce prince, Agrippine, dont il avait plusieurs enfants. Il était fils de Drusus, neveu de Tibère et petit-fils d'Augusta; mais les titres d'oncle et d'aïeule ne le rassuraient pas contre leur haine secrète, d'autant plus ardente qu'elle était injuste. Les Romains adoraient la mémoire de Drusus, persuadés qu'il eût rétabli la liberté s'il fût parvenu à l'empire; et de là leur amour pour le fils, qui donnait les mêmes espérances. En effet, Germanicus avait l'esprit populaire, une touchante affabilité aux gens obscurs, aux suppliants (24), bien différente de l'accueil et des discours de Tibère. A ces griefs se joignaient encore quelques ressentiments de femmes, de la marâtre Livie contre Agrippine; celle-ci elle-même n'était point exempte d'emportements: mais sa sagesse et son amour pour son mari donnaient à son caractère indomptable une heureuse direction.

XXXIV. Cependant, plus Germanicus pouvait prétendre au rang suprême, plus il s'efforçait d'y affermir Tibère. Il

proximos, et Belgarum civitates in verba ejus adigit. Dehinc, audito legionum tumultu, raptim profectus, obvias extra castra habuit, dejectis in terram oculis, velut pœnitentiâ. Postquàm vallum iniit, dissoni questus audiri cœpêre : et quidam, prensâ manu ejus per speciem osculandi, inseruerunt digitos, ut vacua dentibus ora contingeret : alii curvata senio membra ostendebant. Adsistentem concionem, quia permixta videbatur, discedere in manipulos jubet, sic meliùs audituros responsum : vexilla præferri, ut id saltem discerneret cohortes : tardè obtemperavêre. Tunc, à veneratione Augusti orsus, flexit ad victorias triumphosque Tiberii, præcipuis laudibus celebrans quæ apud Germanias, illis cum legionibus, pulcherrima fecisset. Italiæ indè consensum, Galliarum fidem extollit; nil usquàm turbidum aut discors.

XXXV. Silentio hæc, vel murmure modico audita sunt : ut seditionem attigit, ubì modestia militaris ? ubì veteris disciplinæ decus ? quònam tribunos ? quò centuriones exegissent ? rogitans; nudant universi corpora, cicatrices ex vulneribus, verberum notas exprobrant; mox, indiscretis vocibus, pretia vacationum, angustias stipendii, duritiam operum, ac propriis nominibus incusant; vallum, fossas, pabuli, materiæ, lignorum aggestus, et si qua alia ex necessitate, aut adversùs otium castrorum quæruntur. Atrocissimus veteranorum clamor

lui fait d'abord prêter serment par les Séquanes* et les Belges. Puis, apprenant la révolte des légions, il part en diligence. Il rencontre, à quelque distance du camp, les soldats, dont les regards baissés contre terre semblaient annoncer le repentir. Dès qu'il est entré dans l'enceinte, différents murmures commencent à s'élever ; quelques-uns lui pressent la main comme pour la baiser, et, mettant ses doigts dans leur bouche, lui font toucher des gencives dépouillées de leurs dents ; d'autres lui montrent leurs corps courbés par la vieillesse. Il arrive à son tribunal. Là, voyant les soldats pêle-mêle, il leur ordonne de se former par compagnie, qu'ils entendront mieux sa réponse ; de prendre les drapeaux, qu'au moins il distinguera les cohortes. On obéit, non sans peine. Alors, commençant par un éloge d'Auguste, il passe aux victoires et aux triomphes de Tibère ; il exalte surtout les belles campagnes de son oncle dans cette même Germanie, avec ces mêmes légions ; il leur peint l'Italie empressée, les Gaules fidèles, partout la concorde ou la soumission.

XXXV. Ces paroles sont entendues en silence, ou, tout au plus, avec un faible murmure. Mais lorsque, venant à la sédition, il leur demande ce que sont devenus l'obéissance militaire, l'honneur de l'ancienne discipline, ce qu'ils ont fait de leurs tribuns, de leurs centurions ; alors ils se dépouillent tous ; ils lui montrent les cicatrices de leurs blessures et de leurs châtiments : puis, avec des clameurs confuses, ils se plaignent de la modicité de la solde, de la cherté des exemptions, de la dureté des travaux, les spéci-

* Les *Séquanes*, aujourd'hui les Francs-Comtois. Les *Belges*, aujourd'hui les Flamands.

oriebatur, qui tricena aut suprà stipendia numerantes, mederetur fessis, neu mortem in iisdem laboribus, sed finem tam exercitae militiae, neque inopem requiem, orabant. Fuêre etiam qui legatam à divo Augusto pecuniam reposcerent, faustis in Germanicum ominibus; et, si vellet imperium, promptos ostentavêre. Tùm verò, quasi scelere contaminaretur, præceps tribunali desiluit : opposuerunt abeunti arma, minitantes ni regrederetur. At ille, moriturum potiùs quàm fidem exueret clamitans, ferrum à latere deripuit, elatumque deferebat in pectus, ni proximi prensam dextram vi attinuissent : extrema et conglobata inter se pars concionis, ac, vix credibile dictu, quidam singuli propiùs incedentes, feriret hortabantur; et miles, nomine Calusidius, strictum obtulit gladium, addito, acutiorem esse. Sævum id, malique moris etiam furentibus visum, ac spatium fuit quo Cæsar ab amicis in tabernaculum raperetur.

XXXVI. Consultatum ibi de remedio : etenim nuntiabatur parari legatos qui superiorem exercitum ad caussam eamdem traherent. Destinatum excidio Ubiorum oppidum ; imbutasque prædà manus, in direptionem Galliarum erupturas. Augebat metum gnarus romanæ seditionis, et, si omitteretur ripa,

fiant tous par leur nom ; fossés, retranchements, fourrage, amas de bois, transports de matériaux ; enfin tous les travaux qu'on ordonne pour la sûreté ou contre l'oisiveté des camps. Les vétérans surtout, ceux qui comptaient trente ans de service ou au-delà, criaient, avec le plus d'emportement, qu'on soulageât leurs maux ; que la mort ne fût point le terme de travaux aussi pénibles ; ils demandaient du moins pour leurs derniers jours, le repos et la subsistance. Plusieurs encore réclamèrent les sommes léguées par Auguste ; d'autres, redoublant les acclamations pour Germanicus, lui promirent leur zèle, s'il voulait l'empire. A ce mot, comme s'il se fût cru souillé d'un crime, Germanicus s'élance de son tribunal. Les soldats l'arrêtent, lui présentent leurs armes, le menacent s'il n'y remonte ; mais lui, criant qu'il mourra plutôt que de trahir sa foi, tire son épée, et allait se l'enfoncer dans la poitrine, si ceux qui l'entouraient n'eussent saisi sa main avec force. Mais, à l'autre bout du camp, un groupe séditieux lui crie : *Frappe !* Quelques-uns même, ce qu'on croirait à peine, s'approchent de lui pour le lui répéter ; et un soldat, nommé Calusidius, lui présente son épée, ajoutant qu'elle était mieux affilée. Cette atrocité les révolta, tout furieux qu'ils étaient ; il se fit un mouvement dont les amis de Germanicus profitèrent pour l'entraîner dans sa tente.

XXXVI. Là on tint conseil ; le mal était pressant. Les séditieux préparaient une députation pour attirer dans leur parti l'armée du haut Rhin : ils projetaient de saccager la ville * des Ubiens ; de là, ces flots de brigands devaient se déborder dans les Gaules. Pour surcroît d'alarmes, l'ennemi,

* Cologne.

invasurus hostis : ac, si auxilia et socii adversùm abscedentis legiones armarentur, civile bellum suspici : periculosa severitas, flagitiosa largitio; seu nihil militi, seu omnia concederentur, in ancipiti respublica. Igitur, volutatis inter se rationibus, placitum ut epistolæ nomine principis scriberentur : Missionem dari vicena stipendia meritis, exauctorari qui senadena fecissent, ac retineri sub vexillo, cæterorum immunes, nisi propulsandi hostis; legata quæ petiverant exsolvi, duplicarique.

XXXVII. Sensit miles in tempus conficta, statimque flagitavit : missio per tribunos maturatur; largitio differebatur in hiberna cujusque. Non abscessère quintani unetvicesimanique donec, iisdem in æstivis, contracta ex viatico amicorum ipsiusque Cæsaris pecunia persolveretur. Primam ac vicesimam legiones Cæcina legatus in civitatem Ubiorum reduxit, turpi agmine, cùm fisci de imperatore rapti inter signa interque aquilas veherentur. Germanicus, superiorem ad exercitum profectus, secundam et tertiamdecumam et sextamdecumam legiones, nihil cunctatas, sacramento adigit. Quartadecumani paulùm dubitaverant : pecunia et missio, quamvis non flagitantibus, oblata est.

XXXVIII. At in Chaucis cœptavère seditionem præsidium agitantes vexillarii discordium legionum, et præsenti duorum militum supplicio paulùm re-

instruit de nos discordes, menaçait d'une invasion, si l'on abandonnait la rive. D'un autre côté, en armant les auxiliaires et les alliés contre les légions rebelles, on allumait la guerre civile. La rigueur était dangereuse, la condescendance honteuse : qu'on accordât, ou qu'on refusât tout, l'empire était compromis. Enfin, après avoir balancé toutes les raisons, on prit le parti de supposer une lettre de Tibère, laquelle accordait aux soldats le congé absolu après vingt ans, la vétérance après seize, en restant sous le drapeau, exempts de tout autre service que de repousser l'ennemi ; on acquittait, en le doublant, le legs d'Auguste qu'ils avaient réclamé.

XXXVII. Le soldat s'aperçut de l'artifice, et demanda à être satisfait sur-le-champ. Les tribuns se hâtèrent d'expédier les congés. Pour les gratifications, on les remettait au quartier d'hiver. Mais la vingt et unième et la cinquième légions voulurent être payées sur l'heure, et il fallut que Germanicus épuisât la bourse de ses amis et la sienne pour les solder. Cæcina ramena dans la ville des Ubiens la vingtième et la première légions, troupe infâme, qui portait, au milieu des enseignes et des aigles romaines, le butin qu'elle venait d'arracher à son général. Germanicus se rendit à l'armée du haut Rhin, pour recevoir son serment. La seconde, la treizième et la seizième légions le prêtèrent sans balancer. La quatorzième hésita quelque temps. On leur accorda, sans qu'ils le demandassent, et la gratification et des congés.

XXXVIII. Il y eut un commencement de sédition chez les Chauques *, où les vexillaires (25) des légions rebelles étaient en garnison. Le préfet de camp, Mennius, la répri-

---

* Ils occupaient le pays qui est entre l'Ems et l'Elbe.

pressi sunt. Jusserat id Mennius, castrorum præfectus, bono magis exemplo, quàm concesso jure: deindè, intumescente motu, profugus repertusque, postquàm intutæ latebræ, præsidium ab audaciâ mutuatur : « Non præfectum ab iis, sed Germanicum » ducem, sed Tiberium imperatorem, violari : » simul exterritis qui obstiterant raptum vexillum ad ripam vertit, et, si quis agmine decessisset pro desertore fore clamitans, reduxit in hiberna turbidos, et nihil ausos.

XXXIX. Intereà, legati ab senatu regressum jam apud aram Ubiorum Germanicum adeunt. Duæ ibi legiones, prima atque vicesima, veteranique nuper missi, sub vexillo hiemabant. Pavidos et conscientiâ vecordes intrat metus venisse, patrum jussu, qui irrita facerent quæ per seditionem expresserant : utque mos vulgo quamvis falsis reum subdere, Munatium Plancum, consulatu functum, principem legationis, auctorem senatûs-consulti incusant. Et nocte concubiâ vexillum in domo Germanici situm flagitare occipiunt; concursuque ad januam facto, moliuntur fores ; extractum cubili Cæsarem, tradere vexillum, intento mortis metu, subigunt : mox vagi per vias, obvios habuêre legatos, auditâ consternatione, ad Germanicum tendentes. Ingerunt contumelias, cædem parant, Planco maximè, quem dignitas fugâ impediverat; neque aliud periclitanti subsidium quàm castra primæ legionis. Illic, signa et aquilam amplexus, religione sese tutabatur : ac,

ma, pour le moment, par le supplice de deux soldats. La nécessité d'un exemple, plus que le pouvoir de sa place, l'y autorisait *. L'orage grossissant ensuite, il s'enfuit et se cacha; mais, se voyant découvert, il cherche son salut dans l'audace. « Ce n'était pas lui qu'ils attaquaient; c'était Ger- » manicus leur général, c'était Tibère leur empereur. » Intimidant ceux qui lui résistent, il saisit l'étendard, il tourne vers le fleuve **; et, menaçant de traiter comme déserteur quiconque abandonnerait la troupe, il les ramène à leurs quartiers d'hiver, la révolte dans le cœur, mais n'ayant rien osé entreprendre.

XXXIX. Cependant les députés du sénat trouvèrent Germanicus déjà revenu à l'autel des Ubiens ***. Deux légions, la première et la vingtième, y étaient en quartiers d'hiver, avec les soldats à qui on venait d'accorder la vétérance. L'inquiétude naturelle à la mauvaise conscience leur persuade que le sénat n'envoie ces députés que pour révoquer les grâces qu'ils avaient extorquées par la sédition; et, comme c'est la coutume du peuple de fixer sur quelqu'un ses soupçons, même mal fondés, ils accusent Munatius Plancus, homme consulaire, chef de la députation, d'être l'auteur du sénatus-consulte. Vers le milieu de la nuit, ils demandent à grands cris le drapeau (26) qu'on gardait dans la maison de Germanicus; ils s'attroupent à sa porte, l'enfoncent, arrachent (27) Germanicus de son lit, et le forcent, sous peine de la vie, de leur livrer ce drapeau. Ils se répandent ensuite dans les rues; ils rencontrent les députés qui, au premier bruit du

---

* Nous avons dit qu'il n'y avait que le lieutenant consulaire qui eût le droit de punir de mort les soldats. *Voyez* la note 18.
** L'Ems.
*** Bonn, près de Cologne.

ni aquilifer Calpurnius vim extremam arcuisset, rarum, etiam inter hostes, legatus populi romani, romanis in castris, sanguine suo altaria deûm commaculavisset. Luce demùm, postquàm dux, et miles, et facta noscebantur, ingressus castra, Germanicus perduci ad se Plancum imperat, recipitque in tribunal. Tùm, fatalem increpans rabiem, neque militum sed deûm irâ resurgere, cur venerint legati aperit: jus legationis, atque ipsius Planci gravem et immeritum casum, simul quantùm dedecoris adierit legio, facundè miseratur: attonitàque magis quàm quietâ concione, legatos praesidio auxiliarium equitum dimittit.

XL. Eo in metu, arguère Germanicum omnes, quòd non ad superiorem exercitum pergeret, ubì obsequia, et contra rebellis auxilium. Satis superque, missione et pecuniâ, et mollibus consultis peccatum: vel, si vilis ipsi salus, cur filium parvulum, cur gravidam conjugem, inter furentes et omnis humani juris violatores, haberet? illos saltem avo et reipublicae redderet. Diù cunctatus, aspernantem uxorem, cùm se divo Augusto ortam, neque dege-

tumulte, étaient accourus vers Germanicus ; ils les insultent ; ils veulent les massacrer. Plancus surtout, à qui sa dignité n'avait pas permis de fuir, court le plus grand danger ; il n'a de refuge que le camp de la première légion. Il s'y jette sur l'aigle et sur les enseignes, qu'il tient embrassées ; cherchant un vain appui dans la religion ; et sans l'aquilifère Calpurnius, qui empêcha les dernières violences, on eût vu, ce qui est rare même entre ennemis, dans un camp romain, un ambassadeur du peuple romain souiller de son sang les autels des dieux. Lorsque enfin le jour eut mis le général et le soldat sous les yeux l'un de l'autre, et toutes les actions en vue, Germanicus entre dans le camp ; il se fait amener Plancus, et le reçoit à son tribunal. Là, déplorant le retour de cette rage fatale, dont il accuse la colère des dieux bien plus que les soldats, il leur apprend le sujet de la députation ; il retrace, avec une éloquence touchante, les priviléges des ambassadeurs, l'injustice et l'indignité du traitement que vient d'essuyer Plancus, l'opprobre dont la légion s'est couverte ; et, profitant du calme, ou plutôt de la stupeur générale, il renvoie les députés avec une escorte de cavalerie auxiliaire.

XL. Pendant cette rumeur, tout le monde blâmait Germanicus de ne point se retirer à l'armée du haut Rhin, où il trouverait de l'obéissance et du secours contre les rebelles. Les largesses, les congés, sa molle condescendance, n'avaient que trop enhardi leur audace. Que, s'il méprisait le soin de sa vie, pourquoi laisser sa femme enceinte, son fils en bas âge, à la merci d'une troupe de furieux, qui violaient tous les droits les plus saints ? Qu'il les rendît du moins à son aïeul, à l'État. Germanicus balança long-temps. Agrippine résistait, protestant qu'aucun péril n'était capable d'étonner une

nerem ad pericula testaretur, postremò, uterum ejus et communem filium multo cum fletu complexus, ut abiret perpulit. Incedebat muliebre et miserabile agmen, profuga ducis uxor parvulum sinu filium gerens; lamentantes circùm amicorum conjuges, quæ simul trahebantur; nec minùs tristes qui manebant.

XLI. Non florentis Cæsaris, neque suis in castris, sed velut in urbe victâ facies, gemitusque, ac planctus, etiam militum aures oraque advertêre. Progrediuntur contuberniis : Quis ille flebilis sonus ? quod tam triste ? feminas inlustres, non centurionem ad tutelam, non militem; nihil imperatoriæ uxoris, aut comitatûs soliti; pergere ad Treveros, et externæ fidei. Pudor indè et miseratio; et patris Agrippæ, Augusti avi memoria; socer Drusus ; ipsa, insigni fecunditate, præclarâ pudicitiâ ; jam infans in castris genitus, in contubernio legionum eductus, quem militari vocabulo Caligulam appellabant, quia plerumquè, ad concilianda vulgi studia, eo tegmine pedum induebatur. Sed nihil æquè flexit quàm invidia in Treveros. Orant, obsistunt, rediret, maneret; pars Agrippinæ occursantes, plurimi ad Germanicum regressi. Isque, ut erat recens dolore et irâ, apud circumfusos ita coepit :

XLII. « Non mihi uxor aut filius patre et repu-
» blicâ cariores sunt : sed illum quidem sua majestas,

petite-fille d'Auguste. Enfin, après bien des larmes, après mille embrassements donnés à sa femme et à son fils, Germanicus la décide à partir. Quel spectacle digne de pitié, de voir l'épouse d'un général se sauver du camp de son époux, emportant son enfant dans ses bras ; autour d'elle une troupe de femmes désolées, fuyant, comme elle, leurs maris, et ceux qui restaient non moins affligés que les autres.

XLI. Cette fuite, non du camp de César, mais comme d'une ville vaincue, ces gémissements, ces lamentations frappent les oreilles et les regards des soldats. Ils sortent de leurs tentes, demandent ce que signifient ces cris ; s'il est arrivé quelque malheur. Ils avancent. Ils voient une troupe de femmes distinguées, pas un centurion, pas un soldat pour les défendre ; la femme de leur général sans suite, sans l'appareil de son rang. Ils questionnent. On leur dit qu'elle se réfugie à Trèves, chez des étrangers. Dans ce moment, la honte, la pitié, le souvenir de son père Agrippa, de son aïeul Auguste, de son beau-père Drusus, ses qualités personnelles, sa pudeur, son heureuse fécondité, tout les émeut ; jusqu'à cet enfant, né dans leur camp, nourri dans leurs tentes, qu'eux-mêmes avaient nommé Caligula, parce qu'on lui faisait porter souvent, par esprit de popularité, le *caligue*, qui est la chaussure du soldat. Mais rien ne les rappelle plus puissamment que la jalousie qu'ils conçoivent contre les Trévires. Ils courent après Agrippine ; ils l'arrêtent ; ils la supplient de revenir, de rester parmi eux. Une partie demeure auprès d'elle ; les autres retournent auprès de Germanicus, l'entourent ; mais lui, plein encore de sa douleur et de sa colère :

XLII. « Oui, dit-il, je dérobe à votre fureur ma femme » et mon fils. Ce n'est pas qu'ils me soient plus chers que la

» imperium romanum ceteri exercitus defendent.
» Conjugem, et liberos meos, quos, pro gloriâ ves-
» trâ, libens, ad exitium offerrem, nunc procul à
» furentibus summoveo, ut quicquid istùc sceleris
» imminet meo tantùm sanguine pietur; neve occisus
» Augusti pronepos, interfecta Tiberii nurus, no-
» centiores vos faciat. Quid enim per hos dies inau-
» sum, intemeratumve vobis? Quod nomen huic cœ-
» tui dabo? militesne appellem? qui filium imperato-
» ris vestri vallo et armis circumsedistis. An cives?
» quibus tam projecta senatûs auctoritas. Hostium
» quoque jus, et sacra legationis, et fas gentium
» rupistis. Divus Julius seditionem exercitûs verbo
» uno compescuit, Quirites vocando qui sacramen-
» tum ejus detrectabant. Divus Augustus vultu et
» aspectu Actiacas legiones exterruit : nos, ut non-
» dùm eosdem, ita ex illis ortos, si Hispaniæ Syriæve
» miles aspernaretur, tamen mirum et indignum
» erat : primane et vicesima legiones, illa signis à
» Tiberio acceptis, tu tot præliorum socia, tot præ-
» miis aucta, egregiam duci vestro gratiam refertis?
» hunc ego nuntium patri, læta omnia aliis è pro-
» vinciis audienti, feram? ipsius tirones, ipsius ve-
» teranos, non missione, non pecuniâ satiatos : hìc

» république et mon père ; mais mon père aura pour se dé-
» fendre sa majesté ; l'empire romain, d'autres légions. Sans
» doute j'immolerais pour votre gloire et ma femme et mon
» fils ; mais je les soustrais à votre fureur, afin que mon sang
» seul expie tous les crimes dont le ciel nous menace, afin
» que vous n'ajoutiez pas à vos forfaits le meurtre de l'ar-
» rière-petit-fils d'Auguste, et l'assassinat de la bru de Ti-
» bère. En effet, que n'avez-vous point osé dans ces derniers
» jours ? Que n'avez-vous point violé ? Quel nom donner à
» cette foule qui m'entoure ? Vous appellerai-je des soldats,
» vous qui assiégez dans sa tente le fils de votre empereur ?
» des citoyens, vous qui vous jouez de l'autorité du sénat ?
» Des ennemis même respecteraient les priviléges des am-
» bassadeurs, les droits des nations ; et vous, vous les avez
» violés. Jules-César, d'un seul mot, apaisa la sédition de
» son armée, en appelant quirites * les rebelles qui lui refu-
» saient le serment. Auguste, d'un seul de ses regards, in-
» timida les vainqueurs d'Actium. Et moi, le descendant du
» moins, sinon l'égal de ces demi-dieux, me verrait-on sans
» étonnement, sans indignation, exposé aux mépris du sol-
» dat d'Espagne et de Syrie ? et vous, première légion, qui
» devez vos enseignes à Tibère ; et vous, vingtième légion,
» qui l'avez suivi dans tant de combats, qu'il a enrichie par
» tant de victoires, est-ce là l'insigne reconnaissance dont
» vous payez votre général ? Tandis que les autres provinces
» ne donnent à mon père que des sujets de joie, je vais donc
» lui apprendre qu'ici seulement, ses soldats, nouveaux,
» vétérans, méconnaissent tous son empire ; que ni les con-
» gés, ni les gratifications, n'assouvissent leur cupidité ;

* *Quirites, non milites.*

» tantùm interfici centuriones, ejici tribunos, in-
» cludi legatos : infecta sanguine castra, flumina,
» meque precariam animam inter infensos trahere! »

XLIII. « Cur enim, primo concionis die, ferrum
» illud, quod pectori meo infigere parabam, detra-
» xistis, ò ! improvidi amici ? meliùs et amantiùs ille
» qui gladium offerebat : cecidissem certè, nondùm
» tot flagitiorum exercitui meo conscius : legissetis
» ducem, qui meam quidem mortem impunitam si-
» neret, Vari tamen et trium legionum ulcisceretur.
» Neque enim dii sinant ut Belgarum, quanquàm
» offerentium, decus istud et claritudo sit, subvenisse
» romano nomini, compressisse Germaniæ popu-
» los ! Tua, dive Auguste, cœlo recepta mens, tua,
» pater Druse, imago, tuî memoria, iisdem istis
» cum militibus, quos jam pudor et gloria intrat,
» eluant hanc maculam, irasque civiles in exitium
» hostibus vertant ! Vos quoque, quorum alia nunc
» ora, alia pectora contueor, si legatos senatui,
» obsequium imperatori, si mihi conjugem et filium
» redditis, discedite à contactu, ac dividite turbi-
» dos : id stabile ad pœnitentiam, id fidei vinculum
» erit. »

XLIV. Supplices ad hæc, et vera exprobrari fa-
tentes, orabant puniret noxios, ignosceret lapsis,
et duceret in hostem ; revocaretur conjunx, rediret

ANNALES DE TACITE, LIV. I.

» qu'on ne sait ici (28) que tuer les centurions, chasser les
» tribuns, assiéger les ambassadeurs; que les camps, que les
» fleuves regorgent de sang, et que moi, son fils, je traîne
» une vie précaire au milieu de ses soldats, devenus mes en-
» nemis! »

XLIII. « Ah! trop aveugles amis! pourquoi donc, le pre-
» mier jour de nos malheurs, m'arrachiez-vous ce fer que
» je voulais enfoncer dans mon sein? Il me servait, il m'ai-
» mait bien plus que vous celui qui m'offrait son épée. J'au-
» rais péri, sans avoir été le témoin de l'opprobre et des
» crimes de mon armée. Vous eussiez nommé un nouveau
» chef qui, laissant, je le veux bien, ma mort impunie, eût
» vengé du moins celle de Varus et de ses légions. Car les
» dieux ne permettront pas, sans doute, que les Belges,
» malgré leurs offres, acquièrent l'honneur éclatant d'avoir
» relevé la gloire du nom romain, d'avoir dompté les peuples
» de Germanie! Esprit du grand Auguste, qui m'écoutez
» du séjour des immortels, ombre de mon père Drusus,
» ombre toujours présente à nos yeux, venez, avec ces sol-
» dats qui furent les vôtres, sur qui l'honneur et la vertu
» reprennent leurs premiers droits, venez effacer la honte
» des Romains, et tourner contre l'ennemi les fureurs qui
» les armaient contre eux-mêmes. Et vous, dont les visages
» m'annoncent le changement de vos cœurs, si vous voulez
» rendre au sénat ses députés, à votre empereur ses soldats,
» à moi ma femme et mon fils, fuyez la contagion, séparez-
» vous des séditieux; ce sera le garant de votre repentir, ce
» sera le gage de votre fidélité. »

XLIV. Ce discours les fait tomber à ses pieds; ils con-
viennent de la vérité de ses reproches; ils le conjurent de
punir les coupables, de pardonner aux faibles, de les mener

legionum alumnus, neve obses Gallis traderetur. Reditum Agrippinae excusavit ob imminentem partum, et hiemem : venturum filium : cetera ipsi exsequerentur. Discurrunt mutati, et seditiosissimum quemque vinctos trahunt ad legatum legionis primae, C. Cetronium, qui judicium et poenas de singulis in hunc modum exercuit. Stabant pro concione legiones, destrictis gladiis : reus in suggestu per tribunum ostendebatur : si nocentem adclamaverant, praeceps datus trucidabatur : et gaudebat caedibus miles, tanquam semet absolveret : nec Caesar arcebat, quando, nullo ipsius jussu, penes eosdem saevitia facti et invidia erat. Secuti exemplum veterani. Haud multo post in Rhaetiam mittuntur, specie defendendae provinciae ob imminentis Suevos; ceterum ut avellerentur castris trucibus adhuc, non minùs asperitate remedii, quàm sceleris memoria. Centurionatum inde egit : citatus ab imperatore, nomen, ordinem, patriam, numerum stipendiorum, quae strenuè in praeliis fecisset, et cui erant dona militaria, edebat. Si tribuni, si legio, industriam innocentiamque adprobaverant, retinebat ordinem ; ubi avaritiam aut crudelitatem consensu objectavissent, solvebatur militia.

XLV. Sic compositis praesentibus, haud minor moles supererat, ob ferociam quintae et unetvicesimae legionum, sexagesimum apud lapidem (loco *Vetera* nomen est) hibernantium : nam primi seditionem coeptaverant, atrocissimum quodque facinus

à l'ennemi, de rappeler sa femme et le nourrisson des légions, de ne point livrer aux Gaulois des otages si précieux. Germanicus allégua, contre le retour d'Agrippine, l'hiver et sa grossesse trop avancée, promit son fils, remettant le reste entre leurs mains. La révolution fut entière. Ils courent arrêter les plus séditieux, et les conduisent liés devant Cétronius, lieutenant de la première légion, qui les fait juger et punir de cette manière. Les légions, l'épée nue, entouraient le tribunal; chaque prisonnier y montait successivement; un tribun le montrait aux soldats; s'ils le déclaraient coupable, on le précipitait en bas, où il était massacré. Les légionnaires répandaient ce sang avec joie, croyant y laver leur crime, et Germanicus ne s'y opposait point, satisfait qu'on ne pût lui imputer une rigueur dont tout l'odieux retombait sur le soldat lui-même. Les vétérans suivirent l'exemple. Peu de temps après, on les fit partir pour la Rhétie *, sous prétexte de défendre la province menacée par les Suèves; mais, dans le fond, pour les arracher à des lieux horribles, et par l'atrocité du crime et par celle du supplice. On fit ensuite l'examen des centurions. Chacun d'eux, cité par le général, déclarait son nom, sa compagnie, son pays, ses années de service, les belles actions qu'il avait faites, les prix militaires qu'il avait reçus. Si les tribuns et la légion attestaient son mérite et sa probité, on lui conservait sa compagnie; on le cassait, si le cri public l'accusait d'avarice ou de cruauté.

XLV. L'ordre ainsi rétabli dans cette partie, il restait à réduire la cinquième et la vingt et unième légions, en quartier d'hiver à soixante milles de là, dans un lieu nommé *Vetera* **. Ce n'était pas le moins difficile. Par elles avait com-

* Les Grisons et le Tyrol.
** Santen, dans le duché de Clèves.

horum manibus patratum ; nec pœnâ commilitonum exterriti, nec pœnitentiâ conversi, iras retinebant. Igitur Cæsar arma, classem, socios demittere Rheno parat, si imperium detrectetur, bello certaturus.

XLVI. At Romæ nondùm cognito qui fuisset exitus in Illyrico, et legionum Germanicarum motu audito, trepida civitas incusare Tiberium quòd, dùm patres et plebem, invalida et inermia, cunctatione fictâ ludificetur, dissideat interim miles, neque duorum adolescentium nondùm adultâ auctoritate comprimi queat : ire ipsum, et opponere majestatem imperatoriam debuisse cessuris, ubi principem longâ experientiâ, eumdemque severitatis et munificentiæ summum, vidissent. An Augustum, fessâ ætate, toties in Germanias commeare potuisse; Tiberium, vigentem annis, sedere in senatu, verba patrum cavillantem ? satis prospectum urbanæ servituti; militaribus animis adhibenda fomenta, ut ferre pacem velint.

XLVII. Immotum adversùs eos sermones fixumque Tiberio fuit non omittere caput rerum, neque se, remque publicam in casum dare. Multa quippè et diversa angebant : Validior per Germaniam exercitus ; propior apud Pannoniam : ille Galliarum opibus subnixus, hic Italiæ imminens. Quos igitur an-

mencé la révolte; par elles s'étaient commis les plus grands excès; et, dans ce moment même, loin d'être intimidées par le supplice, ou touchées par le repentir des autres légions, elles persistaient dans leurs fureurs. Germanicus équipe une flotte sur le Rhin, et y fait embarquer des troupes et des munitions de guerre, résolu, s'ils méconnaissaient l'autorité, d'employer la force.

XLVI. Cependant Rome, qui ignorait encore l'issue des troubles de l'Illyrie, apprenant le soulèvement des légions de Germanie, s'abandonnait aux alarmes, murmurait de ce que Tibère, avec ses fausses irrésolutions, ne s'occupait qu'à jouer un sénat et un peuple sans force et sans armes; tandis qu'il laissait éclater les dissensions des soldats, que ne pouvait réprimer l'autorité naissante de deux jeunes gens. Que n'allait-il lui-même opposer la majesté impériale à des rebelles, qui ne soutiendraient pas l'ascendant de sa longue expérience, et les regards de l'arbitre suprême des châtiments et des grâces. Quelle honte qu'Auguste, affaibli par les années, eût fait tant de voyages en Germanie; et que Tibère, dans la vigueur de l'âge, se tînt renfermé au sénat, pour y censurer quelques expressions de quelques sénateurs! On avait assez pourvu à l'esclavage de Rome; il fallait remédier à l'indocilité du soldat, et lui apprendre à supporter la paix.

XLVII. Tibère, malgré ces rumeurs, persista dans la ferme résolution de ne point s'éloigner du centre des affaires, et de ne point mettre au hasard l'État et lui. En effet, mille considérations diverses le tenaient en suspens. L'armée de Germanie était plus forte, celle de l'Illyrie plus proche; l'une entraînait les Gaules, l'autre menaçait l'Italie : laquelle préférer? et comment leur orgueil supporterait-il l'affront d'une

teferret ? ac ne postpositi contumeliâ incenderentur. At per filios pariter adiri, majestate salvâ, cui major è longinquo reverentia ; simul adolescentibus excusatum quædam ad patrem rejicere : resistentîsque Germanico, aut Druso, posse à se mitigari vel infringi ; quod aliud subsidium, si imperatorem sprevissent ? Ceterùm, ut jam jamque iturus, legit comites, conquisivit impedimenta, adornavit naves, mox hiemem aut negotia variè causatus, primò prudentes, dein vulgum, diutissimè provincias fefellit.

XLVIII. At Germanicus, quanquàm contracto exercitu, et paratâ in defectores ultione, dandum adhuc spatium ratus, si, recenti exemplo, sibi ipsi consulerent, præmittit litteras ad Cæcinam venire se validâ manu, ac, ni supplicium in malos præsumant, usurum promiscuâ cæde. Eas Cæcina aquiliferis signiferisque, et quod maximè castrorum sincerum erat, occultè recitat ; utque cunctos infamiæ, seipsos morti eximant hortatur : « Nam, in pace, » caussas et merita spectari ; ubi bellum ingruat, » innocentes ac noxios juxtà cadere. » Illi, tentatis quos idoneos rebantur, postquàm majorem legionum partem in officio vident, de sententiâ legati statuunt tempus, quo fœdissimum quemque et seditioni promptum ferro invadant. Tunc, signo inter

préférence? Par ses enfants, au contraire, il les dirigeait toutes à la fois, sans compromettre la majesté, pour qui l'éloignement augmente le respect. D'ailleurs, on pardonnerait à l'âge de Germanicus et de Drusus de n'oser tout décider sans leur père. Que, si on leur résistait, lui pourrait encore apaiser les rebelles ou les réduire ; mais quelle ressource resterait-il, s'ils avaient méprisé leur empereur? Cependant on travailla à ses équipages, comme s'il eût dû partir incessamment ; il fit armer des vaisseaux, nomma les personnes qui devaient l'accompagner ; puis, prétextant la saison, les affaires, il trompa d'abord jusqu'aux politiques, ensuite la multitude, et très-long-temps les provinces.

XLVIII. Germanicus avait déjà rassemblé son armée ; tout était prêt pour le châtiment des rebelles. Toutefois, préférant qu'ils s'en chargent eux-mêmes, à l'exemple des autres légions, il veut différer encore. Il écrit à Cæcina qu'il arrive avec des forces imposantes ; que, s'ils ne préviennent sa justice par le supplice des coupables, il n'épargnera personne. Cæcina rassemble secrètement les aquilifères *, les porte-enseignes, tous ceux qui faisaient la portion la plus saine des légions ; il leur lit la lettre, et les exhorte à prévenir le déshonneur du corps, et leur perte à eux-mêmes. « Dans la » paix, dit-il, on peut discuter les faits, peser les services ; » la guerre, une fois commencée, l'innocent et le coupable » périront également. » Ceux-ci, ayant sondé prudemment les esprits, et voyant la plus grande partie des légions rangée à son devoir, fixent un jour, avec le commandant, pour fondre, l'épée à la main, sur les pervers, toujours prêts à souffler la sédition. Le jour arrivé, au signal convenu, ils se

* Ceux qui portaient l'aigle.

se dato, irrumpunt contubernia, trucidant ignaros; nullo, nisi consciis, noscente quod caedis initium, quis finis.

XLIX. Diversa, omnium quae unquàm accidêre, civilium armorum facies : non praelio, non adversis è castris, sed iisdem è cubilibus, quos simul vescentis dies, simul quietos nox habuerat, discedunt in partes : ingerunt tela ; clamor, vulnera, sanguis palàm : caussa in occulto ; cetera sors regit ; et quidam bonorum caesi, postquàm, intellecto in quos saeviretur, pessimi quoque arma rapuerant : neque legatus aut tribunus moderator adfuit ; permissa vulgo licentia, atque ultio et satietas. Mox ingressus castra Germanicus, non medicinam illud, plurimis cum lacrymis, sed cladem appellans, cremari corpora jubet. Truces etiam tùm animos cupido involat eundi in hostem, piaculum furoris ; nec aliter posse placari commilitonum manes quàm si pectoribus impiis honesta vulnera accepissent. Sequitur ardorem militum Caesar, junctoque ponte, tramittit duodecim millia è legionibus, sex et viginti socias cohortes, octo equitum alas quarum eâ seditione intemerata modestia fuit.

L. Laeti, neque procul Germani agitabant, dùm, justitio ob amissum Augustum, pòst discordiis, attinemur. At Romanus, agmine propero, silvam Cae-

jettent dans les tentes, surprennent leurs victimes, les égorgent sans peine; tous, excepté ceux qui étaient dans le secret, ignorent l'objet du massacre, et quel en sera le terme.

XLIX. De toutes les guerres civiles, aucune n'offrit un spectacle pareil. Ce n'était point ici une bataille entre deux armées opposées. Dans les mêmes tentes, des amis qui, la veille, qui, la nuit même, s'étaient vus réunis à la même table et dans le même lit, se séparent pour s'égorger. Les traits volent; on entend les cris; on voit le sang et les blessures. La cause, on l'ignore; le hasard conduit le reste; et il y eut des innocents qui périrent, parce qu'à la fin les coupables, comprenant que c'était eux qu'on voulait punir, prirent les armes. Ni le lieutenant, ni les tribuns n'interposèrent leur autorité. On permit, sans restriction, à la multitude de se venger et de ne s'arrêter qu'assouvie de vengeances. Germanicus arriva peu de temps après. En revoyant son camp, ses yeux se remplissent de larmes; il s'écrie que ce n'est point un remède au mal, mais un véritable massacre; et ordonne de brûler les morts. La férocité des soldats change alors d'objet; ils veulent tous marcher à l'ennemi pour expier leur fureur, pour apaiser les mânes de leurs camarades, en présentant leur sein sacrilège à des blessures honorables. Germanicus profite de cette ardeur; il jette un pont sur le Rhin, et passe le fleuve avec douze mille légionnaires, *cent vingt* cohortes (29) alliées, et huit divisions de cavalerie. Ce dernier corps, dans cette sédition, s'était conservé irréprochable.

L. Non loin de nous les Germains avaient passé dans les réjouissances tout le temps que le deuil d'Auguste, et, depuis, nos discordes, nous retinrent dans l'inaction. Mais

siam, limitemque à Tiberio cœptum scindit; castra in limite locat; frontem ac tergum vallo, latera concædibus munitus. Indè saltus obscuros permeat, consultatque, ex duobus itineribus, breve et solitum sequatur; an impeditius et intentatum, eòque hostibus incautum. Delectà longiore viâ, cetera adcelerantur : etenim attulerant exploratores festam eam Germanis noctem, ac solennibus epulis ludicram. Cæcina cum expeditis cohortibus præire, et obstantia silvarum amoliri jubetur : legiones modico intervallo sequuntur. Juvit nox sideribus inlustris; ventumque ad vicos Marsorum, et circumdatæ stationes, stratis etiam tùm per cubilia, propterque mensas, nullo metu, non antepositis vigiliis; adeò cuncta incuriâ disjecta erant, neque belli timor; ac ne pax quidem, nisi languida et soluta, inter temulentos.

LI. Cæsar avidas legiones, quò latior populatio foret, quatuor in cuneos dispertit. Quinquaginta millium spatium ferro flammisque pervastat : non sexus, non ætas miserationem attulit; profana simul et sacra, et celeberrimum illis gentibus templum quod Tanfanæ vocabant, solo æquantur; sine vulnere milites, qui semisomnos, inermos aut palantes ceciderant. Excivit ea cædes Bructeros, Tubantes, Usipetes; saltusque per quos exercitui regressus, insedère : quod gnarum duci, incessitque itineri et

Germanicus, accélérant sa marche, fait ouvrir la forêt Cæsia *, et le rempart (30) commencé par Tibère ; il campe sur le rempart même, ayant le front et les derrières de son armée défendus par un retranchement, et ses flancs par des arbres qu'on venait d'abattre. De là, il s'avance à travers des bois épais, et il délibère si, de deux routes, il prendra la plus courte et la plus fréquentée, ou l'autre, plus difficile, non frayée, que, par-là même, l'ennemi négligeait. On choisit le chemin le plus long. Mais on redoubla de célérité ; car les espions avaient rapporté que la nuit suivante était pour les Germains une nuit de fête, qu'ils célébraient par des festins solennels. Cæcina prend les devants avec les troupes légères, pour aplanir tous les obstacles dans la forêt ; les légions suivent à peu de distance. La clarté des astres, pendant la nuit, favorisa la marche. On arriva aux bourgades des Marses **, on s'empara de tous les postes. Les Barbares étaient encore étendus dans leurs lits ou autour des tables ; nulles précautions, nulles gardes avancées, une sécurité profonde, un abandon général, point de soldats, pas même des hommes, l'ivresse énervant et affaissant tout leur courage (31).

LI. Les légions ne respiraient que vengeance. Germanicus, pour ravager un plus grand terrain, les partage en quatre corps. Elles mirent à feu et à sang un espace de cinquante milles. On n'épargna ni le sexe, ni l'âge, ni le sacré, ni le profane. Un temple fameux dans ces contrées, le temple de Tanfana, fut détruit. Les Romains n'eurent pas un blessé ; ils n'avaient eu qu'à égorger des hommes à moitié endormis, sans armes, ou dispersés. Cet échec réveilla les Bructères,

---

* D'Hoserwalt, dans le duché de Clèves.
** Entre Confeld et Munster.

prælio : pars equitum et auxiliariæ cohortes duce bant, mox prima legio ; et, mediis impedimentis, sinistrum latus unetvicesimani, dextrum quintani clausère ; vicesima legio terga firmavit, pòst ceteri sociorum. Sed hostes, donec agmen per saltus porrigeretur, immoti ; dein latera et frontem modicè adsultantes, totà vi novissimos incurrère : turbabanturque densis Germanorum catervis leves cohortes, cùm Cæsar, advectus ad vicesimanos, voce magnà, hoc illud tempus oblitterandæ seditionis clamitabat : pergerent, properarent culpam in decus vertere. Exarsère animis, unoque impetu perruptum hostem redigunt in aperta, cæduntque : simul primi agminis copiæ evasère silvas, castraque communivère. Quietum indè iter ; fidensque recentibus, ac priorum oblitus miles, in hibernis locatur.

LII. Nunciata ea Tiberium lætitià curàque adfecère : gaudebat oppressam seditionem; sed quòd largiendis pecuniis, et, missione festinatà, favorem militum quæsivisset, bellicà quoque Germanici glorià angebatur. Retulit tamen ad senatum de rebus gestis, multaque de virtute ejus memoravit, magis in speciem verbis adornata quàm ut penitùs sentire crederetur. Paucioribus Drusum et finem Illyrici

les Tubantes, les Usipètes ; ils occupèrent les bois par où l'armée devait repasser. Germanicus, instruit de leurs desseins, dispose tout pour la marche et pour le combat. Une partie de la cavalerie et les cohortes auxiliaires formaient l'avant-garde ; ensuite venait la première légion. Il mit les bagages au centre, à l'aile gauche la vingt et unième légion, la cinquième à la droite ; la vingtième, avec le reste des alliés, protégeait l'arrière-garde. Les ennemis restèrent immobiles jusqu'à ce que l'armée fût engagée dans le bois ; ils se contentèrent de harceler légèrement la tête et les ailes, et ils tombèrent avec toutes leurs forces sur l'arrière-garde, où leurs bataillons serrés mirent en désordre nos troupes légères. Mais Germanicus, accourant vers la vingtième légion, lui crie de se hâter ; que c'était le moment d'expier la sédition, de racheter ses fautes par la gloire. Ce discours enflamme leur courage ; ils fondent sur les Germains, ils les enfoncent du premier choc, et les poussent vers la plaine, où ils en font un grand carnage. Pendant ce temps, la tête de l'armée, déjà sortie du bois, commençait à se retrancher. Depuis ce moment, la marche fut tranquille ; et le soldat, rassuré par ce qu'il était, oubliant ce qu'il fut, reprend ses quartiers d'hiver.

LII. Ces nouvelles donnèrent à Tibère de la joie et de l'inquiétude. Il voyait avec plaisir la sédition apaisée, mais, avec peine, les gratifications et l'avancement des congés, qui donnaient à Germanicus la faveur des soldats. La gloire militaire de son neveu le troublait aussi. Cependant il rendit compte au sénat des services du jeune César, et il fit de sa vertu beaucoup d'éloges, mais en termes trop magnifiques pour qu'ils parussent l'expression d'un sentiment vrai. Il loua Drusus, le pacificateur de l'Illyrie, en moins de mots, mais mieux ;

motûs laudavit; sed intentior, et fidâ oratione : cunctaque quæ Germanicus indulserat servavit etiam apud Pannonicos exercitus.

LIII. Eodem anno Julia supremum diem obiit, ob impudicitiam olim à patre Augusto Pandateriâ insulâ, mox oppido Rheginorum, qui Siculum fretum accolunt, clausa. Fuerat in matrimonio Tiberii, florentibus Caio et Lucio Cæsaribus, spreveratque ut imparem; nec alia tàm intima Tiberio caussa cur Rhodum abscederet. Imperium adeptus, extorrem, infamem, et, post interfectum Posthumum Agrippam, omnis spei egenam, inopiâ ac tabe longâ peremit, obscuram fore necem longinquitate exsilii ratus. Par caussa sævitiæ in Sempronium Gracchum, qui, familiâ nobili, solers ingenio, et pravè facundus, eamdem Juliam in matrimonio M. Agrippæ temeraverat : nec is libidini finis; traditam Tiberio pervicax adulter contumaciâ et odiis in maritum accendebat; litteræque quas Julia patri Augusto cum insectatione Tiberii scripsit, à Graccho compositæ credebantur. Igitur, amotus Cercinam, Africi maris insulam, quatuordecim annis exsilium toleravit. Tunc milites, ad cædem missi, invenêre in prominenti littoris nihil lætum opperientem : quorum adventu breve tempus petivit ut suprema mandata uxori Alliariæ per litteras daret; cervicemque percussoribus obtulit, constantiâ mortis haud indignus Sempronio nomine; vitâ degeneraverat. Quidam, non Româ eos milites, sed ab L. Asprenate proconsule Africæ

d'une manière plus franche, et il étendit aux légions de Pannonie les concessions de Germanicus.

LIII. Cette même année mourut Julie, fille d'Auguste. Son père l'avait enfermée jadis pour ses débauches, d'abord dans l'île de Pandataire *, et ensuite à Rheges, sur les bords du détroit de Sicile. Dans le temps que Lucius et Caïus étaient les seuls Césars (52), on lui fit épouser Tibère, qu'elle méprisait comme un subalterne, et ce fut même le vrai motif qui le décida, pour lors, à se retirer à Rhodes. Depuis, Tibère parvint à l'empire, et Julie fut bannie, déshonorée; la mort de son fils Posthumus Agrippa lui enlevait ses dernières espérances; enfin, Tibère la fit périr lentement de misère et de faim, se flattant qu'à la suite d'un si long exil, sa mort ne serait point remarquée. Les mêmes motifs armèrent sa cruauté contre Sempronius Gracchus. Ce Romain, d'un grand nom, d'un esprit délié, ne faisant de son éloquence qu'un usage pervers, avait souillé le premier mariage de cette même Julie avec Marcus Agrippa. Depuis, leur adultère opiniâtre déshonora encore le lit de Tibère. L'amant ne cessait d'enflammer, contre l'époux, l'orgueil et la haine de Julie; il passa même pour l'auteur des lettres emportées qu'elle écrivit à Auguste contre Tibère; ce qui fit reléguer Sempronius dans l'île de Cercine **, sur les côtes d'Afrique. Là, depuis quatorze ans, il souffrait les rigueurs de l'exil. Il vit, d'une pointe de l'île, arriver les soldats qu'on envoyait pour le tuer; il pressentit son malheur, demanda un moment pour écrire ses dernières volontés à sa femme Alliaria, puis il offrit sa tête aux meurtriers, assez

* Sainte-Marie, dans le golfe de Gaëte.
** Kerkeni, près du golfe de Kabès.

missos tradidēre, auctore Tiberio, qui famam cædis posse in Asprenatem verti frustrà speraverat.

LIV. Idem annus novas cærimonias accepit, addito sodalium Augustalium sacerdotio, ut quondàm T. Tatius, retinendis Sabinorum sacris, sodales Tatios instituerat. Sorte ducti è primoribus civitatis unus et viginti. Tiberius, Drususque, et Claudius, et Germanicus adjiciuntur. Ludos Augustales tunc primùm cœpta turbavit discordia, ex certamine histrionum. Indulserat ei ludicro Augustus, dùm Mœcenati obtemperat, effuso in amorem Bathylli : neque ipse abhorrebat talibus studiis, et civile rebatur misceri voluptatibus vulgi. Alia Tiberio morum via; sed populum, per tot annos molliter habitum, nondùm audebat ad duriora vertere.

LV. Druso Cæsare, C. Norbano Coss., decernitur Germanico triumphus, manente bello : quod quanquàm in æstatem summà ope parabat, initio veris, et repentino in Cattos excursu præcepit; nam spes incesserat dissidere hostem in Arminium ac Segestem, insignem utrumque perfidià in nos, aut fide. Arminius turbator Germaniæ; Segestes parari rebellionem, sæpè aliàs, et supremo convivio post quod in arma itum, aperuit : suasitque Varo ut se, et Ar-

digne, par la fermeté de sa mort, du nom de Sempronius, que démentit toute sa vie. Quelques-uns rapportent que les soldats ne vinrent point de Rome; que ce fut Asprénas, proconsul d'Afrique, qui les envoya par l'ordre de Tibère, lequel s'était flatté en vain de détourner les soupçons sur le proconsul.

LIV. Cette même année il se forma un nouvel établissement religieux, le collége des prêtres d'Auguste. On le créa pareil à celui des prêtres taticus, institués par Tatius pour conserver les mystères des Sabins. On tira au sort, parmi les grands de Rome, vingt et un pontifes; on leur adjoignit Tibère, Drusus, Claude et Germanicus. Les Augustales, et c'est la première époque des factions du cirque, furent troublées par les rivalités des histrions. Auguste avait permis ce genre de spectacle, par complaisance pour Mécène, épris d'un amour ardent pour Bathylle. D'ailleurs il ne haïssait pas lui-même ces sortes d'amusements, et sa politique populaire le mêlait souvent aux plaisirs des citoyens. Ce n'était point celle de Tibère; mais il n'osait pas encore effaroucher par des rigueurs un peuple accoutumé long-temps à plus de condescendance.

LV. Sous le consulat de Drusus César et de Caïus Norbanus*, on décerna le triomphe à Germanicus, quoique la guerre ne fût pas terminée. Ce dernier, non content des préparatifs formidables qu'il faisait pour l'été, voulut occuper le printemps, et, dès les premiers jours de cette saison, il fit une incursion subite chez les ** Cattes : il fondait de grandes espérances sur les querelles de Ségeste et d'Armi-

---

* L'an de la fondation de Rome 768 de J.-C. 15.
** La Hesse.

minium, et ceteros proceres vinciret; nihil ausuram plebem principibus amotis; atque ipsi tempus fore quo crimina et innoxios discerneret: sed Varus fato et vi Arminii cecidit. Segestes, quanquàm consensu gentis in bellum tractus, discors manebat, auctis privatìm odiis, quòd Arminius filiam ejus, alii pactam, rapuerat; gener invisus, inimici soceri; quæque apud concordes vincula charitatis, incitamenta irarum apud infensos erant.

LVI. Igitur Germanicus quatuor legiones, quinque auxiliarium millia, et tumultuarias catervas Germanorum, cìs Rhenum colentium, Cæcinæ tradit: totidem legiones, duplicem sociorum numerum ipse ducit: positoque castello super vestigia paterni præsidii, in monte Tauno, expeditum exercitum in Cattos rapit; L. Apronio ad munitiones viarum et fluminum relicto: nam (rarum illi cœlo) siccitate et amnibus modicis inoffensum iter properaverat; imbresque et fluminum auctus regredienti metuebatur. Sed Cattis adeò improvisus advenit ut quod imbecillum ætate ac sexu, statìm captum aut trucidatum sit. Juventus flumen Adranam nando tramiserat, Romanosque pontem cœptantis arcebant: dein, tor-

nius, qui partageaient la Germanie. Ces deux hommes avaient signalé, l'un sa fidélité pour nous, l'autre sa perfidie. Arminius avait soulevé les Germains. Ségeste, au contraire, nous avertit souvent de la révolte qu'on tramait, et notamment au dernier festin qui précéda les hostilités. Il conseilla même à Varus de le faire arrêter, lui, Arminius et les principaux capitaines. La nation n'eût rien entrepris, ayant perdu ses chefs, et Varus eût ensuite à loisir discerné les amis et les traîtres; mais sa destinée et l'ascendant d'Arminius poussèrent Varus à sa perte. Ségeste, entraîné à la guerre par l'impulsion générale, n'en resta pas moins l'ennemi d'Arminius. Des haines personnelles l'aigrissaient encore contre cet homme, qui lui avait enlevé sa fille, promise à un autre. Gendre et beau-père, ils ne s'en détestaient que plus; et, ce qui resserre l'union quand on s'aime, dans leur inimitié, enflammait leurs ressentiments.

LVI. Cependant Germanicus donne à Cæcina quatre légions, cinq mille auxiliaires, et les milices germaines qu'on avait levées à la hâte en deçà du Rhin. Il prend pour lui le même nombre de légions, et le double d'alliés. Il relève un ancien fort que son père avait bâti sur le mont Taunus*, et, avec ses troupes, les plus lestes, il fond sur les Cattes. Il avait laissé Apronius pour travailler aux digues et aux chemins. Le printemps étant sec, et les rivières basses, ce qui est rare en ce climat, rien n'avait arrêté sa marche; mais il craignait, au retour, les pluies et les débordements. Les Cattes ne s'attendaient nullement à cette irruption. Tous ceux que leur sexe ou leur âge laissait sans défense furent pris aussitôt, ou massacrés. Les jeunes guerriers avaient passé l'Éder** à la

---

* Aujourd'hui Heyrich, dans l'électorat de Mayence.
** Rivière du comté de Waldeck.

mentis sagittisque pulsi, tentatis frustrà conditionibus pacis, cùm quidam ad Germanicum perfugissent, reliqui, omissis pagis vicisque, in silvas disperguntur. Caesar, incenso Mattio (id genti caput), aperta populatus, vertit ad Rhenum : non auso hoste terga abeuntium lacessere, quod illi moris, quotiens astu magis quàm per formidinem cessit. Fuerat animus Cheruscis juvare Cattos, sed exterruit Caecina hùc illùc ferens arma : et Marsos congredi ausos prospero praelio cohibuit.

LVII. Neque multò post legati à Segeste venerunt, auxilium orantes adversùs vim popularium, à quis circumsedebatur; validiore apud eos Arminio, quantò bellum suadebat. Nam barbaris, quantò quis audaciâ promptus, tantò magis fidus, rebusque motis, potior habetur. Addiderat Segestes legatis filium, nomine Segimundum : sed juvenis conscientiâ cunctabatur, quippè, anno quo Germaniae descivère, sacerdos apud aram Ubiorum creatus, ruperat vittas, profugus ad rebelles. Adductus tamen in spem clementiae romanae, pertulit patris mandata ; benignèque exceptus, cum praesidio Gallicam in ripam missus est. Germanico pretium fuit convertere agmen : pugnatumque in obsidentîs, et ereptus Segestes magnâ cum propinquorum et clientium manu. Inerant feminae nobiles, inter quas uxor Arminii, eademque filia Segestis, mariti magis quàm parentis animo, neque victa in lacrymas, neque voce supplex, compressis

nage ; et d'abord ils voulurent empêcher les Romains d'y jeter un pont. Repoussés par nos machines et par nos flèches, ils entament sans fruit une négociation ; quelques-uns se rendent à Germanicus ; le reste, abandonnant les bourgades, se disperse dans les bois. Germanicus, après avoir brûlé Mattium *, capitale de ce canton, et ravagé le plat pays, tourna vers le Rhin : l'ennemi intimidé n'osa point inquiéter sa retraite ; ce qu'il faisait toutes les fois que la fuite était un artifice, et non pas, comme alors, l'effet de la peur. Les Chérusques ** avaient voulu secourir les Cattes ; mais Cæcina, en menaçant plusieurs lieux à la fois, les alarma pour eux-mêmes. Les Marses osèrent l'attaquer : une victoire les contint.

LVII. Peu de jours après il arriva des députés envoyés par Ségeste, pour implorer notre secours contre la violence de ses propres concitoyens, qui le tenaient assiégé. Arminius avait pris l'ascendant, parce qu'il conseillait la guerre ; car, chez les Barbares, plus on a d'audace et de résolution, plus on obtient de confiance ; et ceux qui bouleversent tout sont préférés. Ségeste avait adjoint aux députés Sigismond, un de ses fils. Ce jeune homme ne venait qu'en tremblant ; car, nommé pontife de l'autel des Ubiens ***, il avait, au moment de la révolte des Germains, rompu ses bandelettes sacrées, pour aller se joindre aux rebelles. Toutefois, enhardi par l'espoir de la clémence des Romains, il ne refusa point le message de son père. On l'accueillit favorablement, et on l'envoya, avec une escorte, de l'autre côté du Rhin. Ger-

* Aujourd'hui Marpurg, dans la Hesse.
** Aujourd'hui le Brunswick.
*** Bonn, près de Cologne. On croit que cet autel avait été érigé en l'honneur d'Auguste et de la ville de Rome.

intra sinum manibus, gravidum uterum intuens. Ferebantur et spolia Varianæ cladis, plerisque eorum qui tùm in deditionem veniebant, prædæ data. Simul Segestes ipse, ingens visu, et memoriâ bonæ societatis impavidus : verba ejus in hunc modum fuère :

LVIII. « Non hic mihi primus erga populum ro-
» manum fidei et constantiæ dies : ex quo à divo Au-
» gusto civitate donatus sum, amicos inimicosque ex
» vestris utilitatibus delegi; neque odio patriæ (quip-
» pè proditores, etiam iis quos anteponunt, invisi
» sunt), verùm quia Romanis Germanisque idem
» conducere, et pacem quàm bellum probabam.
» Ergò raptorem filiæ meæ, violatorem fœderis ves-
» tri, Arminium, apud Varum, qui tùm exercitui
» præsidebat, reum feci : dilatus segnitiâ ducis, quia
» parùm præsidii in legibus erat, ut me, et Armi-
» nium, et conscios vinciret, flagitavi : testis illa
» nox, mihi utinam potiùs novissima ! Quæ secuta
» sunt deflori magis quàm defendi possunt. Ceterùm,
» et injeci catenas Arminio, et à factione ejus injec-
» tas perpessus sum. Atque, ubi primùm tui copia,
» vetera novis, et quieta turbidis antehabeo : neque
» ob præmium, sed ut me perfidiâ exsolvam ; simul

manicus sentit l'importance de revenir sur ses pas. On combattit les assiégeants, on délivra Ségeste, avec une troupe nombreuse de ses parents et de ses vassaux. Il s'y trouvait des femmes de la plus haute naissance, entre autres, l'épouse d'Arminius. Quoique fille de Ségeste, elle avait l'esprit de son époux bien plus que celui de son père; elle marchait sans verser une larme, sans se permettre une prière, les mains jointes sur son sein, les yeux fixés sur le fruit qu'elle portait. Presque tous ceux qui se livraient maintenant à nous, avaient eu en partage quelques dépouilles de l'armée de Varus. Au milieu d'eux on distinguait Ségeste à sa taille gigantesque, à l'air d'assurance que lui donnait le souvenir de sa généreuse amitié. Il parla en ces termes :

LVIII. « Ce n'est point d'aujourd'hui que j'ai manifesté
» mon attachement et ma fidélité pour votre nation. Depuis
» qu'Auguste m'eut fait citoyen romain, je n'ai connu d'a-
» mis et d'ennemis que ceux de Rome. Et ce n'est point par
» haine contre ma patrie, car les traîtres sont odieux à ceux
» même qu'ils servent; mais les intérêts de Rome et ceux de
» la Germanie m'ont paru inséparables, et la paix préféra-
» ble à la guerre. Aussi le ravisseur de ma fille, l'infracteur
» de vos traités, Arminius, fut-il dénoncé par moi-même
» à ce Varus qui commandait alors votre armée. Rebuté des
» lenteurs de votre chef, et n'espérant rien de la faiblesse des
» lois, je le pressai de nous enchaîner tous, Arminius, ses
» complices et moi-même. J'en atteste cette nuit fatale; et
» plût aux dieux qu'elle eût été la dernière de ma vie ! Ce
» qui s'est passé depuis, je le déplore plus que je ne le justi-
» fie. Toutefois, j'ai donné des fers à Arminius, et sa fac-
» tion m'en a donné à son tour; et, dès le moment où vous
» m'en offrez les moyens, je préfère l'ancien état de choses

» genti Germanorum idoneus conciliator, si pœniten-
» tiam quàm perniciem maluerit. Pro juventà et er-
» rore filii veniam precor; filiam necessitate huc ad-
» ductam fateor; tuum erit consultare utrùm præ-
» valeat quòd ex Arminio concepit, an quòd ex me
» genita est. » Cæsar, clementi responso, liberis
propinquisque ejus incolumitatem, ipsi sedem Vete-
rà in provinciâ pollicetur. Exercitum reduxit, nomenque *imperatoris*, auctore Tiberio, accepit. Arminii
uxor virilis sexûs stirpem edidit: educatus Ravennæ
puer, quo mox ludibrio conflictatus sit in tempore
memorabo.

LIX. Fama dediti benignèque excepti Segestis
vulgata, ut quibusque bellum invitis aut cupientibus
erat, spe vel dolore accipitur. Arminium, super in-
sitam violentiam, rapta uxor, subjectus servitio uxoris uterus vecordem agebant: volitabatque per Cheruscos, arma in Segestem, arma in Cæsarem poscens,
neque probris temperabat: « Egregium patrem!
» magnum imperatorem! fortem exercitum! quorum
» tot manus unam mulierculam avexerint! Sibi tres
» legiones, totidem legatos procubuisse. Non enim se
» proditione, neque adversùs feminas gravidas, sed
» palàm, adversùs armatos bellum tractare. Cerni
» adhuc Germanorum in lucis signa romana quæ diis
» patriis suspenderit. Coleret Segestes victam ri-
» pam; redderet filio sacerdotium: homines Ger-

» au nouveau, la tranquillité au trouble ; non dans la vue
» d'aucune récompense, mais afin de me laver du soupçon
» de perfidie, et en même temps pour ménager une média-
» tion aux Germains, s'ils veulent prévenir leur perte par
» le repentir. Je demande grâce pour la jeunesse et l'erreur
» de mon fils. J'avoue que la nécessité seule amène ici ma
» fille : c'est à vous de juger si vous devez voir en elle la
» femme d'Arminius plutôt que la fille de Ségeste. » Germanicus, avec bonté, promit toute sûreté à ses enfants, à
ses proches, et, à lui-même, un établissement (33) à *Vetera*,
dans la province romaine. Il ramena son armée, et, par
l'ordre de Tibère, reçut le titre d'*imperator*. La femme
d'Arminius mit au monde un fils, qui fut élevé à Ravenne.
Je dirai, dans son temps, comment la fortune se joua de la
destinée de cet enfant.

LIX. Bientôt la nouvelle de la soumission et de la réception favorable de Ségeste se répand chez les Barbares. Suivant qu'ils étaient prévenus pour ou contre la guerre, elle
excite l'espoir ou l'indignation. Arminius surtout, naturellement violent, furieux de l'enlèvement de sa femme et de
l'esclavage anticipé de son fils, se livre aux plus terribles
emportements. Il vole chez les Chérusques ; il demande de
tous côtés des secours contre Ségeste, des secours contre
Germanicus, et n'épargne pas les invectives. « Le bon père !
» dit-il, le grand général ! la puissante armée ! dont les ex-
» ploits se bornent à l'enlèvement d'une femme ! Pour moi,
» j'ai fait mordre la poussière à trois légions, à trois géné-
» raux. Mes armes n'étaient point la trahison, mes ennemis
» des femmes enceintes : je ne faisais la guerre qu'à des guer-
» riers, et ouvertement. On voit encore dans nos forêts
» les enseignes romaines que j'ai vouées aux dieux de la

» manos nunquàm satis excusaturos, quòd, inter Al-
» bim et Rhenum, virgas, et secures, et togam vi-
» derint. Aliis gentibus, ignorantiâ imperii romani,
» inexperta esse supplicia, nescia tributa : quæ quan-
» dò exuerint, inritusque discesserit ille inter nu-
» mina dicatus Augustus, ille delectus Tiberius, ne
» imperitum adolescentulum, ne seditiosum exerci-
» tum pavescerent. Si patriam, parentes, antiqua
» mallent quàm dominos et colonias novas, Armi-
» nium potiùs gloriæ ac libertatis, quàm Segestem
» flagitiosæ servitutis ducem sequerentur. »

LX. Conciti per hæc non modò Cherusci, sed conterminæ gentes; tractusque in partis Inguiomerus, Arminii patruus, veteri apud Romanos auctoritate : undè major Cæsari metus. Et, ne bellum mole unâ ingrueret, Cæcinam cum quadraginta cohortibus romanis, distrahendo hosti, per Bructeros ad flumen Amisiam mittit. Equitem Pedo, præfectus, finibus Frisiorum ducit : ipse impositas navibus quatuor legiones per lacus vexit; simulque pedes, eques, classis, apud prædictum amnem convenêre. Chauci, cùm auxilia pollicerentur, in commilitium adsciti sunt. Bructeros, sua urentîs, expeditâ cum manu L. Stertinius, missu Germanici, fudit. Interque cædem et prædam reperit undevicesimæ legionis aquilam,

» patrie. Que Ségeste se contente d'habiter une terre esclave,
» de rendre à son fils un vil sacerdoce ! Jamais les enfants
» de la guerre * ne pardonneront à ce lâche d'avoir fait
» voir, entre l'Elbe et le Rhin, les verges, les haches et la
» toge. D'autres nations ne doivent qu'au bonheur d'être in-
» connues aux Romains, l'exemption des supplices, celle des
» tributs : les Germains doivent à leur courage de s'en être
» affranchis; et, puisqu'ils ont su résister à cet Auguste,
» devenu dieu, à ce Tibère, élu maître du monde, que peu-
» vent-ils craindre d'un enfant inexpérimenté, conduisant
» une armée de séditieux ? Si une patrie, si une famille, si
» l'antique indépendance valent mieux que des maîtres, que
» l'actuelle présence des étrangers, peuvent-ils ne pas suivre
» Arminius, qui les mène à la gloire et à la liberté, plutôt
» que Ségeste, qui leur ouvre la route de l'opprobre et de
» l'esclavage. »

LX. Il souleva par ses discours, non-seulement les Chérusques, mais toutes les nations voisines, et il entraîna dans
la ligue son oncle Inguiomer, général depuis long-temps en
grande réputation chez les Romains : ce qui redoubla les
craintes de Germanicus. Celui-ci, pour empêcher du moins
que tout le poids de la guerre tombât d'un seul côté, et afin
de diviser l'ennemi, détache Cæcina avec quarante ** cohortes d'infanterie romaine, et l'envoie, par le pays des
Bructères ***, du côté de l'Ems. Pédon, préfet du camp,
conduisit la cavalerie par les frontières de la Frise : pour lui,

---

* Voyez les *Mœurs des Germains*, sur la signification du mot *german* ou
guer-man, homme de la guerre.

** C'est-à-dire, quatre légions.

*** L'Overissel, et partie de la Westphalie entre le Rhin et l'Ems.

cum Varo amissam. Ductum indè agmen ad ultimos Bructerorum : quantumque Amisiam et Luppiam amnes inter, vastatum : haud procul Teutoburgiensi saltu, in quo reliquiæ Vari legionumque insepultæ dicebantur.

LXI. Igitur cupido Cæsarem invadit solvendi suprema militibus, ducique ; permoto ad miserationem omni, qui aderat, exercitu, ob propinquos, amicos, deniquè ob casus bellorum, et sortem hominum. Præmisso Cæcinâ ut occulta saltuum scrutaretur, pontesque et aggeres humido paludum et fallacibus campis imponeret, incedunt mœstos locos, visuque ac memoriâ deformes. Prima Vari castra, lato ambitu, et dimensis principiis, trium legionum manus ostentabant : dein, semiruto vallo, humili fossâ, accisæ jam reliquiæ consedisse intelligebantur. Medio campi albentia ossa, ut fugerant, ut restiterant, disjecta vel aggerata : adjacebant fragmina telorum, equorumque artus, simul truncis arborum antefixa ora. Lucis propinquis, barbaræ aræ apud quas tribunos, ac primorum ordinum centuriones mactaverant. Et cladis ejus superstites,

il s'embarque avec quatre légions sur les lacs *. L'infanterie, la cavalerie, la flotte, tout se réunit sur les bords de l'Ems, lieu désigné pour le rendez-vous général. Les Chauques offrirent des troupes qui furent acceptées. Les Bructères dévastaient leur propre territoire : Germanicus fit marcher contre eux Stertinius, qui les mit en fuite avec des troupes légères. Parmi les dépouilles, on retrouva l'aigle de la dix-neuvième légion qu'on avait perdue avec Varus. On pénétra jusqu'aux extrémités de leur pays, et tout l'espace entre l'Ems et la Lippe fut ravagé. Non loin de là se trouvaient les bois de Teutberg **, où l'on disait que Varus et ses légions étaient restés sans sépulture.

LXI. Germanicus se sentit pressé du désir de rendre les derniers devoirs au chef et aux soldats. La même compassion gagne toute son armée, qui s'attendrit sur ses amis, ses proches, sur les hasards de la guerre et le sort de l'humanité. Cæcina fut envoyé devant pour sonder les profondeurs de la forêt, pour établir des ponts et des chaussées sur les terrains marécageux et mouvants; puis l'on s'enfonça dans ces bois sinistres, qui offraient un coup d'œil et des souvenirs affreux. Le premier camp de Varus, à sa vaste enceinte, aux dimensions de la place d'armes, annonçait le travail des trois légions. On comprenait, à ses faibles retranchements, à son rempart délabré, que le second avait été le théâtre de la défaite. Au milieu du champ de bataille étaient des ossements blanchis, épars ou entassés, suivant qu'on avait ou

* Ces lacs ne subsistent plus; ils ont été engloutis par la mer, et font partie du Zuiderzée.

** Ce bois conserve encore le même nom; le champ qui est auprès s'appelle *Winfeld, champ de la victoire.*

pugnam aut vincula elapsi, referebant hìc cecidisse legatos; illìc raptas aquilas; primum ubì vulnus Varo adactum; ubì, infelici dextrâ, et suo ictu, mortem invenerit; quo tribunali concionatus Arminius; quot patibula captivis; quæ scrobes; utque signis et aquilis per superbiam inluserit.

LXII. Igitur romanus, qui aderat, exercitus, sextum post cladis annum, trium legionum ossa, nullo noscente, alienas reliquias an suorum, humo tegeret; omnes, ut conjunctos, ut sanguineos, auctà in hostem irà, mœsti simul et infensi condebant. Primum exstruendo tumulo cespitem Cæsar posuit, gratissimo munere in defunctos, et præsentibus doloris socius. Quod Tiberio haud probatum, seu cuncta Germanici in deterius trahenti, sive exercitum imagine cæsorum insepultorumque tardatum ad prælia, et formidolosiorem hostium credebat : neque imperatorem, auguratu et vetustissimis cærimoniis præditum, attrectare feralia debuisse.

LXIII. Sed Germanicus, cedentem in avia Arminium secutus, ubi primùm copia fuit, evehi equites, campumque quem hostis insederat cripi jubet.

fui ou combattu ; des monceaux d'armes brisées, des membres de chevaux, des têtes d'hommes attachées aux troncs des arbres. Dans les bois voisins on voyait les autels barbares sur lesquels on avait égorgé les tribuns et les centurions des premières compagnies. Quelques témoins de cette fatale journée, échappés du carnage ou des fers, montraient les lieux où périrent les lieutenants ; ceux où l'on prit les aigles ; celui où Varus reçut sa première blessure ; celui où ce chef infortuné s'acheva de ses propres mains ; le tribunal d'où Arminius harangua ; ce qu'il y eut de gibets ; ce qu'il y eut de fosses pour les prisonniers ; tous les outrages dont son orgueil accabla les enseignes et les aigles romaines.

LXII. Ainsi donc, six ans après le massacre de trois légions, une autre armée romaine venait donner la sépulture à leurs ossements délaissés. Incertain s'il renfermait dans la terre les étrangers ou les siens, chacun s'intéressait à ces tristes restes, comme à ceux d'un parent ou d'un frère, et, sentant redoubler sa rage contre l'ennemi, les ensevelissait avec une douleur mêlée d'indignation. Germanicus posa le premier gazon du tombeau, honorant les morts par ce devoir pieux, et s'associant à l'affliction des vivants. Tout cela fut blâmé par Tibère, soit qu'il ne pût rien approuver dans Germanicus, soit que le spectacle de tant de milliers d'hommes massacrés et sans sépulture lui parût propre à refroidir l'ardeur du soldat pour la guerre, à lui inspirer la crainte de l'ennemi, soit qu'il crût la dignité de général, la sainteté de l'augurat et des antiques ministères de la religion, incompatibles avec les fonctions funéraires.

LXIII. Cependant Germanicus poursuivait Arminius, qui s'enfonçait dans des lieux impraticables. Dès qu'il put le joindre, il fit marcher la cavalerie pour le chasser d'une

Arminius colligi suos, et propinquare silvis monitos, vertit repentè; mox signum prorumpendi dedit iis quos per saltus occultaverat. Tunc, novâ acie turbatus eques, missæque subsidiariæ cohortes, et fugientium agmine impulsæ, auxerant consternationem; trudebanturque in paludem, gnaram vincentibus, iniquam nesciis, ni Cæsar productas legiones instruxisset : indè hostibus terror, fiducia militi; et manibus æquis abscessum. Mox, reducto ad Amisiam exercitu, legiones classe, ut advexerat, reportat : pars equitum littore Oceani petere Rhenum jussa : Cæcina, qui suum militem ducebat, monitus, quanquàm notis itineribus regrederetur, Pontes Longos quàm maturrimè superare. Angustus is trames, vastas inter paludes, et quondàm à L. Domitio aggeratus : cetera limosa, tenacia gravi cœno, aut rivis incerta erant : circùm silvæ paulatìm adclives; quas tùm Arminius implevit, compendiis viarum, et cito agmine, onustum sarcinis armisque militem cùm antevenisset. Cæcinæ dubitanti quonam modo ruptos vetustate pontes reponeret, simulque propulsaret hostem, castra metari in loco placuit; ut opus, et alii prælium inciperent.

plaine qu'il occupait. Arminius avait averti les siens de se replier et de se rapprocher de la forêt. Là, il les fait tourner brusquement, et donne le signal de l'attaque à ceux qu'il avait cachés dans les bois. La vue d'une nouvelle armée trouble la cavalerie, qui se renverse sur les cohortes * envoyées pour la soutenir, et les entraîne dans sa fuite. Le désordre devenait général ; ils allaient être poussés dans un marais familier aux vainqueurs, dangereux pour ceux qui ne connaissaient pas le terrain, lorsque Germanicus fit avancer les légions en ordre de bataille. Ce mouvement intimide l'ennemi, rassure nos troupes, et l'on se sépare avec un avantage égal. Germanicus ramena bientôt ses légions vers l'Ems, et les y rembarqua sur les vaisseaux qui les avaient apportées. Une partie de la cavalerie eut ordre de gagner le Rhin, en côtoyant l'Océan. Cæcina conduisit son corps séparément ; et, quoique la route qu'il prit lui fût connue, on lui recommanda de faire la plus grande diligence pour repasser les *Ponts-Longs*. On nommait ainsi une chaussée étroite entre de vastes marais, anciennement construite par Domitius. Des deux côtés était une fange épaisse, visqueuse, ou mouvante par les sources qui l'entrecoupaient : tout autour s'élevaient des bois en pente douce. Arminius, avec des troupes plus lestes, avait, par des chemins plus courts, prévenu nos soldats chargés d'armes et de bagage, et s'était posté dans ces bois. Cæcina, doutant de pouvoir rétablir les ponts que le temps avait rompus et repousser en même temps l'ennemi, jugea convenable de camper dans cet endroit : il disposa une partie de ses troupes pour l'ouvrage, et l'autre pour le combat.

* *Cohortes*, opposées à *légions*, désigne toujours les auxiliaires.

LXIV. Barbari perfringere stationes, seque inferre munitoribus nisi, lacessunt, circumgrediuntur, occursant : miscetur operantium bellantiumque clamor : et cuncta pariter Romanis adversa; locus uligine profundà, idem ad gradum instabilis, procedentibus lubricus; corpora gravia loricis; neque librare pila inter undas poterant. Contrà Cheruscis sueta apud paludes praelia; procera membra; hastae ingentes ad vulnera facienda, quamvis procùl : nox demùm inclinantis tùm legiones adversae pugnae exemit. Germani, ob prospera indefessi, ne tùm quidem sumptà quiete, quantùm aquarum circumsurgentibus jugis oritur vertere in subjecta : mersàque humo, et obruto quod effectum operis, duplicatus militi labor. Quadragesimum id stipendium Caecina, parendi aut imperitandi, habebat : secundarum ambiguarumque rerum sciens, eòque interritus. Igitur, futura volvens, non aliud reperit quàm ut hostem silvis coërceret, donec saucii, quantùmque gravioris agminis, anteirent : nam medio montium et paludum porrigebatur planities, quae tenuem aciem pateretur. Deliguntur legiones, quinta dextro lateri, unctvicesima in laevum, primani ducendum ad agmen, vicesimanus adversum secuturos.

LXV. Nox per diversa inquies : cùm barbari, festis epulis, laeto cantu, aut truci sonore, subjecta

LXIV. Les Barbares s'efforcent de rompre les corps avancés, afin de percer jusqu'aux travailleurs ; ils nous harcellent, nous inquiètent sur les flancs, nous attaquent de front. Le cri des ouvriers se mêle au cri des combattants. Tous les désavantages étaient pour les Romains, embarrassés dans cette fange profonde, où l'on enfonçait en s'arrêtant, où l'on glissait en marchant : leurs lourdes cuirasses les gênaient ; ils ne pouvaient ajuster leurs traits au milieu de l'eau ; tandis que tout favorisait les Chérusques, et l habitude de combattre dans les marais, et leur haute stature, et leurs longues lances qui atteignaient de loin. Nos légions commençaient à plier. Enfin la nuit les dégagea d'un combat inégal. Les Germains (34), délassés par le succès, loin de prendre du repos, travaillèrent à détourner toutes les eaux qui arrosaient cette chaîne de montagnes, les versèrent dans le vallon qui en fut submergé, et, noyant tous les travaux du jour, les doublèrent pour le lendemain. C'était la quarantième campagne que faisait Cæcina, soit comme chef, soit comme subalterne. Il connaissait les succès et les disgrâces de la guerre ; aussi rien ne l'étonnait. Dans ce moment, combinant sa position, il ne trouva d'autre expédient que d'occuper une petite plaine, qui s'étendait entre les montagnes et les marais (35), et où l'on pouvait ranger quelques troupes en bataille ; de là il contiendrait l'ennemi dans les bois, jusqu'à ce qu'il eût fait passer les blessés avec les gros bagages. Il fait un choix des légions ; il place la cinquième à la droite, la dix-neuvième à la gauche ; il réserve la première pour conduire la marche, la vingtième pour protéger la retraite.

LXV. La nuit, de part et d'autre, fut sans repos ; mais quelle différence dans les deux camps ! chez les Barbares, des festins, des chants d'allégresse, ou des cris menaçants,

vallium ac resultantis saltûs complerent; apud Romanos, invalidi ignes, interruptæ voces, atque ipsi passìm adjacerent vallo, oberrarent tentoriis, insomnes magis quàm pervigiles. Ducemque terruit dira quies : nam Quinctilium Varum, sanguine oblitum, et paludibus emersum, cernere et audire visus est, velut vocantem : non tamen obsecutus, et manum intendentis repulisse. Cœptâ luce, missæ in latera legiones, metu an contumaciâ, locum deseruêre ; capto properè campo, humentia ultrà. Neque tamen Arminius, quanquàm libero incursu, statìm prorupit : sed, ut hæsêre cœno fossisque impedimenta, turbati circùm milites, incertus signorum ordo, utque, tali in tempore, sibi quisque properus, et lentæ adversùm imperia aures, irrumpere Germanos jubet, clamitans, « En Varus, et eodem » iterùm fato victæ legiones ! » Simul hæc, et cum delectis scindit agmen, equisque maximè vulnera ingerit : illi, sanguine suo et lubrico paludum lapsantes, excussis rectoribus, disjicere obvios, proterere jacentes : plurimus circa aquilas labor, quæ neque adversùm ferri ingruentia tela, neque figi limosâ humo poterant. Cæcina, dùm sustentat aciem, suffoso equo delapsus, circumveniebatur ni prima legio sese opposuisset : juvit hostium aviditas, omissâ cæde, prædam sectantium; enisæque legiones, vesperascente die, in aperta et solida : neque is miseriarum finis : struendum vallum, petendus agger, amissa magnâ ex parte per quæ egeritur humus, aut

que l'écho des bois renvoyait au fond des vallées; chez les Romains, quelques feux languissants, des mots entrecoupés, un accablement général dans les soldats, étendus le long des palissades, errants le long des tentes, veillant plutôt par insomnie que volontairement. Leur chef fut tourmenté par un songe affreux : il crut voir et entendre Quintilius Varus tout souillé de sang, qui se levait du fond de ces marais, qui l'appelait, qui étendait ses mains pour l'entraîner : il est vrai qu'il refusa de le suivre, et le repoussa. Au point du jour, les légions qu'on avait envoyées sur les ailes, soit frayeur, soit mutinerie, quittèrent leur place, et se postèrent à la hâte dans un champ au-delà du marais. Cependant, libre de fondre sur nous, Arminius ne voulut point encore attaquer; mais, dès qu'il vit nos bagages embarrassés dans la vase et dans les fossés, tout autour les soldats en désordre, les rangs mal gardés; alors, profitant de la confusion inséparable de ces moments où chacun, ne songeant qu'à soi, n'écoute plus le commandement, il fait sonner la charge, en criant : « Voilà un second Varus ! la même destinée nous » livre ces légions ! » En même temps, suivi de ses braves, il enfonce nos bataillons : il s'attache surtout à blesser les chevaux. Le sang échappé de leurs plaies, humectant cette fange déjà glissante, les fait chanceler; ils renversent leurs cavaliers, écrasent ceux qui sont tombés, dispersent ceux qui les entourent. Le plus grand désordre était autour des aigles, qu'on ne pouvait, ni porter à travers une grêle de traits, ni assujettir dans une terre limoneuse. Cæcina, s'efforçant de soutenir le choc, eut son cheval tué sous lui. Il tomba, et allait être enveloppé, sans les efforts de sa première légion. L'avidité des ennemis, plus occupés du butin que du carnage, nous sauva; et, sur le soir, les légions par-

exciditur cespes : non tentoria manipulis, non fomenta sauciis : infectos coeno aut cruore cibos dividentes, funestas tenebras, et tot hominum millibus unum jam reliquum diem lamentabantur.

LXVI. Fortè equus, abruptis vinculis, vagus, et clamore territus, quosdam occurrentium obturbavit. Tanta indè consternatio inrupisse Germanos credentium, ut cuncti ruerent ad portas, quarum Decumana maximè petebatur, aversa hosti, et fugientibus tutior. Caecina, comperto vanam esse formidinem, cùm tamen neque auctoritate, neque precibus, ne manu quidem obsistere aut retinere militem quiret, projectus in limine portae, miseratione demùm, quia per corpus legati eundum erat, clausit viam : simul tribuni et centuriones falsum pavorem docuerunt.

LXVII. Tunc, contractos in principia, jussosque dicta cum silentio accipere, temporis ac necessitatis monet : Unam in armis salutem, sed ea consilio temperanda; manendumque intra vallum, donec expugnandi hostes spe propiùs succederent : mox undiquè erumpendum; illà eruptione ad Rhenum perveniri : quòd, si fugerent, pluris silvas, profundas magis paludes, saevitiam hostium superesse; at

vinrent à gagner un terrain découvert et solide. Mais leurs maux n'étaient point à leur terme. Il fallut construire un rempart, creuser un retranchement. On avait perdu la plupart des outils nécessaires pour jeter la terre, ou pour couper le gazon. On n'avait point de tentes pour les soldats, de secours pour les blessés. En se partageant quelques vivres souillés de boue et de sang, ils se lamentaient sur cette nuit sinistre, et sur ce que tant de milliers d'hommes n'avaient plus qu'un jour à vivre (56).

LXVI. Dans ce moment, un cheval échappé, effrayé par leurs cris, renversa quelques hommes sur son passage. On crut que les Germains avaient pénétré dans le camp : à l'instant ce fut une consternation générale. Tous les soldats se précipitent vers les portes; la plupart courent à la décumane *, qui, étant la plus éloignée de l'ennemi, paraissait la plus sûre. Cæcina, instruit que c'était une fausse alarme, ne pouvait retenir les soldats, ni par autorité, ni par prières, ni par force. Enfin, il se jette tout étendu sur le seuil de la porte, fermant le passage avec son corps. Émus de pitié, les soldats eurent honte de fouler aux pieds leur général : en même temps les tribuns et les centurions leur apprirent ce qui causait leur frayeur.

LXVII. Alors Cæcina rassemble les soldats dans la place d'armes; et, leur ayant recommandé le silence, il leur représente la situation de l'armée; qu'ils n'ont de ressource

---

* Dans les camps des Romains il y avait quatre portes. Les deux principales étaient la prétorienne et la décumane; la prétorienne, vis-à-vis l'ennemi; l'autre, du côté opposé. C'était par la décumane qu'on faisait passer les soldats qu'on menait au supplice; elle était ainsi nommée, parce que la dixième cohorte (*decima*), qui était la dernière de la légion, campait toujours près de cette porte, à la queue du camp.

victoribus decus, gloriam : quæ domi cara, quæ in castris honesta memorat: reticuit de adversis. Equos dehinc, orsus à suis, legatorum tribunorumque, nullâ ambitione, fortissimo cuique bellatori tradit, ut hi, mox pedes, in hostem invaderent.

LXVIII. Haud minùs inquies Germanus, spe, cupidine, et diversis ducum sententiis agebat : Arminio, sinerent egredi, egressosque rursùm per humida et impedita circumvenirent, suadente : atrociora Inguiomero, et læta barbaris, ut vallum armis ambirent : promptam expugnationem, plures captivos, incorruptam prædam fore. Igitur, ortâ die, proruunt fossas, injiciunt crates, summa valli prensant, raro super milite, et quasi ob metum defixo : postquàm hæsère munimentis, datur cohortibus signum, cornuaque ac tubæ concinuère; exin, clamore et impetu, tergis Germanorum circumfunduntur, exprobrantes non hìc silvas, nec paludes, sed æquis locis æquos deos. Hosti, facile excidium, et paucos ac semermos cogitanti, sonus tubarum, fulgor armorum, quantò inopina, tantò majora offunduntur ; cadebantque, ut rebus secundis avidi, ita

que dans leur courage, mais qu'il faut le tempérer par la prudence; qu'il faut rester dans les retranchements jusqu'à ce que l'ennemi s'avance dans l'espérance de les forcer; alors ils sortiront brusquement de tous côtés; cette sortie les mène au Rhin; ils trouveront, s'ils fuient, plus de forêts, des marais plus profonds, des ennemis cruels; vainqueurs, l'honneur et les distinctions les attendent. Il leur rappelle ce qu'ils ont de cher dans leurs foyers, de glorieux dans le camp; il se tait sur le reste. Il fait amener les chevaux des tribuns et des centurions, en commençant par les siens, et, sans rien consulter que le mérite, il les donne aux plus braves. Ceux-ci devaient charger d'abord, ensuite l'infanterie.

LXVIII. L'espérance, l'avidité du pillage et la diversité des opinions de leur chef ne tenaient pas les Germains moins éveillés. Arminius conseillait de laisser décamper les Romains, pour les envelopper de nouveau lorsqu'ils seraient engagés dans des lieux humides et difficiles. Inguiomer voulait, au contraire, qu'on attaquât les retranchements; il promettait un prompt succès, plus de prisonniers, un meilleur butin. Cet avis, plus hardi, convint aux Barbares. Dès le matin ils comblent les fossés, ils jettent des claies, ils cherchent à saisir le haut des palissades. Nos soldats se montrent sur le rempart, clairsemés, et comme transis de frayeur. Dès que Cæcina voit les Germains embarrassés dans les retranchements, il donne le signal à ses troupes; tous les clairons, toutes les trompettes sonnent à la fois; les Romains sortent brusquement, enveloppent les Barbares de leurs cris et de leurs armes; ils leur reprochent leur lâcheté, « ils n'avaient
» plus ici leurs bois et leurs marais : sur un terrain égal les
» dieux seraient neutres. » L'ennemi comptait sur une des-

adversis incauti. Arminius integer, Inguiomerus post grave vulnus, pugnam deseruêre; vulgus trucidatum est, donec ira et dies permansit. Nocte demùm reversæ legiones, quamvis plus vulnerum, eadem ciborum egestas fatigaret, vim, sanitatem, copias, cuncta in victoriâ habuêre.

LXIX. Pervaserat interim circumventi exercitûs fama, et, infesto Germanorum agmine, Gallias peti; ac, ni Agrippina impositum Rheno pontem solvi prohibuisset, erant qui id flagitium formidine auderent : sed femina, ingens animi, munia ducis per eos dies induit; militibusque, ut quis inops, aut saucius, vestem et fomenta dilargita est. Tradit C. Plinius, Germanicorum bellorum scriptor, stetisse apud principium pontis, laudes et grates reversis legionibus habentem. Id Tiberii animum altiùs penetravit : non enim simplices eas curas, nec adversùs externos militem quæri : nihil relictum imperatoribus, ubi femina manipulos intervisat, signa adeat, largitionem tentet, tanquàm parùm ambitiosè filium ducis gregali habitu circumferat, Cæsaremque Caligulam appellari velit. Potiorem jam apud

truction facile; il nous croyait en petit nombre et mal armés. Le bruit des trompettes et l'éclat des armes venant à le saisir tout-à-coup, la surprise ajoute à l'effroi de son imagination : il se laisse tuer, aussi déconcerté dans le malheur qu'auparavant présomptueux dans le succès. Arminius et Inguiomer quittent le combat, l'un sain et sauf, l'autre grièvement blessé. La multitude est massacrée, tant que le jour favorise la colère du soldat. La nuit, enfin, ramena les légions, avec plus de blessures et la même disette de vivres, mais nos soldats trouvèrent tout, la force, la santé, l'abondance dans la victoire.

LXIX. Cependant, le bruit s'était répandu que les Germains avaient enveloppé l'armée, et que leurs troupes victorieuses menaçaient les Gaules. Dans la frayeur que causait cette nouvelle, quelques-uns même voulaient rompre le pont qu'on avait construit sur le Rhin. Agrippine s'opposa à cette lâcheté. Cette femme magnanime fit alors les fonctions de général, et elle distribua des habits, des secours et des médicaments à tous les soldats pauvres ou blessés. L'historien des guerres de Germanie, Pline, rapporte qu'elle se tint à la tête du pont, complimentant à leur passage et remerciant les légions. Cette action s'imprima profondément dans l'âme de Tibère. De tels soins, selon lui, cachaient des vues secrètes, et ce n'était pas contre l'étranger qu'on cherchait à prévenir le soldat. Il ne restait plus rien à faire aux empereurs dès qu'une femme passait en revue les centuries, se mêlait au milieu des enseignes, essayait les largesses; comme si c'était montrer peu d'ambition que de promener partout, en habit de soldat, le fils d'un général, de donner à un César le nom de Caligula. Agrippine, déjà, l'emportait, à l'armée, sur les lieutenants, sur les généraux. Une femme

exercitus Agrippinam quàm legatos, quàm duces : compressam à muliere seditionem cui nomen principis obsistere non quiverit. Accendebat hæc onerabatque Sejanus, peritià morum Tiberii odia in longum jaciens, quæ reconderet, auctaque promeret.

LXX. At Germanicus, legionum quas navibus vexerat, secundam et quartam decimam itinere terrestri P. Vitellio ducendas tradit, quò levior classis vadoso mari innaret, vel reciproco sideret. Vitellius primum iter siccà humo, aut modicè adlabente æstu, quietum habuit : mox, impulsu aquilonis, simul sidere æquinoctii, quo maximè tumescit Oceanus, rapi agique agmen, et opplebantur terræ : eadem freto, littori, campis facies; neque discerni poterant incerta ab solidis, brevia à profundis : sternuntur fluctibus, hauriuntur gurgitibus; jumenta, sarcinæ, corpora exanima interfluunt, occursant : permiscentur inter se manipuli, modò pectore, modò ore tenùs exstantes, aliquandò, subtracto solo, disjecti aut obruti; non vox et mutui hortatus juvabant, adversante undà; nihil strenuus ab ignavo, sapiens ab imprudenti, consilia à casu differre ; cuncta pari violentià involvebantur. Tandem Vitellius, in editiora enisus, eòdem agmen subduxit : pernoctavère sine utensilibus, sine igne, magna pars nudo aut mulctato corpore ; haud minùs miserabiles quàm quos hostis circumsidet : quippè illis etiam honestæ mortis usus ; his inglorium exitium. Lux reddidit

avait étouffé une sédition qui avait résisté au nom du prince. Séjan ne manqua pas d'exciter et d'aggraver ses soupçons. Connaissant le cœur de Tibère, il y jetait de bonne heure des haines qui s'y renfermaient long-temps, et en ressortaient plus terribles.

LXX. Cependant Germanicus, pour alléger ses vaisseaux, sans cesse menacés d'échouer au reflux, sur une mer remplie de bas-fonds, détache deux de ses légions, la seconde et la quatorzième, et charge Vitellius de les conduire par terre. La marche, d'abord, fut heureuse; on trouva un terrain sec ou que le flux mouillait faiblement. Bientôt un vent de nord, se joignant aux grandes marées de l'équinoxe, refoula les vagues sur nos bataillons : les eaux couvraient la terre. Déjà l'on ne distinguait plus la mer, le rivage, les campagnes, les fonds solides ou mouvants, les gués ou les précipices. Culbutés par les flots, submergés dans les abîmes, les Romains étaient encore embarrassés par le heurtement continuel des chevaux, des bagages, des corps morts flottants de tous côtés. Les compagnies se confondent; les soldats sont dans l'eau, tantôt jusqu'à la poitrine, tantôt jusqu'au visage; quelquefois la terre leur manque, ils disparaissent. Ni la voix du chef, ni leurs exhortations mutuelles ne pouvaient rien contre l'impétuosité des vagues; le brave n'avait nul avantage sur le lâche, le prudent sur le téméraire; la réflexion ne servait pas mieux que le hasard : tous étaient également emportés par la violence du débordement. Enfin, Vitellius parvient à gagner une hauteur : il y retire son armée. Ils passèrent la nuit sans feu, sans provisions, la plupart nus ou meurtris de coups, non moins à plaindre que ceux que l'ennemi tient assiégés de toutes parts; un trépas honorable s'offre à ceux-ci, eux n'attendaient qu'une mort sans gloire.

terram ; penetratumque ad amnem Unsingin, quò
Cæsar classe contenderat : impositæ deindè legiones,
vagante famâ submersas, nec fides salutis antequàm
Cæsarem exercitumque reducem vidêre.

LXXI. Jam Stertinius, ad accipiendum in deditionem Segimerum, fratrem Segestis, præmissus,
ipsum et filium ejus in civitatem Ubiorum perduxe-
rat : data utrique venia; facilè Segimero, cunctan-
tiùs filio, quia Quinctilii Vari corpus inlusisse dicebatur. Ceterùm, ad supplenda exercitûs damna cer-
tavère Galliæ, Hispaniæ, Italia ; quod cuique promptum, arma, equos, aurum, offerentes. Quorum lau-
dato studio Germanicus, armis modò et equis ad
bellum sumptis, propriâ pecuniâ militem juvit :
utque cladis memoriam etiam comitate leniret, circumire saucios, facta singulorum extollere : vulnera
intuens ; alium spe, alium gloriâ, cunctos alloquio
et curâ, sibique et prælio firmabat.

LXXII. Decreta eo anno triumphalia insignia
A. Cæcinæ, L. Apronio, C. Silio, ob res cum Germanico gestas. Nomen *patris patriæ* Tiberius, à
populo sæpiùs ingestum, repudiavit : neque in acta
sua jurari, quanquàm censente senatu, permisit :
cuncta mortalium incerta, quantòque plus adeptus
foret, tantò se magis in lubrico dictans. Non tamen
ideò faciebat fidem civilis animi; nam legem majestatis reduxerat; cui nomen apud veteres idem, sed
alia in judicium veniebant : si quis proditione exercitum, aut plebem seditionibus, deniquè, malè gestâ

Heureusement la terre reparut avec le jour. Ils gagnèrent les bords de l'Hunèse *, où Germanicus les reprit sur sa flotte. Le bruit courut qu'ils avaient péri, et l'on ne fut détrompé sur leur sort qu'en les revoyant avec Germanicus.

LXXI. Déjà Stertinius, détaché pour recevoir à discrétion Ségimer, frère de Ségeste, l'avait amené, lui et son fils, à l'autel des Ubiens. On pardonna facilement au père, plus difficilement au fils, qu'on disait avoir insulté le cadavre de Varus. Les Gaules, les Espagnes, l'Italie, s'empressèrent à réparer les pertes de l'armée ; chacun offrit ce qu'il avait, des chevaux, des armes, ou de l'or. Germanicus loua leur zèle, et n'accepta que des armes et des chevaux pour la guerre : il secourut les soldats de sa bourse ; et, par des soins plus touchants encore, cherchant à leur faire oublier leurs disgrâces, il visitait les blessés, vantait leurs actions, examinait leurs plaies. Enfin, encourageant les uns par l'espérance, les autres par la gloire, parlant, s'intéressant à tous, il les attachait à la guerre et à sa personne.

LXXII. On décerna, cette année, les ornements (37) du triomphe à Cæcina, à Silius, à Apronius, pour la part qu'ils avaient eue aux succès de Germanicus. Tibère refusa le titre de père de la patrie, malgré les instances réitérées du peuple ; et, quoique le sénat l'eût décrété, il ne voulut point souffrir qu'on jurât sur ses actes **, répétant sans cesse que rien n'était stable ici-bas, et qu'avec plus de pouvoir il serait moins affermi. Toutefois on était loin de lui croire l'esprit républicain ; car il venait de renouveler la loi sur les crimes de lèse-majesté. Anciennement il existait bien une loi de ce

---

* Rivière qui passe à Groningue.
** Voyez la note 10 du livre 1er., et la note 3 du livre XIII.

republicâ, majestatem populi romani minuisset: facta arguebantur, dicta impunè erant. Primus Augustus cognitionem de famosis libellis, specie legis ejus, tractavit, commotus Cassii Severi libidine, quâ viros feminasque inlustres procacibus scriptis diffamaverat. Mox Tiberius, consultante Pompeio Macro, prætore, an judicia majestatis redderentur, exercendas leges esse respondit. Hunc quoque asperavêre carmina, incertis auctoribus vulgata, in sævitiam superbiamque ejus, et discordem cum matre animum.

LXXIII. Haud pigebit referre, in Falanio, et Rubrio, modicis equitibus romanis, prætentata crimina; ut, quibus initiis, quantâ Tiberii arte, gravissimum exitium irrepserit, dein repressum sit, postremò arserit, cunctaque corripuerit, noscatur. Falanio objiciebat accusator quòd, inter cultores Augusti qui per omnes domos in modum collegiorum habebantur, Cassium quemdam, mimum corpore infamem, adscivisset; quòdque, venditis hortis, statuam Augusti simul mancipàsset: Rubrio crimini dabatur violatum perjurio nomen Augusti. Quæ ubi Tiberio notuêre, scripsit consulibus: Non ideò decretum patri suo cœlum ut in perniciem civium is honor verteretur: Cassium histrionem, solitum inter alios ejusdem artis, interesse ludis quos mater sua in memoriam Augusti sacràsset: nec contra religiones fieri quòd effigies ejus, ut alia numinum simu-

nom; mais elle embrassait des objets tout différents: les trahisons à l'armée, les séditions dans Rome, enfin, les grandes malversations qui attaquaient la majesté du peuple romain. Elle punissait les actions, jamais les paroles. Auguste, outré de la licence de Cassius Sévérus qui, dans des écrits insolents, avait diffamé ce que Rome renfermait de plus grand dans les deux sexes, appliqua le premier cette loi au libelle. Depuis, Tibère, consulté par le préteur Pompeius Macer, si l'on recevrait les accusations de lèse-majesté, répondit que les lois étaient faites pour être observées. Ce qui l'aigrit aussi, ce furent des vers anonymes qui coururent alors sur sa cruauté, son orgueil, et ses querelles avec sa mère.

LXXIII. Il ne sera point inutile de rapporter comment on essaya, d'abord, ces sortes d'accusations sur deux minces chevaliers romains, Rubrius et Falanius. On connaîtra, par là, la marche de Tibère; avec quel art il introduisit les premiers germes de ce mal exécrable, qui, arrêté un moment*, s'est ranimé, depuis, avec plus de fureur, pour tout dévorer. L'accusateur reprochait à Falanius d'avoir admis un pantomime, de mœurs infâmes, nommé Cassius, dans une de ces confréries qui, alors, étaient établies dans toutes les maisons en l'honneur d'Auguste; et, ensuite, d'avoir vendu, avec ses jardins, une statue de ce prince. Pour Rubrius, on lui faisait un crime d'avoir profané le nom d'Auguste par un faux serment. Dès que Tibère fut instruit de ces accusations, il écrivit aux consuls, qu'on n'avait point placé son père au rang des dieux pour que cet honneur causât la perte des citoyens; que l'histrion Cassius, et d'autres de sa profession,

* *Un moment* sous Titus, *depuis* sous Domitien.

lacra, venditionibus hortorum et domuum accedant: jusjurandum perindè æstimandum quàm si Jovem fefellisset : deorum injurias diis curæ.

LXXIV. Nec multò post, Granium Marcellum, prætorem Bithyniæ, quæstor ipsius Cæpio Crispinus majestatis postulavit, subscribente Romano Hispone: qui formam vitæ iniit quam, posteà, celebrem miseriæ temporum et audaciæ hominum fecerunt : nam egens, ignotus, inquies, dùm occultis libellis sævitiæ principis adrepit, mox clarissimo cuique periculum facessit, potentiam apud unum, odium apud omnes adeptus, dedit exemplum quod secuti, ex pauperibus divites, ex contemptis metuendi, perniciem aliis ac postremùm sibi invenère. Sed Marcellum insimulabat sinistros de Tiberio sermones habuisse; inevitabile crimen, cùm ex moribus principis fœdissima quæque deligeret accusator, objectaretque reo : nam, quia vera erant, etiam dicta credebantur. Addidit Hispo, statuam Marcelli altiùs quàm Cæsarum sitam : et, aliâ in statuâ, amputato capite Augusti, effigiem Tiberii inditam : ad quod exarsit adeò ut, ruptâ taciturnitate, proclamaret se quoque in eâ caussâ laturum sententiam, palàm et juratum, quò ceteris eadem necessitas fieret. Manebant etiam tùm vestigia morientis libertatis. Igitur Cn. Piso, « Quo, inquit, loco censebis, Cæsar ? si

avaient assisté souvent aux jeux que Livie célébrait en mémoire d'Auguste; que la statue de cet empereur, ainsi que celles des autres dieux, pouvait, sans que la religion fût blessée, être comprise dans la vente d'une maison ou d'un jardin; qu'à l'égard du parjure, il était aussi criminel que si l'on eût trompé Jupiter; mais que c'était aux dieux à venger leurs injures.

LXXIV. Peu de temps après, Marcellus, gouverneur de Bithynie, fut recherché pour ce même crime de lèse-majesté, par son questeur, Crispinus Cæpio, qui eut Hispon pour adjoint. Ce Crispinus (38) créa une profession que, depuis, le malheur des temps et l'impudence de ce siècle n'ont rendue que trop commune. Né pauvre, obscur, ennemi du repos, il s'éleva à force d'intrigues et de souplesse, servant la cruauté du prince, d'abord par des mémoires secrets, bientôt par des délations publiques, inquiétant les plus illustres citoyens, bravant l'exécration de tous pour gagner la faveur d'un seul; il laissa après lui une foule d'imitateurs, qui, d'indigents, devenus riches; de méprisés, redoutables, et long-temps bourreaux, finirent par être victimes. Crispinus accusait Marcellus d'avoir tenu, sur Tibère, des propos injurieux : accusation vague, impossible à combattre. Comme c'étaient effectivement les traits les plus infâmes de la vie de Tibère que l'accusateur recueillait pour les mettre dans la bouche de l'accusé, la vérité des faits rendait les discours vraisemblables. Hispon ajoutait que Marcellus avait une statue plus élevée que celle des Césars, et qu'à une autre il avait ôté la tête d'Auguste, pour y substituer celle de Tibère. Alors Tibère rompt le silence; il éclate et s'écrie que, dans cette affaire, il opinera aussi lui-même

» primus, habebo quod sequar; si post omnes, ve-
» reor ne imprudens dissentiam. » Permotus his,
quantòque incautiùs efferbuerat pœnitentiâ patiens,
tulit absolvi reum criminibus majestatis : de pecuniis
repetundis ad reciperatores itum est.

LXXV. Nec patrum cognitionibus satiatus, judi-
ciis adsidebat in cornu tribunalis, ne prætorem curuli depelleret; multaque, eo coram, adversùs ambitum et potentium preces constituta; sed, dùm ve-
ritati consulitur, libertas corrumpebatur. Inter quæ,
Pius Aurelius senator, questus, mole publicæ viæ,
ductuque aquarum labefactas ædis suas, auxilium
patrum invocabat, resistentibus ærarii prætoribus:
subvenit Cæsar, pretiumque ædium Aurelio tribuit,
erogandæ per honesta pecuniæ cupiens; quam vir-
tutem diù retinuit, cùm ceteras exueret. Propertio
Celeri, prætorio, veniam ordinis ob paupertatem
petenti, decies sestertium largitus est, satis comperto paternas ei angustias esse : tentantîs eadem
alios probare caussam senatui jussit, cupidine severitatis, in his etiam quæ ritè faceret, acerbus : undè

à haute voix, et avec la formule du serment *, afin que les autres soient contraints d'en faire autant. La liberté mourante jetait encore quelques lueurs. « Tu opineras donc, » César, lui dit Pison, et à quel rang ? Si c'est avant nous, » tu nous dictes nos opinions ; si c'est après, je crains que » mon avis ne diffère du tien. » Confondu par ce raisonnement, Tibère se punit de ses emportements indiscrets par la clémence, et souffre que l'accusé soit absous du crime de lèse-majesté. Quant à celui de concussion, il est renvoyé aux juges compétents.

LXXV. Non content d'épier les jugements du sénat, Tibère assistait à ceux du préteur ; mais dans un coin de son tribunal, pour ne point le déplacer de sa chaire curule. La présence du prince arrêta souvent la brigue et les sollicitations des grands ; mais, en soutenant la justice, il détruisait la liberté. Un sénateur, Pius Aurélius, s'était plaint que la construction d'un grand chemin et celle d'un aquéduc avaient fait écrouler sa maison ; il demandait au sénat une indemnité que les préteurs de l'épargne lui refusaient ; Tibère vint à son secours, et lui fit payer le prix de sa maison, aimant les libéralités qui avaient un motif honorable : vertu qu'il conserva long-temps, après s'être dépouillé des autres. Properce, ancien préteur, demandait à se retirer du sénat, à cause de sa pauvreté ; Tibère, instruit qu'il était né sans fortune, lui donna (39) un million de sesterces **. D'autres sollicitèrent la même grâce ; il les somma de motiver leur

---

* Ce qu'on ne faisait que dans les cas les plus graves.

** Cent quatre-vingt-quatorze mille cinq cent trente-une livres de notre monnaie. Depuis un réglement d'Auguste, il fallait au moins cette somme pour être sénateur ; il fallait quatre cent mille sesterces pour être chevalier.

ceteri silentium et paupertatem confessioni et beneficio præposuère.

LXXVI. Eodem anno, continuis imbribus auctus Tiberis plana urbis stagnaverat : relabentem secuta est ædificiorum et hominum strages. Igitur censuit Asinius Gallus ut libri Sibyllini adirentur : renuit Tiberius, perindè divina humanaque obtegens. Sed remedium coërcendi fluminis Ateio Capitoni, et L. Arruntio mandatum. Achaiam ac Macedoniam, onera deprecantis, levari in præsens proconsulari imperio, tradique Cæsari placuit. Edendis gladiatoribus, quos Germanici fratris ac suo nomine obtulerat, Drusus præsedit, quanquàm vili, sanguine nimis gaudens : quod vulgus formidolosum, et pater arguisse dicebatur. Cur abstinuerit spectaculo ipse, variè trahebant ; alii tædio coetûs, quidam tristitià ingenii, et metu comparationis, quia Augustus comiter interfuisset. Non crediderim ad ostentandam sævitiam, movendasque populi offensiones, concessam filio materiem : quanquàm id quoque dictum est.

LXXVII. At theatri licentia, proximo priore anno coepta, graviùs tùm erupit, occisis non modò è plebe, sed militibus et centurione, vulnerato tribuno prætoriæ cohortis, dùm probra in magistratus et dissensionem vulgi prohibent. Actum de eâ seditione apud patres, dicebanturque sententiæ ut prætoribus jus

pauvreté au sénat, par une affectation de sévérité qui rendait fâcheuse même sa bienfaisance. Aussi, la plupart préférèrent l'indigence et le secret au bienfait et à l'humiliation de l'aveu.

LXXVI. Cette même année le Tibre, grossi par des pluies continuelles, inonda les quartiers les plus bas de Rome; quand les eaux furent retirées, il y eut de grandes pertes en hommes et en édifices. A cette occasion, Gallus proposa de consulter les livres sibyllins; Tibère ne le permit point, également mystérieux sur la religion et sur le gouvernement; mais il chargea Capiton et Arruntius de chercher un remède contre les débordements du fleuve. L'Achaïe et la Macédoine se plaignant d'être opprimées, on prit le parti, pour les soulager, de les rendre, pour le moment, provinces (40) impériales, de proconsulaires qu'elles étaient. Drusus donna, au nom de Germanicus et au sien, des combats de gladiateurs auxquels il présida. Sa joie, à la vue du sang, fut remarquée, et, quoique ce fût un sang vil, le peuple s'en alarma : on dit même que son père lui en fit des reproches. Tibère n'assista point à ces jeux; quelques-uns l'attribuèrent à son dégoût pour les assemblées nombreuses; d'autres à la tristesse de son humeur et à la crainte du parallèle, parce qu'Auguste montrait, dans ces fêtes, beaucoup d'aménité. Je ne saurais croire qu'il eût voulu fournir à Drusus cette occasion de marquer sa cruauté, et d'indisposer le peuple; cependant cela fut dit aussi.

LXXVII. Les troubles du théâtre, qui avaient commencé dès l'année précédente, éclatèrent alors d'une manière plus grave. Outre des hommes du peuple, un centurion, plusieurs soldats furent tués, et un tribun prétorien blessé, en voulant réprimer les dissensions de la multitude et les invectives contre les magistrats. Cette sédition mérita l'attention du

virgarum in histriones esset : intercessit Haterius Agrippa, tribunus plebei; increpitusque est Asinii Galli oratione, silente Tiberio, qui ea simulacra libertatis senatui præbebat. Valuit tamen intercessio, quia divus Augustus immunes verberum histriones quondàm responderat, neque fas Tiberio infringere dicta ejus. De modo lucaris, et adversùs lasciviam fautorum multa decernuntur; ex quis maximè insignia : Ne domos pantomimorum senator introiret; ne, egredientis in publicum, equites romani cingerent; aut alibì quàm in theatro spectarentur : et spectantium immodestiam exsilio multandi potestas prætoribus fieret.

LXXVIII. Templum ut in coloniâ Tarraconensi strueretur Augusto, petentibus Hispanis permissum; datumque in omnes provincias exemplum. Centesimam rerum venalium, post bella civilia institutam, deprecante populo, edixit Tiberius militare ærarium eo subsidio niti, simul imparem oneri rempublicam, nisi vicesimo militiæ anno veterani dimitterentur. Ità proximæ seditionis malè consulta, quibus sexdecim stipendiorum finem expresserant, abolita in posterum.

LXXIX. Actum deindè in senatu, ab Arruntio et Ateio, an, ob moderandas Tiberis exundationes, verterentur flumina et lacus per quos augescit. Auditæque municipiorum et coloniarum legationes,

sénat, qui opinait de donner aux préteurs le droit de faire battre de verges les histrions. Hatérius, tribun du peuple, s'y opposa; Gallus combattit vivement Hatérius, et Tibère gardait le silence, laissant au sénat ce fantôme de liberté. Cependant l'opposition prévalut, parce qu'une ancienne décision d'Auguste mettait les histrions à l'abri des verges, et que les paroles d'Auguste étaient, pour Tibère, des lois qu'il ne pouvait enfreindre. On fit néanmoins plusieurs réglements pour borner les appointements des pantomimes, et pour prévenir la licence de leurs partisans; entre autres, on défendit aux sénateurs d'entrer dans la maison des histrions, aux chevaliers romains de les entourer quand ils paraîtraient dans les rues, aux histrions eux-mêmes de jouer ailleurs qu'au théâtre, et l'on autorisa le préteur à punir, par l'exil, la turbulence des spectateurs.

LXXVIII. Les Espagnols obtinrent la permission d'élever un temple à Auguste dans la colonie de Tarracone; bientôt cet exemple fut suivi par toutes les provinces. Le peuple demandait la suppression du *centième* qu'on levait, depuis les guerres civiles, sur toutes les ventes. Tibère déclara, par un édit, que la caisse militaire n'avait pas d'autre fonds que cet impôt, lequel même serait insuffisant, si l'on donnait la vétérance avant vingt ans de service. Ainsi les réglements inconsidérés qu'on avait arrachés dans la dernière sédition, et qui fixaient à seize ans le congé, furent abolis pour l'avenir.

LXXIX. Le sénat examina ensuite, sur le rapport d'Arruntius et de Capiton, si, pour diminuer les inondations du Tibre, on détournerait les lacs et les rivières qui le grossissent. On entendit les députés des municipes (41) et des colonies. Les Florentins demandaient qu'on ne détournât pas

orantibus Florentinis ne Clanis, solito alveo demotus, in amnem Arnum transferretur, idque ipsis perniciem adferret. Congruentia his Interamnates disseruere; pessùm ituros foecundissimos Italiæ campos, si amnis Nar (id enim parabatur) in rivos diductus, superstagnavisset. Nec Reatini silebant, Velinum lacum, quà in Narem effunditur, obstrui recusantes, quippè in adjacentia erupturum; optumè rebus mortalium consuluisse naturam, quæ sua ora fluminibus, suos cursus, utque originem, ità fines dederit; spectandas etiam religiones sociorum qui sacra, et lucos et aras patriis amnibus dicaverint: quin ipsum Tiberim nolle, prorsùs accolis fluviis orbatum, minore gloriâ fluere. Scu preces coloniarum, seu difficultas operum, sive superstitio, valuit ut in sententiam Pisonis concederetur, qui nil mutandum censuerat.

LXXX. Prorogatur Poppæo Sabino provincia Mœsia, additis Achaiâ et Macedoniâ. Id quoque morum Tiberii fuit continuare imperia, ac plerosque ad finem vitæ in iisdem exercitibus aut jurisdictionibus habere. Caussæ variæ traduntur: alii, tædio novæ curæ, semel placita pro æternis servavisse; quidam invidiâ, ne plures fruerentur; sunt qui existiment, ut callidum ejus ingenium, ità anxium judicium. Neque enim eminentîs virtutes sectabatur, et rursùm vitia oderat: ex optimis periculum sibi, à pessimis dedecus publicum metuebat: quâ hæsitatione postremò eò provectus est ut man-

le cours du Clain * pour le rejeter dans l'Arnus, ce qui ruinerait leur pays; les Interamnates objectaient également que le projet de couper le Nar en petits ruisseaux changerait en marais stagnants les plus fertiles plaines de l'Italie; les Réatins ne représentaient pas avec moins de force le danger d'ôter au lac Vélin ** sa communication avec le Nar; qu'on submergerait les terres voisines; que la nature, en fixant aux fleuves leurs lits, l'origine et le terme de leurs cours, avait ménagé sagement les intérêts des mortels; qu'il fallait aussi respecter la religion des alliés, qui avaient consacré des fêtes, des bois et des autels aux fleuves de leurs pays; qu'enfin le Tibre lui-même ne voulait point se priver du tribut des rivières voisines, et couler avec moins de gloire. Soit égard pour les représentations des villes, soit difficulté de l'entreprise, soit superstition, on suivit l'avis de Pison, qui avait ouvert celui de ne rien changer.

LXXX. Tibère continua Poppéus Sabinus dans son gouvernement de Mésie, auquel il ajouta l'Achaïe et la Macédoine. Il entrait dans la politique de ce prince de laisser jusqu'à la mort, dans leurs emplois, la plupart des généraux et des gouverneurs. On varie sur ses motifs. Les uns pensent qu'il perpétua ses premiers choix par paresse, pour s'en épargner de nouveaux; d'autres, par envie, pour ne point multiplier les heureux; plusieurs l'attribuent à la finesse de son esprit, qui causait les perplexités de son jugement; car il ne recherchait point les vertus éclatantes, et il haïssait le vice; il redoutait les bons pour sa tranquillité, et les mé-

---

* *Le Clain*, Chiana.— *L'Arnus*, l'Arno.— *Interamna*, Terni.— *Le Nar*, Néra.— *Réate*, Reati.

** Lago di pié di luco, dans l'Ombrie.

daverit quibusdam provincias, quos egredi urbe non erat passurus.

LXXXI. De comitiis consularibus, quæ tùm primùm illo principe, ac deinceps fuère, vix quidquam firmare ausim, adeò diversa, non modò apud auctores, sed in ipsius orationibus reperiuntur. Modò, subtractis candidatorum nominibus, originem cujusque, et vitam, et stipendia descripsit, ut qui forent intelligeretur : aliquandò, eà quoque significatione subtractà, candidatos hortatus ne ambitu comitia turbarent, suam ad id curam pollicitus est : plerumquè eos tantùm apud se professos disseruit quorum nomina consulibus edidisset; posse et alios profiteri, si gratiæ aut meritis confiderent : speciosa verbis, re inania, aut subdola : quantòque majore libertatis imagine tegebantur, tantò eruptura ad infensius servitium.

chants pour la gloire de l'État. Ces irrésolutions de son esprit allèrent enfin si loin, qu'il nomma quelquefois des gouverneurs de provinces auxquels il ne permettait pas de sortir de Rome.

LXXXI. Il tint alors, pour la première fois, les comices consulaires. Je n'oserais rien affirmer sur la forme qu'on y observa, et dans ce moment, et dans la suite de son principat, tant je trouve de variations dans les historiens et jusque dans les harangues qui nous sont restées de Tibère. Tantôt, sans proférer le nom des candidats, il les désignait par leur naissance, par des traits de leur vie, par le nombre de leurs campagnes, de façon à les faire reconnaître ; quelquefois, supprimant toute indication, il exhortait les candidats à ne point troubler l'élection par des brigues, et leur promettait de solliciter pour eux ; le plus souvent il déclara qu'il ne s'était présenté à lui de candidats que ceux dont il avait remis les noms aux consuls ; mais que d'autres pouvaient se présenter encore, s'ils comptaient sur leur crédit ou sur leurs services : spécieuses paroles qui restaient sans effet, ou qui couvraient un piége ; car, plus les Romains se laissaient séduire par cette ombre de liberté, plus il leur réservait de haine et d'esclavage.

NOTES

DU PREMIER LIVRE.

(1) CHAP. Ier., PAGE 107.

AUGUSTE *se fit accepter pour maître, sous le nom de prince;* il faut sous-entendre *du sénat.* Comme toutes les phrases composées tendent toujours à s'abréger, on a dit *prince* tout court, comme cela se pratiquait aussi dans l'ancienne république. On trouve souvent Scaurus, Scipion, Catulus, désignés par le seul mot de *princes;* et l'on disait le *principat* de Scaurus, le *principat* de Scipion, comme on a dit, depuis, le *principat* de Tibère, de Claude, etc. Ce nom de *prince* fut donc le titre vraiment distinctif de cette nouvelle constitution, mêlée de monarchie, d'aristocratie, et même d'un peu de démocratie, dans les commencements surtout : voilà pourquoi il m'a paru indispensable de hasarder le mot de *principat.* Celui de *règne*, que j'ai pourtant employé quelquefois, eût réveillé des idées trop étrangères aux Romains. Ce qui fait qu'on a tardé à se servir du mot de *principat*, c'est qu'on a cru les Césars suffisamment désignés par le nom d'*empereurs.* Il est bien vrai que le sénat conféra à Jules-César ce titre, qu'on mettait à la tête de tous les autres, et même des noms de famille. Le sénat le conféra aussi à Auguste, et cet usage fut à peu près suivi pour ses successeurs; mais ce titre n'était relatif qu'aux soldats, et non aux citoyens. Il ne donnait d'autorité que dans les camps, aucune dans le sénat ou dans Rome. Tibère ne souffrit pas que d'autres que des soldats le nommassent empereur; il ne prit même jamais ce titre dans aucun acte : on ne le voit dans aucune de ses médailles. (Page 319, *Mémoires de l'Académie des Inscriptions*, tome XXXI; in-12. *Voyez* aussi Suétone.)

Claude, dont l'administration fut sage dans les commencements, et conforme à l'esprit de la nouvelle constitution, s'abstint également de prendre d'abord ce prénom d'empereur (*imperator*).

Depuis Sévère et Caracalla, comme le gouvernement devint militaire, que les soldats disposèrent presque toujours du principat, alors le nom d'*empereur* prévalut, parce que c'était la dénomination que les soldats employaient avec leur général.

Il ne faut pas confondre ce nom d'empereur (*imperator*), mis en tête de tous les autres noms, avec le titre d'*imperator* que les soldats, dans la république, donnaient, sur le champ de bataille, à leurs généraux victorieux, et que les empereurs prirent également dans les mêmes circonstances, en le mettant à la fin de tous leurs autres titres, et en ajoutant le nombre de fois qu'il leur avait été conféré. Pour éviter toute équivoque, nous avons désigné le premier par le nom d'*empereur*, et nous avons conservé au second son nom latin, *imperator*. A la bonne heure; puisque l'usage est établi, il a bien fallu s'y conformer. Cependant, comme les Romains se servent pour les deux choses du même mot, je crois qu'on aurait dû faire comme eux : cela eût appris plutôt que le titre d'*imperator* n'était pas le titre distinctif de la nouvelle puissance, puisque, sous Auguste et sous Tibère même, il fut donné plus d'une fois à des particuliers.

(2) CHAP. Ier., PAGE 107.

J'ai lu *deterrerentur;* d'autres lisent *detererentur*.

NOTES

(3) CHAP. III, PAGE 111.

Nommés princes de la jeunesse. Le prince de la jeunesse commandait l'ordre équestre le jour que les chevaliers romains passaient leur revue. Il paraît que les fonctions du prince de la jeunesse ne s'étendaient point au-delà de cette cérémonie. Ce n'était d'abord qu'un titre d'honneur; depuis ce moment, il devint une des décorations de ceux qu'on destinait au principat.

(4) CHAP. III, PAGE 111.

Posthumus, le dernier des enfans d'Agrippa. Il se prétendait le dieu de la mer, parce qu'il était grand pêcheur : il se faisait appeler Neptune. Il avait dit de grosses injures à Livie, qu'il traitait de marâtre, et à Auguste, auquel il reprochait de lui retenir la succession de son père Agrippa : celui-ci, en effet, avait nommé Auguste son héritier.

(5) CHAP. V, PAGE 115.

Et quelques-uns l'attribuaient à un crime de sa femme. Dion rapporte que Livie empoisonna des figues sur l'arbre même; car c'était là qu'Auguste se faisait un plaisir de les aller cueillir. Mais Dion est loin d'affirmer ce fait. Au fond, il est assez simple qu'on meure à soixante-seize ans, sans qu'on soit obligé, pour expliquer cette mort, de recourir à des causes extraordinaires.

(6) CHAP. V, PAGE 115.

Tibère en fut informé. La Bletterie traduit *Cæsari* par Auguste. Le sens que suit Dureau de Lamalle paraît plus naturel; c'est presque toujours par le mot *Cæsari* que Tacite désigne le prince régnant.

(7) CHAP. V, PAGE 115.

Tout ce chapitre a été admirablement imité par Racine. (*Bri-*

tannicus, acte IV, scène 11.) Je citerai ce que le grand poète a emprunté au grand historien. Le rapprochement et la comparaison des mêmes idées, exprimées dans deux langues différentes, par deux maîtres aussi habiles, ne peuvent être sans utilité en littérature :

> Cependant Claudius penchait vers son déclin.
> Ses yeux, long-temps fermés, s'ouvrirent à la fin :
> Il connut son erreur. Occupé de sa crainte,
> Il laissa, pour son fils, échapper quelque plainte,
> Et voulut, mais trop tard, assembler ses amis :
> Ses gardes, son palais, son lit, m'étaient soumis ;
> Je lui laissai sans fruit consumer sa tendresse ;
> De ses derniers soupirs je me rendis maîtresse.
> Mes soins en apparence, épargnant ses douleurs,
> De son fils, en mourant, lui cachèrent les pleurs.
> Il mourut. Mille bruits en courent à ma honte.
> J'arrêtai de sa mort la nouvelle trop prompte ;
> Et, tandis que Burrhus allait secrètement
> De l'armée en vos mains exiger le serment,
> Que vous marchiez au camp, conduit sous mes auspices,
> Dans Rome les autels fumaient de sacrifices ;
> Par mes ordres trompeurs tout le peuple excité,
> Du prince déjà mort demandait la santé.
> Enfin, des légions l'entière obéissance
> Ayant de votre empire affermi la puissance,
> On vit Claude ; et le peuple, étonné de son sort,
> Apprit en même temps votre règne et sa mort.

(8) CHAP. VI, PAGE 117.

Quoique surpris, sans armes, et attaqué par un centurion intrépide, Posthumus disputa long-temps sa vie. L'abbé Brottier explique autrement *ægrè confecit*. Il entend que le centurion se fit une peine de donner la mort à ce jeune Posthumus. J'oserai avoir un autre avis. Ce trait est exactement pareil à un autre qui est rapporté par le même Tacite, dans le seizième livre des *Annales*, d'un Silanus qui était également d'une force prodigieuse, et qui, surpris aussi sans armes, se battit pendant long-temps contre ses assassins, et qu'on eut peine à achever, *ægrè confecit*. Je me rappelle avoir lu une feuille de l'*Année littéraire*, où un critique reprochait à d'Alembert de s'être trompé en donnant à ce passage le sens que j'ai cru devoir adopter; il prétendait qu'*ægrè* signifiait toujours une *peine du cœur*. Il n'y a qu'à ouvrir le *Trésor de la langue latine*, on y voit *ægrè risum continere*, de Plaute, qui signifie sûrement *avoir peine à s'empêcher de rire*, et non *se faire une peine de s'empêcher de rire*; on y voit, de Cicéron, *hostem ..... ægrè repulsum*, qui signifie également *avoir peine à repousser l'ennemi*, et non *se faire une peine de repousser l'ennemi*; et de Virgile, *ergò ægrè rostris terram rimantur*; ce qui est encore plus positif.

(9) CHAP. VII, PAGE 119.

Les consuls Sextus Pompéius et Sextus Apuléius. Il n'est point inutile de savoir que les Romains mettaient toujours un prénom en tête des noms de famille, lorsqu'ils parlaient d'un homme de quelque considération, d'un citoyen romain; c'était, en quelque sorte, le *don* des Espagnols. Les esclaves, les affranchis n'avaient point de prénom : on disait Calliste, Narcisse, Pallas. Voilà pourquoi on ne manquait jamais de mettre sur les inscriptions des tombeaux, avec le nom du mort, le nom de son père, et toujours avec les prénoms, pour marquer qu'on n'était ni affranchi, ni fils d'affranchi, mais homme de condition libre, *ingenuus*. Il semblait que la noblesse, chez ce peuple, fût la liberté. Ceci donne, je crois, l'explication d'une phrase que nous employons souvent, et qui a quelque chose de bizarre. Nous disons *un homme de condition*, pour désigner *un noble*. C'est, je pense, la traduction de l'*ingenuus* des Romains, *homme de condition libre ;* et comme, avec le temps, les longues phrases s'abrègent, on a fini par dire *homme de condition* tout court.

(10) CHAP. VII, PAGE 119.

Prononcèrent les premiers le serment d'obéissance absolue à Tibère. Sous la constitution républicaine, les soldats prêtaient un pareil serment aux généraux, et l'on disait alors *jurare in verba Scipionis,* comme on a dit depuis *jurare in verba Tiberii.* La seule différence, c'est que, dans ce serment d'obéissance absolue, le nom du sénat et du peuple romain était énoncé formellement, ainsi que celui du général (*imperator*); et que sous la constitution impériale, il n'y avait plus que le nom de l'empereur. Mais c'était le comble de la bassesse que le sénat et le peuple fussent liés par un serment pareil; et voilà pourquoi Tacite a dit, *ruere in servitium (ils se jetaient dans la servitude).* C'était détruire l'esprit de la constitution; c'était assimiler des citoyens à des soldats, une ville à un camp; c'était confondre les droits que les Césars avaient comme princes du sénat, comme magistrats d'une république, avec ceux qu'ils avaient comme généralissimes des armées, comme empereurs: les conséquences en étaient terribles. Comme généraux, ils avaient droit de vie et de mort sur les soldats : les lois Porcia et Sempronia, qui défendaient d'attenter à la vie d'un citoyen romain, n'avaient point lieu dans le camp.

Il ne faut pas confondre ce serment *in verba* (*sur les paroles*) avec le serment sur les actes (*in acta*), que nous verrons cité plus bas. Le premier regardait ce que faisaient les empereurs comme généralissimes; le second ce qu'ils faisaient en vertu de leurs autres pouvoirs. (*Mémoires de l'Académie des Inscriptions,* tome XXXI; in-12.)

(11) CHAP. VIII, PAGE 121.

Sacramentum in nomen Tiberii. C'est la même chose que le *sacramentum in verba*. Le serment que les soldats prêtaient à l'empereur se renouvelait tous les ans. Valérius, en proposant de renouveler également chaque année celui du sénat, voulait encore plus assimiler les citoyens aux soldats.

(12) CHAP. VIII, PAGE 123.

Remisit a ici le même sens que *permisit*. (*Note de l'abbé Brottier.*)

(13) CHAP. IX, PAGE 123.

Sa puissance tribunitienne prorogée trente-sept ans. Auguste était de famille patricienne, et le tribunat ne pouvait être conféré qu'aux seuls plébéiens. Voilà ce qui lui fit imaginer cette puissance tribunitienne, qui donnait tout le pouvoir de cette magistrature sous un nom différent.

(14) CHAP. X, PAGE 127.

Par les traités de Brindes, de Tarente, etc. Avant la guerre que termina la bataille d'Actium, il y en avait eu une autre entre Antoine et Octave, à l'instigation de Fulvie, femme d'Antoine. Celui-ci avait pris en Italie Sipunte, repris par Agrippa; il avait battu Servilius, un des généraux d'Octave, et il assiégeait Brindes. Fulvie morte, Octave sut amener Antoine à la paix, et le premier article du traité fut de se réunir contre Sextus, avec lequel Antoine était alors allié, et qui avait donné asile à la mère d'Antoine et aux partisans de son frère Lucius Antonius. Par ce traité de Brindes, on fit un nouveau partage de l'empire. Octave eut la Sardaigne, la Dalmatie, l'Espagne et la Gaule, Antoine eut le reste, à l'exception de la

DU LIVRE I.

Sicile, dont Sextus était en possession, et de l'Afrique, qui fut encore laissée à Lépide. Voyez Dion sur tous ces faits, qu'il serait trop long de détailler.

Le traité de Brindes est de l'an de Rome 714; celui de Tarente, de 717.

(15) CHAP. X, PAGE 127.

Les défaites de Lollius. Lollius fut défait par les Sicambres, l'an de Rome 736. Il y eut plus d'ignominie que de perte. L'aigle de la cinquième légion tomba au pouvoir du vainqueur.

(16) CHAP. X, PAGE 127.

Et de Pollion. Vadius Pollion, affranchi, devenu chevalier romain avec son argent. Pour la plus légère faute il faisait jeter ses esclaves dans ses viviers. C'est de lui que Sénèque a dit qu'il engraissait ses murènes avec du sang humain.

(17) CHAP. X, PAGE 127.

Enfin, Tibère même, on prétendait qu'il ne l'avait choisi pour successeur, etc. On est parti de ce passage pour accuser Tacite de voir partout le mal, et de calomnier la nature humaine. On n'a pas fait réflexion que Suétone et Dion disent précisément la même chose; on n'a pas fait réflexion, non plus, que Tacite n'expose pas ici son propre jugement, qu'il rapporte celui du public. Tacite dit plus bas qu'Auguste voulait choisir Germanicus pour son successeur, et qu'il ne nomma Tibère que vaincu par les importunités de sa femme. Tacite était donc loin de supposer à Auguste le motif qu'on lui prête ici; mais voilà la justice des critiques.

(18) CHAP. XV, PAGE 137.

Et qui du nom d'Auguste, prirent celui d'Augustales. La

fête des Augustales avait été instituée dès l'an de Rome 735, pour célébrer le jour où Auguste était revenu d'un grand voyage en Orient, qui l'avait retenu trois années; mais il n'y avait point alors de jeux attachés à cette fête.

(19) CHAP. XVI, PAGE 137.

Trois légions étaient réunies dans le même camp. Comme dans le cours de cet ouvrage il sera souvent parlé de légions, de cohortes, de centuries, de lieutenants, de centurions, de tribuns, de soldats, etc., il est à propos de donner, sur ces différents objets, quelques notions précises.

La légion, depuis Romulus jusqu'à Servius Tullus, sixième roi de Rome, fut de trois mille fantassins; de quatre mille, depuis Servius jusqu'à la seconde guerre punique; alors de cinq mille, jusqu'à Marius, qui la porta à six mille, point où elle resta jusqu'à Adrien.

Avant Marius, l'infanterie légionnaire était composée en partie de troupes pesamment armées, et en partie de troupes légères; il y avait de plus une division de cavalerie, qui était et qui resta toujours de trois cents chevaux. Mais, depuis Marius, la légion fut composée uniquement d'infanterie pesamment armée. On prit la cavalerie et les troupes légères dans les troupes auxiliaires, qu'on nommait aussi alliées.

Les six mille hommes de la légion étaient partagés en dix cohortes de six cents hommes chacune : la cohorte était subdivisée en six centuries, dont le nom seul indique le nombre.

Des lieutenants.

Les lieutenants, nommés *legati*, n'étaient, du temps de la république, attachés à aucune légion en particulier; ils commandaient, en l'absence des généraux, toutes celles dont l'armée était composée. Ce fut Auguste qui établit dix lieutenants pour chaque légion. Ces lieutenants de légions étaient pris ordinairement parmi les ex-préteurs : de là leur nom de lieutenants prétoriens. Il y avait aussi des lieutenants consulaires : ceux-ci commandaient toute l'armée; ils avaient le droit de punir de mort; ce que n'avaient ni le tribun, ni le préfet de camp, ni même les lieutenants prétoriens. Encore n'avaient-ils pas même ce droit sur les primipilaires et les centurions, dont le jugement était réservé à l'empereur uniquement. (DION CASSIUS.)

Des tribuns légionnaires.

Leur origine remonte jusqu'à Romulus, qui, ayant divisé son peuple en trois tribus, tira de chacune mille soldats, à la tête desquels il mit des commandants, qui, pour cette raison, furent nommés tribuns. *Tribuni militum dicti quòd terni ex tribus tribubus Ramnium, Lucerum, Tatientium, olim ad exercitum mittebantur.*

Il n'y en avait d'abord que trois par légion. Depuis, le nombre des soldats s'étant accru, celui des tribuns légionnaires fut porté jusqu'à six; et tel était déjà leur nombre du temps de Polybe : il subsista jusque sous les empereurs.

Les tribuns légionnaires furent à la nomination des généraux jusqu'en l'an de Rome 442, que le peuple se l'attribua. Ce nouvel arrangement subsista jusqu'à la guerre de Persée, où le peuple, qui redoutait la puissance macédonienne, chargea les généraux du choix des tribuns; et, depuis ce moment, leur nomination fut partagée également entre le peuple et les généraux. Les tribuns de la nomination du peuple se nommaient *comitiati*, comme élus dans l'assemblée du peuple appelée *comices*. Les tribuns nommés par les généraux se nommaient *rufuli*, ou *rutuli*, de Rutulius Rufus, tribun du peuple, qui avait porté une loi pour régler leurs droits.

Sous la république, afin de pouvoir être élu tribun, il fallait avoir servi la moitié du temps prescrit par les lois : cette moitié était dix ans pour l'infanterie, et cinq pour la cavalerie.

Les tribuns légionnaires donnaient les places de centurions et les autres grades militaires. Leur paye n'était que le quadruple de celle du soldat ; mais, sous les empereurs, et même dans les derniers temps de la république, les abus s'introduisirent. Ils vendaient les congés, les exemptions de travaux, et en tiraient un revenu immense.

Les tribuns commandaient autrefois alternativement la légion entière. Depuis l'établissement des lieutenants prétoriens, ils ne la commandaient plus qu'en leur absence.

La cohorte légionnaire n'avait point de commandant particulier ; c'était le centurion de la première centurie de la cohorte qui commandait la cohorte entière.

Cet arrangement subsistait encore du temps d'Adrien. Depuis, on établit un commandant particulier pour la cohorte, qui se nomma *tribun de cohorte*. Ulpien est le premier qui parle de ces tribuns de cohortes.

La distinction des centurions se tirait du rang de la cohorte dans la légion, et du rang de la centurie dans la cohorte. La première cohorte et la première centurie étaient les plus honorables : les dernières l'étaient moins. (*Mémoires de Le Beau sur la légion romaine.*)

(20) CHAP. XVII, PAGE 139.

Après seize ans la retraite. L'an 741 de Rome, Auguste avait fixé le service des prétoriens à douze ans, celui des légionnaires à seize ; et, le temps de leur service achevé, il leur avait assigné une somme fixe, au lieu des terres qu'ils demandaient toujours. Ce réglement eut le double avantage, et de contenir les soldats qui, en entrant au service, pouvaient compter d'avance sur une retraite assurée, et de rassurer les propriétaires contre la crainte d'être dépouillés. Quand Auguste eut augmenté l'influence des lois et du sénat, qu'il eut affermi son pouvoir en le diminuant, il osa restreindre les priviléges du soldat. Il étendit à seize ans le service des prétoriens, à vingt celui des légionnaires; et souvent, au lieu de ces récompenses en argent qui épuisaient le trésor public, on leur donna des terres conquises dans le voisinage des Barbares.

Dans ce moment, les légions voulaient rétablir le premier réglement d'Auguste.

(21) CHAP. XXIV, PAGE 149.

Deux cohortes prétoriennes. Les prétoriens étaient une milice établie par Auguste, pour la garde du prince. Dans le temps de la république, souvent les généraux se composaient, pour la décoration de leur place et la sûreté de leur personne, une troupe choisie, absolument distincte des cohortes légionnaires: on la nommait la *cohorte prétorienne*. C'est sur ce modèle qu'Auguste forma les dix cohortes de ses gardes du prétoire: elles étaient de mille hommes chacune.

(22) CHAP. XXIX, PAGE 157.

Primi ordinis centurio. Ordo ou *centuria*, c'est la même chose.

(23) CHAP. XXXI, PAGE 159.

Vi suâ cuncta tracturus. Mon père a traduit : « Entraînerait » avec lui tout l'empire. » Ce n'est pas, je crois, le sens propre de Tacite, qui a voulu dire que Germanicus *ne prendrait que la force pour guide, et déciderait de l'empire par leurs armes.* Je n'ai pas eu pourtant le courage de changer cette phrase, qui me semble ferme, noble, et peut-être digne de Tacite lui-même. (*M. Dureau de Lamalle le fils.*)

NOTES

(24) CHAP. XXXIII, PAGE 163.

Adrogantibus et obscuris. Le sens adopté par le traducteur semble exact ; cependant il serait peut-être plus naturel de faire rapporter ces deux mots à *vultu et sermone*, et entendre ce passage de la sombre hauteur qui caractérisait Tibère ?

(25) CHAP. XXXVIII, PAGE 169.

Les vexillaires des légions rebelles, etc. Jusqu'ici on n'a point trop su quelle était l'espèce de soldats qui formaient ces *vexillaires*. Autant de savants, autant d'opinions différentes. C'étaient, suivant Juste-Lipse, les vétérans qui, après le congé, restaient sous le drapeau ; c'étaient, suivant Ernesti, les nouvelles recrues, *tirones*, et suivant l'abbé Brottier, les uns et les autres. Quelques-uns ont prétendu que c'étaient simplement des détachements de la légion. Enfin Le Beau, en admettant ces détachements, y joint les vétérans dont parle Juste-Lipse.

Oserai-je, après tant de savants hommes, hasarder aussi mes conjectures ? L'aigle était l'enseigne de la légion, on la plaçait toujours au milieu de la première cohorte. L'enseigne de la cohorte était le *vexillum* ou drapeau ; on le plaçait toujours au milieu de la première centurie. Enfin, l'enseigne de la centurie était le *signum* ou étendard.

Ces faits posés, qui sont incontestables, il me semble qu'il n'est plus difficile de déterminer ce qu'étaient les vexillaires. Puisque l'enseigne de la cohorte, le *vexillum*, était toujours placé dans la première centurie de la cohorte, les vexillaires étaient donc les soldats de cette première centurie ; et comme les premières centuries étaient les plus honorables, qu'on y reportait toujours et les meilleurs officiers et les meilleurs soldats, dans les expéditions importantes, on faisait des détachements de ces vexillaires, comme, parmi nous, de nos grenadiers et de nos chasseurs.

DU LIVRE I.

On peut objecter ce passage de Tacite, où il est dit que Mucien, en partant de Syrie pour aller porter la guerre en Italie, emmena d'abord avec lui deux légions et douze mille vexillaires. Or, en comptant les deux légions de l'Égypte, Mucien et Vespasien n'en avaient que neuf; ce qui devait donner neuf mille vexillaires seulement au lieu de douze. Mais il faut songer qu'en tout temps les Romains avaient l'attention de tenir les légions plus que complètes, qu'il y avait toujours beaucoup de surnuméraires, qu'on trouve désignés dans tous les auteurs sous les noms de *supernumerarii, accensi, adscriptitii, accrescentes, adoptati;* que cette attention était encore plus indispensable au moment d'une guerre aussi importante et d'une marche aussi longue, qu'il fallait avoir de quoi remplacer les morts, les malades, les blessés : en mettant par centurie vingt-cinq hommes seulement au-delà du complet, on trouve les trois mille vexillaires de plus dont nous avons besoin. D'ailleurs les auxiliaires, ainsi que la cavalerie, avaient aussi leurs vexillaires; et l'on voit dans Tacite que Mucien et Vespasien avaient dans leur armée, outre les neuf légions, un corps nombreux de cavalerie et d'auxiliaires.

(26) CHAP. XXXIX, PAGE 171.

Ils demandent à grands cris le drapeau qu'on gardait dans la maison de Germanicus. On l'appelait *vexillum imperatorium*, le drapeau du général. On l'arborait au haut de sa tente les jours de bataille. Mais que voulaient-ils faire de ce drapeau ? demande Gronovius. La réponse est facile : comme ils se révoltaient, qu'ils ne voulaient plus reconnaître de général, il était tout simple qu'ils commençassent par reprendre ce qui était la marque distinctive du généralat.

(27) CHAP. XXXIX, PAGE 171.

(*Extractum cubili.*) *Arrachent Germanicus de son lit.* Je

ne sais pourquoi Ernesti et l'abbé Brottier veulent que ce soit Germanicus qui, de lui-même, sorte de son lit, et non pas les soldats qui l'en arrachent; comme si cette violence n'était pas une suite de toutes les autres; comme si ce n'était pas le sens naturel du mot *extractum*.

(28) CHAP. XLII, PAGE 179.

Hic tantùm interfici. Ce passage peut être susceptible d'un autre sens : « ce n'est qu'ici que l'on massacre les centurions, etc.

(29) CHAP. XLIX, PAGE 187.

Cent vingt cohortes alliées. Cent vingt est une erreur. Il faut lire *vingt-six* (sex et viginti), et non pas *six vingts*.

Les cohortes alliées étaient de deux sortes; les unes toutes d'infanterie, *cohortes peditatæ*, elles étaient de mille hommes; les autres, mêlées d'infanterie et de cavalerie, *cohortes equitatæ*, et celles-ci étaient, les unes de mille, les autres de cinq cents hommes. Dans les premières, il y avait sept cent soixante fantassins, et deux cent quarante cavaliers; dans les secondes, trois cent quatre-vingts fantassins, et cent vingt cavaliers; ce qui donne, à peu près, un cavalier sur trois fantassins.

Tacite donne douze mille légionnaires à Germanicus, et il nomme l'instant d'après quatre légions. Or, la légion, dans ce temps-là, étant bien certainement de six mille hommes, quatre devraient donner vingt-quatre mille légionnaires; mais il faut observer que Germanicus ne prend pas les légions entières : il ne prend de chacune que des détachements, *duodecim millia legionibus*.

(30) CHAP. L, PAGE 189.

Fait ouvrir la forêt Cæsia et le rempart (limitemque) *commencé par Tibère.* Tout le long des frontières des Barbares, lorsque les Romains n'avaient point de fortifications naturelles, comme des fleuves ou des montagnes, ils y suppléaient par des

DU LIVRE I.

pieux énormes, bien serrés, bien enfoncés, bien entrelacés, dont ils formaient une sorte de mur : c'est ce qu'ils appelaient *limes*. Dans cette occasion-ci, Germanicus ne détruit pas le rempart de Tibère; il y fait seulement ouvrir un passage pour son armée, *scindit limitem*.

(31) CHAP. L, PAGE 189.

Neque belli timor; ac ne pax quidem, nisi languida et soluta, inter temulentos. Voilà de ces passages qui font le désespoir des traducteurs. La langue se refuse à cette hardiesse d'expressions et d'images : mon père a cherché un équivalent. J'ai essayé de me rapprocher du texte, et je suis loin de croire avoir mieux réussi. Voici cependant ma version : « Nulle pré-
» voyance, nulles gardes avancées, une insouciance, un abandon
» général; nulle crainte de la guerre, pas même les précautions
» de la paix, qui était sans ordre et sans vigilance chez ces Bar-
» bares plongés dans l'ivresse. » (*M. Dureau de Lamalle le fils.*)

(32) CHAP. LIII, PAGE 193.

Lorsque Lucius et Caius étaient les seuls Césars.

On a coutume de désigner par le nom de César, 1°. quelques princes de la famille des Césars, ou qui furent adoptés par des princes de cette famille quoiqu'ils n'aient jamais régné ni joui de quelque portion du pouvoir impérial ; tels les fils d'Agrippa, Germanicus, etc. 2°. Des princes que les empereurs choisirent pour leurs collègues, et qui partagèrent réellement la puissance impériale; tels Constance Chlore, Galère Maximin. 3°. Enfin, et le plus souvent les princes qui devaient succéder à l'empereur ; mais auxquels ce titre ne donnait aucun pouvoir. Ælius Vérus, choisi par Hadrien pour son successeur, porta le premier le nom de César, ainsi restreint. (Spartian, c. 1, et Aurélius Victor, c. XIII.)

(33) CHAP. LVIII, PAGE 203.

Je lis, avec Juste-Lipse, La Bletterie et Dotteville : *vetere in provinciâ*, au lieu de *Veterâ* (Note de mon père). J'ai gardé *Veterâ* dans le texte; et je l'ai rendu dans la traduction. Vetera était situé sur la rive gauche du Rhin (*voyez* la Carte de Danville); d'ailleurs, le passage formel du discours d'Arminius, chap. LIX, *coleret Segestes victam ripam*, ne laisse aucun doute.

(34) CHAP. LXIV, PAGE 213.

(Germani ob prospera indefessi.) *Les Barbares que le succès empêchait de sentir la fatigue.* Tel est, je crois, le sens; mais que cette phrase est traînante! Aussi ai-je laissé celle de mon père moins littérale, mais plus précise. (*M. Dureau de Lamalle le fils.*)

(35) CHAP. LXIV, PAGE 213.

(Nam medio montium.) Ce passage me ferait croire que le mot *mons* a, dans Tacite, une signification très-étendue; car il est ici le synonyme de *jugum*, et équivaut à notre mot de *hauteurs*. On sait, en outre, qu'il n'y a pas de montagnes proprement dites dans la Hollande et la Frise, entre l'Ems et le Rhin. (*Note du même.*)

(36) CHAP. LXV, PAGE 217.

J'ai fait un effort, mais infructueux, pour rendre le bel effet de ce grand mot spondaïque *lamentabantur*, qui termine si bien la phrase latine; peut-être mon ébauche mettra-t-elle sur la voie. La voici : « L'horreur de cette nuit sinistre et l'i-
» dée que tant de milliers d'hommes n'avaient plus qu'un jour
» à vivre, excitaient des gémissements lamentables. »

(*Note du même.*)

DU LIVRE I.

(37) CHAP. LXXII, PAGE 225.

On décerna cette année les ornements du triomphe à Cæcina. « On ne doit pas confondre les ornements triomphaux
» avec le triomphe. Pour triompher il fallait être général en
» chef. Ainsi, lorsqu'il n'y eut plus de général en chef que
» l'empereur, les triomphes lui devaient être réservés; cepen-
» dant Auguste, en politique habile, accoutumé à tout atten-
» dre et à tout obtenir du bénéfice du temps, ne se hâta point
» de tirer cette conséquence: au contraire, il prodigua d'abord
» le triomphe, et le fit décerner à plus de trente personnes.
» Mais enfin, l'an de Rome 740, Agrippa, soit par modestie,
» soit pour entrer dans les vues d'Auguste, qu'il seconda tou-
» jours d'aussi bonne foi que s'il eût approuvé la nouvelle
» forme de gouvernement, Agrippa, dis-je, ayant remis sur
» le trône Polémon, roi de la Chersonèse Taurique, n'écrivit
» point au sénat, et refusa le triomphe.

» L'exemple d'Agrippa, gendre d'Auguste et son collègue
» dans la puissance tribunitienne, eut force de loi. On sentit
» que l'on faisait sa cour au prince en s'excluant soi-même de
» cet honneur; et les bonnes grâces d'Auguste valaient mieux
» que des triomphes. Ceux qui commandaient les troupes, quel-
» ques victoires qu'ils eussent remportées, n'adressèrent plus
» de lettres au sénat; et, par-là, sans exclusion formelle des
» particuliers, le triomphe devint un privilége des empereurs et
» des princes de la maison impériale.

» Quant aux particuliers, en les privant de la pompe du
» triomphe, on continua de leur accorder les distinctions qui,
» de tout temps, en avaient été la suite, c'est-à-dire le droit de
» porter la robe triomphale à certains jours et dans de certaines
» cérémonies; une statue qui les représentait avec cet habille-
» ment et couronnés de laurier; enfin quelques autres préroga-

» tives moins connues, qui sont renfermées dans ces paroles de
» Tacite : *Et quidquid pro triumpho datur.* » (Note de La Bletterie sur la vie d'Agricola.)

(38) CHAP. LXXIV, PAGE 229.

Mon père, d'Alembert (page 117) et La Bletterie (123), ont rapporté à Crispinus l'invention du métier de délateur. M. de La Bastide (page 77 de sa Trad. de Tacite) a suivi leur opinion, à laquelle je me range entièrement. Ce Crispinus est cité comme un délateur fameux dans Juvénal (*ecce iterùm Crispinus*).

Guérin (tome Ier., page 127), Dotteville (tome II, page 169, dernière édition in-8°.), d'Ablancourt (tome Ier, page 56) et Amelot de La Houssaye (tome Ier, page 219) en ont fait honneur à Hispon. (*M. Dureau de Lamalle le fils*).

(39) CHAP. LXXV, PAGE 231.

Un million de sesterces. Le *sestercius* au masculin (sous-entendez *nummus*) valait quatre sous un denier de notre monnaie; le *sestertium* au neutre (sous-entendez *pondus*) valait deux cent quatre livres trois sous quatre deniers. Quand on trouve devant *sestertium* un adverbe de nombre, comme *decies*, *vicies*, *centies*, il faut sous-entendre *centena millia nummûm sestertiûm*. Ainsi, *decies sestertiûm* est un million de sesterces. (*Dissertation de M. Dupui, tome XXVIII, in-4°., des Mémoires de l'Académie des Belles-lettres.*)

(40) CHAP. LXXVI, PAGE 233.

Provinces impériales, de proconsulaires qu'elles étaient. Auguste avait partagé toutes les provinces de l'empire entre le sénat et lui, et c'est dans ce partage que parut surtout sa politique. Il abandonna au sénat les riches et paisibles provinces de l'intérieur, qui étaient dégarnies de troupes, telles que la Sicile, la Sardaigne, l'Asie mineure, etc., et il se réserva toutes les provinces frontières, les Gaules, les deux Germanies, la Mésie, celles où étaient le dépôt de ses forces, et ces grands corps de troupes qu'il imagina le premier de rendre stationnaires.

Les gouverneurs des provinces sénatoriales se nommaient proconsuls, encore qu'ils n'eussent été que préteurs. Ceux des provinces impériales étaient appelés préteurs ou propréteurs, lorsque même ils étaient consulaires. Les proconsuls avaient plus de distinctions extérieures et moins de puissance; ils avaient trois lieutenants et douze faisceaux, mais point de troupes à commander; ils étaient toujours en toge, et n'avaient pas le droit de ceindre l'épée. Les propréteurs, bornés à un seul lieutenant et à six faisceaux, avaient des soldats. Enfin, les proconsuls ne restaient en place qu'un an : les propréteurs pouvaient y rester toute leur vie; et cela seul rendait plus doux le sort des provinces impériales. *Non parcit populis regnum breve*, dit un ancien. La plupart des proconsuls se dédommageaient, par l'abus de leur pouvoir, de sa brièveté. D'ailleurs, pour obtenir justice de leurs vexations, il fallait qu'une province essuyât toutes les lenteurs d'une procédure ruineuse, dont le succès même était fort incertain, les liaisons du sang, de l'amitié, et l'espoir d'une impunité pareille, rendant les sénateurs très-indulgents sur les concussions des proconsuls. Les propréteurs, au contraire, surveillés par un prince sévère, et punis sur-le-champ, étaient mieux contenus.

Il ne sera point inutile de donner ici un tableau des provinces du sénat et de celles de l'empereur ; on pourra le consulter quand on voudra.

NOTES DU LIVRE I.

Provinces sénatoriales.	*Provinces impériales.*
L'Afrique et la Numidie.	L'Espagne Tarragonaise et la Lusitanie.
L'Asie.	
L'Achaïe ou la Grèce.	La Gaule et les deux Germanies.
L'Épire.	
La Dalmatie.	La Cœlésyrie.
La Macédoine.	La Phénicie.
La Sicile.	La Cilicie.
La Crète et la Libye Cyrenaïque.	Chypre.
	L'Égypte.
La Bithynie et le Pont.	La Mœsie.
La Sardaigne.	La Pannonie, etc.
La Bétique.	

La Dalmatie s'étant révoltée, comme il fallut des troupes pour la réduire, Auguste ne manqua point de la reprendre. Il donna en place, au sénat, Chypre et la Gaule Narbonnaise. Tibère, comme on voit, reprit aussi la Macédoine et la Grèce : mais Claude les rendit depuis au sénat.

(41) CHAP. LXXIX, PAGE 235.

Des municipes et des colonies. Deux sortes de villes. Les municipes, dont les habitants étaient également citoyens romains, se gouvernaient par leurs propres lois; les colonies suivaient les lois romaines.

Ce n'était pas une chose bien éclaircie, même pour les Romains, que de savoir laquelle de ces deux sortes de villes avait la prééminence sur l'autre. Tibère sollicita pour Préneste, qui était une colonie, le titre de ville municipale; et Utique, ville municipale, demanda sous Adrien à être une colonie (*Voyez* AULU-GELLE).

BREVIARIUM LIBRI SECUNDI.

I. Motus aliqui in Oriente. III. Vonones, Parthorum rex, solio ab Artabano pulsus et ad Armenios profugus, ab his in regnum accipitur: quo mox demovetur ob metum et Artabani minas. V. Tiberius, specie moti Orientis, Germanicum à Germanicis legionibus abstrahit. Paret ille, sed lentè. Germaniam enim ingreditur. Cheruscos et Arminium magno prælio vincit. Mox adversa maris expertus, quæ prosperâ in Marsos expeditione pensavit. XXVI. Libo Drusus rerum novarum accusatus. Spretæ M. Hortali preces. XXXIX. Clemens, ementito Postumi Agrippæ nomine, turbat. Salustii Crispi artibus capitur, et Romam perducitur. XLI. Germanicus de Cattis, Cheruscis, aliisque nationibus ad Albim triumphat. XLII. Archelaüs, Cappadocum rex, dolo in Urbem accitus, et indignè habitus, moritur. Regnum ejus in provinciam redactum. XLIII. Germanico Oriens permissus; Pisoni Syria, cum occultis, ut creditur, in Germanicum mandatis. XLIV. Drusus in Illyricum mittitur contra Germanos, qui inter se discordes otium et securitatem Romanis fecère. XLV. Cherusci, duce Arminio, potentem et veterem regem Maroboduum, magno nec incruento prælio, vincunt. XLVII. In Asiâ duodecim urbes terræ motu collapsæ. Tiberii liberalitas. L. Adolescit lex majestatis. LII. Tacfarinas in Africâ bellum movet: A. Furio Camillo statìm repressus. LIII. Germanicus, iterùm consul, in Armeniam venit: regem Zenonem, amoto Vonone, volentibus iis imponit. Deindè Ægyptum proficiscitur. LXII. Drusus Germanos ad discordias inlicit. Maroboduus, vi Catualdæ regno pulsus, in Italiam venit, et Ravennæ per duodeviginti annos egit. Idem Catualdæ mox casus, qui Forum Julium missus est. LXIV. Rhescuporis, Thracum rex, operâ Pomponii Flacci datur in vincula: Romam perducitur. LXVIII. Vononis cædes. LXIX. Germanicus, Ægypto remeans, cuncta, quæ jusserat, à Pisone abolita, vel in contrarium versa reperit. Hinc inimiciarum semina. Paulò post morbo correptus, cum ingenti gentium omnium luc-

SOMMAIRE DU LIVRE SECOND.

I. Mouvemens en Orient. III. Vonone, roi des Parthes, détrôné par Artabane, se réfugie en Arménie, où il est élevé sur le trône, d'où les menaces d'Artabane le font bientôt descendre. V. Tibère, sous prétexte d'apaiser les troubles de l'Orient, éloigne Germanicus des légions de Germanie. Le prince obéit, mais lentement. Il entre en Germanie et remporte une victoire signalée sur les Chérusques et sur Arminius. Après une navigation périlleuse, il répare cet échec par le succès de son expédition contre les Marses. XXVI. Libon Drusus est accusé de complots contre l'État. Requête de M. Hortalus durement rejetée. XXXIX. Troubles qu'excite Clémens sous le nom de Postume Agrippa. Le fourbe est arrêté par l'adresse de Sallustius Crispus et conduit à Rome. XLI. Germanicus triomphe des Cattes, des Chérusques et des autres nations jusqu'à l'Elbe. XLII. Archélaüs, roi de Cappadoce, est attiré à Rome par des lettres perfides. Mauvais traitemens qu'il y reçoit, suivis de sa mort. Son royaume est réduit en province romaine. XLIII. L'Orient est mis sous les ordres de Germanicus, et la Syrie sous ceux de Pison, mais, à ce qu'on croit, avec des instructions secrètes contre ce prince. XLIV. Envoi de Drusus contre les Germains, dont les dissensions permettent aux Romains de respirer. XLV. Les Chérusques, commandés par Arminius, gagnent une bataille sanglante contre Maroboduus, monarque dont la puissance paraissait affermie par un long règne. XLVII. Un tremblement de terre renverse douze villes d'Asie; munificence de Tibère. L. La loi concernant le crime de lèse-majesté prend vigueur de jour en jour. LII. Tacfarinas lève en Afrique l'étendard de la révolte; mais il est aussitôt réprimé par A. Furius Camillus. LIII. Germanicus, consul pour la seconde fois, arrive en Arménie, détrône Vonon, et donne Zénon pour roi aux Arméniens qui le désirent; ensuite il part pour l'Égypte. LXII. Drusus sème la division parmi les Germains. Maroboduus, chassé de son royaume par Catualda, se réfugie en Italie, et

tu, Antiochiæ extinguitur. LXXIV. Piso, veneficii suspectus, Syriam repetere impeditur. LXXXIII. Honores multi mortuo Germanico Romæ decreti, LXXXV. Sanctiones contra muliebrem impudicitiam LXXXVI Virginis Vestalis delectus. LXXXVII. Arminius in Germaniâ popularium dolo cæsus.

Hæc gesta annis quatuor.

A. U. C.	J.-C.		
DCCLXIX.	16	coss.	T. Statilio Sisennâ Tauro. L. Scribonio Libone.
DCCLXX.	17	coss.	C. Cæcilio Rufo. L. Pomponio Flacco Græcino.
DCCLXXI.	18	coss.	Tiberio Cæsare Augusto III. Germanico Cæsare II.
DCCLXXII.	19	coss.	M. Junio Silano. L. Norbano Flacco.

SOMMAIRE.

passe à Ravenne les dix-huit dernières années de sa vie. Catualda éprouve bientôt le même sort, et il est envoyé à Fréjus. LXIV. Rhescuporis, roi de Thrace, est fait prisonnier par Pomponius Flaccus, et conduit à Rome. LXVIII. Meurtre de Vonon. LXIX. A son retour d'Égypte, Germanicus trouve que Pison a annulé tout ce qu'il a ordonné, ou a donné des ordres contraires, principe de leur mésintelligence. Peu de temps après il tombe malade et meurt à Antioche ; sa mort cause un deuil universel. LXXIV. Pison, soupçonné de l'avoir empoisonné, est repoussé lorsqu'il veut reprendre le gouvernement de la Syrie. LXXXIII. Honneurs décernés à Germanicus après sa mort. LXXXV. Lois contre l'incontinence des femmes. LXXXVI. Choix d'une Vestale. LXXXVII. Arminius est tué en trahison par les Germains.

Espace de quatre années.

A. de R.	de J.-C.		
DCCLXIX.	16	cons.	T. Statilius Sisenna Taurus. L. Scribonius Libon.
DCCLXX.	17	cons.	C. Cæcilius Rufus. L. Pomponius Flaccus Græcinus.
DCCLXXI.	18	cons.	Tibère César Auguste pour la 3ᵉ fois. Germanicus César pour la 2ᵉ.
DCCLXXII.	19	cons.	M. Julius Silanus. L. Norbanus Flaccus.

C. CORNELII TACITI

ANNALIUM

LIBER SECUNDUS.

I. Sisenna Statilio Tauro, L. Libone Coss., mota Orientis regna, provinciæque romanæ, initio apud Parthos orto, qui petitum Româ acceptumque regem, quamvis gentis Arsacidarum, ut externum aspernabantur. Is fuit Vonones, obses Augusto datus à Phraate. Nam Phraates, quanquàm depulisset exercitus ducesque romanos, cuncta venerantium officia ad Augustum verterat, partemque prolis firmandæ amicitiæ miserat; haud perindè nostri metu, quàm fidei popularium diffisus.

II. Post finem Phraatis et sequentium regum, ob internas cædes, venère in Urbem legati à primoribus Parthis, qui Vononem, vetustissimum liberorum ejus, accirent. Magnificum id sibi credidit Cæsar, auxitque opibus. Et accepère barbari lætantes, ut fermè ad nova imperia. Mox subit pudor degeneravisse Parthos; petitum alio ex orbe regem, hostium arti-

ANNALES

DE C. CORN. TACITE.

LIVRE SECOND.

I. Sous le consulat de Statilius * et de Libon, les royaumes de l'Orient et nos provinces d'Asie furent en fermentation; le premier mouvement vint des Parthes (1) qui, après avoir demandé à Rome un roi, et l'avoir reconnu, le méprisèrent comme étranger, quoique du sang des Arsacides. Ce roi était Vonon, donné en otage à Auguste par Phraate; car Phraate, bien qu'il eût mis en fuite nos soldats et nos généraux **, avait prodigué à Auguste tous les égards qui semblent un aveu de l'infériorité; et pour resserrer leur union, lui avait envoyé une partie de ses enfants, moins, il est vrai, par crainte de nos armes, que par défiance de ses sujets.

II. Après la mort de Phraate et des rois ses successeurs, les grands du royaume, pour mettre fin aux massacres qui dévastaient leur pays, firent redemander, par des ambassadeurs, Vonon, l'aîné des enfants de Phraate. Cette démarche flatta l'orgueil d'Auguste, et il renvoya Vonon comblé de

---

* Titus Statilius Sisenna Taurus, Lucius Scribonius Libo.
** Marc-Antoine, Oppius Statianus, etc.

bus infectum. « Jam inter provincias romanas solium
» Arsacidarum haberi, darique. Ubì illam gloriam
» trucidantium Crassum, exturbantium Antonium,
» si mancipium Cæsaris, tot per annos servitutem
» perpessum, Parthis imperitet? » Accendebat dedignantes et ipse, diversus à majorum institutis, raro venatu, segni equorum curâ; quotiens per urbes incederet lecticæ gestamine; fastuque erga patrias epulas. Inridebantur et Græci comites, ac vilissima utensilium annulo clausa : sed prompti aditus, obvia comitas, ignotæ Parthis virtutes, nova vitia; et, quia ipsorum moribus aliena, perindè odium pravis et honestis.

III. Igitur Artabanus, Arsacidarum è sanguine, apud Dahas adultus, excitur, primoque congressu fusus reparat vires, regnoque potitur. Victo Vononi perfugium Armenia fuit, vacua tunc, interque Parthorum et romanas opes infida, ob scelus Antonii qui Artavasden, regem Armeniorum, specie amicitiæ inlectum, dein catenis oneratum, postremò interfecerat. Ejus filius Artaxias, memoriâ patris nobis infensus, Arsacidarum vi seque regnum tutatus est : occiso Artaxiâ per dolum propinquorum, datus à Cæsare Armeniis Tigranes, deductusque in regnum à Tiberio Nerone. Nec Tigrani diuturnum imperium

présents. Les Barbares l'accueillirent avec transports, comme ils accueillent presque toujours un nouveau maître ; mais bientôt, se croyant dégradés, ils rougirent d'avoir été prendre, dans un autre monde, un roi infecté des mœurs de leurs ennemis. « Rome, disaient-ils, disposait déjà du trône des » Arsacides comme d'une de ses provinces. Où serait la » gloire d'avoir immolé Crassus, d'avoir fait fuir Antoine, » si, vieilli dans les fers, un esclave de César commandait » aux Parthes ! » Vonon, de son côté, contribuait à enflammer leur indignation par l'éloignement qu'il marquait pour les usages de son pays, chassant peu, n'aimant point les chevaux, ne se promenant dans les villes qu'en litière, et dédaignant les repas publics *. Son cortége de Grecs, et le soin avec lequel il tenait renfermées (2) les choses les plus viles, excitaient encore leur risée. Son abord facile, son affabilité prévenante, vertus inconnues aux Parthes, leur semblaient des vices nouveaux ; et le bien comme le mal, étranger à leurs mœurs, excitait leur haine.

III. Ils mettent donc à leur tête Artaban, prince Arsacide, élevé chez les Dahas **. Celui-ci, battu d'abord, revient avec de nouvelles forces, et détrône Vonon, qui se sauve en Arménie. Ce pays était alors sans maître, toujours flottant entre les Parthes et les Romains, depuis le crime d'Antoine qui, après avoir attiré près de lui, par des offres d'amitié, Artavasde, roi d'Arménie, l'avait chargé de fers, et enfin mis à mort. La fin tragique du père nous fit un ennemi ir-

---

* Institués par Cyrus, et maintenus sous ses successeurs. (*Vide* Xenoph. Cyrop., lib. I, cap. 2.) C'est là le sens positif de *patrias epulas*, que n'ont point saisi ni rendu les autres traducteurs. (A. D. L.)

** Nation scythe, qui a donné son nom à une province appelée encore aujourd'hui le Dahistan.

fuit, neque liberis ejus, quanquàm sociatis more externo in matrimonium regnumque. Dein, jussu Augusti, impositus Artavasdes, et non sine clade nostrâ dejectus.

IV. Tùm C. Cæsar componendæ Armeniæ deligitur. Is Ariobarzanem, origine Medum, ob insignem corporis formam, et præclarum animum, volentibus Armeniis præfecit. Ariobarzane morte fortuitâ absumpto, stirpem ejus haud toleravêre; tentatoque feminæ imperio, cui nomen Erato, eâque brevi pulsâ, incerti, solutique, et magis sine domino, quàm in libertate, profugum Vononem in regnum accipiunt. Sed, ubi minitari Artabanus, et parùm subsidii in Armeniis, vel si nostrâ vi defenderetur, bellum adversùs Parthos sumendum erat; rector Syriæ Creticus Silanus excitum custodiâ circumdat, manente luxu et regio nomine. Quod ludibrium ut effugere agitaverit Vonones, in loco reddemus.

V. Ceterùm Tiberio haud ingratum accidit turbari res Orientis, ut, eâ specie, Germanicum suetis legionibus abstraheret; novisque provinciis impositum dolo simul et casibus objectaret. At ille, quantò acriora in eum studia militum, et aversa patrui voluntas, celerandæ victoriæ intentior, trac-

réconciliable de son fils Artaxias qui, secouru par les Arsacides, sut défendre et sa personne et ses États; mais ce prince ayant péri par la trahison de ses proches, Auguste donna l'Arménie à Tigrane, que Tibère mit en possession du trône. Tigrane ne jouit pas long-temps de sa puissance, non plus que ses enfants, quoique le frère et la sœur eussent réuni leurs États par un de ces mariages si communs chez les Barbares. Enfin Auguste leur substitua un autre Artavasde, dépossédé bientôt, non sans perte pour les Romains.

IV. Alors Caïus, choisi pour pacifier l'Arménie, lui donna pour souverain Ariobarzane, que son courage et sa beauté firent agréer, quoique Mède d'origine. Ce prince ayant péri par un accident inopiné, les Arméniens rejetèrent ses enfants; ils essayèrent du gouvernement d'une femme, nommée Érato, qui fut bientôt chassée; livrés ensuite à leurs irrésolutions et à une indépendance, qui était plutôt de l'anarchie que de la liberté, ils prirent enfin pour roi le fugitif Vonon. Mais, comme Artaban ne cessait de menacer l'Arménie, incapable de résister par elle-même, et que les Romains ne pouvaient la défendre sans renouveler la guerre avec les Parthes, Créticus Silanus, gouverneur de Syrie, attira Vonon dans sa province, et le retint prisonnier, en lui conservant d'ailleurs les honneurs et le titre de roi. Je dirai par la suite comment Vonon, ennuyé de ce traitement dérisoire, essaya de s'en délivrer.

V. Tibère apprit sans peine les troubles de l'Orient, qui lui fournissaient un prétexte pour séparer Germanicus des légions accoutumées à son commandement, et le transporter dans de nouvelles provinces, où il resterait exposé aux coups de la perfidie et du sort. Cependant, plus le jeune César sentait croître pour lui l'affection des soldats et l'inimitié de son

tare præliorum vias, et quæ sibi tertium jam annum belligeranti sæva vel prospera evenissent : Fundi Germanos acie et justis locis, juvari silvis, paludibus, brevi æstate, et præmaturâ hieme; suum militem, haud perindè vulneribus quàm spatiis itinerum, damno armorum, adfici; fessas Gallias ministrandis equis; longum impedimentorum agmen, opportunum ad insidias, defensantibus iniquum : at, si mare intretur, promptam ipsis possessionem *, et hostibus ignotam; simul bellum maturiùs incipi, legionesque et commeatus pariter vehi; integrum equitem, equosque, per ora et alveos fluminum, mediâ in Germaniâ fore.

VI. Igitur hùc intendit : missis ad census Galliarum P. Vitellio et C. Antio, Silius, et Anteius, et Cæcina fabricandæ classi præponuntur. Mille naves sufficere visæ, properatæque : aliæ breves, angustâ puppi proràque, et lato utero, quò faciliùs fluctus tolerarent : quædam planæ carinis, ut sine noxâ siderent : plures appositis utrinquè gubernaculis, converso ut repentè remigio, hinc vel illinc adpellerent : multæ, pontibus stratæ, super quas tormenta veherentur, simul aptæ ferendis equis aut commeatui, velis habiles, citæ remis, augebantur alacritate militum in speciem ac terrorem. Insula Batavorum, in quam convenirent, prædicta ob faciles adpulsus,

---

* Fortè *accessionem*. Un seul manuscrit pour les six premiers livres permet cette correction. (*Note de l'éditeur.*)

oncle, plus il s'efforçait d'accélérer sa victoire. En méditant sur le plan de la guerre future, et sur les événements heureux ou malheureux qui avaient signalé ses trois campagnes, il vit que les Germains, inférieurs en plaine et en bataille rangée, étaient protégés par leurs bois, leurs marais, un été court, des hivers prématurés; que ses soldats ne souffraient pas tant du fer de l'ennemi que de la longueur des marches et de la perte de leurs armes; que les Gaules se lassaient de fournir des chevaux; que cette longue file de bagages, difficile à couvrir, prêtait aux embuscades; au lieu que, par mer, il trouverait une route facile pour les siens, inconnue à l'ennemi; il ouvrirait la campagne plus tôt; il embarquerait ses convois avec ses bagages; et, en remontant par les fleuves, sa cavalerie arriverait toute fraîche au cœur de la Germanie.

VI. Il prend donc ce parti. Tandis que Publius Vitellius et Caïus Antius vont recevoir le tribut des Gaules, Cæcina, Silius et Antéius veillent à la construction de la flotte. Mille vaisseaux parurent suffisants; on les construit en diligence, les uns courts, étroits de poupe et de proue, et larges de ventre, pour mieux résister aux vagues; les autres, plats de carène, pour qu'ils pussent échouer sans risque; la plupart à double gouvernail, pour faciliter, en changeant la manœuvre, la descente des deux côtés; un grand nombre couverts et pontés, pour le transport des machines, des munitions, des chevaux, également vites à la voile et à la rame, offraient, par l'allégresse du soldat, un spectacle à la fois superbe et terrible. On assigna, pour rendez-vous, l'île des Bataves*, qui offrait des facilités pour l'abord des vaisseaux, pour l'embarquement des troupes, et pour transporter la

---

* Aujourd'hui le Bétuve.

accipiendisque copiis, et transmittendum ad bellum opportuna. Nam Rhenus, uno alveo continuus, aut modicas insulas circumveniens, apud principium agri Batavi velut in duos amnes dividitur; servatque nomen et violentiam cursûs, quà Germaniam prævehitur donec Oceano misceatur; ad Gallicam ripam latior et placidior adfluens, verso cognomento Vahalem accolæ dicunt : mox id quoque vocabulum mutat Mosâ flumine, ejusque immenso ore eumdem in Oceanum effunditur.

VII. Sed Cæsar, dùm adiguntur naves, Silium legatum, cum expeditâ manu, inruptionem in Cattos facere jubet : ipse, audito castellum Luppiæ flumini adpositum obsideri, sex legiones eò duxit. Neque Silio, ob subitos imbres, aliud actum quàm ut modicam prædam, et Arpi principis Cattorum conjugem filiamque raperet; neque Cæsari copiam pugnæ obsessores fecêre, ad famam adventûs ejus dilapsi. Tumulum tamen nuper Varianis legionibus structum, et veterem aram Druso sitam disjecerant. Restituit aram, honorique patris princeps ipse cum legionibus decucurrit; tumulum iterare haud visum : et cuncta, inter castellum Alisonem ac Rhenum, novis limitibus, aggeribusque permunita.

VIII. Jamque classis advenerat, cùm, præmisso commeatu, et distributis in legiones ac socios navibus, fossam cui Drusianæ nomen ingressus, precatusque Drusum patrem ut se, eadem ausum, libens placatusque exemplo ac memoriâ consiliorum atque

guerre où l'on voudrait. Car le Rhin, jusque-là retenu dans un seul canal, à peine entrecoupé de quelques îles, semble, à l'entrée du pays * des Bataves, se partager en deux fleuves. Celui qui borde la Germanie conserve et le nom et l'impétuosité du Rhin, jusqu'à ce qu'il tombe dans l'Océan. Plus large et plus tranquille, l'autre, qui arrose les frontières des Gaules, a reçu des habitants le nom de Vahal; il le change bientôt pour celui de Meuse, sous lequel il se décharge dans ce même Océan par une vaste embouchure.

VII. Germanicus, en attendant sa flotte, envoya Silius avec un camp volant ravager le pays des Cattes. Lui-même, sur la nouvelle que les ennemis assiégeaient un fort construit sur la Lippe, y mena six légions. Les pluies qui survinrent empêchèrent Silius de rien entreprendre; il enleva seulement quelque butin, avec la femme et la fille d'Arpus, chef des Cattes. Les assiégeants, de leur côté, ne fournirent pas à Germanicus l'occasion de combattre; ils s'étaient dispersés au premier bruit de son approche, après avoir cependant détruit le tombeau récemment élevé aux légions de Varus, et un ancien autel consacré à Drusus. L'autel fut relevé; Germanicus, à la tête des légions, y célébra des jeux en l'honneur de son père; pour le tombeau, il ne crut point devoir le reconstruire; il fortifia tout le pays entre le fort Alison ** et le Rhin, par de nouvelles chaussées et par de nouveaux remparts.

VIII. La flotte arrivée, Germanicus fait prendre les devants aux bâtiments de transport; ensuite, ayant distribué les légions et les alliés sur les vaisseaux, il entre dans le ca-

---

* Près du fort de Skenk.
** Aujourd'hui Elsen, près de la ville de Lipsprinck.

operum juvaret : lacus indè et Oceanum, usque ad Amisiam flumen, secundà navigatione pervehitur. Classis Amisiæ relicta, lævo amne ; erratumque in eo quòd non subvexit : transposuit militem, dextras in terras iturum *. Ità plures dies efficiendis pontibus absumpti. Et eques quidem ac legiones prima æstuaria, nondùm adcrescente undà, intrepidi transière : postremum auxiliorum agmen, Bataviquc in parte eâ, dùm insultant aquis, artemque nandi ostentant, turbati, et quidam hausti sunt. Metanti castra Cæsari Angrivariorum defectio à tergo nunciatur; missus illicò Stertinius, cum equite et armaturà levi, igne et cædibus perfidiam ultus est.

IX. Flumen Visurgis Romanos Cheruscosque interfluebat. Ejus in ripâ, cum ceteris primoribus, Arminius adstitit; quæsitoque an Cæsar venisset postquàm adesse responsum est, ut liceret cum fratre conloqui oravit. Erat is in exercitu, cognomento Flavius, insignis fide, et amisso per vulnus oculo paucis antè annis, duce Tiberio. Tùm permissum,

---

* Ernesti propose, avec raison, de retrancher le mot *transposuit*, que je crois être une glose qui se sera glissée dans le texte.

(*Note de l'éditeur.*)

nal * qui porte le nom de Drusus, après avoir imploré la protection de son père pour un fils qui osait tenter la même entreprise, en s'appuyant sur son exemple, en s'aidant de ses plans et de ses travaux. Du canal il gagne l'Océan par les lacs, et arrive heureusement à l'embouchure de l'Ems. On laissa la flotte à Ems **, sur la gauche du fleuve, et l'on fit une faute de n'avoir pas remonté plus haut ; on eût pu alors débarquer sur la rive droite l'armée qui devait marcher de ce côté, au lieu qu'on perdit plusieurs jours à construire des ponts. La cavalerie et les légions passèrent sans obstacle les premiers bras de la rivière, avant que la marée montât. Il n'en fut pas de même de l'arrière-garde, où étaient les auxiliaires et entre autres les Bataves. Ceux-ci se piquant de braver les flots et de montrer leur habileté à nager, le désordre se mit dans leurs rangs ; quelques-uns même périrent. Comme Germanicus traçait son camp, on vint lui apprendre que les Angrivariens, en armes derrière lui, le trahissaient. Il y envoya sur-le-champ Stertinius avec de la cavalerie et des troupes légères, et bientôt le fer et la flamme nous vengèrent de cette perfidie.

IX. Le Véser coulait entre les Romains et les Chérusques. Arminius se présenta sur les bords du fleuve avec les principaux chefs, et s'informa si Germanicus était dans l'armée. Sur la réponse affirmative, il demanda qu'on lui permît de conférer avec son frère. Ce frère, surnommé Flavius, servait dans nos troupes, et s'y distinguait par sa fidélité ; il avait perdu un œil quelques années auparavant, sous le com-

---

* Il existe encore ; il a huit mille pas de long. Il commence au bourg d'Iseloort, et finit à la ville de Doësbourg.

** Aujourd'hui Vester Embden.

progressusque salutatur ab Arminio, qui, amotis stipatoribus, ut sagittarii nostrâ pro ripâ dispositi abscederent postulat; et, postquàm digressi, undè ea deformitas oris interrogat fratrem. Illo, locum, et prælium referente, quodnam præmium recepisset exquirit; Flavius aucta stipendia, torquem, et coronam, aliaque militaria dona memorat, inridente Arminio vilia servitii pretia.

X. Exin diversi ordiuntur : hic, magnitudinem romanam, opes Cæsaris, et victis graves pœnas; in deditionem venienti paratam clementiam; neque conjugem et filium ejus hostiliter haberi. Ille, fas patriæ, libertatem avitam, penetralis Germaniæ deos, matrem, precum sociam, ne propinquorum, et adfinium, deniquè gentis suæ desertor et proditor, quàm imperator esse mallet. Paulatìm indè, ad jurgia prolapsi, quominùs pugnam consererent, ne flumine quidem interjecto cohibebantur, ni Stertinius adcurrens, plenum iræ, armaque et equum poscentem Flavium attinuisset : cernebatur contrà minitabundus Arminius, præliumque denuncians : nam pleraque latino sermone interjaciebat, ut qui, romanis in castris ductor popularium, meruisset.

mandement de Tibère, à la suite d'une blessure. L'entrevue accordée, Flavius s'avance. Arminius le salue; et, renvoyant sa suite, il prie qu'on fasse retirer aussi les archers qui bordaient la rive de notre côté. Sitôt qu'on les eut éloignés, Arminius demande à son frère d'où lui vient la cicatrice qui le défigurait. Flavius cite le lieu et le combat. — Et quelle en a été la récompense? — Une augmentation de paye, un collier *, une couronne et autres dons militaires. Arminius se met à rire de ce vil salaire de l'esclavage.

X. Après ce début, ils entrent en matière; Flavius l'entretient de la grandeur romaine, des forces de César, des peines terribles réservées aux vaincus, de la clémence qui attendait Arminius lui-même, s'il daignait se soumettre, du traitement généreux qu'avaient reçu sa femme et son fils. Arminius lui parle des droits de la patrie, de la liberté de leurs aïeux, des dieux de la Germanie **, de leur mère, qui s'unissait à lui pour le conjurer de ne point trahir ses proches, ses alliés, sa nation, de ne point préférer le renom d'un déserteur et d'un traître, à l'honneur de la commander. Insensiblement ils en vinrent aux injures, et la rivière qui les séparait ne les eût point empêché de se combattre. Flavius, transporté de colère, demandait son cheval et ses armes; il fallut que Stertinius accourût pour le retenir. Arminius, sur l'autre bord, ne paraissait pas moins furieux, et on l'entendit nous défier au combat; car il entremêlait son langage de beaucoup de mots latins qu'il avait appris lorsqu'il commandait dans notre armée les troupes de sa nation.

* Le collier militaire donnait l'exemption des travaux du camp.

** *Penetrales dii*, les pénates, les dieux intérieurs et particuliers au pays. On appelait *penetrale* le lieu le plus retiré de la maison, où l'on conservait les pénates.

XI. Postero die, Germanorum acies trans Visurgim stetit. Cæsar, nisi pontibus præsidiisque impositis, dare in discrimen legiones haud imperatorium ratus, equitem vado tramittit. Præfuêre Stertinius, et è numero primipilarium Æmilius, distantibus locis invecti, ut hostem diducerent. Quà celerrimus amnis, Cariovalda dux Batavorum erupit : cum Cherusci, fugam simulantes, in planitiem saltibus circumjectam traxêre ; dein coorti, et undiquè effusi, trudunt adversos, instant cedentibus, collectosque in orbem, pars congressi, quidam eminùs proturbant. Cariovalda, diù sustentatâ hostium sævitiâ, hortatus suos ut ingruentes catervas globo frangerent, atque ipse in densissimos inrumpens, congestis telis et suffoso equo, labitur, ac multi nobilium circà : ceteros vis sua, aut equites cum Stertinio Æmilioque subvenientes, periculo exemêre.

XII. Cæsar, transgressus Visurgim, indicio perfugæ cognoscit delectum ab Arminio locum pugnæ : convenisse et alias nationes in silvam Herculi sacram, ausurosque nocturnam castrorum oppugnationem. Habita indici fides, et cernebantur ignes ; suggressique propiùs speculatores audiri fremitum equorum, immensique et inconditi agminis murmur attulêre. Igitur, propinquo summæ rei discrimine, explorandos militum animos ratus, quonam id modo incorruptum foret secum agitabat : Tribunos et cen-

XI. Le lendemain les Germains parurent en bataille au-delà du Véser. Germanicus ne crut point de la prudence d'un général d'exposer ses légions sans avoir des ponts et des postes établis sur le fleuve ; il fit aussi chercher des gués pour la cavalerie. Stertinius, et Æmilius, un des primipilaires (5) qui la commandaient, passèrent à quelque distance l'un de l'autre, afin de diviser les forces de l'ennemi. Ce fut à l'endroit le plus rapide que Cariovalde franchit la rivière à la tête de ses Bataves. Les Chérusques, par une fuite simulée, l'attirèrent dans une petite plaine entourée de bois. Là, se levant de tous côtés, ils l'enveloppent, ils renversent tout ce qui résiste, ils poursuivent tout ce qui recule. En vain les Bataves se resserrent en pelotons ; une partie des ennemis les joignant de près, d'autres, les attaquant de loin, les mettent en désordre. Cariovalde soutint long-temps la violence du choc ; enfin, excitant les siens à ouvrir, avec leur colonne, les bataillons ennemis, il s'élance lui-même au fort de la mêlée, y perd son cheval, meurt percé de coups, et autour de lui une grande partie de sa noblesse ; les autres durent leur salut, ou à leur courage, ou aux troupes de Stertinius et d'Æmilius, qui accoururent les dégager.

XII. Germanicus, ayant passé le Véser, apprit, par un transfuge, qu'Arminius avait choisi un champ de bataille, que d'autres peuples encore l'étaient venu joindre dans une forêt consacrée à Hercule, et qu'on tenterait la nuit l'attaque de son camp. Les feux qu'on apercevait confirmaient le témoignage du transfuge, et nos coureurs, qui s'avancèrent plus près de l'ennemi, rapportèrent qu'on entendait un grand bruit de chevaux et les cris confus d'une multitude immense. Se voyant donc à la veille d'une affaire décisive, et résolu d'éprouver les dispositions des soldats, Germanicus songeait

turiones læta sæpiùs quàm comperta nunciare; libertorum servilia ingenia ; amicis inesse adulationem : si concio vocetur, illic quoque, quæ pauci incipiant, reliquos adstrepere : penitùs noscendas mentes cùm, secreti et incustoditi, inter militaris cibos, spem aut metum proferrent.

XIII. Nocte cœptâ, egressus augurali, per occulta et vigilibus ignara, comite uno, contectus humeros ferinâ pelle, adit castrorum vias, adsistit tabernaculis, fruiturque famâ suî : cùm hic nobilitatem ducis, decorem alius, plurimi patientiam, comitatem ; per seria, per jocos eumdem animum, laudibus ferrent ; reddendamque gratiam in acie faterentur ; simul perfidos et ruptores pacis ultioni et gloriæ mactandos. Inter quæ, unus hostium, latinæ linguæ sciens, acto ad vallum equo, voce magnâ, conjuges, et agros, et stipendii in dies, donec bellaretur, sestertios centenos, si quis transfugisset, Arminii nomine pollicetur. Incendit ea contumelia legionum iras : « Veniret dies, daretur pugna ; sumpturum » militem Germanorum agros, tracturum conjuges : » accipere omen, et matrimonia ac pecunias hostium » prædæ destinare. » Tertiâ fermè vigiliâ, adsultatum est castris, sine conjectu teli, postquàm crebras pro munimentis cohortes, et nihil remissum sensère.

aux moyens de rendre l'épreuve sûre. Il se défiait des nouvelles, plus flatteuses qu'exactes, débitées par les tribuns et les centurions, de l'esprit servile des affranchis, de l'adulation de ses amis, même des assemblées générales de l'armée, où le petit nombre dicte à la multitude ce qu'elle répète. Enfin, pour bien connaître l'esprit de ses soldats, il voulut les voir libres, sans surveillants, lorsque, dans leurs repas militaires, ils déploient leurs craintes et leurs espérances.

XIII. La nuit venue, il s'échappe de l'augural *. Prenant des routes détournées, inconnues des sentinelles, enveloppé de la dépouille d'un animal sauvage **, suivi d'un seul homme, il traverse les rues du camp; il s'arrête à chaque tente; il jouit du plaisir d'entendre sa renommée. L'un exaltait sa haute naissance, l'autre les grâces de sa personne, la plupart sa patience, son affabilité, son humeur toujours égale dans les affaires comme dans les plaisirs. Tous se promettaient de lui témoigner leur reconnaissance sur le champ de bataille, en immolant les parjures et les infracteurs de la paix à sa vengeance et à sa gloire. Dans ce moment, un des ennemis, qui savait notre langue, pousse son cheval jusqu'aux retranchements, et promet, à haute voix, au nom d'Arminius, pour quiconque déserterait, une femme, des terres et cent sesterces *** par jour pendant toute la guerre. Cette insulte enflamme le soldat de colère : « Que le jour vienne, qu'on
» donne la bataille, et ils prendront les terres des Germains,
» et ils emmèneront leurs femmes. Ils acceptent l'augure;

* Au milieu du camp était la tente du général, appelée *prætorium,* le prétoire; à gauche le tribunal, à droite l'augural, où se prenaient les auspices.
** Comme les auxiliaires germains qui étaient dans l'armée.
*** Dix-neuf livres.

XIV. Nox eadem lætam Germanico quietem tulit, viditque se operatum, et, sanguine sacro respersâ prætextâ, pulchriorem aliam manibus aviæ Augustæ accepisse. Auctus omine, addicentibus auspiciis, vocat concionem, et quæ sapientiâ prævisa aptaque imminenti pugnæ disserit. « Non campos modò mi-
» liti romano ad prælium bonos, sed, si ratio adsit,
» silvas et saltus. Nec enim immensa Barbarorum
» scuta, enormis hastas, inter truncos arborum, et
» enata humo virgulta, perindè haberi quàm pila,
» et gladios, et hærentia corpori tegmina. Densa-
» rent ictus, ora mucronibus quærerent : non lori-
» cam Germano, non galeam; ne scuta quidem fer-
» ro, nervove firmata; sed viminum textus, sed
» tenuîs fucatas colore tabulas. Primam utcunque
» aciem hastatam; ceteris, præusta aut brevia tela.
» Jam corpus, ut visu torvum, et ad brevem impe-
» tum validum, sic nullâ vulnerum patientiâ : sine
» pudore flagitii, sine curâ ducum, abire, fugere;
» pavidos adversis, inter secunda, non divini, non

» oui, les femmes et l'argent de l'ennemi leur sont destinés. »
Environ à la troisième veille *, les Barbares vinrent pour
insulter le camp; mais, trouvant les palissades bordées de
soldats et tous les postes bien gardés, ils se retirèrent sans
avoir lancé un seul trait.

XIV. Cette nuit, Germanicus eut un songe qui le transporta de joie. Il se figura qu'il sacrifiait, et que, le sang des victimes ayant rejailli sur sa robe, il en avait reçu une plus belle des mains de son aïeule Augusta. Encouragé par ce présage, avec lequel s'accordaient les auspices, il convoque les soldats; il leur représente tout ce que sa prudence leur a ménagé pour le succès de la bataille : « Les plaines n'étaient pas
» le seul terrain convenable au soldat romain; les bois leur
» offraient autant d'avantages, s'ils voulaient s'en prévaloir;
» les Barbares, avec leurs énormes (4) boucliers et leurs lon-
» gues lances, ne pouvaient, au milieu des troncs d'arbres
» et des rejetons qui couvraient la terre, agir aussi librement
» que les Romains avec leur (5) pilum, leur épée (6), et des
» armures serrées contre leurs corps; ils n'avaient qu'à mul-
» tiplier leurs coups en pointant au visage. Les Germains
» n'avaient ni casque, ni cuirasse; leurs boucliers même n'é-
» taient ni revêtus de cuir (7), ni garnis de fer; ce n'était
» qu'un tissu d'osier, de minces planches déguisées par quel-
» ques couleurs; la première ligne, au plus, avait une sorte
» de lances, et le reste, de petits dards, ou des pieux durcis
» au feu. Tous ces corps, effrayants à la vue, n'avaient qu'une
» vigueur momentanée, qui s'évanouissait à la première bles-
» sure; alors, sans crainte du déshonneur, sans égard pour

---

* Minuit. Les Romains partageaient la nuit en quatre veilles, de trois heures chacune.

» humani juris memores. Si, tædio viarum ac maris,
» finem cupiant, hâc acie parari : propiorem jam
» Albim quàm Rhenum; neque bellum ultrà, modò
» se, patris patruique vestigia prementem iisdem in
» terris, victorem sisterent. » Orationem ducis secutus militum ardor : signumque pugnæ datum.

XV. Nec Arminius, aut ceteri Germanorum proceres omittebant suos quisque testari : « Hos esse
» Romanos Variani exercitûs fugacissimos, qui, ne
» bellum tolerarent, seditionem induerint : quorum
» pars onusta vulneribus tergum, pars fluctibus et
» procellis fractos artus, infensis rursùm hostibus,
» adversis diis, objiciant, nullà boni spe : classem
» quippè et avia Oceani quæsita, ne quis venienti-
» bus occurreret, ne pulsos premeret : sed, ubi
» miscuerint manus, inane victis ventorum remo-
» rumve subsidium. Meminissent modò avaritiæ,
» crudelitatis, superbiæ : aliud sibi reliquum quàm
» tenere libertatem, aut mori ante servitium? »

XVI. Sic accensos, et prælium poscentes, in campum cui Idistaviso nomen deducunt : is, medius inter Visurgim et colles, ut ripæ fluminis cedunt, aut prominentia montium resistunt, inæqualiter sinua-

» leurs chefs, on les voyait plier, fuir, aussi timides dans la
» disgrâce, qu'étrangers, dans le succès, au droit divin, au
» droit humain. Si l'ennui de la mer et des longues marches
» faisait désirer aux Romains la fin de leurs travaux, ils la
» trouveraient dans ce combat. L'Elbe était déjà plus près
» que le Rhin, et, au-delà, plus de guerre, si toutefois, lors-
» qu'il marchait dans ces mêmes régions, sur les traces de
» son père et de son oncle, ils voulaient l'y rendre vainqueur
» comme eux. » Le soldat répondit au discours de son général par la plus vive allégresse, et l'on donna le signal du
combat.

XV. De leur côté, Arminius et les autres chefs des Barbares n'omettaient rien pour animer chacun sa troupe :
« Cette armée romaine n'était que les fuyards de celle de
» Varus, qui, pour s'épargner une guerre, avaient recouru
» à la sédition; qui, couverts en partie de blessures hon-
» teuses, en partie brisés par les flots et par les tempêtes,
» venaient de nouveau, sans le moindre espoir de succès,
» se livrer à un ennemi implacable, à des dieux irrités; ils
» avaient pris une flotte et la route détournée de l'Océan,
» pour éviter, à leur arrivée, la rencontre, et, à leur re-
» tour, la poursuite des Germains; mais, une fois sur le
» champ de bataille, des voiles et des rames seraient pour
» des vaincus un faible secours. Les Germains auraient-ils
» oublié l'orgueil, l'avarice, la cruauté romaines? Que leur
» restait-il donc, sinon de maintenir leur liberté, ou de pré-
» venir l'esclavage par la mort? »

XVI. Ainsi enflammés, brûlant de combattre, ils des-
cendent dans la plaine d'Idistavise *. Cette plaine s'étend

---

* C'est le champ de bataille d'Hastembeck, à ce qu'assurait d'Anville.

tur. Pone tergum insurgebat silva, editis in altum ramis, et purâ humo inter arborum truncos. Campum et prima silvarum barbara acies tenuit; soli Cherusci juga insedere, ut praeliantibus Romanis desuper incurrerent. Noster exercitus sic incessit : auxiliares Galli, Germanique in fronte; post quos pedites sagittarii; dein quatuor legiones, et, cum duabus praetoriis cohortibus, ac delecto equite, Caesar; exin totidem aliae legiones, et levis armatura cum equite sagittario, ceteraeque sociorum cohortes. Intentus paratusque miles, ut ordo agminis in aciem adsisteret.

XVII. Visis Cheruscorum catervis quae per ferociam proruperant, validissimos equitum incurrere latus, Stertinium cum ceteris turmis circumgredi, tergaque invadere jubet, ipse in tempore adfuturus. Intereà, pulcherrimum augurium, octo aquilae, petere silvas et intrare visae, imperatorem advertere : exclamat irent, sequerentur romanas aves, propria legionum numina. Simul pedestris acies infertur, et praemissus eques postremos ac latera impulit; mirumque dictu, duo hostium agmina, diversâ fugâ, qui silvam tenuerant in aperta, qui campis adstiterant in silvam ruebant. Medii inter hos Cherusci collibus detrudebantur; inter quos insignis Arminius, manu, voce, vulnere sustentabat pugnam : incubue-

entre le Véser et des collines, dans une largeur inégale, suivant qu'elle est plus ou moins resserrée par les sinuosités de la rivière, et par les saillies des montagnes. Derrière eux s'élevaient de hautes futaies, dont les arbres, portant leurs branches vers la cime, laissaient le sol entièrement libre entre leurs troncs. La ligne de bataille des Barbares occupait la plaine et l'entrée de la forêt; les Chérusques se postèrent séparément sur les hauteurs, dans le dessein de tomber sur les Romains au fort du combat. Notre armée marcha dans cet ordre : les auxiliaires Gaulois et Germains à la tête, suivis des archers à pied; puis quatre légions; ensuite Germanicus, avec deux cohortes prétoriennes et l'élite de la cavalerie; après lui quatre autres légions; enfin les troupes légères, avec les archers à cheval et le reste des cohortes alliées. Le soldat était disposé de manière qu'au premier signal, son ordre de marche devint son ordre de bataille.

XVII. Germanicus, ayant aperçu l'infanterie des Chérusques qui, par excès d'intrépidité, s'était jetée en avant, donne ordre à sa meilleure cavalerie de les prendre en flanc, et à Stertinius de les tourner, d'attaquer leurs derrières avec le reste des escadrons; il promet de les seconder à propos. Cependant un magnifique augure, huit aigles, qu'on vit prendre leur vol et entrer dans la forêt, frappèrent les regards du général. Il crie à ses soldats de marcher, de suivre ces oiseaux de Rome, ces dieux tutélaires des légions; aussitôt l'infanterie se porte en avant, tandis que la cavalerie arrive sur les flancs et sur le dos des ennemis; ceux-ci sont mis en déroute; et, par un hasard surprenant, leurs deux ailes se croisent dans leur fuite, celle qui occupait le bois courant vers la plaine, et celle de la plaine se précipitant vers le bois. Les Chérusques, postés entre ces deux corps sur

ratque sagittariis, illà rupturus, ni Rhætorum Vindelicorumque et Gallicæ cohortes signa objecissent. Nisu tamen corporis, et impetu equi pervasit, oblitus faciem suo cruore, ne nosceretur : quidam agnitum à Chaucis, inter auxilia romana agentibus, emissumque tradiderunt. Virtus seu fraus eadem Inguiomero effugium dedit : ceteri passìm trucidati, et plerosque, tranare Visurgim conantes, injecta tela, aut vis fluminis, postremò moles ruentium, et incidentes ripæ, operuère; quidam, turpi fugâ in summa arborum nisi, ramisque se occultantes, admotis sagittariis per ludibrium figebantur; alios prorutæ arbores adflixère. Magna ea victoria, neque cruenta nobis fuit.

XVIII. Quintâ ab horâ diei ad noctem cæsi, hostes decem millia passuum cadaveribus atque armis opplevère; repertis, inter spolia eorum, catenis quas in Romanos, ut non dubio eventu, portaverant. Miles, in loco prælii, Tiberium *imperatorem* salutavit, struxitque aggerem, et, in modum tropæorum, arma, subscriptis victarum gentium nominibus, imposuit.

XIX. Haud perindè Germanos vulnera, luctus, excidia, quàm ea species dolore et irâ adfecit : qui modò abire sedibus, trans Albim concedere para-

des hauteurs, en furent chassés. Au milieu d'eux on distinguait Arminius, qui, de la voix, de son épée, de son sang, cherchait à soutenir la bataille. Il s'était jeté sur nos archers, et les aurait rompus s'ils n'eussent été soutenus par les Rhètes, les Vindéliciens et les Gaulois. Malgré sa défaite, il se fit jour encore avec son cheval et son épée, s'étant couvert le visage de son sang, pour n'être point reconnu. On prétend qu'il le fut cependant par les Chauques, auxiliaires dans notre armée, qui le laissèrent passer. Une valeur ou une ruse pareille sauva Inguiomer. On fit du reste un massacre horrible, surtout au passage du Véser, où les traits que nous lancions, la violence du courant, la précipitation des fuyards et l'éboulement du rivage en firent périr un grand nombre. Quelques-uns, par une fuite honteuse, avaient grimpé au haut des arbres, où ils cherchaient à se cacher derrière les branches. Nos archers se firent un amusement de les y percer à coups de flèches; d'autres furent écrasés par les arbres mêmes qu'on abattit. Cette victoire fut complète, sans être sanglante pour nous.

XVIII. Le carnage dura depuis la cinquième * heure du jour jusqu'à la nuit. Un espace de dix milles fut jonché d'armes et de cadavres. On trouva, parmi les dépouilles, les chaînes qu'ils avaient apportées pour nous, tant ils se croyaient sûrs de vaincre. L'armée proclama Tibère *imperator* sur le champ de bataille, et on éleva un monument avec un trophée d'armes, où l'on grava le nom des nations vaincues.

XIX. La vue de ce monument les outra de douleur et de rage plus que n'avaient fait leurs blessures, le massacre de leurs proches, la ruine de leur pays. Eux qui, peu d'ins-

---

* Environ neuf heures du matin.

bant, pugnam volunt, arma rapiunt : plebes, primores, juventus, senes, agmen romanum repentè incursant, turbant : postremò deligunt locum flumine et silvis clausum, artà intùs planitie et humidà : silvas quoque profunda palus ambibat, nisi quòd latus unum Angrivarii lato aggere extulerant, quò à Cheruscis dirimerentur : hìc pedes adstitit : equitem propinquis lucis texére, ut ingressis silvam legionibus à tergo foret.

XX. Nihil ex iis Cæsari incognitum : consilia, locos, prompta, occulta noverat, astusque hostium in perniciem ipsis vertebat. Seio Tuberoni legato tradit equitem, campumque ; peditum aciem ità instruxit ut pars æquo in silvam aditu incederet, pars objectum aggerem eniteretur : quod arduum sibi, cetera legatis permisit. Quibus plana evenerant, facilè inrupère ; quîs impugnandus agger, ut si murum succederent, gravibus supernè ictibus conflictabantur. Sensit dux imparem cominùs pugnam, remotisque paulùm legionibus, funditores libratoresque excutere tela et proturbare hostem jubet ; missæ è tormentis hastæ, quantòque conspicui magis propugnatores ; tantò pluribus vulneribus dejecti. Primus Cæsar cum prætoriis cohortibus, capto vallo, dedit impetum in silvas : conlato illìc gradu certatum : hostem à tergo palus, Romanos flumen aut montes clau-

tants auparavant, pensaient à quitter leur patrie, à se retirer au-delà de l'Elbe, ne parlent maintenant que de combats; ils courent aux armes; jeunes, vieux, chefs, peuple, tout s'ébranle; ils inquiètent la marche des Romains par mille incursions subites; enfin ils choisissent un champ de bataille fermé par le fleuve et par des bois; au milieu s'étendait une plaine étroite et marécageuse; un marais profond entourait encore la forêt de tous côtés, hors d'un seul où les Angrivariens avaient élevé une large chaussée, pour se faire une barrière contre les Chérusques. Ce fut là que se plaça l'infanterie; la cavalerie se cacha dans les bois voisins, pour fondre sur les derrières de notre armée, sitôt qu'elle serait entrée dans la forêt.

XX. Aucune de ces dispositions ne fut ignorée de Germanicus; leurs desseins, leurs positions, leurs résolutions publiques ou secrètes, il savait tout et tournait leurs ruses contre eux-mêmes. Il laisse à son lieutenant Tubéron la cavalerie et la plaine; pour l'infanterie, il la range en bataille, de manière qu'une partie puisse entrer de plain-pied dans la forêt, et l'autre assaillir le retranchement. Germanicus se réserve cette attaque, qui était difficile; il abandonne les autres à ses lieutenants. Ceux qui combattaient sur le terrain plat, pénétrèrent facilement; mais, à la chaussée, nos soldats étaient, comme au pied d'un mur, en butte à tous les traits, qui, d'en haut, tombant avec plus de force, les accablaient. Germanicus sentit que, de près, l'affaire n'était point égale; il fit retirer un peu ses légions, et avancer les frondeurs avec les machines, pour écarter l'ennemi à coups de traits; les machines firent pleuvoir des javelines énormes; et, plus leur (8) position mettait les Barbares en vue, plus ils furent criblés de blessures. Le rempart forcé, Germani-

debant : utrisque necessitas in loco, spes in virtute, salus ex victoriâ.

XXI. Nec minor Germanis animus; sed genere pugnæ et armorum superabantur; cùm ingens multitudo, artis locis, prælongas hastas non protenderet, non colligeret, neque adsultibus et velocitate corporum uteretur, coacta stabile ad prælium : contrà miles, cui scutum pectori adpressum, et insidens capulo manus, latos barbarorum artus, nuda ora foderet, viamque strage hostium aperiret; imprompto jam Arminio, ob continua pericula, sive illum recèns acceptum vulnus tardaverat. Quin et Inguiomerum, totâ volitantem acie, fortuna magis quàm virtus deserebat; et Germanicus, quò magis adgnosceretur, detraxerat tegimen capiti, orabatque insisterent cædibus, nil opus captivis, solam internecionem gentis finem bello fore. Jamque sero diei subduxit ex acie legionem faciendis castris; ceteræ ad noctem cruore hostium satiatæ sunt; equites ambiguè certavêre.

XXII. Laudatis pro concione victoribus, Cæsar congeriem armorum struxit, superbo cum titulo : « Debellatis inter Rhenum Albimque nationibus, » exercitum Tiberii Cæsaris ea monimenta Marti et

cus se jette le premier dans la forêt, à la tête des cohortes prétoriennes. Là, on se battit corps à corps. Les Barbares avaient le marais, les Romains le fleuve ou les montagnes qui les enfermaient par derrière ; les deux armées, commandées par le terrain, n'avaient de ressource que la valeur, d'espérance que la victoire.

XXI. Les Germains ne nous le cédaient point en bravoure, mais la nature du combat et des armes leur donnait du désavantage. Le lieu était trop resserré pour cette immense multitude ; ils ne pouvaient ni allonger librement leurs grandes lances, et les ramener à eux, ni s'élancer par bonds, et déployer l'agilité de leurs membres. Ils étaient réduits à combattre de pied ferme ; tandis que le soldat romain, avec son bouclier serré contre sa poitrine, et son épée dont la main embrassait la garde, perçait sans peine leurs corps gigantesques, leurs visages découverts, et se faisait jour par le massacre des ennemis. Enfin la continuité du péril rebuta Arminius, qu'affaiblissait aussi peut-être sa dernière blessure. Inguiomer, plus opiniâtre, volait dans tous les rangs, et la fortune lui manqua plutôt que la valeur. Germanicus avait ôté son casque, pour être mieux reconnu ; il criait de s'acharner au carnage, de ne point faire de prisonniers, qu'on n'aurait la paix que par la destruction entière de la nation. Le soir il retira du combat une légion pour travailler au camp ; toutes les autres se baignèrent jusqu'à la nuit dans le sang des ennemis. La cavalerie combattit sans avantage marqué.

XXII. Germanicus, dans une assemblée générale de l'armée, célébra la bravoure de ses soldats ; puis il fit dresser un trophée avec cette inscription magnifique : « L'armée de Tibère César, victorieuse des nations entre l'Elbe et le Rhin,

» Jovi et Augusto sacravisse. » De se nihil addidit, metu invidiæ, an ratus conscientiam facti satis esse. Mox bellum in Angrivarios Stertinio mandat, ni deditionem properavissent : atque illi supplices, nihil abnuendo, veniam omnium accepêre.

XXIII. Sed, æstate jam adultâ, legionum aliæ itinere terrestri in hibernacula remissæ; plures Cæsar, classi impositas, per flumen Amisiam Oceano invexit. Ac primò placidum æquor mille navium remis strepere, aut velis impelli; mox, atro nubium globo, effusa grando, simul variis undiquè procellis incerti fluctus prospectum adimere, regimen impedire : milesque pavidus, et casuum maris ignarus, dùm turbat nautas, vel intempestivè juvat, officia prudentium corrumpebat. Omne dehìnc cœlum et mare omne in austrum cessit; qui, tumidis Germaniæ terris, profundis amnibus, immenso nubium tractu validus, et rigore vicini septentrionis horridior, rapuit disjecitque naves in aperta Oceani, aut insulas saxis abruptis, vel per occulta vada infestas. Quibus paulùm ægrèque vitatis, postquàm mutabat æstus, eòdemque quò ventus ferebat, non adhærere anchoris, non exhaurire inrumpentîs undas poterant : equi, jumenta, sarcinæ, etiam arma præcipi-

» a consacré ce monument à Mars, à Jupiter et à Auguste. »
De lui, il n'ajouta rien, soit crainte de l'envie, soit persuasion que les grandes actions se suffisent à elles-mêmes. Il chargea Stertinius de la guerre contre les Angrivariens; mais ceux-ci se hâtèrent de se soumettre; et, par leurs supplications, en se résignant à tout, ils se firent tout pardonner.

XXIII. Cependant, l'été s'avançant, Germanicus renvoya une partie des légions par terre dans leurs quartiers d'hiver; le plus grand nombre s'embarqua avec lui sur la flotte, et regagna l'Océan par l'Ems. D'abord la mer fut tranquille; on n'y entendait que le bruit des rames, on n'y voyait que l'agitation des voiles qui faisaient mouvoir ces mille vaisseaux. Tout-à-coup d'épais nuages, s'amoncelant, se fondent en grêle; puis les vents, soufflant à la fois de tous les côtés, tourmentent les flots en tout sens; on ne voit plus autour de soi, on ne peut gouverner. Le soldat effrayé, sans expérience de la mer, troublant les matelots, ou les aidant à contre-temps, empêchait la manœuvre. Bientôt le vent du midi domina seul sur tout le ciel et sur toute la mer. Ce vent, à qui un amas de nuages immenses, l'élévation des terres de la Germanie, la profondeur de ses rivières, la rigueur et le voisinage du nord, donnaient encore plus de violence, emporta et dispersa les vaisseaux en pleine mer, ou les poussa sur des îles environnées de rochers escarpés, ou de bas-fonds dangereux. On les avait un peu évitées, quoique avec peine, à l'aide de la marée; mais lorsqu'elle eut changé, et que sa direction fut celle du vent, il n'y eut plus d'ancres capables de retenir les vaisseaux, plus de bras suffisants pour épuiser l'eau qui entrait de toutes parts. On jette à la mer les chevaux, les bêtes de somme, les bagages, les armes même, pour

tantur, quò levarentur alvei, manantes per latera, et fluctu superurgente.

XXIV. Quantò violentior cetero mari Oceanus, et truculentiâ coeli praestat Germania, tantùm illa clades novitate et magnitudine excessit, hostilibus circùm littoribus, aut ità vasto et profundo ut credatur novissimum, ac sine terris mare. Pars navium haustae sunt; plures apud insulas longiùs sitas ejectae: milesque, nullo illic hominum cultu, fame absumptus, nisi quos corpora equorum eòdem elisa toleraverant. Sola Germanici triremis Chaucorum terram adpulit, quem, per omnes illos dies noctesque, apud scopulos et prominentis oras, cùm se tanti exitii reum clamitaret, vix cohibuère amici quominùs eodem mari oppeteret. Tandem, relabente aestu, et secundante vento, claudae naves raro remigio, aut intentis vestibus, et quaedam à validioribus tractae, revertère: quas raptìm refectas misit ut scrutarentur insulas; collecti eà curà plerique. Multos Angrivarii, nuper in fidem accepti, redemptos ab interioribus reddidère; quidam in Britanniam rapti, et remissi à regulis. Ut quis ex longinquo revenerat, miracula narrabant, vim turbinum, et inauditas volucres, monstra maris, ambiguas hominum et belluarum formas, visa, sive ex metu credita.

soulager les bâtiments qui s'entr'ouvraient par les côtés, et s'affaissaient sous le poids des vagues.

XXIV. Autant l'Océan l'emporte en violence sur une autre mer, le climat de la Germanie en rigueur sur un autre climat, autant cette tempête l'emporta sur les autres, par tout ce qu'elle eut d'extraordinaire et d'horrible. On n'avait autour de soi que des rivages ennemis, ou une mer si vaste et si profonde, qu'on ne supposait point de terres au-delà. Une partie des vaisseaux fut engloutie; plusieurs furent jetés sur des îles éloignées. Là, sur des bords inhabités, nos soldats périrent par la faim, excepté ceux qui vécurent de la chair des chevaux que la tempête avait poussés sur le rivage. La seule trirème de Germanicus aborda chez les Cauques. On le vit, pendant tout ce temps, errer le jour et la nuit sur les rochers et sur les promontoires, s'accusant d'être la cause d'un si grand désastre. A peine ses amis purent-ils l'empêcher de se précipiter dans la mer. Enfin, au retour de la marée, le vent favorisa nos vaisseaux; ils revinrent délabrés, les uns presque sans rames, d'autres avec des vêtements pour voiles, quelques-uns traînés par d'autres moins endommagés. On les répare promptement pour aller visiter toutes les îles. Par ce moyen, on recueillit un grand nombre de soldats. Les Angrivariens, nouvellement soumis, en rachetèrent, de l'intérieur du pays, plusieurs qu'ils nous rendirent. Quelques-uns furent emportés jusqu'en Bretagne *, d'où les petits souverains du pays nous les renvoyèrent. A son retour de ces pays lointains, chacun faisait des récits merveilleux de tourbillons violents, d'oiseaux inconnus, de monstres marins de formes

---

* L'Angleterre.

XXV. Sed fama classis amissæ, ut Germanos ad spem belli, ità Cæsarem ad coërcendum crexit. C. Silio, cum triginta peditum, tribus equitum millibus, ire in Cattos imperat : ipse majoribus copiis Marsos inrumpit : quorum dux Malovendus, nuper in deditionem acceptus, propinquo luco defossam Varianæ legionis aquilam modico præsidio servari indicat. Missa extemplò manus quæ hostem à fronte eliceret; alii qui, terga circumgressi, recluderent humum : et utrisque adfuit fortuna. Eò promptior Cæsar pergit introrsùs, populatur, exscindit non ausum congredi hostem; aut, sicubi restiterat, statìm pulsum; nec unquàm magis, ut ex captivis cognitum est, paventem. Quippè invictos et nullis casibus superabiles Romanos prædicabant, qui, perditâ classe, amissis armis, post constrata equorum virorumque corporibus littora, eâdem virtute, pari ferociâ, et veluti aucti numero inrupissent.

XXVI. Reductus indè in hiberna miles, lætus animi, quòd adversa maris expeditione prosperâ pensavisset : addidit munificentiam Cæsar, quantùm quis damni professus erat, exsolvendo. Nec dubium habebatur labare hostes, petendæque pacis consilia sumere, et, si proxima æstas adjiceretur, posse bellum patrari. Sed crebris epistolis Tiberius monebat rediret ad decretum triumphum ; satis jam even-

bizarres, moitié homme, moitié animal, qu'il avait vus, ou que, dans sa frayeur, il avait cru voir.

XXV. Ce désastre, en réveillant l'espérance des Germains, ne fit que ranimer les efforts de Germanicus. Il envoie Silius contre les Cattes avec trente mille hommes de pied, trois mille chevaux, et marche lui-même avec de plus grandes forces contre les Marses. Leur chef Malovende venait de se soumettre. Il nous apprit que l'aigle d'une des légions de Varus, enfouie dans un bois voisin, n'était gardée que par un faible détachement. On fit partir aussitôt un corps de troupes. Une partie devait attirer l'ennemi en avant, tandis que l'autre irait par derrière enlever l'aigle ; tout réussit. Animé par ce succès, Germanicus pénètre dans l'intérieur du pays, qu'il dévaste et qu'il ruine. L'ennemi n'osait plus en venir aux mains ; tout ce qui résistait était dispersé sur-le-champ. Jamais, suivant le rapport de leurs prisonniers, il n'y avait eu parmi eux une telle consternation. Ils disaient hautement que les Romains étaient invincibles et supérieurs aux coups de la fortune, puisque, après la perte de leur flotte et de leurs armes, lorsque tous les rivages de la Germanie étaient jonchés de leurs hommes et de leurs chevaux, leur courage était toujours le même, leurs attaques tout aussi vives, et leur nombre en quelque sorte multiplié.

XXVI. Après cette expédition, Germanicus mit ses troupes en quartier d'hiver ; la joie de ce succès leur avait fait oublier les malheurs de leur navigation. Il y mit le comble par ses libéralités, et il tint compte à chacun de tout ce qu'ils déclarèrent avoir perdu. Déjà le découragement des ennemis était sensible ; ils songeaient même à demander la paix, et l'on ne doutait point qu'une autre campagne ne terminât la guerre. Mais Tibère écrivait lettres sur lettres à Germanicus

tuum, satis casuum; prospera illi et magna praelia: eorum quoque meminisset quae venti et fluctus, nullâ ducis culpâ, gravia tamen et saeva damna intulissent. Se, novies à divo Augusto in Germaniam missum, plura consilio quàm vi perfecisse; sic Sugambros in deditionem acceptos; sic Suevos, regemque Maroboduum pace obstrictum : posse et Cheruscos, ceterasque rebellium gentes, quandò romanæ ultioni consultum esset, internis discordiis relinqui. Precante Germanico annum efficiendis cœptis, acriùs modestiam ejus adgreditur, alterum consulatum offerendo cujus munia præsens obiret : simul adnectebat, si foret adhuc bellandum, relinqueret materiem Drusi fratris gloriæ, qui, nullo tùm alio hoste non nisi apud Germanias, adsequi nomen imperatorium, et deportare lauream posset. Haud cunctatus est ultrà Germanicus, quanquàm fingi ea, seque per invidiam parto jam decori abstrahi intelligeret.

XXVII. Sub idem tempus, è familiâ Scriboniorum Libo Drusus defertur moliri res novas. Ejus negotii initium, ordinem, finem curatiùs disseram; quia tùm primùm reperta sunt quæ per tot annos rempublicam exedère. Firmius Catus, senator, ex intimâ Libonis amicitiâ, juvenem improvidum et facilem inanibus, ad Chaldæorum promissa, Magorum sacra, somniorum etiam interpretes impulit : dùm proavum Pompeium, amitam Scriboniam, quæ

pour le faire revenir, alléguant le triomphe qui l'attendait, l'incertitude du sort après de grands et glorieux combats, lui citant les malheurs de sa navigation, qui, sans nuire à la gloire du chef, n'en étaient pas moins cruels pour son armée. Il ajoutait que lui-même, envoyé neuf fois en Germanie par Auguste, avait plus terminé de choses par la politique que par la force ; que c'était ainsi qu'il avait soumis les Sicambres*, et réduit les Suèves et le roi Maroboduus à demander la paix ; que, maintenant que la vengeance des Romains était satisfaite, on pouvait abandonner à leurs dissensions les Chérusques et les autres nations rebelles. Germanicus demandait un an pour consommer son entreprise. Tibère, toujours plus pressant, attaque (9) sa vanité par l'offre d'un second consulat, dont les fonctions exigeraient sa présence. Il insinuait en même temps que, si la guerre devait être continuée, il fallait laisser à son frère Drusus des travaux et l'unique occasion d'acquérir des lauriers et le titre d'*imperator*, puisqu'on n'avait alors d'ennemis que les Germains. Germanicus n'insista plus, quoiqu'il comprît toute la fausseté de ces prétextes, et la malignité de l'envie qui voulait lui ravir une gloire acquise déjà par ses succès.

XXVII. Environ dans le même temps, Libo Drusus, de la maison des Scribonius, fut accusé d'une conspiration contre l'empereur. Je vais rapporter plus en détail l'origine, la suite et le dénoûment de cette affaire, parce qu'elle fut la première époque de ces manœuvres sourdes qui, depuis, ont miné l'État si long-temps. Le sénateur Firmius, intime ami de Libon, avait abusé de la faiblesse de ce jeune homme in-

---

* Peuple de la Germanie, qui habitait entre la Lippe et la Hesse. Leur nom venait du fleuve *Sicca*, qui traversait leur pays.

quondàm Augusti conjunx fuerat, consobrinos Caesares, plenam imaginibus domum ostentat; hortaturque ad luxum et æs alienum, socius libidinum et necessitatum, quò pluribus indiciis inligaret.

XXVIII. Ut satis testium, et qui servi eadem noscerent reperit, aditum ad principem postulat, demonstrato crimine et reo per Flaccum Vescularium, equitem romanum, cui propior cum Tiberio usus erat. Cæsar, indicium haud aspernatus, congressus abnuit; posse enim, eodem Flacco internuncio, sermones commeare. Atque interim Libonem ornat præturâ, convictibus adhibet, non vultu alienatus, non verbis commotior (adeò iram condiderat) cunctaque ejus dicta factaque, cùm prohibere posset, scire malebat. Donec Junius quidam, tentatus ut infernas umbras carminibus eliceret, ad Fulcinium Trionem indicium detulit. Celebre inter accusatores Trionis ingenium erat, avidumque famæ malæ. Statim corripit reum, adit consules, senatûs cognitionem poscit: et vocantur patres, addito consultandum super re magnâ et atroci.

considéré, facile à embrasser des chimères; il lui avait inspiré de la confiance pour les promesses des astrologues, les cérémonies des magiciens, et même pour les interprètes de songes; il lui parlait sans cesse de son bisaïeul Pompée, de sa tante Scribonie, qui avait été la femme d'Auguste, des Césars dont il était le parent, enfin de toutes les grandeurs de sa maison. Partageant et ses plaisirs et ses liaisons (10), il le poussait aux plus fortes dépenses, à s'endetter même, afin de l'envelopper dans les dépositions d'un plus grand nombre de témoins.

XXVIII. Dès qu'il en eut un nombre suffisant, ainsi que des esclaves pour déposer sur les mêmes faits, il sollicita une entrevue avec Tibère; il l'avait instruit déjà de l'accusation et du nom de l'accusé, par le moyen de Vescularius, chevalier romain, qui avait un accès plus libre auprès du prince. Tibère, quoique éloigné de rejeter la délation, refuse l'entrevue, inutile, selon lui, puisqu'on pouvait communiquer par l'entremise de ce même Flaccus. Et cependant il élève Libon à la préture, il l'admet dans sa familiarité. Il avait tellement concentré sa colère, qu'on n'apercevait, ni dans ses discours, ni sur son visage, la moindre altération. Il eût pu arrêter les propos et les actions du jeune homme; il préférait les épier. Enfin, un certain Junius, sollicité * d'évoquer les ombres par des enchantements, porta sa déposition chez Fulcinius, accusateur célèbre de ce temps, et avide de cette infâme célébrité. Celui-ci s'empare aussitôt de l'affaire, va trouver les consuls, demande au sénat une instruction. On convoque (11) les pères, en leur annonçant qu'ils auraient à délibérer sur une affaire alarmante et grave.

* Par Libon.

XXIX. Libo interim, veste mutatâ, cum primoribus feminis circumire domos, orare adfines, vocem adversùm pericula poscere; abnuentibus cunctis, cùm diversa prætenderent, eâdem formidine, die senatûs, metu et ægritudine fessus, sive, ut tradidère quidam, simulato morbo, lecticâ delatus ad fores curiæ, innisusque fratri, et manus ac supplices voces ad Tiberium tendens, immoto ejus vultu excipitur: mox libellos et auctores recitat Cæsar, ità moderans ne lenire, neve asperare crimina videretur.

XXX. Accesserant, præter Trionem et Catum accusatores, Fonteius Agrippa, et C. Vibius, certabantque cui jus perorandi in reum daretur: donec Vibius, quia nec ipsi inter se concederent, et Libo sine patrono introisset, singillatìm se crimina objecturum professus, protulit libellos, vecordes adeò ut consultaverit Libo an habiturus foret opes quîs viam Appiam, Brundisium usque, pecuniâ operiret. Inerant et alia hujuscemodi, stolida, vana; si molliùs acciperes, miseranda. Uni tamen libello, manu Libonis, nominibus Cæsarum aut senatorum additas atroces vel occultas notas, accusator arguebat. Negante reo, agnoscentes servos per tormenta interrogari placuit. Et, quia, vetere senatûs-consulto, quæstio in caput domini prohibebatur, callidus et novi juris repertor Tiberius mancipari singulos actori publico jubet: scilicet ut in Libonem ex servis,

XXIX. Cependant Libon, ayant pris des habits de deuil, se transporte de maison en maison avec les premières femmes de Rome; il sollicite ses proches, il les supplie de le défendre dans son malheur; tous refusent par le même motif, la crainte, qu'ils déguisent sous différents prétextes. Le jour de l'assemblée, soit que l'inquiétude et le chagrin l'eussent rendu malade, soit qu'il feignît de l'être, comme on l'a dit aussi, Libon se fait conduire en litière jusqu'à la porte du sénat; il se traîne dans la salle, appuyé sur son frère; il tend des mains suppliantes à Tibère, il implore sa pitié. Tibère l'écoute d'un air calme; puis il lit les charges et les dépositions, d'un ton mesuré, qui n'adoucissait, qui n'aggravait rien.

XXX. A Fulcinius et Firmius s'étaient joints deux autres accusateurs, Fontéius Agrippa et Vibius; et tous quatre se disputaient à qui porterait la parole contre l'accusé. Comme aucun d'eux ne voulait le céder aux autres, Vibius, observant d'ailleurs que Libon n'avait point d'avocat, déclara qu'il se bornerait à exposer succinctement les différents chefs d'accusation. Il en produisit de tellement insensés, que Libon avait, disait-il, demandé s'il aurait un jour assez d'argent pour en couvrir la voie Appienne, depuis Rome jusqu'à Brindes. Il y en avait encore d'autres de cette puérilité, de cette extravagance qui, à vrai dire, n'étaient dignes que de pitié. On citait pourtant des tablettes sur lesquelles on avait écrit les noms de César et des sénateurs, avec des notes, les unes sanglantes, les autres mystérieuses, toutes de la main de Libon, à ce que prétendait l'accusateur. L'accusé le niant, on proposa d'appliquer à la question ses esclaves, qui connaissaient son écriture. Mais comme un ancien sénatus-consulte défendait cette sorte de procédure, Tibère, fécond en

salvo senatûs-consulto, quæreretur. Ob quæ posterum diem reus petivit: domumque digressus, extremas preces P. Quirinio propinquo suo ad principem mandavit: responsum est ut senatum rogaret.

XXXI. Cingebatur interim milite domus, strepebant etiam in vestibulo, ut audiri, ut aspici possent: cùm Libo, ipsis quas in novissimam voluptatem adhibuerat epulis excruciatus, vocare percussorem, prensare servorum dextras, inserere gladium: atque illis, dùm trepidant, dùm refugiunt, evertentibus adpositum mensâ lumen, feralibus jam sibi tenebris, duos ictus in viscera direxit. Ad gemitum conlabentis adcurrère liberti, et, cæde visâ, miles abstitit. Accusatio tamen apud patres adseveratione eâdem peracta; juravitque Tiberius petiturum se vitam quamvis nocenti, nisi voluntariam mortem properavisset.

XXXII. Bona inter accusatores dividuntur, et præturæ, extra ordinem, datæ his qui senatorii ordinis erant. Tunc Cotta Messalinus ne imago Libonis exsequias posterorum comitaretur censuit; Cn. Lentulus ne quis Scribonius cognomentum Drusi adsumeret: supplicationum dies Pomponii Flacci sententiâ constituti: ut dona Jovi, Marti, Concordiæ; utque idnum septembrium dies, quo se Libo interfecerat,

ressources (12), et habile à inventer des formes nouvelles, fit vendre les esclaves à un homme (13) du fisc, afin qu'on pût les entendre contre Libon, sans qu'en effet la loi fût violée. L'accusé demanda un jour de plus pour se défendre. De retour chez lui, il chargea Quirinius, son parent, d'adresser au prince ses dernières supplications. Le prince lui fit répondre de supplier le sénat.

XXXI. Cependant la maison de Libon était investie de soldats ; ils faisaient même un grand bruit dans le vestibule, afin qu'on pût les entendre, afin qu'on pût les voir (14). Libon, qui souffrait cruellement des excès d'un grand repas par lequel il avait voulu s'étourdir à ses derniers moments, appelle ses esclaves pour le percer ; il leur présente son épée ; il veut la remettre entre leurs mains. Ceux-ci, troublés, renversent, en se débattant, la lumière posée sur la table. Libon prend cette obscurité pour le signal de sa mort ; il se porte deux coups dans les entrailles. Aux gémissements qu'il pousse en tombant, ses affranchis accourent, et les soldats, l'ayant vu expirer, se retirent. On n'en poursuivit pas moins l'accusation dans le sénat, et Tibère jura que, tout coupable qu'était Libon, il aurait demandé sa grâce, s'il ne se fût donné la mort si précipitamment.

XXXII. Ses biens furent partagés entre ses accusateurs ; et l'on n'attendit pas les comices pour récompenser, par la préture, ceux d'entre eux qui étaient sénateurs. Cotta et Lentulus opinèrent, l'un pour que l'image de Libon ne parût jamais aux funérailles de ses descendants ; l'autre, pour qu'aucun Scribonius ne prît le surnom de Drusus. On ordonna plusieurs jours de prières, d'après l'avis de Pomponius ; à quoi Publius, Mutilus, Apronius et Gallus ajoutèrent de présenter une offrande à Jupiter, à Mars, à la

dies festus haberetur, L. Publius, et Gallus Asinius, et Papius Mutilus, et L. Apronius decrevêre : quorum auctoritates adulationesque retuli, ut sciretur vetus id in republicâ malum. Facta et de Mathematicis Magisque Italiâ pellendis senatûs-consulta ; quorum è numero L. Pituanius saxo dejectus est : in P. Marcium, consules, extra portam Exquilinam cùm classicum canere jussissent, more prisco advertêre.

XXXIII. Proximo senatûs die, multa in luxum civitatis dicta à Q. Haterio consulari, Octavio Frontone præturâ functo : decretumque ne vasa auro solida ministrandis cibis fierent, ne vestis serica viros fœdaret. Excessit Fronto, ac postulavit modum argento, supellectili, familiæ : erat quippè adhuc frequens senatoribus, si quid è republicâ crederent, loco sententiæ promere. Contrà Gallus Asinius disseruit : « Auctu imperii adolevisse etiam privatas
» opes ; idque non novum, sed è vetustissimis mo-
» ribus : aliam apud Fabricios, aliam apud Scipio-
» nes pecuniam ; et cuncta ad rempublicam referri :
» quâ tenui, angustas civium domos ; postquàm eò
» magnificentiæ venerit, gliscere singulos : neque in
» familiâ et argento, quæque ad usum parentur, ni-
» mium aliquid, aut modicum, nisi ex fortunâ pos-
» sidentis : distinctos senatûs et equitum census, non
» quia diversi naturâ, sed ut locis, ordinibus, dig-
» nationibus antistent, aliisque * quæ ad requiem

---

* La Syntaxe et le sens même du discours portent à croire qu'il faut lire *aliisque*, et non, comme dans quelques manuscrits, *talisque*.

Concorde, et de fêter à l'avenir les *ides de septembre, jour auquel Libon s'était tué. J'ai rapporté les avis de tous ces sénateurs, afin qu'on sache que la flatterie est un mal ancien parmi nous. On rendit aussi un sénatus-consulte pour chasser d'Italie les astrologues et les magiciens. Un d'entre eux, L. Pituanius, fut précipité de la roche Tarpéienne; un autre, P. Marcius, fut mené, par ordre des consuls, à son de trompe, en dehors de la porte Esquiline **, où l'on renouvela, pour lui, un ancien supplice des premiers temps de la république.

XXXIII. Dans l'assemblée suivante, Hatérius, consulaire, et Fronton, ex-préteur, s'élevèrent fortement contre le luxe de la capitale. On défendit, par un décret, de servir sur les tables des vases d'or, et, aux hommes, de dégrader leur sexe en portant de la soie. Fronton alla plus loin; il demanda un réglement pour l'argenterie, les ameublements et les esclaves; car il était encore très-ordinaire aux sénateurs de s'écarter de l'objet précis de la délibération, et de proposer ce qu'ils croyaient utile au bien public. Gallus combattit Fronton; il représenta « que l'accroissement de l'empire avait amené
» celui des richesses particulières ; que cette progression
» était naturelle; qu'on l'avait vue dans les temps les plus
» reculés; que la fortune des Scipions n'avait point été aussi
» bornée que celle des Fabricius; que tout était en rapport
» avec l'État, qui, pauvre, avait des citoyens pauvres, et
» dont enfin la magnificence influait sur ses membres; qu'en
» fait de luxe, rien n'était absolu; que la fortune du pro-
» priétaire décidait seule de l'excès ou de la modicité des

---

* 13 septembre.
** Aujourd'hui la porte St.-Laurent.

» animi, aut salubritatem corporum parentur : nisi
» fortè clarissimo cuique plures curas, majora peri-
» cula subeunda, delinimentis curarum et periculo-
» rum carendum esse. » Facilem adsensum Gallo,
sub nominibus honestis confessio vitiorum, et simi-
litudo audientium dedit. Adjecerat et Tiberius non
id tempus censuræ; nec, si quid in moribus labaret,
defuturum corrigendi auctorem.

XXXIV. Inter quæ L. Piso ambitum fori, cor-
rupta judicia, sævitiam oratorum accusationes mi-
nitantium increpans : abire se et cedere urbe, vic-
turum in aliquo abdito et longinquo rure testabatur :
simul curiam relinquebat. Commotus est Tiberius,
et, quanquàm mitibus verbis Pisonem permulsisset,
propinquos quoque ejus impulit ut abeuntem auctoritate vel precibus tenerent. Haud minùs liberi doloris documentum idem Piso mox dedit, vocatà in
jus Urgulaniâ, quam supra leges amicitia Augustæ
extulerat : nec aut Urgulania obtemperavit, in domum Cæsaris, spreto Pisone, vecta; aut ille abstitit, quanquàm Augusta se violari et imminui que-

» dépenses ; que la loi consacrait des distinctions dans le pa-
» trimoine des chevaliers et des sénateurs, quoiqu'ils ne fus-
» sent pas d'une autre nature que les autres hommes, afin
» de leur procurer, avec les prééminences du lieu, du rang,
» des honneurs, ce qui peut contribuer au délassement de
» l'esprit et à la santé du corps ; qu'il y aurait peu de justice
» à refuser à ceux que l'éclat de leur nom exposait à plus
» de périls et d'inquiétudes, l'unique adoucissement de ces
» inquiétudes et de ces périls. » Son adresse à déguiser nos
vices sous des noms honnêtes, et sa conformité avec ceux qui
l'écoutaient, eurent bientôt fait prévaloir l'avis de Gallus.
Tibère avait ajouté que ce n'était pas le moment d'exercer
une pareille censure, et que, s'il apercevait du relâchement
dans les mœurs, il serait le premier (15) à proposer une
réforme.

XXXIV. Pison * saisit ce moment pour se plaindre des
brigues du Forum, de la corruption des juges, de la cruauté
des orateurs, toujours armés d'une accusation ; il déclara
qu'il allait quitter Rome, et ensevelir le reste de sa vie dans
quelque terre lointaine, ignorée. Tout en disant ces mots, il
sortait du sénat. Cette résolution toucha vivement Tibère.
Non content de chercher à l'adoucir par des paroles conso-
lantes, il invoqua les prières et l'autorité de ses parents pour
qu'ils empêchassent son départ. Ce même Pison montra bientôt une indignation non moins courageuse, lorsqu'il cita en
justice Urgulanie, que l'amitié d'Augusta avait mise au-
dessus des lois. Urgulanie, au lieu d'obéir, se rendit au palais impérial, sans égards pour Pison, qui, de son côté, ne
l'en poursuivait pas moins, quoique Augusta se plaignît

* Lucius Piso.

reretur. Tiberius, hactenùs indulgere matri civile ratus ut se iturum ad prætoris tribunal, adfuturum Urgulaniæ diceret, processit palatio, procùl sequi jussis militibus : spectabatur, occursante populo, compositus ore, et sermonibus variis tempus atque iter ducens; donec, propinquis Pisonem frustrà coërcentibus, deferri Augusta pecuniam quæ petebatur juberet. Isque finis rei, ex quâ neque Piso inglorius, et Cæsar majore famâ fuit. Ceterùm Urgulaniæ potentia adeò nimia civitati erat ut, testis in caussâ quâdam quæ apud senatum tractabatur, venire dedignaretur; missus est prætor qui domi interrogaret, cùm virgines vestales in foro et judicio audiri, quoties testimonium dicerent, vetus mos fuerit.

XXXV. Res eo anno prolatas haud referrem, ni pretium foret Cn. Pisonis et Asinii Galli super eo negotio diversas sententias noscere. Piso, quanquàm abfuturum se dixerat Cæsar, ob id magis agendum censebat, et, absente principe, senatum et equites posse sua munia sustinere, decorum reipublicæ fore. Gallus, quia speciem libertatis Piso præceperat, nihil satis inlustre, aut ex dignitate populi romani nisi coràm et sub oculis Cæsaris : eòque conventum Italiæ, et adfluentîs provincias præsentiæ ejus servanda dicebat. Audiente hæc Tiberio, ac silente, magnis utrinquè contentionibus acta; sed res dilatæ.

qu'on l'outrageât dans sa favorite. Tibère, convaincu que les lois ne lui permettaient pas de faire plus en faveur de sa mère, lui promit seulement de se rendre au tribunal du préteur, et de plaider (16) pour Urgulanie. Il sortit à pied de son palais. Ses soldats avaient ordre de ne le suivre que de loin. Il s'avançait, avec un visage composé, fixant sur lui les regards du peuple qui était accouru sur son passage ; il cherchait, par différents entretiens, à allonger le temps et le chemin ; enfin, il apprit que Pison, malgré les représentations de ses proches, n'ayant pas voulu se désister, Augusta avait fait apporter l'argent qu'on demandait. Ainsi se termina cette affaire, d'où Pison ne sortit point sans gloire, et qui rehaussa Tibère dans l'opinion publique. Au reste, le pouvoir d'Urgulanie était si criant, qu'elle dédaigna de venir au sénat témoigner dans une affaire qu'on y avait portée ; il fallut qu'on envoyât un préteur l'interroger chez elle, bien que les vestales même, appelées en témoignage, eussent été, de tout temps, obligées de se rendre au Forum.

XXXV. Il y eut cette année, à cause de l'absence du prince, un délai dans les affaires. Je n'en parlerais pas, s'il n'était à propos de faire connaître à ce sujet les différents avis de Cnéus Pison et d'Asinius Gallus. Pison soutenait que, Tibère leur ayant annoncé son départ, c'était une raison de plus de rester en activité ; qu'il serait honorable pour la constitution que le sénat et les chevaliers pussent remplir * leurs fonctions en l'absence du prince. Gallus, à qui Pison avait enlevé la réputation de franchise, prétendait, au contraire, qu'il fallait les regards du prince pour donner aux

---

* L'an 761, Auguste donna au sénat le pouvoir d'instruire, en son absence, la plus grande partie des affaires. (Dion.)

XXXVI. Et certamen Gallo adversùs Cæsarem exortum est : nam censuit in quinquennium magistratuum comitia habenda : utque legionum legati, qui, ante præturam, eâ militiâ fungebantur, jam tùm prætores destinarentur : princeps duodecim candidatos in annos singulos nominaret. Haud dubium erat eam sententiam altiùs penetrare, et arcana imperii tentari. Tiberius tamen, quasi augeretur potestas ejus, disseruit : « Grave moderationi suæ tot
» eligere, tot differre : vix per singulos annos offen-
» siones vitari, quamvis repulsam propinqua spes
» soletur : quantùm odii fore ab his qui ultra quin-
» quennium projiciantur : undè prospici posse quæ
» cuique, tàm longo temporis spatio, mens, domus,
» fortuna ? superbire homines etiam annuâ designa-
» tione : quid si honorem per quinquennium agitent?
» quintuplicari prorsùs magistratus, subverti leges,
» quæ sua spatia exercendæ candidatorum industriæ
» quærendisque aut potiundis honoribus, statue-
» rint. »

XXXVII. Favorabili in speciem oratione vim imperii tenuit. Censusque quorumdam senatorum juvit : quò magis mirum fuit quòd preces M. Hortali, nobilis juvenis, in paupertate manifestâ, superbiùs accepisset. Nepos erat oratoris Hortensii, inlectus à divo Augusto liberalitate decies sestertii ducere uxorem, suscipere liberos, ne clarissima familia exstingueretur. Igitur, quatuor filiis ante limen curiæ adstantibus, loco sententiæ, cùm in palatio senatus

actes du sénat tout l'éclat qu'exigeait la dignité du peuple romain, et que des affaires qui rassemblaient dans Rome l'Italie et les provinces, méritaient la présence de l'empereur. Les deux avis furent débattus avec beaucoup de chaleur. Tibère écoutait et ne disait rien. Cependant les affaires furent remises.

XXXVI. Il y eut aussi quelques débats entre ce même Gallus et Tibère. Gallus proposa qu'on élût les magistrats cinq ans d'avance; que tous les lieutenants de légions qui n'auraient point encore obtenu la préture y fussent désignés de droit, et que l'empereur nommât douze candidats pour chacun des cinq ans. Il était visible que ce plan cachait des vues profondes, et qu'il ébranlait (17) un des ressorts du pouvoir impérial. Tibère fit semblant de n'y voir qu'un accroissement de sa puissance; il dit : « que tant de nomina» tions, que de si longs délais répugnaient à la modération » de son caractère; qu'à peine, dans les élections annuelles, » on évitait de faire des mécontents, quoiqu'une espérance » prochaine pût alors consoler d'un refus; quels seraient » les murmures si l'on était rejeté à un avenir si reculé? Et » d'ailleurs, comment prévoir de si loin les révolutions qui » surviendraient dans les caractères (18), dans les familles, » dans les fortunes? On connaissait la vanité des magistrats » désignés un an d'avance; que serait-ce si leur orgueil avait » cinq ans pour s'exalter? Enfin, c'était en quintupler le » nombre, c'était renverser les lois qui avaient fixé le » temps des épreuves et l'âge pour solliciter ou pour possé» der les honneurs. »

XXXVII. Par ce discours, désintéressé en apparence, Tibère sut retenir le pouvoir dans ses mains. Il augmenta le revenu de quelques sénateurs; on en fut plus étonné qu'il

haberetur, modò Hortensii inter oratores sitam imaginem, modò Augusti intuens, ad hunc modum coepit : « Patres conscripti, hos, quorum numerum et
» pueritiam videtis, non sponte sustuli, sed quia
» princeps monebat : simul majores mei meruerant
» ut posteros haberent : nam ego, qui non pecuniam,
» non studia populi, neque eloquentiam, gentile do-
» mûs nostræ bonum, varietate temporum accipere
» vel parare potuissem, satis habebam si tenues res
» meæ nec mihi pudori, nec cuiquam oneri forent.
» Jussus ab imperatore uxorem duxi. En stirps et
» progenies tot consulum, tot dictatorum ! nec ad
» invidiam ista, sed conciliandæ misericordiæ refero :
» adsequentur, florente te, Cæsar, quos dederis
» honores : interim, Q. Hortensii pronepotes, divi
» Augusti alumnos, ab inopià defende. »

XXXVIII. Inclinatio senatûs incitamentum Tiberio fuit quò promptiùs adversaretur, his fermè verbis usus : « Si, quantùm pauperum est, venire hùc,
» et liberis suis petere pecunias cœperint, singuli

eût accueilli avec tant de dureté les prières d'Hortalus, jeune homme d'une grande naissance, dont l'indigence était bien avérée. Hortalus était petit-fils de l'orateur Hortensius; Auguste lui avait donné un million de sesterces *, pour l'engager à se marier, et à perpétuer un nom illustre qui allait s'éteindre. Ses quatre enfants se tenaient debout à la porte d'une salle du palais où le sénat était alors assemblé. Quand le tour d'Hortalus fut venu, au lieu d'opiner, on le vit porter ses regards, tantôt sur la statue d'Hortensius, placée parmi celles des orateurs, tantôt sur celle d'Auguste; puis il parla ainsi : « Pères conscrits, ces enfants, dont vous voyez le
» nombre et l'âge tendre, je n'avais point désiré les avoir,
» mais j'y fus engagé par Auguste. Mes ancêtres avaient
» aussi mérité d'avoir des descendants. Quant à moi qui,
» né sans fortune, n'avais pu, par le malheur des circons-
» tances, acquérir ni la faveur du peuple, ni l'éloquence,
» ce patrimoine héréditaire dans ma famille, il me suffisait
» que ma pauvreté ne fût ni une honte pour moi, ni une
» charge pour mes amis. Les ordres de l'empereur déci-
» dèrent mon mariage : en voici le fruit. Voici les rejetons
» de tant de consuls, de tant de dictateurs. Et croyez que
» ce n'est point l'orgueil, mais le besoin de votre pitié, qui
» me dicte ces paroles. César, j'ignore les honneurs que mes
» fils obtiendront un jour de tes bontés; en attendant, dé-
» fends de la misère les arrière-petits-fils d'Hortensius et les
» nourrissons d'Auguste. »

XXXVIII. La bonne volonté du sénat fut, pour Tibère, une raison puissante de combattre la demande d'Hortalus avec plus de chaleur. Voici à peu près les termes dont il se

---

* Cent quatre-vingt-quatorze mille cinq cent trente-une livres.

» nunquàm exsatiabuntur, respublica deficiet : nec
» sanè ideò à majoribus concessum est egredi ali-
» quandò relationem, et quod in commune conducat
» loco sententiæ proferre, ut privata negotia, res
» familiares nostras hìc augeamus, cum invidiâ se-
» natûs et principum, sive indulserint largitionem,
» sive abnuerint : non enim preces sunt istùc, sed
» efflagitatio intempestiva quidem et improvisa, cùm
» aliis de rebus convenerint patres, consurgere, et
» numero atque ætate liberûm suorum urgere mo-
» destiam senatûs, eamdem vim in me transmittere,
» ac velut perfringere ærarium. Quod si ambitione
» exhauserimus, per scelera supplendum erit. Dedit
» tibi, Hortale, divus Augustus pecuniam, sed non
» compellatus, nec eâ lege ut semper daretur; lan-
» guescet alioqui industria, intendetur socordia, si
» nullus ex se metus aut spes; et securi omnes aliena
» subsidia exspectabunt, sibi ignavi, nobis graves. »
Hæc atque talia, quanquàm cùm adsensu audita ab
his quibus omnia principum honesta atque inhonesta
laudare mos est, plures per silentium aut occultum
murmur excepère : sensitque Tiberius; et, cùm paulùm reticuisset, Hortalo se respondisse ait; ceterùm,
si patribus videretur, daturum liberis ejus ducena
sestertia singulis qui sexùs virilis essent : egere alii
grates; siluit Hortalus, pavore, an avitæ nobilitatis,
etiam inter angustias fortunæ, retinens : neque mise-
ratus est posthàc Tiberius, quamvis domus Hortensii
pudendam ad inopiam delaberetur.

servit : « Si le sénat devenait le rendez-vous de tous les ci-
» toyens pauvres qui viendraient y demander des grâces
» pour leurs enfants, l'État s'épuiserait avant que d'assouvir
» la cupidité des solliciteurs. Certes, si nos ancêtres ont per-
» mis de s'écarter quelquefois de l'objet de la délibération,
» et, au lieu d'opiner, de proposer des vues utiles au bien
» public, ce n'a point été pour qu'on discutât les intérêts
» particuliers de sa famille et de sa fortune. Ces prières im-
» portunes et imprévues ne tendent qu'à rendre odieux le
» sénat et le prince, soit qu'ils accordent, soit qu'ils refusent.
» Que dis-je, des prières ? c'est une exaction, que de vou-
» loir ainsi contraindre la commisération du sénat, d'exercer
» pareille violence sur moi, de nous distraire des affaires qui
» nous rassemblent, pour venir nous entretenir de l'âge et
» du nombre de ses enfants; c'est forcer, pour ainsi dire,
» les portes de l'épargne. Sénateurs, si nos profusions dis-
» sipent les revenus publics, il y faudra suppléer par des
» crimes. Auguste t'a fait des dons, Hortalus, mais de son
» propre mouvement, mais sans nous obliger à t'en faire
» toujours. Ce serait éteindre l'industrie, encourager la pa-
» resse, si l'on ne laissait plus rien à espérer ou à craindre
» de soi-même; tous attendraient les secours d'autrui dans
» une lâche sécurité, inutiles à eux-mêmes, onéreux à l'É-
» tat. » Ce discours, approuvé par cette sorte d'hommes ha-
bitués à tout approuver dans les princes, fut reçu généralement avec froideur et un secret murmure. Tibère s'en
aperçut; aussi, après un moment de silence, il dit qu'il avait
répondu à Hortalus, mais que, si le sénat l'agréait, il donnerait deux cent mille sesterces * à chacun des enfants mâles

---

* Trente-huit mille neuf cents livres.

XXXIX. Eodem anno, mancipii unius audacia, ni maturè subventum foret, discordiis armisque civilibus rempublicam perculisset. Posthumi Agrippæ servus, nomine Clemens, comperto fine Augusti, pergere in insulam Planasiam, et fraude aut vi raptum Agrippam ferre ad exercitus Germanicos, non servili animo concepit. Ausa ejus impedivit tarditas onerariæ navis; atque, interim patratâ cæde, ad majora et magis præcipitia conversus, furatur cineres, vectusque Cosam Etruriæ promontorium, ignotis locis sese abdit, donec crinem barbamque promitteret : nam ætate et formâ haud dissimili in dominum erat. Tùm, per idoneos et secreti ejus socios, crebrescit vivere Agrippam, occultis primùm sermonibus, ut vetita solent, mox vago rumore apud imperitissimi cujusque promptas aures, aut rursùm apud turbidos, eòque nova cupientes. Atque ipse adire municipia obscuro diei, neque propalàm adspici, neque diutiùs iisdem locis; sed, quia veritas visu et morâ, falsa festinatione et incertis valescunt, relinquebat famam, aut præveniebat.

de ce citoyen. Le sénat le remercia ; Hortalus ne dit rien, soit qu'il fût intimidé, soit qu'au sein de la misère il conservât encore la noble fierté de ses ancêtres. Depuis, cette famille d'Hortensius tomba dans une pauvreté déplorable, et Tibère ne fit rien pour elle.

XXXIX. Cette même année, l'audace d'un seul homme, si l'on ne l'avait réprimée de bonne heure, eût replongé la république dans les discordes civiles. Un esclave de Posthumus Agrippa, nommé Clemens, apprenant la mort d'Auguste, imagina de se rendre dans l'île de Planasie *, d'y enlever Agrippa de force ou de ruse, et de le conduire aux armées de Germanie. Ce projet n'était point d'un esclave. Il échoua par la lenteur du vaisseau qui portait Clemens, et, dans l'intervalle, on se défit d'Agrippa. Clemens, loin de se rebuter, forme un nouveau dessein plus grand et plus hardi. Il enlève les cendres de son maître, aborde à Cosa **, promontoire d'Étrurie, s'y cache dans des lieux déserts, laisse croître sa barbe et ses cheveux ; il avait l'âge et à peu près la figure d'Agrippa. Il s'associe quelques complices capables de le seconder ; ceux-ci répètent qu'Agrippa est vivant. D'abord c'est un secret, comme tout ce qui est défendu ; bientôt c'est un bruit qui s'accrédite chez les esprits crédules et grossiers, gagne chez les hommes turbulents, que flatte l'idée d'une révolution. Enfin il va lui-même dans les villes, n'y paraissant que le soir, jamais en public, jamais longtemps aux mêmes lieux, prévenant toujours ou fuyant le bruit de son arrivée ; sûr que, si le temps et l'examen font

---

* Pianosa.

** Le mont Argentaro, près d'Orbitello.

XL. Vulgabatur interim per Italiam servatum munere deûm Agrippam : credebatur Romæ ; jamque Ostiam invectum multitudo ingens, jam in urbe clandestini cœtus celebrabant. Cùm Tiberium anceps cura distrahere vine militum servum suum coërceret, an inanem credulitatem tempore ipso vanescere sineret ; modò nihil spernendum, modò non omnia metuenda ; ambiguus pudoris ac metûs reputabat ; postremò dat negotium Sallustio Crispo : ille è clientibus duos (quidam milites fuisse tradunt) deligit, atque hortatur simulatâ conscientiâ adeant, offerant pecuniam, fidem, atque pericula polliceantur. Exsequuntur ut jussum erat : dein, speculati noctem incustoditam, acceptâ idoneâ manu, vinctum, clauso ore, in palatium traxêre. Percunctanti Tiberio quomodò Agrippa factus esset ? respondisse fertur quomodò tu Cæsar. Ut ederet socios, subigi non potuit : nec Tiberius pœnam ejus palàm ausus, in secretâ palatii parte interfici jussit, corpusque clàm afferri : et, quanquàm multi è domo principis, equitesque ac senatores, sustentâsse opibus, juvisse consiliis dicerentur, haud quæsitum.

XLI. Fine anni arcus, propter ædem Saturni, ob recepta signa cum Varo amissa, ductu Germanici, auspiciis Tiberii ; et ædes Fortis Fortunæ Tiberim juxta, in hortis quos Cæsar dictator populo romano

prévaloir le vrai, le faux s'accrédite par l'incertitude et la précipitation.

XL. Cependant on publiait dans l'Italie que les dieux avaient sauvé Agrippa. La capitale le croyait. Une multitude immense parlait d'un débarquement à Ostie, et déjà même, à Rome, on l'annonçait tout bas dans les cercles. L'inquiétude gagna Tibère. Incertain s'il enverrait des troupes contre son esclave, ou s'il laisserait ce vain fantôme se dissiper de lui-même, sachant qu'il ne faut rien mépriser ni tout craindre, combattu par la honte et par la peur, enfin il s'en remet à Salluste. Celui-ci choisit deux de ses clients, d'autres disent des soldats; il les charge d'aller trouver l'imposteur comme s'étant dévoués à lui, de lui offrir leur bourse, leur fidélité, leur courage. Ils suivent l'instruction. Une nuit que le fourbe n'était point sur ses gardes, ayant demandé mainforte, ils le lièrent et le traînèrent au palais, un bâillon dans la bouche. Tibère lui demanda comment il était devenu Agrippa? On prétend qu'il lui répondit: comme toi César. On ne put le contraindre à déclarer ses complices. Tibère, n'osant point hasarder en public le supplice de cet homme, le fit mourir dans l'intérieur du palais. On emporta le corps secrètement; et, quoiqu'il se débitât que plusieurs personnes de la maison du prince, que des chevaliers et des sénateurs avaient aidé l'imposteur de leur argent ou de leurs conseils, on ne fit aucune recherche.

XLI. Sur la fin de l'année on éleva un arc de triomphe près du temple de Saturne, en mémoire de ce que Germanicus, sous les auspices de Tibère, avait recouvré les aigles perdues sous Varus. On dédia, près du Tibre, dans les jardins que le dictateur César avait légués au peuple, un temple

legaverat; sacrarium genti Juliæ, effigiesque divo Augusto apud Bovillas dicantur. C. Cæcilio, L. Pomponio Coss., Germanicus Cæsar, A. D. VII. Kalendas Junias, triumphavit de Cheruscis Cattisque et Angrivariis, quæque aliæ nationes usquè ad Albim colunt: vecta spolia, captivi, simulacra montium, fluminum, præliorum: bellumque, quia conficere prohibitus erat, pro confecto accipiebatur. Augebat intuentium visus eximia ipsius species, currusque quinque liberis onustus: sed suberat occulta formido reputantibus haud prosperum in Druso patre ejus favorem vulgi: avunculum ejusdem Marcellum flagrantibus plebis studiis intra juventam ereptum: breves et infaustos populi romani amores.

XLII. Ceterùm Tiberius, nomine Germanici, trecenos plebi sestertios viritìm dedit, seque collegam consulatui ejus destinavit. Nec ideò sinceræ caritatis fidem adsecutus, amoliri juvenem specie honoris statuit, struxitque caussas, aut fortè oblatas arripuit. Rex Archelaüs quinquagesimum annum Cappadociâ potiebatur, invisus Tiberio quòd eum, Rhodi agentem, nullo officio coluisset: nec id Archelaüs per superbiam omiserat, sed ab intimis Augusti monitus; quia, florente C. Cæsare, missoque ad res Orientis, intuta Tiberii amicitia credebatur. Ut, versâ Cæsarum sobole, imperium adeptus est, eli-

à la déesse Fors Fortuna (19), et, dans la cité de Boville *, une chapelle pour les Jules, avec une statue pour Auguste. Sous le consulat de Caïus Cæcilius et de Lucius Pomponius, le sept des calendes de juin **, Germanicus César triompha des Chérusques, des Cattes, des Angrivariens et des autres nations qui habitent entre le Rhin et l'Elbe. La guerre était regardée comme terminée, parce qu'on l'avait empêché de la finir. Les dépouilles, les captifs, les représentations des fleuves, des montagnes, des combats, ornèrent la pompe. Mais ce qui, surtout, fixait les regards du spectateur, c'était la personne même de Germanicus, sa beauté majestueuse, et son char couvert de ses cinq enfants. Toutefois on ne pouvait se défendre d'un secret sentiment de crainte, en songeant que la faveur du peuple avait été fatale à son père Drusus, que son oncle Marcellus s'était vu enlever dans la fleur de sa jeunesse aux adorations de l'empire, qu'une influence sinistre semblait attachée aux affections du peuple romain.

XLII. Tibère, au nom de Germanicus, fit distribuer au peuple trois cents sesterces *** par tête, et désigna ce héros pour son collègue au consulat. On n'en fut pas plus persuadé de la sincérité de sa tendresse; et bientôt, en effet, sous des prétextes honorables, qui se présentèrent ou qu'il fit naître, il résolut de l'écarter. Archélaüs, depuis cinquante ans, régnait sur la Cappadoce. Il était haï de Tibère, à qui, tout le temps que ce prince séjourna à Rhodes, il n'avait rendu aucuns devoirs; ce n'était point par orgueil, ce fut par le

---

* Aujourd'hui le *Fratocchie*, à dix milles de Rome, sur la voie Appienne.

** 26 mai.

*** Cinquante-huit livres.

cit Archelaüm matris litteris, quæ, non dissimulatis filii offensionibus, clementiam offerebat, si ad precandum veniret. Ille, ignarus doli, vel, si intelligere crederetur, vim metuens, in Urbem properat. Exceptusque immiti à principe, et mox accusatus in senatu, non ob crimina quæ fingebantur, sed angore, simul fessus senio, et quia regibus æqua, nedùm infima, insolita sunt, finem vitæ, sponte an fato, implevit. Regnum in provinciam redactum est, fructibusque ejus levari posse *centesimæ* vectigal professus Cæsar, ducentesimam in posterùm statuit. Per idem tempus Antiocho Comagenorum, Philopatore Cilicum regibus defunctis, turbabantur nationes, plerisque Romanum, aliis regium imperium cupientibus ; et provinciæ Syria atque Judæa, fessæ oneribus, deminutionem tributi orabant.

XLIII. Igitur hæc, et de Armeniâ quæ suprà memoravi, apud patres disseruit : Nec posse motum Orientem nisi Germanici sapientiâ componi; nam suam ætatem vergere, Drusi nondùm satis adolevisse. Tunc, decreto patrum, permissæ Germanico provinciæ quæ mari dividuntur, majusque imperium quoquò adìsset quàm his qui sorte aut missu princi-

conseil des amis d'Auguste; car, dans le temps que Caïus était tout-puissant, et qu'il fut chargé des affaires de l'Orient, il y avait quelque péril à marquer de l'attachement pour Tibère. Lorsque l'extinction de la race des Césars eut porté celui-ci à l'empire, il fit écrire, par sa mère, une lettre dans laquelle, sans dissimuler les ressentiments de son fils, elle assurait de sa clémence Archélaüs, s'il venait la solliciter en personne. Ce monarque, ne soupçonnant point le piége, ou craignant quelque violence s'il montrait des soupçons, s'empressa de se rendre à Rome. Il fut reçu avec dureté par le prince, et bientôt accusé dans le sénat. Cette accusation chimérique était peu redoutable; mais le chagrin, l'épuisement de la vieillesse, et l'ennui d'un état subalterne, insupportable aux rois, que l'égalité seule révolte, eurent bientôt terminé sa vie, que peut-être il abrégea lui-même. Son royaume fut réduit en province romaine; Tibère déclara qu'avec ce nouveau revenu l'on pouvait diminuer l'impôt du *centième*; et il le réduisit à la moitié. Dans le même temps, la Comagène * et la Cilicie, sans rois depuis la mort d'Antiochus et celle de Philopator, étaient pleines de troubles; les uns demandaient les Romains pour maîtres, les autres préféraient des rois; d'un autre côté, la Syrie et la Judée, accablées sous le poids des subsides, sollicitaient un soulagement.

XLIII. Toutes ces affaires donc, et celles de l'Arménie dont j'ai parlé plus haut, furent exposées au sénat par Tibère; il ajouta qu'il n'y avait que Germanicus dont la sagesse pût calmer les mouvements de l'Orient; que, pour lui, il était sur le déclin de son âge, et que Drusus n'avait pas en-

* Maintenant Azar.

pis obtinerent. Sed Tiberius demoverat Syriâ Creticum Silanum, per adfinitatem connexum Germanico, quia Silani filia Neroni, vetustissimo liberorum ejus, pacta erat : praefeceratque Cn. Pisonem, ingenio violentum et obsequii ignarum, insitâ ferociâ à patre Pisone, qui, civili bello, resurgentes in Africâ partes acerrimo ministerio adversùs Caesarem juvit ; mox Brutum et Cassium secutus, concesso reditu, petitione honorum abstinuit, donec ultrò ambiretur delatum ab Augusto consulatum accipere. Sed, praeter paternos spiritus, uxoris quoque Plancinae nobilitate et opibus accendebatur : vix Tiberio concedere ; liberos ejus ut multùm infrà despectare : nec dubium habebat se delectum, qui Syriae imponeretur, ad spes Germanici coërcendas. Credidêre quidam data et à Tiberio occulta mandata ; et Plancinam haud dubiè Augusta monuit muliebri aemulatione Agrippinam insectandi. Divisa namque et discors aula erat, tacitis in Drusum aut Germanicum studiis. Tiberius ut proprium et sui sanguinis Drusum fovebat : Germanico alienatio patrui amorem apud ceteros auxerat ; et quia claritudine materni generis anteibat, avum M. Antonium, avunculum Augustum ferens : contrà Druso proavus eques romanus, Pomponius Atticus, dedecere Claudiorum imagines videbatur : et conjunx Germanici Agrippina fecunditate ac famâ Liviam uxorem Drusi praecellebat : sed fratres egregiè concordes, et proximorum certaminibus inconcussi.

core assez de maturité. Alors, un décret du sénat déféra à Germanicus le gouvernement de toutes les provinces au-delà de la mer, avec une autorité supérieure à celle de tous les autres chefs, soit de la nomination du prince, soit de celle du sénat. Mais Tibère avait pris soin de retirer de la Syrie Créticus Silanus, dont la fille devait épouser Néron, l'aîné des enfants de Germanicus, alliance qui avait uni les deux pères étroitement; il avait mis à sa place Cnéus Pison, homme d'un caractère violent, incapable d'égards, ayant hérité de la fierté de son père Pison, qui, dans la guerre civile, servit avec la plus grande animosité contre César, lorsque le parti de Pompée se releva en Afrique; s'attacha depuis à Brutus et à Cassius; et enfin, ayant obtenu la permission de revenir à Rome, s'abstint de demander des honneurs, jusqu'au moment où Auguste le sollicita d'accepter le consulat qu'il lui offrait. Cet orgueil, que Pison tenait de son père, se fortifiait encore par la naissance et les richesses de sa femme Plancine. A peine il le cédait au prince même, dont il regardait les enfants comme fort au-dessous de lui; et il ne doutait pas qu'on ne l'eût envoyé en Syrie exprès pour traverser les espérances de Germanicus. Quelques-uns même ont cru que Tibère lui avait donné des ordres secrets. Ce qu'il y a de certain, c'est qu'Augusta recommanda expressément à Plancine de fatiguer Agrippine de mortifications et de rivalités; car la cour était divisée en deux partis, suivant leur inclination secrète, ou pour Germanicus, ou pour Drusus. Tibère soutenait Drusus, comme son propre sang, et Germanicus, haï de son oncle, en était plus cher aux Romains, éblouis d'ailleurs par l'éclat de sa race maternelle, qui lui donnait pour aïeul Marc-Antoine, et Auguste pour oncle; tandis que, dans la même ligne, Drusus trouvait pour

XLIV. Nec multò post Drusus in Illyricum missus est, ut suesceret militiæ, studiaque exercitûs pararet; simul juvenem, urbano luxu lascivientem, meliùs in castris haberi Tiberius, seque tutiorem rebatur, utroque filio legiones obtinente. Sed Suevi prætendebantur, auxilium adversùs Cheruscos orantes; nam, discessu Romanorum, ac vacui externo metu, gentis adsuetudine, et tùm æmulatione gloriæ, arma in se verterant: vis nationum, virtus ducum in æquo: sed Maroboduum regis nomen invisum apud populares, Arminium pro libertate bellantem favor habebat.

XLV. Igitur, non modò Cherusci sociique eorum, vetus Arminii miles, sumpsère bellum, sed, è regno etiam Marobodui, Suevæ gentes, Semnones ac Langobardi defecère ad eum: quibus additis præpollebat, ni Inguiomerus, cum manu clientium, ad Maroboduum perfugisset; non aliam ob caussam quàm quia fratris filio, juveni, patruus senex parere dedignabatur. Diriguntur acies pari utrinquè spe, nec, ut olim apud Germanos, vagis incursibus, aut disjectas per catervas: quippè, longà adversùm nos

bisaïeul un simple chevalier romain, Pomponius Atticus, dont l'image semblait déparer celles des Claudes. D'ailleurs Agrippine, femme de Germanicus, par sa fécondité et par sa réputation, éclipsait Livie, femme de Drusus. Mais les deux frères, toujours unis au milieu des débats de leurs proches, conservaient une concorde inaltérable.

XLIV. Peu de temps après, on envoya Drusus dans l'Illyrie, afin qu'il apprît l'art de la guerre, et qu'il pût se concilier l'affection des soldats. D'ailleurs Tibère redoutait pour un jeune homme les plaisirs de la ville, et pensait qu'il serait mieux dans les camps ; lui-même, il se croyait plus en sûreté, ses deux fils étant à la tête des légions. On prétexta de secourir les Suèves contre les Chérusques ; car, depuis la retraite des Romains, les Barbares, libres de craintes étrangères, avaient, suivant l'usage de ces peuples, et par une émulation de gloire, tourné leurs armes contre eux-mêmes. Les forces des deux nations, la valeur des deux chefs étaient égales ; mais le nom de roi rendait Maroboduus odieux à son peuple ; tandis qu'Arminius, combattant pour la liberté, avait la faveur publique.

XLV. Aussi, non-seulement les Chérusques et leurs alliés, tous vieux soldats d'Arminius, entrèrent dans sa querelle ; mais, jusque dans les États de Maroboduus, les Semnones et les Lombards, nations suèves, se déclarèrent pour lui ; et ce renfort lui eût assuré la supériorité, si le vieux Inguiomer, honteux de servir sous les ordres d'un jeune homme, son neveu, n'eût passé avec ses vassaux du côté de Maroboduus. Les deux armées s'avancèrent en bataille avec une égale confiance. Ce n'était plus, comme autrefois, des incursions irrégulières, des bandes marchant sans ordre et désunies. Dans leur longue guerre avec les Romains, ils

militiâ, insueverant sequi signa, subsidiis firmari, dicta imperatorum accipere. At tunc Arminius, equo conlustrans cuncta, ut quosque advectus erat, reciperatam libertatem, trucidatas legiones, spolia adhùc et tela Romanis derepta in manibus multorum ostentabat: contrà, fugacem Maroboduum appellans, præliorum expertem, Hercyniæ latebris defensum, ac mox per dona et legationes petivisse fœdus; proditorem patriæ, satellitem Cæsaris, haud minùs infensis animis exturbandum quàm Varum Quinctilium interfecerint. Meminissent modò tot præliorum, quorum eventu, et ad postremùm ejectis Romanis, satis probatum penès utros summa belli fuerit.

XLVI. Neque Maroboduus jactantiâ sui, aut probris in hostem abstinebat: sed, Inguiomerum tenens, illo in corpore decus omne Cheruscorum, illius consiliis gesta quæ prosperè ceciderint testabatur: vecordem Arminium, et rerum nescium alienam gloriam in se trahere, quoniam tres vacuas legiones et ducem fraudis ignarum perfidiâ deceperit, magnâ cum clade Germaniæ, et ignominiâ suâ, cùm conjunx, cùm filius ejus servitium adhùc tolerent. At se, duodecim legionibus petitum, duce Tiberio, illibatam Germanorum gloriam servavisse; mox conditionibus æquis discessum; neque pœnitere quòd ipsorum in manu sit integrum adversùs Romanos bellum,

avaient appris à ne point quitter leurs drapeaux, à se ménager des corps de réserve, à écouter la voix de leurs chefs. Arminius parcourait à cheval tous les rangs. A mesure qu'il passait auprès de ses soldats, il parlait à chacun de la liberté qu'ils avaient reconquise, des légions qu'ils avaient massacrées; il leur faisait remarquer les dépouilles, les armes enlevées aux Romains, dont plusieurs d'entre eux étaient encore couverts; au contraire, il parlait de Maroboduus comme d'un lâche qui n'avait su que fuir, qui n'avait point osé combattre, qui s'était tenu caché dans sa forêt Hercynienne, et qui avait mendié la paix par des députations et des présents. Il le peignait comme un traître à la patrie, comme un satellite de César, qui méritait toute leur haine, et dont il fallait se délivrer, comme ils avaient fait de Varus. Ils n'avaient seulement qu'à se rappeler tous ces combats, dont le succès, couronné en dernier lieu par l'expulsion des Romains, montrait assez à qui était resté l'honneur de la guerre.

XLVI. De son côté, Maroboduus ne s'épargnait pas plus les éloges, ni les injures à son ennemi. Tenant Inguiomer par la main, il le montrait comme celui en qui seul résidait toute la gloire des Chérusques; il attribuait tous leurs succès à ses seuls conseils. Arminius n'était qu'un furieux, sans expérience, qui usurpait une gloire étrangère, parce qu'il avait surpris trois légions incomplètes et un général imprudent, par une trahison qui avait attiré sur la Germanie de sanglants désastres, et sur lui-même une ignominie toujours subsistante par l'esclavage de sa femme et de son fils. Pour lui, ayant en tête douze légions et un général comme Tibère, il avait su conserver intacte la gloire des Germains; il avait traité ensuite d'égal à égal; et il ne pouvait se repentir de ce qu'ils étaient encore maîtres, ou de commencer, avec

an pacem incruentam malint. His vocibus instinctos exercitus propriæ quoque caussæ stimulabant; cùm à Cheruscis Langobardisque pro antiquo decore aut recenti libertate, et contrà, augendæ dominationi certaretur. Non aliàs majore mole concursum, neque ambiguo magis eventu, fusis utrinquè dextris cornibus. Sperabaturque rursùm pugna, ni Maroboduus castra in colles subduxisset. Id signum perculsi fuit; et, transfugis paulatìm nudatus, in Marcomannos concessit, misitque legatos ad Tiberium oraturos auxilia. Responsum est non jure eum adversùs Cheruscos arma romana invocare, qui pugnantis in eumdem hostem Romanos nullà ope juvisset. Missus tamen Drusus, ut retulimus, pacis firmator.

XLVII. Eodem anno duodecim celebres Asiæ urbes conlapsæ nocturno motu terræ, quò improvisior graviorque pestis fuit; neque solitum in tali casu effugium subveniebat in aperta prorumpendi, quia diductis terris hauriebantur. Sedisse immensos montes, visa in arduo quæ plana fuerint, effulsisse inter ruinam ignes memorant. Asperrima in Sardianos lues plurimùm in eosdem misericordiæ traxit: nam centies sestertiûm pollicitus Cæsar, et quantùm ærario aut fisco pendebant in quinquennium remisit. Magnetes à Sipylo proximi damno ac remedio habiti. Temnos, Philadelphenos, Ægeatas, Apollonidenses,

toutes leurs forces, la guerre contre les Romains, ou de conserver une paix qui ne leur avait point coûté de sang. Outre la voix de leurs chefs, des motifs particuliers aiguillonnaient encore les deux armées; les Chérusques voulaient maintenir une ancienne gloire, les Lombards une liberté récente, et les autres agrandir leur domination. Jamais de plus grandes forces ne se heurtèrent, et jamais bataille ne fut plus indécise, les deux ailes droites ayant été battues. On s'attendait à un nouveau combat; mais Maroboduus se replia sur les hauteurs; ce qui était un aveu tacite de sa défaite. Insensiblement les désertions affaiblirent son armée; il finit par se retirer chez les Marcomans, d'où il envoya des députés à Tibère pour demander du secours. On lui répondit qu'il n'avait point droit d'invoquer contre les Chérusques les armes romaines, qu'il n'avait point aidées contre ces mêmes ennemis. Cependant on envoya Drusus, comme nous l'avons dit, pour rétablir la paix.

XLVII. Cette même année, douze villes * considérables de l'Asie furent détruites, au milieu de la nuit, par un tremblement de terre, fléau d'autant plus terrible qu'il était plus imprévu; on n'eut pas la ressource ordinaire en pareil cas de se réfugier dans la campagne, où les terres, s'entr'ouvrant de toutes parts, n'offraient que des abîmes. On rapporte que de hautes montagnes s'affaissèrent, qu'il s'en éleva d'autres dans des plaines, et que des flammes sortirent du milieu des ruines. Sardes, la plus maltraitée de ces villes, reçut aussi le plus de soulagement. Tibère lui promit dix

* Eusèbe, dans sa Chronique, en compte treize; il y ajoute Éphèse. Du reste, les noms qu'il rapporte sont presque tous corrompus.

quique Mosteni *, ac Macedones Hyrcani vocantur, et Hierocæsaream, Myrinam, Cymen, Tmolum levari idem in tempus tributis, mittique ex senatu placuit qui presentia spectaret, refoveretque : delectus est M. Aletus è prætoriis, ne, consulari obtinente Asiam, æmulatio inter pares et ex eo impedimentum oriretur.

XLVIII. Magnificam in publicum largitionem auxit Cæsar haud minùs gratâ liberalitate, quòd bona Æmiliæ Musæ, locupletis intestatæ, petita in fiscum, Æmilio Lepido, cujus è domo videbatur; et Patulei, divitis equitis romani, hereditatem (quanquàm ipse heres in parte legeretur) tradidit M. Servilio, quem prioribus neque suspectis tabulis scriptum compererat; nobilitatem utriusque pecuniâ juvandam præfatus. Neque hereditatem cujusquam adiit, nisi cùm amicitiâ meruisset : ignotos et aliis infensos, eòque principem nuncupantes procùl arcebat. Ceterùm, ut honestam innocentium paupertatem levavit, ità prodigos et ob flagitia egentes, Vibidium Varronem, Marium Nepotem, Appium Appianum, Cornelium

---

* Nous pensons, avec Ernesti, qu'il faut lire *ac* et non *aut*. Si l'on ne distinguait pas Mostène d'Hyrcanie, on ne trouverait plus le nombre de douze villes. (*Note de M. Dureau de Lamalle le fils.*)

millions de sesterces *, et l'exempta, pour cinq ans, de tous les tributs qu'elle payait, soit au trésor du peuple, soit à celui du prince. Après Sardes **, Magnésie de Sypile éprouva le plus de dommage et de pitié. Temnos, Eges, Apollonidie, Mostène, Hyrcanie la Macédonienne, Hiérocésarée, Tmole, Myrine, Cymé, Philadelphie, furent aussi déchargées de tout impôt pour le même temps, et l'on décida d'envoyer un sénateur sur les lieux pour voir le mal et le réparer. On choisit un ancien préteur, Marcus Alétus, plutôt qu'un proconsul, de peur que, l'Asie étant gouvernée (20) par un consulaire, l'égalité du rang n'excitât des rivalités nuisibles à la province.

XLVIII. L'éclat de ces libéralités publiques fut rehaussé par des largesses particulières. Æmilia Musa, morte sans testament, laissait de grands biens que le fisc réclamait. Tibère les fit adjuger à Æmilius Lépidus, auquel il paraissait que cette affranchie avait appartenu. Patuleïus, riche chevalier romain, avait légué au prince une partie de sa succession. Le prince l'abandonna toute entière à Servilius, qu'il savait nommé seul héritier dans un testament antérieur et non suspect. Il dit, en gratifiant ces deux sénateurs, que leur naissance avait besoin de fortune. En général, il n'accepta de legs que ceux de l'amitié. Tous ceux que lui offraient des inconnus, dans la vue de frustrer leurs proches, il les rejetait. Mais, en soulageant la pauvreté honnête et vertueuse, il était sans pitié pour celle qui venait de la débauche et de la pro-

---

* Un million neuf cent quarante-cinq mille cinq cent deux livres.

** Sardes, aujourd'hui Sardia.—Magnésie, Magnisa. — Sypile, montagne auprès de Magnésie.—Temnos, Eges, Apollonidie, Mostène, Hyrcanie la Macédonienne, Hiérocésarée, Tmole, toutes détruites.—Myrine, Cymé, Philadelphie, aujourd'hui Sébastopoli, Namourt, Allalachère.

Sullam, Q. Vitellium movit senatu, aut sponte cedere passus est.

XLIX. Iisdem temporibus deûm ædes, vetustate aut igni abolitas, cœptasque ab Augusto, dedicavit; Libero Liberæque et Cereri, juxta Circum maximum, quam A. Posthumius dictator voverat; eodemque in loco ædem Floræ, ab Lucio et Marco Publiciis ædilibus constitutam; et Jano templum quod apud forum olitorium C. Duillius struxerat, qui primus rem romanam prosperè mari gessit, triumphumque navalem de Pœnis meruit. Spei ædes à Germanico sacratur; hanc Atilius voverat eodem bello.

L. Adolescebat intereà lex majestatis; et Apuleiam Variliam, sororis Augusti neptem, quia probrosis sermonibus divum Augustum, ac Tiberium, et matrem ejus inlusisset, Cæsarique connexa adulterio teneretur, majestatis delator arcessebat. De adulterio satis caveri lege Juliâ visum : majestatis crimen distingui Cæsar postulavit; damnarique si qua de Augusto inreligiosè dixisset, in se jacta nolle ad cognitionem vocari. Interrogatus à consule quid de his censeret quæ de matre ejus locuta secùs argueretur, reticuit : dein, proximo senatûs die, illius quoque nomine oravit ne cui verba in eam quoquo modo habita crimini forent. Liberavitque Apuleiam lege majestatis; adulterii graviorem pœnam deprecatus, ut, exemplo majorum, propinquis suis ultra ducen-

digalité, comme l'éprouvèrent Varron, Marius, Appien, Sylla, Vitellius, qu'il fit sortir du sénat, ou laissa se retirer volontairement.

XLIX. Dans le même temps il fit la dédicace de plusieurs temples, que les ans ou le feu avaient détruits, et qu'Auguste avait commencé à rebâtir; celui de Bacchus, Cérès et Proserpine, près du grand cirque, consacré à ces trois divinités par le dictateur Posthumius; celui de Flore, élevé dans le même lieu par les édiles Lucius et Marcus Publicius, et celui de Janus, construit dans le marché aux herbes, par Duillius, le premier des Romains qui eût des succès sur mer, et qui, par sa victoire sur les Carthaginois, mérita les honneurs d'un triomphe naval. Germanicus consacra un temple à l'Espérance; Atilius Régulus l'avait voué dans la même guerre.

L. Cependant on donnait, chaque jour, plus d'extension au crime de lèse-majesté. Une petite-nièce d'Auguste, Varilie, fut impliquée dans une accusation de ce genre, parce qu'elle s'était permis des plaisanteries injurieuses sur Auguste, sur Tibère, sur Livie, et parce qu'étant liée à un César par le sang, elle s'était rendue coupable d'adultère. Quant à ce crime, on jugea qu'il avait été suffisamment prévu par la (21) loi Julia; pour celui de lèse-majesté, Tibère demanda qu'on distinguât les discours irréligieux qui attaquaient Auguste, et ceux qui ne blessaient que lui; il voulut qu'en punissant les premiers, on oubliât les autres. Le consul l'interrogeant sur ceux qui offensaient sa mère, il ne répondit rien; mais, dans l'assemblée suivante, il recommanda aussi, de la part de Livie, qu'on n'inquiétât personne pour des discours tenus contre elle, quels qu'ils fussent. Il déchargea Varilie du crime de lèse-majesté, et sollicita l'a-

tesimum lapidem removeretur suasit. Adultero Manlio Italiâ atque Africâ interdictum est.

LI. De prætore, in locum Vipsanii Galli quem mors abstulerat, subrogando certamen incessit. Germanicus atque Drusus (nam etiam tùm Romæ erant), Haterium Agrippam propinquum Germanici fovebant : contrà plerique nitebantur ut numerus liberorum in candidatis præpolleret, quod lex jubebat. Lætabatur Tiberius cùm inter filios ejus et leges senatus disceptaret : victa est sine dubio lex ; sed neque statìm, et paucis suffagiis : quo modo, etiam cùm valerent, leges vincebantur.

LII. Eodem anno cœptum in Africâ bellum, duce hostium Tacfarinate. Is, natione Numida, in castris romanis auxiliaria stipendia meritus, mox desertor, vagos primùm et latrociniis suetos ad prædam et raptus congregare; dein, more militiæ, per vexilla et turmas componere ; postremò, non inconditæ turbæ, sed Musulanorum dux haberi. Valida ea gens, et solitudinibus Africæ propinqua, nullo etiam tùm urbium cultu, cepit arma, Maurosque accolas in bellum traxit. Dux et his Mazippa : divisusque exercitus ut Tacfarinas lectos viros, et romanum in modum armatos castris attineret, disciplinâ et imperiis suesceret; Mazippa, levi cum copiâ, incendia, et cædes, et terrorem circumferret. Compulerantque Cinithios, haud spernandam nationem, in eadem, cùm

doucissement de la peine d'adultère, persuadant aux parents de la coupable, de la reléguer, suivant l'usage des premiers temps, à deux cents milles de Rome. Pour Manlius, son complice, on lui interdit toute l'Italie et toute l'Afrique.

LI. La nomination d'un préteur, à la place de Vipsanius, qui venait de mourir, excita quelques contestations. Germanicus et Drusus (car ils étaient encore à Rome) soutenaient Hatérius Agrippa, parent de Germanicus, contre un parti plus nombreux et une loi expresse qui ordonnait de préférer, parmi les candidats, ceux qui auraient le plus d'enfants. Tibère voyait avec joie le sénat partagé entre ses fils et la loi. La loi succomba, comme de raison, mais non sur-le-champ, ni à une faible majorité; sort ordinaire des lois, dans le temps même de leur règne.

LII. Cette même année la guerre commença en Afrique *. Les ennemis avaient pour chef un Numide, nommé Tacfarinas, qui avait servi autrefois comme auxiliaire dans les troupes romaines, et avait ensuite déserté. Cet aventurier rassemble d'abord quelques troupes de brigands et de vagabonds, qu'il mène au pillage; il parvient ensuite à les ranger sous le drapeau, par compagnies, à en faire des soldats; enfin, de chef de bandits, il devient général des Musulans **. C'était un peuple nombreux, errant dans le pays encore dénué de villes qui borde les déserts de l'Afrique. Les Musulans prirent les armes, et entraînèrent à la guerre la portion des Maures qui touche à leur pays; ceux-ci avaient pour

* Par le mot *Afrique*, les Romains désignaient seulement la province dont Carthage avait été la capitale; comme, par le mot *Asie*, ils désignaient seulement l'Asie mineure.

** Aujourd'hui la partie orientale du pays des Dattes.

Furius Camillus, proconsul Africæ, legionem, et quod sub signis sociorum, in unum conductos ad hostem duxit : modicam manum, si multitudinem Numidarum atque Maurorum spectares; sed nihil æquè cavebatur quàm ne bellum metu eluderent : spe victoriæ inducti sunt ut vincerentur. Igitur legio medio, leves cohortes duæque alæ in cornibus locantur; nec Tacfarinas pugnam detrectavit : fusi Numidæ, multosque post annos Furio nomini partum decus militiæ. Nam, post illum reciperatorem Urbis, filiumque ejus Camillum, penès alias familias imperatoria laus fuerat : atque hic, quem memoramus, bellorum expers habebatur. Eò pronior Tiberius res gestas apud senatum celebravit, et decrevêre patres triumphalia insignia; quod Camillo ob modestiam vitæ impunè fuit.

LIII. Sequens annus Tiberium tertiò, Germanicum iterùm consules habuit. Sed eum honorem Germanicus iniit apud urbem Achaiæ Nicopolim, quò venerat per Illyricam oram, viso fratre Druso in Dalmatià agente, Hadriatici, ac mox Ionii maris adversam navigationem perpessus : igitur paucos

chef Mazippa. Les deux généraux se partagent l'armée. Tacfarinas garde l'élite des soldats, tous ceux qui étaient armés à la romaine, et les retient dans le camp pour les accoutumer à la discipline et au commandement. Mazippa, avec les troupes légères, porte dans les environs le fer, la flamme et l'effroi. Déjà les Cinithiens *, nation assez considérable, étaient venus grossir leurs forces, lorsqu'enfin Camille, proconsul d'Afrique, rassemble sa légion et ce qu'il avait d'auxiliaires sous le drapeau, en fait un seul corps et marche à l'ennemi. C'était une poignée de monde, en comparaison de cette multitude de Maures et de Numides. Mais ce qu'il appréhendait le plus, était que la crainte ne leur fît éluder le combat. Il fallait, pour les vaincre, leur donner l'espérance de la victoire. Camille place sa légion au centre; les troupes légères et deux divisions de cavalerie forment les ailes. Tacfarinas ne refusa point le combat, et les Numides furent battus. Ainsi, après nombre d'années, la gloire des armes rentra dans la maison des Camilles; car, depuis le fameux restaurateur de Rome, et depuis son fils, cette famille n'avait plus donné de généraux; encore celui dont nous parlons ne passait-il point pour habile guerrier. Par-là même Tibère l'exalta plus volontiers dans le sénat; on lui décerna les ornements du triomphe; honneur qui fut sans danger pour lui, par le peu d'éclat de sa vie.

LIII. L'année suivante eut pour consuls Tibère et Germanicus; Tibère l'était pour la troisième fois, Germanicus pour la seconde. Mais quand celui-ci prit possession de sa dignité, il se trouvait (22) à Nicopolis **, ville de l'Achaïe, où il s'é-

---

* Partie du royaume de Tripoli.
** *Ville de la Victoire*, bâtie par Auguste en mémoire de la journée d'Actium. C'est maintenant Préveza Vecchia.

dies insumpsit reficiendæ classi; simul sinus Actiacâ victóriâ inclitos, et sacratas ab Augusto manubias, castraque Antonii, cùm recordatione majorum suorum, adiit. Namque ei, ut memoravi, avunculus Augustus, avus Antonius erant, magnaque illìc imago tristium lætorumque. Hinc ventum Athenas, fœderique sociæ et vetustæ urbis datum ut uno lictore uteretur. Excepêre Græci quæsitissimis honoribus, vetera suorum facta dictaque præferentes, quò plus dignationis adulatio haberet.

LIV. Petitâ indè Eubœâ, tramisit Lesbum, ubì Agrippina novissimo partu Juliam edidit: tùm extrema Asiæ, Perinthumque ac Bysantium, Thracias urbes, mox Propontidis angustias, et os Ponticum intrat, cupidine veteres locos, et famâ celebratos noscendi. Pariterque provincias internis certaminibus, aut magistratuum injuriis fessas refovebat: atque illum, in regressu sacra Samothracum visere nitentem, obvii aquilones depulêre. Igitur Ilio, quæque ibi varietate fortunæ et nostrî origine veneranda, relegit Asiam, adpellitque Colophona, ut Clarii Apollinis oraculo uteretur. Non femina illìc, ut apud Delphos; sed, certis è familiis et fermè Mileto accitus, sacerdos numerum modò consultantium

tait rendu par la côte d'Illyrie, après avoir vu son frère Drusus, alors en Dalmatie. Des tempêtes violentes qu'il essuya dans le golfe Adriatique, et ensuite sur la mer Ionienne, le forcèrent de rester quelques jours à Nicopolis, pour y réparer sa flotte. Il profita de ce temps pour visiter le golfe que la victoire d'Actium a rendu si célèbre, les trophées consacrés par Auguste et le camp d'Antoine. Ces lieux, où il retrouvait partout les traces de ses pères (car il était, comme je l'ai dit, petit-fils d'Antoine et arrière-neveu d'Auguste), lui offraient un grand spectacle d'infortune et de prospérité. De là il se rendit à Athènes, et, par égard pour une ville ancienne et alliée, il ne parut qu'avec un seul licteur. Les Grecs le reçurent avec les plus grands honneurs, mêlant à ces distinctions les récits de leur propre gloire, afin de donner à leur flatterie plus de dignité.

LIV. Gagnant ensuite l'Eubée *, il passa par Lesbos, où Agrippine accoucha de Julie, le dernier de ses enfants. Il longe ensuite les extrémités de la côte d'Asie, visite dans la Thrace Périnthe et Byzance, et pénètre par la Propontide jusqu'à l'embouchure de l'Euxin, curieux de connaître des lieux que l'antiquité des temps et la renommée ont rendus célèbres. En même temps il remédiait aux maux des provinces, apaisait leurs dissensions, réprimait l'injustice des magistrats. A son retour, il voulait voir les mystères des Samothraces **; mais les vents du nord l'écartèrent de cette route. Après avoir considéré Ilion, et ces ruines si vénérables par l'idée qu'elles rappellent des vicissitudes du sort

---

* L'Eubée, Négrepont.—Lesbos, Mételin.—Périnthe, Héracléa.

** Samothrace, maintenant Samandrachi, île de la mer Égée.—Colophon, maintenant Belvédère, dans l'Ionie.

et nomina audit. Tùm, in specum degressus, haustâ fontis arcani aquâ, ignarus plerumquè litterarum et carminum, edit responsa versibus compositis, super rebus quas quis mente concepit : et ferebatur Germanico, per ambages, ut mos oraculis, maturum exitium cecinisse.

LV. At Cn. Piso, quò properantiùs destinata inciperet, civitatem Atheniensium, turbido incessu exterritam, oratione saevâ increpat, obliquè Germanicum perstringens quòd, contra decus romani nominis, non Athenienses, tot cladibus exstinctos, sed colluviem illam nationum comitate nimiâ coluisset : hos enim esse Mithridatis adversùs Sullam, Antonii adversùs divum Augustum socios : etiam vetera objectabat quæ in Macedones improsperè, violenter in suos fecissent; offensus urbi propriâ quoque irâ, quia Theophilum quemdam, Areo judicio falsi damnatum, precibus suis non concederent. Exin, navigatione celeri, per Cycladas, et compendia maris, adsequitur Germanicum apud insulam Rhodum, haud nescium quibus insectationibus petitus foret : sed tantâ mansuetudine agebat ut, cùm orta tempestas raperet in abrupta, possetque interitus inimici ad

et de l'origine de Rome, il côtoie de nouveau l'Asie et va débarquer à Colophon, pour y consulter l'oracle d'Apollon de Claros. Ce n'est point une femme qui y préside, comme à Delphes; c'est un prêtre qu'on prend dans certaines familles, et presque toujours à Milet. Il ne fait que demander le nombre et le nom des personnes, se retire dans une caverne, y boit de l'eau d'une fontaine mystérieuse, et ensuite, quoiqu'il ne soit communément ni lettré, ni poète, il donne ses réponses en vers sur ce que chacun a désiré intérieurement de savoir. On prétendait qu'en termes obscurs, suivant l'usage des oracles, celui-ci avait annoncé à Germanicus une fin prématurée.

LV. Cependant Pison commence, dans la ville d'Athènes, à exécuter son projet d'insulter Germanicus. L'air menaçant dont il fit son entrée avait consterné les Athéniens; il les réprimande encore dans un discours plein de violence, où il reprochait indirectement à Germanicus d'avoir avili le nom romain, en traitant avec des ménagements excessifs ce vil ramas de toutes les nations, qu'il fallait se garder de confondre avec l'ancien peuple athénien, détruit depuis long-temps par des désastres multipliés. Il faisait un crime à ceux-ci de s'être alliés avec Mithridate contre Sylla, avec Antoine contre Auguste; animé aussi par des ressentiments particuliers contre la ville qui lui avait refusé la grâce d'un certain Théophile, condamné pour un faux par l'aréopage, il allait rechercher, dans des temps reculés, les revers qu'ils avaient éprouvés contre la Macédoine, les injustices qu'ils avaient commises envers leurs concitoyens. D'Athènes, coupant au travers des Cyclades par les chemins les plus courts, Pison accélère sa navigation, et atteint Germanicus à Rhodes. Celui-ci n'ignorait pas à quelles persécutions il allait être en

casum referri, miserit triremis quarum subsidio discrimini eximeretur. Neque tamen mitigatus Piso, et, vix diei moram perpessus, linquit Germanicum, prævenitque : et, postquàm Syriam ac legiones attigit, largitione, ambitu, infimos manipularium juvando, cùm veteres centuriones, severos tribunos demoveret, locaque eorum clientibus suis, vel deterrimo cuique attribueret, desidiam in castris, licentiam in urbibus, vagum ac lascivientem per agros militem sineret, eò usquè corruptionis provectus est ut, sermone vulgi, Parens legionum haberetur. Nec Plancina se intra decora feminis tenebat; sed exercitio equitum, decursibus cohortium interesse : in Agrippinam, in Germanicum contumelias jacere : quibusdam etiam bonorum militum ad mala obsequia promptis, quòd haud invito imperatore ea fieri occultus rumor incedebat.

LVI. Nota hæc Germanico, sed præverti ad Armenios instantior cura fuit. Ambigua gens ea antiquitùs, hominum ingeniis, et situ terrarum, quo, nostris provinciis latè prætenta, penitùs ad Medos porrigitur; maximisque imperiis interjecti, et sæpiùs discordes sunt, adversùs Romanos odio, et in Parthum invidià. Regem illà tempestate non habebant, amoto Vonone; sed favor nationis inclinabat in Zenonem, Polemonis regis Pontici filium, quòd is, primà ab infantià, instituta et cultum Armenio-

butte. Cependant, telle était sa générosité que, voyant une tempête qui emportait Pison contre des rochers, il envoya ses meilleurs vaisseaux pour sauver un ennemi dont la mort aurait pu n'être imputée qu'au hasard. Ce procédé n'adoucit point Pison. A peine s'arrête-t-il un jour, il quitte et devance Germanicus, et n'est pas plutôt arrivé en Syrie, qu'il s'applique à gagner l'armée. Largesses, condescendances, il emploie tout; caressant les moindres soldats, licenciant les vieux centurions, les tribuns sévères, leur substituant ses créatures ou les hommes les plus pervers, favorisant la paresse dans le camp, la licence dans les villes, les courses et le brigandage dans les campagnes, poussant enfin la corruption si loin, que la multitude ne le nomme plus que le père des légions. De son côté, Plancine bravait les bienséances de son sexe. Elle assistait aux exercices de la cavalerie, aux évolutions des cohortes ; elle invectivait contre Agrippine, contre Germanicus ; et comme il se glissait un bruit sourd que cette conduite était autorisée par l'empereur, des soldats, même honnêtes, mettaient, dans leur insubordination, de l'obéissance et du zèle.

LVI. Germanicus était instruit de tout; mais l'Arménie lui parut demander ses premiers soins. Ce pays, d'un côté, borde une grande étendue de nos provinces, et, de l'autre, s'enfonce et se prolonge jusqu'à la Médie. Placé entre de grands États, sa situation équivoque a de tout temps influé sur le caractère de ses habitants, presque toujours agités par leur haine contre les Romains, et par leur jalousie contre les Parthes. Depuis la destitution de Vonon, ils n'avaient point de roi; mais le vœu public désignait le fils de Polémon, roi de Pont, Zénon, qui, dès son enfance, ayant adopté les usages, la parure des Arméniens, leurs chasses, leurs

rum æmulatus, venatu, epulis, et quæ alia barbari celebrant, proceres plebemque juxtà devinxerat. Igitur Germanicus, in urbe Artaxatâ, adprobantibus nobilibus, circumfusâ multitudine, insigne regium capiti ejus imposuit : ceteri, venerantes regem, Artaxiam consalutavêre, quod illi vocabulum indiderant ex nomine urbis. At Cappadoces, in formam provinciæ redacti, Q. Veranium legatum accepêre; et quædam ex regiis tributis deminuta, quò mitiùs romanum imperium speraretur. Comagenis Q. Servæus præponitur, tùm primùm ad jus prætoris translatis.

LVII. Cunctaque socialia prosperè composita non ideò lætum Germanicum habebant, ob superbiam Pisonis qui, jussus partem legionum ipse aut per filium in Armeniam ducere, utrumque neglexerat. Cyrri demùm, apud hiberna decumæ legionis, convenêre, firmato vultu, Piso adversùs metum, Germanicus ne minari crederetur : et erat, ut retuli, clementior; sed amici, accendendis offensionibus callidi, intendere vera, adgerere falsa, ipsumque et Plancinam et filios variis modis criminari. Postremò, paucis familiarium adhibitis, sermo cœptus à Cæsare, qualem ira et dissimulatio gignit : responsum à Pisone precibus contumacibus; discesseruntque opertis odiis. Pòstque rarus in tribunali Cæsaris Piso; et, siquandò adsideret, atrox, ac dissentire manifestus : vox quoque ejus audita est in convivio, cùm, apud regem Nabathæorum, coronæ aureæ

festins et tous les goûts des Barbares, s'était également concilié les grands et le peuple. Germanicus satisfit leur désir; il couronna lui-même, de sa main, le fils de Polémon, dans la ville d'Artaxate, aux acclamations des grands et d'un peuple immense, qui, en se prosternant devant son nouveau roi, le nomma Artaxias, du nom de la ville. La Cappadoce était devenue province romaine; on lui donna pour commandant Véranius, et l'on diminua quelque chose des tributs qu'elle payait à ses rois, afin de la prévenir en faveur de ses nouveaux maîtres. La Comagène reçut aussi la même forme; Servæus fut son premier préteur.

LVII. Mais la satisfaction de ces heureuses négociations était bien troublée par les chagrins que donnait à Germanicus la hauteur de Pison, qui, ayant reçu l'ordre de mener lui-même, ou de faire conduire par son fils une partie des légions dans l'Arménie, n'avait voulu faire ni l'un ni l'autre. Les deux généraux se rencontrèrent pourtant à Cirre *, au camp de la dixième légion; tous deux composant leur visage, Pison affectait de ne point craindre, Germanicus de ne point menacer. Celui-ci, comme je l'ai dit, était bon; mais ses amis, aigrissant avec adresse ses ressentiments, exagéraient les torts réels, en supposaient d'imaginaires, inculpaient, de mille manières différentes, Pison, Plancine et leurs enfants. Enfin, il y eut une explication en présence de quelques amis. Germanicus commença; Pison répondit. On vit dans l'un tout l'effort de la colère qui dissimule, et dans l'autre, de l'arrogance qui s'excuse; ils se quittèrent avec une haine concentrée. Depuis, Pison parut rarement au tribunal de Germanicus, et quand il y siégea, ce fut avec humeur et un

---

* Aujourd'hui Quars.

magno pondere Cæsari et Agrippinæ, leves Pisoni et ceteris offerrentur : principis romani, non Parthi regis filio eas epulas dari : abjecitque simul coronam, et multa in luxum addidit, quæ Germanico, quanquàm acerba, tolerabantur tamen.

LVIII. Inter quæ ab rege Parthorum Artabano legati venêre : miserat amicitiam ac fœdus memoraturos, et cupere renovari dextras ; daturumque honori Germanici ut ripam Euphratis accederet : petere interim ne Vonones in Syriâ haberetur, neu proceres gentium propinquis nuntiis ad discordias traheret. Ad ea Germanicus, de societate Romanorum Parthorumque magnificè, de adventu regis et cultu suî cum decore ac modestiâ respondit. Vonones Pompeiopolim Ciliciæ maritimam urbem amotus est : datum id non modò precibus Artabani. sed contumeliæ Pisonis, cui gratissimus erat, ob plurima officia et dona, quibus Plancinam devinxerat.

LIX. M. Silano, L. Norbano Coss., Germanicus Ægyptum proficiscitur, cognoscendæ antiquitatis ; sed cura provinciæ prætendebatur. Levavitque, apertis horreis, pretia frugum : multaque in vulgus grata usurpavit ; sine milite incedere, pedibus, iu-

air d'improbation qui perçait visiblement. Il laissa même une fois éclater son dépit ; c'était à un festin donné par le roi des Nabathéens *. On avait servi à tous les convives des couronnes d'or ; celles de Germanicus et d'Agrippine étaient d'un grand poids ; celles de Pison et des autres assez légères. Pison dit que ce repas était offert au fils du prince des Romains et non du roi des Parthes ; en même temps il jeta sa couronne et fit une sortie contre l'indécence de ce luxe. Ces outrages, tout cruels qu'ils étaient, Germanicus les dévorait en silence.

LVIII. Dans l'intervalle, il arriva des ambassadeurs d'Artaban, roi des Parthes. Ce monarque les avait chargés de rappeler l'alliance et l'amitié qui unissaient les deux empires, et de déclarer qu'il désirait renouveler le traité en personne ; que, par égard pour Germanicus, il s'avancerait jusqu'à la rive de l'Euphrate ; qu'en attendant, il demandait qu'on ne laissât plus en Syrie Vonon, qui abusait de la proximité pour exciter à la révolte les grands du royaume. Germanicus répondit avec dignité sur l'alliance des Romains et des Parthes, avec grâce et modestie sur la visite du roi et sur l'honneur qu'il faisait à sa personne. Il relégua Vonon à Pompéiopolis **, ville maritime de la Cilicie. Satisfaisant ainsi Artaban, il mortifiait Pison, à qui Vonon s'était rendu agréable par les soins et les présents qu'il prodiguait à Plancine.

LIX. Sous le consulat de Marcus Silanus et de Lucius Norbanus, Germanicus fit un voyage en Égypte pour en connaître les antiquités, mais en prétextant les besoins de

---

* Peuple de l'Arabie Pétrée.
** Aujourd'hui Palésoli.

tectis, et pari cum Græcis amictu, P. Scipionis æmulatione, quem eadem factitavisse apud Siciliam, quamvis flagrante adhuc Pœnorum bello, accepimus. Tiberius, cultu habituque ejus lenibus verbis perstricto, acerrimè increpuit quòd, contra instituta Augusti, non sponte principis, Alexandriam introisset : nam Augustus, inter alia dominationis arcana, vetitis, nisi permissu, ingredi senatoribus, aut equitibus romanis inlustribus, seposuit Ægyptum : ne fame urgeret Italiam quisquis eam provinciam, claustraque terræ ac maris, quamvis levi præsidio adversùm ingentes exercitus, insedisset.

LX. Sed Germanicus, nondùm comperto profectionem eam incusari, Nilo subvehebatur, orsus oppido à Canopo. Condidère id Spartani ob sepultum illic rectorem navis Canopum, quâ tempestate Menelaüs, Græciam repetens, diversum ad mare terramque Libyam dejectus. Indè proximum amnis os dicatum Herculi quem indigenæ ortum apud se, et antiquissimum perhibent, eosque qui posteà pari virtute fuerint in cognomentum ejus adscitos. Mox visit veterum Thebarum magna vestigia : et manebant structis molibus litteræ Ægyptiæ, priorem opulentiam complexæ : jussusque è senioribus sacerdotum patrium sermonem interpretari, referebat habitàsse quondàm septingenta millia ætate militari : atque eo cum exercitu regem Rhamsem Libyâ, Æthiopiâ, Medis-

la province. Il fit baisser le prix des grains en ouvrant les greniers publics, et se rendit cher à la multitude, marchant sans gardes, avec la chaussure et l'habit grecs, à l'exemple de Scipion l'Africain, qui, au milieu même des hostilités de la guerre punique, avait montré en Sicile la même popularité. Tibère se borna à de légères critiques sur la parure et sur l'habillement de Germanicus; mais il lui reprocha très-durement d'être entré sans son ordre à Alexandrie, au mépris du règlement d'Auguste; car ce fut un des secrets de la politique de ce prince de séquestrer l'Égypte. Il défendit aux sénateurs ou aux chevaliers de marque d'y mettre le pied sans une permission, dans la crainte qu'on n'affamât l'Italie, en s'emparant de cette province, au moyen de quelques places qui sont la clef de la terre et de la mer, et que peu de troupes défendraient contre de grandes armées.

LX. Cependant Germanicus, qui ne savait point encore qu'on lui faisait un crime de ce voyage, s'était embarqué sur le Nil à Canope *. Cette ville fut bâtie par les Spartiates, dans le lieu de la sépulture d'un de leurs pilotes, nommé Canopus, au temps où Ménélas, voulant regagner la Grèce, fut jeté dans une autre mer sur la côte de Libye. Près du canal de Canope est une embouchure du fleuve, consacrée à l'Hercule que les Égyptiens prétendent né dans leur pays, antérieur à tous les autres, et dont le nom, disent-ils, fut donné, depuis, à tous ceux qui l'égalèrent en valeur. Germanicus visita ces lieux, et ensuite les magnifiques ruines de l'ancienne Thèbes. On voyait, sur des monuments encore subsistants, des caractères égyptiens qui attestaient sa première opulence. Il pria un des plus anciens prêtres de les lui

* Maintenant Abonkir.

que et Persis, et Bactriano, ac Scythâ potitum; quasque terras Syri Armeniique et contigui Cappadoces colunt, indè Bithynum, hinc Lycium ad mare, imperio tenuisse. Legebantur et indicta gentibus tributa, pondus argenti et auri, numerus armorum equorumque, et dona templis ebur atque odores, quasque copias frumenti et omnium utensilium quæque natio penderet; haud minùs magnifica quàm nunc vi Parthorum, aut potentiâ romanâ jubentur.

LXI. Ceterùm Germanicus aliis quoque miraculis intendit animum, quorum præcipua fuêre Memnonis saxea effigies, ubi radiis solis icta est, vocalem sonum reddens : disjectasque inter et vix pervias arenas instar montium eductæ Pyramides, certamine et opibus regum : lacusque, effossâ humo, superfluentis Nili receptacula : atque alibì angustiæ, et profunda altitudo, nullis inquirentium spatiis penetrabilis. Exin ventum Elephantinem ac Syenen, claustra olim romani imperii; quod nunc Rubrum ad mare patescit.

LXII. Dùm ea æstas Germanico plures per provincias transigitur, haud leve decus Drusus quæsivit, inliciens Germanos ad discordias; utque, fracto jam Maroboduo, usque in exitium insisteretur. Erat inter Gothones nobilis juvenis nomine Catualda,

expliquer. Les inscriptions portaient que cette ville avait autrefois contenu sept cent mille habitants en âge de porter les armes; qu'avec cette armée, le roi Rhamsés avait conquis la Libye, l'Éthiopie, la Médie, la Perse, la Bactriane, la Scythie, et que tout le pays habité par les Syriens, les Arméniens et les Cappadociens, depuis la mer de Bithynie jusqu'à celle de Lycie, avait appartenu à son empire. On lisait aussi dans ces inscriptions le détail des tributs imposés à ces nations, des sommes d'or et d'argent, des présents pour les temples en ivoire et en parfums, de la quantité d'armes, de chevaux, de froment et autres denrées que chaque peuple payait; ce qui formait un revenu non moins considérable que l'est aujourd'hui celui des Parthes ou de l'empire romain.

LXI. Germanicus continua d'observer les autres merveilles, entre autres la statue de pierre de Memnon *, qui, lorsqu'elle est frappée des rayons du soleil, rend le son d'une voix humaine; ces pyramides, semblables à des montagnes, élevées au milieu de sables mouvants et presque inaccessibles, monument du faste et de l'émulation des rois égyptiens; ces lacs creusés pour recevoir les débordements du Nil; et, plus loin, ce détroit où le fleuve resserré creuse un abîme dont nul homme n'a pu sonder la profondeur. De là il se rendit à Éléphantine ** et à Syène, alors barrières de l'empire romain, qui s'étend maintenant jusqu'à la mer Rouge ***.

* Voyez, sur cet antique monument, Pocoke, le voyage de Norden en Égypte, et le grand ouvrage de la commission des savants envoyés en Égypte.

** Éléphantine, aujourd'hui l'île Fleurie. — Syène, aujourd'hui Assouan.

*** Depuis les conquêtes de Trajan.

profugus olim vi Marobodui, et tunc, dubiis rebus ejus, ultionem ausus. Is, validâ manu, fines Marcomannorum ingreditur, corruptisque primoribus ad societatem, inrumpit regiam, castellumque juxtà situm : veteres illìc Suevorum prædæ, et nostris è provinciis lixæ ac negotiatores reperti ; quos jus commercii, dein cupido augendi pecuniam, postremùm oblivio patriæ, suis quemque ab sedibus hostilem in agrum transtulit.

LXIII. Maroboduo undiquè deserto non aliud subsidium quàm misericordia Cæsaris fuit : transgressus Danubium quà Noricam provinciam præfluit, scripsit Tiberio, non ut profugus aut supplex, sed ex memoriâ prioris fortunæ. Nam, multis nationibus clarissimum quondàm regem ad se vocantibus, romanam amicitiam prætulisse. Responsum à Cæsare tutam ei honoratamque sedem in Italiâ fore, si maneret; sin rebus ejus aliud conduceret, abiturum fide quâ venisset. Ceterùm apud senatum disseruit non Philippum Atheniensibus, non Pyrrhum aut Antiochum populo romano perindè metuendos fuisse. Exstat oratio quâ magnitudinem viri, violentiam subjectarum ei gentium, et quàm propinquus Italiæ

LXII. Pendant que Germanicus employait l'été à visiter plusieurs provinces, Drusus ne se fit pas peu d'honneur par son habileté à semer la division parmi les Germains, et à profiter de l'affaiblissement de Maroboduus pour leur faire consommer sa ruine. Il y avait, parmi les Gothons, un jeune homme d'une haute naissance, nommé Catualde, jadis obligé de fuir par l'ascendant de Maroboduus, et qui maintenant enhardi par ses malheurs, cherchait à se venger. Il entre, avec un corps de troupes considérable, sur les terres des Marcomans; et, soutenu des principaux chefs qu'il avait gagnés, il force la ville royale * et le château qui la défendait. Cette place était depuis long-temps le dépôt du butin des Suèves. On y trouva des vivandiers et des marchands de nos provinces, que le commerce avait attirés, que l'espoir du gain avait retenus, et qu'enfin l'oubli de la patrie avait fixés, loin de leurs foyers, dans ces terres ennemies.

LXIII. Maroboduus, abandonné de toutes parts, n'eut de ressource que dans la pitié de Tibère. Ayant passé le Danube, à l'endroit où ce fleuve borde la Norique **, il écrivit à ce prince, non comme un fugitif ou un suppliant, mais comme un roi célèbre qui se souvenait de sa première fortune, qui était appelé par une foule de nations, et qui leur préférait l'amitié des Romains. Tibère répondit que, tant qu'il voudrait demeurer dans l'Italie, il y trouverait une retraite honorable et sûre, avec la liberté d'en sortir lorsque ses affaires le demanderaient. Cependant il dit dans le sénat que Philippe n'avait point été aussi redoutable pour Athènes, ni Pyrrhus ou Antiochus pour Rome, que l'eût été Maro-

---

* Prague.
** Partie de l'Autriche en-deçà du Danube.

hostis, suaque in destruendo eo consilia extulit. Et Maroboduus quidem Ravennæ habitus, si quandò insolescerent Suevi, quasi rediturus in regnum ostentabatur : sed non excessit Italiâ per duodeviginti annos; consenuitque, multùm imminutâ claritate ob nimiam vivendi cupidinem. Idem Catualdæ casus, neque aliud perfugium, pulsus haud multò pòst Hermundurorum opibus, et Vibillio duce ; receptusque, Forum Julium Narbonensis Galliæ coloniam mittitur. Barbari utrumque comitati, ne quietas provincias immixti turbarent, Danubium ultra, inter flumina Marum et Cusum locantur, dato rege Vannio gentis Quadorum.

LXIV. Simul nunciato regem Artaxiam Armeniis à Germanico datum, decrevêre patres ut Germanicus atque Drusus ovantes urbem introirent : structi et arcus circum latera templi Martis Ultoris, cum effigie Cæsarum : lætiore Tiberio quia pacem sapientiâ firmaverat, quàm si bellum per acies confecisset. Igitur Rhescuporin quoque Thraciæ regem astu adgreditur. Omnem eam nationem Rhœmetalces tenuerat : quo defuncto, Augustus partem Thracum Rhescuporidi fratri ejus, partem filio Cotyi permisit. In eâ divisione arva et urbes, et vicina Græcis Cotyi ;

boduus. Sa harangue existe, dans laquelle, après avoir exalté la puissance de ce monarque et la valeur des nations qui lui étaient soumises, il fait voir combien eût été dangereux un pareil voisin, et combien étaient sages les mesures qui avaient préparé sa chute. On tint Maroboduus à Ravenne sous les regards des Suèves, afin que la vue de ce roi, tout prêt à rentrer dans ses États, servît à contenir leur insolence. Mais il ne quitta point l'Italie pendant les dix-huit années qu'il vécut encore, et il perdit, dans sa vieillesse, beaucoup de sa réputation, par trop d'attachement pour la vie. Catualde eut le même sort, et trouva les mêmes ressources. Une armée d'Hermundures, commandée par Vibillius, n'ayant pas tardé à le chasser à son tour, il fut accueilli et envoyé à Fréjus, colonie de la Gaule Narbonnaise. Mais, comme les Barbares qui accompagnaient ces deux rois, auraient pu, par leur mélange, mettre en fermentation des provinces paisibles, on les établit au-delà du Danube, entre le Marc et le Cuse*; on leur donna pour roi Vannius, de la nation des Quades.

LXIV. La nouvelle du couronnement d'Artaxias étant venue dans le même moment, le sénat décerna l'ovation à Germanicus et à Drusus. On érigea, sur les ailes du temple de Mars vengeur, des arcs de triomphe, où l'on plaça leurs statues. Tibère s'applaudissait d'avoir assuré la paix par sa politique, plus que s'il eût terminé la guerre par des victoires. Aussi n'employa-t-il pas d'autres armes contre Rhescuporis, roi de Thrace. Rhœmétalces avait possédé seul tout ce royaume : après sa mort, Auguste le partagea entre Rhescuporis et Cotys, l'un frère, l'autre fils de Rhœmétalces.

---

* Le Marc, aujourd'hui Morava. — Le Cuse, aujourd'hui le Vag.

quod incultum, ferox, adnexum hostibus, Rhescuporidi cessit: ipsorumque regum ingenia, illi mite et amoenum, huic atrox, avidum, et societatis impatiens erat. Sed primò subdolâ concordiâ egêre: mox Rhescuporis egredi fines, vertere in se Cotyi data, et resistenti vim facere. Cunctanter sub Augusto, quem, auctorem utriusque regni, si sperneretur, vindicem metuebat: enim verò, auditâ mutatione principis, immittere latronum globos, exscindere castella, caussas bello.

LXV. Nihil æquè Tiberium anxium habebat quàm ne composita turbarentur: deligit centurionem qui nuntiaret regibus ne armis disceptarent; statìmque à Cotye dimissa sunt, quæ paraverat, auxilia. Rhescuporis, fictâ modestiâ, postulat eumdem in locum coïretur, posse de controversiis colloquio transigi. Nec diù dubitatum de tempore, loco, dein conditionibus; cùm alter facilitate, alter fraude cuncta inter se concederent, acciperentque. Rhescuporis sanciendo, ut dictitabat, fœderi convivium adjicit; tractàque in multam noctem lætitiâ per epulas ac vinolentiam, incautum Cotyn, et, postquàm dolum intellexerat, sacra regni, ejusdem familiæ deos, et hospitales mensas obtestantem, catenis onerat: Thraciàque omni potitus, scripsit ad Tiberium structas sibi insidias, præventum insidiatorem: simul,

Cotys eut les plaines, les villes et ce qui touche la Grèce; tout ce qui est inculte, sauvage et voisin des Barbares, échut à Rhescuporis. Les deux princes étaient comme leurs États: Cotys avait de la douceur et de l'aménité dans l'esprit; l'autre était féroce, plein d'avidité, ne pouvant souffrir de partage. Ils vécurent néanmoins, d'abord, avec les apparences de la concorde; mais Rhescuporis ne tarda point à franchir ses limites, à usurper les possessions de son neveu, employant la force contre la résistance. Tant que vécut Auguste, qui avait fait le partage entre ces deux rois, et dont il craignait la vengeance s'il détruisait son ouvrage, il gardait du moins encore quelques ménagements. Mais, à la mort de ce prince, il ne se contraignit plus; il envoya des troupes de brigands saccager des forteresses et provoquer la guerre.

LXV. La chose à laquelle Tibère apportait le plus de surveillance c'était à maintenir la tranquillité. Il charge un centurion d'aller signifier aux deux rois de ne point décider leur querelle par les armes, et sur-le-champ Cotys licencie ses troupes. Rhescuporis, feignant aussi de la soumission, demande une entrevue avec son neveu; une seule conférence pouvait, disait-il, lever toutes les difficultés. On n'eut pas de peine à convenir du lieu, du temps, et ensuite des conditions, les deux rois accordant tout, l'un par facilité, l'autre par artifice. Rhescuporis, pour donner au traité, comme il le disait, plus de solennité, prépare un festin. La débauche fut prolongée bien avant dans la nuit. Cotys, aveuglément livré aux plaisirs de la table, vit le piége trop tard. En vain il réclama les priviléges du trône, ceux de l'hospitalité, les dieux de leur famille: il fut chargé de fers. Rhescuporis, maître de toute la Thrace, écrivit à Tibère qu'il n'avait fait que prévenir les embûches qu'on lui tendait. En même temps,

bellum adversùs Bastarnas Scythasque prætendens, novis peditum et equitum copiis sese firmabat.

LXVI. Molliter rescriptum si fraus abesset, posse eum innocentiæ fidere : ceterùm neque se, neque senatum, nisi cognitâ caussâ, jus et injuriam discreturos : proindè tradito Cotye veniret, transferretque invidiam criminis. Eas litteras Latinius Pandus, proprætor Mœsiæ, cùm militibus quis Cotys traderetur, in Thraciam misit : Rhescuporis, inter metum et iram cunctatus, maluit patrati quàm incepti facinoris reus esse : occidi Cotyn jubet, mortemque sponte sumptam ementitur. Nec tamen Cæsar placitas semel artes mutavit; sed, defuncto Pando, quem sibi infensum Rhescuporis arguebat, Pomponium Flaccum, veterem stipendiis, et arctâ cum rege amicitiâ, eòque accommodatiorem ad fallendum, ob id maximè Mœsiæ præfecit.

LXVII. Flaccus, in Thraciam transgressus, per ingentia promissa, quamvis ambiguum et scelera sua reputantem, perpulit ut præsidia romana intraret. Circumdata hinc regi, specie honoris, valida manus; tribunique et centuriones, monendo, suadendo, et, quantò longiùs abscedebatur, apertiore custodiâ, postremò gnarum necessitatis in urbem traxêre. Accusatus in senatu ab uxore Cotyis, damnatur ut procùl regno teneretur. Thracia in Rhœmetalcem filium, quem paternis consiliis adversatum constabat, inque

sous prétexte d'une guerre contre les Bastarnes et les Scythes, il se renforça de nouvelles troupes d'infanterie et de cavalerie.

LXVI. On lui répondit avec ménagement que, s'il n'avait point de torts, il pouvait se fier sur son innocence ; qu'au surplus, ni le prince ni le sénat ne prononceraient qu'après un mûr examen ; qu'il n'avait qu'à livrer Cotys, et venir rejeter sur son neveu le poids de l'accusation. Latinius, propréteur de Mésie, fit partir cette lettre pour la Thrace, avec les soldats chargés d'emmener Cotys. Rhescuporis, combattu par la colère et par la crainte, trouva moins de risques à consommer son crime, qu'à le laisser imparfait. Il fit tuer Cotys, et publia ensuite que c'était lui-même qui s'était donné la mort. Ce nouveau forfait ne fut point capable de faire abandonner à Tibère son plan de dissimulation. Latinius, que Rhescuporis regardait comme son plus cruel ennemi, venait de mourir. César mit à sa place Pomponius, que ses liaisons étroites avec le roi rendaient plus propre à le tromper. Cette raison, plus encore que l'ancienneté de ses services, influa sur le choix de Tibère.

LXVII. Le nouveau préteur, ayant passé dans la Thrace, eut à combattre, dans Rhescuporis, la défiance que ses crimes lui inspiraient. Cependant, à force de promesses, il le détermine à venir dans les présides * romains. Là, sous prétexte de lui faire honneur, on lui donne une forte garde. Les tribuns, les centurions lui conseillent, lui persuadent d'aller plus loin. A mesure qu'il s'éloigne, on lui dissimule moins sa captivité ; enfin, cédant à la nécessité, il se laisse

---

* Ce mot n'est pas nouveau. On appelle *présides* les forts que les Espagnols ont en Afrique.

liberos Cotyis dividitur : iisque, nondùm adultis, Trebellienus Rufus, præturâ functus, datur qui regnum interim tractaret, exemplo quo majores Marcum Lepidum, Ptolemæi liberis tutorem, in Ægyptum miserant. Rhescuporis, Alexandriam devectus, atque illic fugam tentans, an ficto crimine, interficitur.

LXVIII. Per idem tempus Vonones, quem amotum in Ciliciam memoravi, corruptis custodibus, effugere ad Armenios, indè in Albanos Heniochosque, et consanguineum sibi regem Scytharum conatus est : specie venandi, omissis maritimis locis, avia saltuum petiit ; mox, pernicitate equi, ad amnem Pyramum contendit, cujus pontes accolæ ruperant, auditâ regis fugâ ; neque vado penetrari poterat. Igitur in ripâ fluminis, à Vibio Frontone, præfecto equitum, vincitur : mox Remnius, evocatus, priori custodiæ regis adpositus, quasi per iram gladio eum transigit : undè major fides, conscientiâ sceleris, et metu indicii, mortem Vononi inlatam.

traîner à Rome. Là il fut accusé dans le sénat par la veuve de Cotys, et condamné à vivre loin de ses États. La Thrace fut partagée entre Rhœmétalces, fils de Rhescuporis, qu'on savait avoir combattu les projets de son père, et les enfants de Cotys. Mais, ceux-ci étant trop jeunes, Trébelliénus, ancien préteur, eut la régence de leurs États, comme autrefois Lépide avait eu celle de l'Égypte pendant la minorité des enfants de Ptolémée *. Rhescuporis fut conduit à Alexandrie. Il y forma, ou on lui supposa le projet de s'enfuir, et l'on s'en défit.

LXVIII. Dans le même temps, Vonon, qu'on avait confiné en Cilicie, comme je l'ai dit, ayant gagné ses gardes, entreprit de se sauver par l'Arménie dans le pays des Albaniens ** et des Hénioques, et de là chez le roi des Scythes, son parent. Il prétexta une partie de chasse, et, s'éloignant du rivage de la mer, il s'enfonça dans des bois, d'où il gagna les bords du Pyrame *** à toute bride. Les habitants, avertis de sa fuite, avaient rompu tous les ponts, et le fleuve n'était point guéable. Vonon fut arrêté sur la rive par Vibius, préfet de cavalerie, qui le mit aux fers. Aussitôt Remmius, *un évocat* ****, préposé ci-devant à la garde du roi, lui passa son épée au travers du corps, comme dans un mouvement de colère. On n'en fut que mieux persuadé qu'il avait favorisé l'évasion, et que c'était pour n'être point décelé qu'il avait donné la mort à Vonon.

* L'an de Rome 55o. Ce Ptolémée était surnommé *Philopator*.
** Les Albaniens étaient plus près de la mer Caspienne; les Hénioques plus près du Pont-Euxin.
*** Aujourd'hui le Gihon.
**** On appelait ainsi les vétérans qui, après avoir achevé leur temps, rentraient au service; ils avaient le grade de centurion : et portaient, comme eux, le cep de vigne.

LXIX. At Germanicus, Ægypto remeans, cuncta quæ apud legiones aut urbes jusserat, abolita, vel in contrarium versa cognoscit : hinc graves in Pisonem contumeliæ, nec minùs acerba quæ ab illo in Cæsarem tentabantur. Dein Piso abire Syriâ statuit; mox, adversâ Germanici valetudine detentus, ubi recreatum accepit, votaque pro incolumitate solvebantur, admotas hostias, sacrificalem apparatum, festam Antiochiensium plebem, per lictores proturbat. Tùm Seleuciam digreditur, opperiens ægritudinem quæ rursùm Germanico acciderat. Sævam vim morbi augebat persuasio veneni à Pisone accepti ; et reperiebantur solo ac parietibus erutæ humanorum corporum reliquiæ, carmina, et devotiones, et nomen Germanici plumbeis tabulis insculptum, semiusti cineres ac tabe obliti, aliaque maleficia, quîs creditur animas numinibus infernis sacrari : simul missi à Pisone incusabantur, ut valetudinis adversa rimantes.

LXX. Ea Germanico haud minùs irâ quàm per metum accepta; « Si limen obsideretur, si effundendus spiritus sub oculis inimicorum foret, quid deindè miserrimæ conjugi, quid infantibus liberis eventurum ? lenta videri veneficia : festinare et urgere, ut provinciam, ut legiones solus habeat : sed non usquè eò defectum Germanicum, neque præmia cædis apud interfectorem mansura. » Componit epistolas quîs amicitiam ei renunciabat : ad-

LXIX. Cependant Germanicus, à son retour d'Égypte, trouva tous les réglements qu'il avait faits pour les villes et les légions, abolis ou entièrement changés. Pour lors il éclata vivement contre Pison, qui s'en vengea par des mortifications non moins cruelles. Enfin Pison résolut de quitter la Syrie. Retenu à Antioche * par la maladie de Germanicus, lorsqu'il vit celui-ci rétabli, et qu'on acquittait les vœux pour sa convalescence, il fit interrompre l'appareil des sacrifices, enlever les victimes du pied des autels, et repousser par ses licteurs la populace, qui était en habits de fête. Puis il se retira à Séleucie **, attendant l'effet d'une crise où Germanicus venait de retomber. L'idée que Pison l'avait empoisonné redoublait la violence du mal. En effet, on avait trouvé sur la terre, autour des murs du palais, des lambeaux de cadavres humains arrachés des sépulcres, des cendres sanglantes et à demi-brûlées, le nom de Germanicus gravé sur des tablettes de plomb, des talismans, des caractères magiques et autres enchantements, par lesquels on croit que les ames sont dévouées aux divinités infernales. Enfin on voyait sans cesse des émissaires de Pison, qu'on accusait de venir épier les progrès du mal.

LXX. Tout cela ne donnait pas moins de colère que d'alarmes à Germanicus : « Si l'on en venait à assiéger sa » porte ; s'il lui fallait se voir expirer sous les yeux de ses » ennemis, que deviendrait sa malheureuse femme ? que » deviendraient ses enfants au berceau ? On trouvait le poi- » son trop lent ; on voulait hâter sa mort ; on était impa- » tient de jouir seul de la province et des légions. Mais Ger-

* Antakia.
** Sélefké.

dunt plerique jussum provinciâ decedere. Nec Piso moratus ultrà, navis solvit; moderabaturque cursui, quò propiùs regrederetur, si mors Germanici Syriam aperuisset.

LXXI. Cæsar, paulisper ad spem erectus, dein fesso corpore, ubi finis aderat, adsistentes amicos in hunc modum adloquitur: « Si fato concederem,
» justus mihi dolor etiam adversùs deos esset quòd
» me parentibus, liberis, patriæ, intra juventam,
» præmaturo exitu raperent : nunc, scelere Pisonis
» et Plancinæ interceptus, ultimas preces pectori-
» bus vestris relinquo : referatis patri ac fratri qui-
» bus acerbitatibus dilaceratus, quibus insidiis cir-
» cumventus, miserrimam vitam pessimâ morte fi-
» nierim. Si quos spes meæ, si quos propinquus san-
» guis, etiam quos invidia erga viventem movebat,
» inlacrimabunt, quondàm florentem, et tot bello-
» rum superstitem muliebri fraude cecidisse. Erit
» vobis locus querendi apud senatum, invocandi
» leges. Non hoc præcipuum amicorum munus est
» prosequi defunctum ignavo questu, sed quæ vo-
» luerit meminisse, quæ mandaverit exsequi. Fle-
» bunt Germanicum etiam ignoti : vindicabitis vos,
» si me potiùs quàm fortunam meam fovebatis. Os-
» tendite populo romano divi Augusti neptem, eam-
» demque conjugem meam ; numerate sex liberos.

» manicus n'était point encore assez abandonné pour que le
» fruit de leur crime restât à ses assassins. » Il écrit à Pison
pour rompre, sans retour, avec lui. On croit généralement
que la lettre contenait aussi l'ordre de sortir de la province.
Pison ne balança plus ; il mit à la voile, ralentissant toutefois sa navigation, pour être plus à portée de la Syrie, en
cas que la mort de Germanicus lui en ouvrît l'entrée.

LXXI. Germanicus eut encore un rayon d'espérance ;
bientôt un affaissement total l'avertit de sa fin prochaine ;
il rassemble ses amis, et leur adresse ce discours : « Si ma
» mort était naturelle, j'aurais à me plaindre même des
» dieux, dont la rigueur m'enléverait si jeune à mes parents, à mes enfants, à ma patrie. Mais, vous le savez,
» c'est le crime de Plancine et de Pison qui tranche mes
» jours ; recevez donc, et gardez au fond de vos cœurs mes
» dernières prières. Racontez à mon père et à mon frère
» toutes les amertumes qui ont empoisonné mes jours, tous
» les piéges qui ont environné mes pas, toutes les horreurs
» de la mort qui terminent les malheurs de ma vie. Ni ceux
» que mes espérances, ni ceux que les liens du sang intéressent à mon sort, ni ceux même que l'envie eût armés
» contre Germanicus vivant, ne pourront refuser des larmes à la mort d'un homme qui, après avoir acquis quelque gloire, après avoir survécu à tant de batailles, expire victime de la perfidie d'une femme. Vous aurez
» occasion de réclamer la justice du sénat, d'invoquer les
» lois. Ce ne sont point des larmes stériles sur des cendres
» inanimées, c'est le souvenir, c'est l'exécution de leurs
» volontés que les morts attendent de la fidélité de leurs
» amis. Ceux même à qui Germanicus était inconnu le pleureront : vous le vengerez, vous, si vous l'aimez plus que

» Misericordia cum accusantibus erit; fingentibusque
» scelesta mandata, aut non credent homines, aut
» non ignoscent. » Juravêre amici, dextram morientis contingentes, spiritum antequàm ultionem amissuros.

LXXII. Tùm, ad uxorem versus, per memoriam suî, per communes liberos oravit exueret ferociam, sævienti fortunæ submitteret animum; neu, regressa in urbem, æmulatione potentiæ validiores inritaret. Hæc palàm, et alia secretò, per quæ ostendere credebatur metum ex Tiberio. Neque multò pòst exstinguitur, ingenti luctu provinciæ et circumjacentium populorum. Indoluêre exteræ nationes regesque; tanta illi comitas in socios, mansuetudo in hostes; visuque et auditu juxtà venerabilis, cùm magnitudinem et gravitatem summæ fortunæ retineret, invidiam et adrogantiam effugerat.

LXXIII. Funus, sine imaginibus et pompâ, per laudes, ac memoriam virtutum ejus celebre fuit. Et erant qui formam, ætatem, genus mortis, ob propinquitatem etiam locorum in quibus interiit, Magni Alexandri fatis adæquarent. Nam utrumque corpore decoro, genere insigni, haud multùm triginta annos egressum, suorum insidiis externas inter

» sa fortune. Montrez au peuple romain la petite-fille d'Au-
» guste ; montrez-lui la veuve ; faites-lui compter les six
» orphelins de Germanicus. La pitié, cette fois, parlera
» pour les accusateurs (23) ; et si la calomnie suppose des
» ordres criminels, croyez que les Romains seront ou incré-
» dules, ou implacables. » Ses amis lui jurèrent, en serrant
sa main mourante, qu'ils perdraient la vie avant que d'oublier le soin de le venger.

LXXII. Alors il se tourne vers sa femme. Il la conjure,
au nom de leurs enfants, par le souvenir de son époux,
d'avoir moins de fierté, d'abaisser son orgueil sous les rigueurs de la fortune, et de se défendre, à son retour à
Rome, de cette affectation de pouvoir qui blesse les plus
puissants. Voilà ce qu'il dit tout haut. Il eut ensuite un entretien secret, où l'on croit qu'il lui fit entrevoir ses soupçons sur Tibère. Il expira peu de temps après. Sa mort ré-
pandit dans la province et chez les peuples voisins un deuil
universel. Les nations étrangères, les rois barbares pleurè-
rent ce grand homme, si affable pour les alliés, si doux
pour les ennemis, dont la figure et les discours imprimaient
une égale vénération ; et qui, bannissant de la grandeur
suprême l'arrogance qui la fait haïr, n'en avait conservé
que la dignité qui la rend imposante.

LXXIII. Nulle image de ses aïeux n'orna ses funérailles.
Sa gloire et le souvenir de ses vertus en firent toute la
pompe. Plusieurs, frappés de quelques rapports entre la
figure, l'âge des deux héros, le genre et le théâtre de leur
mort, comparaient ses destinées à celles du grand Alexandre. On observait qu'avec les avantages de la beauté, d'une
naissance illustre, tous deux avaient, vers leur trentième
année, succombé sous des embûches domestiques, parmi

gentes occidisse : sed hunc mitem erga amicos, modicum voluptatum, uno matrimonio, certis liberis egisse : neque minùs præliatorem ; etiam si temeritas abfuerit, præpeditusque sit perculsas tot victoriis Germanias servitio premere. Quòd si solus arbiter rerum, si jure et nomine regio fuisset, tantò promptiùs adsecuturum gloriam militiæ, quantùm clementiâ, temperantiâ, ceteris bonis artibus præstitisset. Corpus, antequàm cremaretur, nudatum in foro Antiochensium, qui locus sepulturæ destinabatur ; prætuleritne veneficii signa, parùm constitit ; nam, ut quis misericordiâ in Germanicum et præsumptâ suspicione, aut favore in Pisonem pronior, diversi interpretabantur.

LXXIV. Consultatum indè inter legatos, quique alii senatorum aderant, quisnam Syriæ præficeretur ; et, ceteris modicè nisis, inter Vibium Marsum et Cn. Sentium diù quæsitum : dein Marsus seniori et acriùs tendenti Sentio concessit. Isque infamem veneficiis eâ in provinciâ, et Plancinæ percaram, nomine Martinam, in urbem misit, postulantibus Vitellio ac Veranio, ceterisque qui crimina et accusationem, tanquàm adversùs receptos jam reos, instruebant.

LXXV. At Agrippina, quanquàm defessa luctu, et corpore ægro, omnium tamen quæ ultionem morarentur intolerans, adscendit classem cum cineribus Germanici et liberis ; miserantibus cunctis quòd femina, nobilitate princeps, pulcherrimo modò ma-

des nations étrangères ; mais le Romain avait été doux envers ses amis, modéré dans les plaisirs, asservi aux lois d'un seul et chaste hymen, et non moins guerrier quoique sans témérité, quoique mille obstacles l'eussent empêché de subjuguer la Germanie accablée par tant de défaites. Que si, avec le titre et les droits d'un souverain, il eût été le seul arbitre de ses destinées, il eût égalé bientôt dans la gloire des armes le Macédonien, qu'il surpassait par sa modération, sa clémence et ses autres vertus. Avant de brûler son corps, on l'exposa nu dans le forum d'Antioche, lieu destiné à sa sépulture. On ne sait point positivement s'il parut quelque trace de poison ; car la pitié pour Germanicus et les préventions pour ou contre Pison, donnèrent lieu à des interprétations différentes.

LXXIV. Les lieutenants et ce qui se trouvait de sénateurs en Syrie s'assemblèrent pour la nomination d'un commandant. Les autres concurrents se retirèrent après de légères tentatives ; Mais Vibius et Sentius balancèrent long-temps les suffrages ; enfin l'ancienneté de Sentius et l'ardeur de ses sollicitations l'emportèrent. Son premier soin fut de faire arrêter une femme, nommée Martine, décriée dans la province par ses empoisonnements, et fort aimée de Plancine. Elle fut envoyée à Rome, à la réquisition de Vitellius, de Véranius et des autres accusateurs, qui préparaient déjà leurs moyens, comme si leur accusation eût été admise.

LXXV. Agrippine, accablée de douleur et de maladie, mais ne pouvant supporter l'idée de retarder d'un instant sa vengeance, s'embarque avec les cendres de Germanicus et avec ses enfants ; spectacle bien digne de pitié que celui d'une femme de cette naissance, qui, naguères dans l'union la plus fortunée, environnée de respects et d'adorations, se

trimonio inter venerantîs gratantîsque aspici solita, tunc feralîs reliquias sinu ferret, incerta ultionis, anxia suî, et infelici fecunditate fortunæ toties obnoxia. Pisonem interim apud Coum insulam nuntius adsequitur excessisse Germanicum. Quo intemperanter accepto, cædit victimas, adit templa: neque ipse gaudium moderans, et magis insolescente Plancinâ, quæ luctum amissæ sororis tùm primùm læto cultu mutavit.

LXXVI. Adfluebant centuriones, monebantque prompta illi legionum studia; repeteret provinciam non jure ablatam, et vacuam. Igitur quid agendum consultanti, M. Piso, filius, properandum in urbem censebat: « Nihil adhuc inexpiabile admissum, ne-
» que suspiciones imbecillas, aut inania famæ per-
» timescenda: discordiam erga Germanicum odio
» fortassè dignam, non pœnâ: et, ademptione pro-
» vinciæ, satisfactum inimicis. Quòd si regredere-
» tur, obsistente Sentio, civile bellum incipi; nec
» duraturos in partibus centuriones militesque, apud
» quos recens imperatoris sui memoria, et penitùs
» infixus in Cæsares amor prævaleret. »

LXXVII. Contrà Domitius Celer, ex intimâ ejus amicitiâ, disseruit: « Utendum eventu. Pisonem,
» non Sentium, Syriæ præpositum; huic fasces et jus
» prætoris, huic legiones datas: si quid hostile in-

voyait réduite à ces lugubres restes qu'elle portait dans son sein, incertaine de sa vengeance, alarmée pour elle-même, en butte à la fortune dans chacun des fruits de sa malheureuse fécondité. Pison reçut dans l'île de Cos * la nouvelle de la mort de Germanicus. Il laisse éclater ses transports, immole des victimes, visite les temples, il ne peut contenir sa joie ; et Plancine, plus indécente encore, quitte ce jour-là même le deuil d'une sœur qu'elle venait de perdre, et prend des habits de fête.

LXXVI. Les centurions, qui arrivaient en foule, assuraient Pison du zèle ardent des légions, et le pressaient de reprendre un gouvernement qu'on n'avait pas eu le droit de lui ôter, et qui était vacant. Il mit en délibération ce qu'il devait faire. Son fils, Marcus Piso, opinait pour son prompt retour à Rome : « Ses torts, jusqu'ici, n'étaient point irré-
» parables ; des soupçons chimériques, de vains bruits ne
» devaient point l'alarmer. Ses démêlés avec Germanicus,
» faits pour lui susciter peut-être des ennemis, n'étaient
» point un délit punissable ; et, en perdant son gouverne-
» ment, il avait satisfait à l'envie. Que s'il retournait en
» Syrie, malgré l'opposition de Sentius, il allumait une
» guerre civile ; et il ne devait pas se flatter long-temps de
» l'affection des centurions et des soldats, sur qui prévau-
» draient la mémoire récente de leur général, et ce vieux
» respect pour les Césars, profondément enraciné dans leurs
» cœurs. »

LXXVII. Domitius Céler, un des intimes amis de Pison, soutint, au contraire, « qu'il fallait profiter de l'événement ;
» que Pison, et non Sentius, avait été préposé au gouver-

---

* Stanco.

» gruat, quàm justiùs arma oppositurum qui legati
» auctoritatem, et propria mandata acceperit ? Re-
» linquendum etiam rumoribus tempus quo senes-
» cant : plerumquè innocentes recenti invidiæ impa-
» res. At, si teneat exercitum, augeat vires, multa,
» quæ provideri non possint, fortuitò in meliùs ca-
» sura. An festinamus cum Germanici cineribus ad-
» pellere, ut te, inauditum et indefensum, planc-
» tus Agrippinæ, ac vulgus imperitum primo rumore
» rapiant ? Est tibi Augustæ conscientia, est Cæsaris
» favor, sed in occulto : et periisse Germanicum
» nulli jactantiùs mœrent, quàm qui maximè lætan-
» tur. »

LXXVIII. Haud magnâ mole Piso, promptus ferocibus, in sententiam trahitur : missisque ad Tiberium epistolis, incusat Germanicum luxûs et superbiæ; seque, pulsum ut locus rebus novis patefieret, curam exercitûs, eâdem fide quâ tenuerit, repetivisse. Simul Domitium, impositum triremi, vitare littorum oram, præterque insulas, lato mari, pergere in Syriam jubet. Concurrentes desertores per manipulos componit, armat lixas, trajectisque in continentem navibus, vexillum tironum in Syriam euntium intercipit. Regulis Cilicum ut se auxiliis ju-

» nement de la Syrie ; que c'était à lui qu'on avait donné les
» faisceaux et l'autorité de préteur ; à lui qu'on avait con-
» fié les légions. Si l'ennemi venait attaquer la province, qui
» donc la défendrait mieux que celui qui avait reçu tout le
» pouvoir d'un commandant et toutes les instructions pour
» cette défense? D'ailleurs il fallait donner aux rumeurs le
» temps de se dissiper ; souvent l'innocence avait succombé
» sous des haines récentes ; au lieu que, si Pison gardait l'ar-
» mée, s'il augmentait ses forces, le hasard seul amènerait
» des circonstances heureuses, mais impossibles à prévoir.
» Nous hâterons-nous donc d'arriver avec les cendres de
» Germanicus, afin que, sans qu'on daigne écouter tes dé-
» fenses, une multitude imbécile, sur la foi des lamenta-
» tions d'Agrippine, t'immole à son premier ressentiment?
» Livie t'approuve, Tibère te favorise, mais en secret ; et
» nuls ne mettront plus d'affectation à pleurer Germanicus,
» que ceux qui se réjouissent le plus de sa mort. »

LXXVIII. Pison, porté de lui-même aux partis violents, se laisse entraîner sans peine à cet avis. Il écrit à Tibère pour se plaindre du faste et de l'arrogance de Germanicus, et pour le prévenir que, n'ayant été chassé que parce qu'il était un obstacle à des desseins ambitieux, il avait repris le commandement de l'armée, par le même esprit de fidélité qui l'avait porté à vouloir s'y maintenir. En même temps il fait partir Domitius sur une trirème pour la Syrie, avec l'ordre d'éviter les côtes, de s'élever en pleine mer et de couper au travers des îles. Il forme en compagnie les déserteurs qui se présentent en foule, arme les vivandiers, et, à son arrivée sur le continent, intercepte un corps de nouvelles recrues qui se rendaient en Syrie. Il écrit aux petits souverains de la Cilicie de lui envoyer leurs auxiliaires. Le jeune Pison ne

varent scribit; haud ignavo ad ministeria belli juvene Pisone, quanquàm suscipiendum bellum abnuisset.

LXXIX. Igitur, oram Lyciæ ac Pamphyliæ prælegentes, obviis navibus quæ Agrippinam vehebant, utrinquè infensi, arma primò expediêre; dein, mutuà formidine, non ultra jurgium processum est : Marsusque Vibius nuntiavit Pisoni Romam ad dicendam caussam veniret. Ille, eludens, respondit adfuturum, ubi prætor, qui de veneficiis quæreret, reo atque accusatoribus diem prædixisset. Interim Domitius, Laodiceam urbem Syriæ adpulsus, cùm hiberna sextæ legionis peteret, quòd eam maximè novis consiliis idoneam rebatur, à Pacuvio legato prævenitur. Id Sentius Pisoni per litteras aperit, monetque ne castra corruptoribus, ne provinciam bello tentet : quosque Germanici memores, aut inimicis ejus adversos cognoverat, contrahit, magnitudinem imperatoris, identidem ingerens, et rempublicam armis peti : ducitque validam manum, et prælio paratam.

LXXX. Nec Piso, quanquàm cœpta secùs cadebant, omisit tutissima è præsentibus ; sed castellum Ciliciæ munitum admodùm, cui nomen Celendris, occupat. Nam, admixtis desertoribus, et tirone nuper intercepto, suisque et Plancinæ servitiis, auxilia Cilicum quæ reguli miserant, in numerum legionis composuerat. « Cæsarisque se legatum testabatur;

laissait pas de s'employer aux préparatifs de cette guerre, quoiqu'il n'eût point été d'avis de l'entreprendre.

LXXIX. A la hauteur des côtes de Lycie et de Pamphilie, les vaisseaux de Pison rencontrèrent ceux qui ramenaient Agrippine. Les deux partis, n'écoutant d'abord que leur animosité, se préparèrent au combat ; puis, se craignant l'un l'autre, ils se bornèrent aux injures. Vibius signifia à Pison de se trouver à Rome pour l'instruction de son procès. Pison répondit d'un ton moqueur qu'il s'y présenterait dès que le magistrat, chargé d'informer contre les sortiléges, aurait ajourné l'accusateur et l'accusé. Cependant Domitius avait débarqué à Laodicée *, ville de Syrie ; il voulait se rendre au quartier d'hiver de la sixième légion, dont il croyait les esprits plus disposés à un soulèvement ; mais il fut prévenu par le lieutenant Pacuvius. C'est ce que Pison apprit de Sentius, qui, dans une lettre, lui conseillait de ne plus chercher à troubler le camp par ses émissaires, ni la province par ses armes. Ce dernier rassembla tous ceux qui étaient attachés à la mémoire de Germanicus, ou ennemis de Pison, leur représentant que c'était à la majesté du prince, à la république même que l'on s'attaquait ; il se vit bientôt à la tête d'un parti nombreux, déterminé à combattre.

LXXX. Pison, trompé dans ses espérances, ne négligea aucune de ses ressources. Il s'empare d'un château très-fort de la Cilicie, nommé Célendris **. Il avait mêlé les déserteurs, les recrues qu'il venait d'intercepter, ses esclaves et ceux de Plancine parmi les auxiliaires que les petits souverains de la

---

* Latikié, ville de Syrie.
** Aujourd'hui Kelnar, à ce qu'on croit.

» provinciâ, quam is dedisset, arceri, non à legio-
» nibus (earum quippè accitu venire), sed à Sentio,
» privatum odium falsis criminibus tegente. Consis-
» terent in acie, non pugnaturis militibus, ubi Piso-
» nem, ab ipsis parentem quondàm appellatum, si
» jure ageretur, potiorem, si armis, non invalidum,
» vidissent. » Tùm pro munimentis castelli manipulos explicat, colle arduo et derupto; nam cetera
mari cinguntur. Contrà veterani ordinibus ac subsidiis instructi : hinc militum, indè locorum asperitas :
sed non animus, non spes, ne tela quidem, nisi
agrestia, ad subitum usum properata. Ut venêre
in manus, non ultrà dubitatum quàm dùm romanæ
cohortes in æquum eniterentur : vertunt terga Cili-
ces, seque castello claudunt.

LXXXI. Interim Piso classem, haud procùl opperientem, adpugnare frustrà tentavit : regressus-
que, et pro muris, modò semet adflictando, modò
singulos nomine ciens, præmiis vocans, seditionem
cœptabat; adeòque commoverat ut signifer legionis
sextæ signum ad eum transtulerit. Tùm Sentius oc-
canere cornua tubasque, et peti aggerem, erigi
scalas jussit; ac promptissimum quemque succedere;
alios tormentis hastas, saxa et faces ingerere. Tandem, victâ pertinaciâ, Piso oravit uti, traditis ar-

Cilicie lui avaient envoyés, et il en avait formé une légion, du moins pour le nombre. Il leur représentait « qu'il était » le lieutenant de César, qu'il tenait du prince son gouver- » nement, que lui disputaient, non les légions, puisqu'elles- » mêmes l'avaient redemandé, mais Sentius, qui cherchait » à masquer ses haines personnelles sous des accusations ca- » lomnieuses. Ils n'avaient seulement qu'à se montrer en ba- » taille, et il n'y aurait pas de combat; les légions mettraient » bas les armes en voyant celui qu'elles avaient autrefois » nommé leur père, dont les droits étaient incontestables et » les forces imposantes. » Il range alors sa troupe sur le sommet d'une colline escarpée, qui bordait les fortifications du château ; car le reste était baigné par la mer. De leur côté, les vétérans s'avancent sur plusieurs lignes, soutenues par des corps de réserve. Ici, de braves soldats; là, un poste excellent, mais nul courage, nulle confiance, pas même d'armes que des instruments rustiques saisis à la hâte. Aussi l'affaire ne fut indécise que le temps qu'il fallut aux Romains pour gravir la hauteur. Les Ciliciens prennent la fuite et s'enferment dans le château.

LXXXI. Pison tenta vainement de surprendre la flotte, qui était mouillée à peu de distance. Rentré dans la place, il monta sur le rempart; et de là, tantôt par les démonstrations de la douleur la plus violente, tantôt en appelant chaque soldat par son nom, en les invitant par des récompenses, il cherchait à exciter une sédition. Il avait déjà tellement ému les esprits, que le porte-enseigne de la sixième légion passa avec son drapeau dans la place. Mais Sentius donne ordre que tous les clairons, que toutes les trompettes sonnent, qu'on marche au rempart, que les échelles soient dressées, que les plus braves y montent, que les autres, avec les ma-

mis, maneret in castello, dùm Cæsar, cui Syriam permitteret, consulitur. Non receptæ conditiones: nec aliud quàm naves, et tutum in urbem iter concessum est.

LXXXII. At Romæ, postquàm Germanici valetudo percrebuit, cunctaque, ut ex longinquo, aucta in deterius adferebantur, dolor, ira. Et erumpebant questus : « Ideò nimirùm in extremas terras » relegatum ; ideò Pisoni permissam provinciam ; » hoc egisse secretos Augustæ cum Plancinà sermo- » nes. » Vera prorsùs de Druso seniores locutos ; displicere regnantibus civilia filiorum ingenia : neque ob aliud interceptos quàm quia populum romanum æquo jure complecti, redditâ libertate, agitaverint. Hos vulgi sermones audita mors adeò incendit ut, ante edictum magistratuum, ante senatûs-consultum, sumpto justitio, desererentur fora, clauderentur domus ; passìm silentia et gemitus ; nihil compositum in ostentationem, et, quanquàm neque insignibus lugentium abstinerent, altiùs animis mœrebant. Forte negotiatores, vivente adhuc Germanico, Syriâ egressi, lætiora de valetudine ejus attulere : statìm credita, statìm vulgata sunt : ut quisque obvius, quamvis leviter audita, in alios, atque illi in plures, cumulata gaudio, transferunt : cursant per urbem, moliuntur templorum fores ; juvit credulitatem nox,

chines, lancent des traits, des pierres et des torches. Enfin l'orgueil de Pison est contraint de fléchir. Il se soumet à rendre les armes, demandant, pour toute grâce, à rester dans le fort jusqu'à ce que l'empereur ait décidé à qui serait confié le gouvernement de la Syrie. La condition est rejetée; on ne lui accorde que des vaisseaux et un sauf-conduit pour son retour en Italie.

LXXXII. Cependant, lorsque la maladie de Germanicus fut connue à Rome, et avec les exagérations sinistres qu'apporte la renommée aux événements lointains, il s'éleva un cri de douleur et d'indignation : « Le voilà donc le but de » cet exil aux extrémités de la terre, de cet indigne choix » de Pison au gouvernement de la Syrie, de ces conférences » secrètes de Plancine et d'Augusta. » On se rappelait les sages réflexions des vieillards sur Drusus, sur l'antipathie des souverains pour des fils plus populaires qu'eux, et l'on ne doutait pas que Germanicus n'eût été, comme son père, victime de ses projets pour le rétablissement de la liberté du peuple romain. Au milieu de ces murmures on apprend sa mort; la fermentation redouble. Aussitôt, sans attendre ni édit des magistrats, ni sénatus-consulte, on abandonne les tribunaux, on ferme les maisons; partout règne le silence, partout on répand des pleurs; et rien n'est là pour l'ostentation; quoique leur douleur ne négligeât point les signes extérieurs qui l'annoncent, elle était surtout au fond des cœurs. Par hasard quelques marchands, partis de Syrie dans le temps où Germanicus vivait encore, annoncèrent sa convalescence. La nouvelle est aussitôt crue, aussitôt divulguée; on n'a fait que l'entendre, on la porte aux premiers qu'on rencontre, ceux-ci à d'autres; la joie l'exagère de bouche en bouche, on court par toute la ville, on enfonce les portes

et promptior inter tenebras adfirmatio. Nec obstitit falsis Tiberius, donec tempore ac spatio vanescerent. Et populus, quasi rursùm ereptum, acriùs doluit.

LXXXIII. Honores, ut quis amore in Germanicum aut ingenio validus, reperti, decretique ut nomen ejus Saliari carmine caneretur; sedes curules sacerdotum Augustalium locis, superque eas querceæ coronæ statuerentur : ludos circenses eburna effigies præiret : neve quis flamen aut augur, in locum Germanici, nisi gentis Juliæ, crearetur. Arcus additi Romæ, et apud ripam Rheni, et in monte Syriæ Amano, cum inscriptione rerum gestarum, ac mortem ob rempublicam obiisse; sepulcrum Antiochiæ ubi crematus; tribunal Epidaphnæ, quo in loco vitam finierat. Statuarum, locorumve in quis colerentur, haud facilè quis numerum inierit. Cùm censeretur clypeus *, auro et magnitudine insignis, inter auctores eloquentiæ; adseveravit Tiberius solitum paremque ceteris dicaturum : neque enim eloquentiam fortunâ discerni, et satis inlustre si veteres inter scriptores haberetur. Equester ordo cuneum Germanici appellavit qui *Juniorum* dicebatur; ins-

---

* *Clypeus, portrait.* Les anciens boucliers, dit Pline, étaient ornés d'images ou portraits, et avaient reçu leur nom ἀπὸ τοῦ γλύφειν. Voilà pourquoi, sans doute, Tacite se sert du mot *clypeus*; peut-être aussi, parce que les portraits que l'on consacrait étaient de forme ronde comme les boucliers.

des temples ; la nuit favorise la crédulité, qui affirme plus hardiment dans les ténèbres. Tibère ne combat point l'erreur, certain que le temps la dissiperait de lui-même ; le peuple, consterné, crut perdre une seconde fois Germanicus, et le pleura plus amèrement encore.

LXXXIII. Chacun, suivant son amour pour ce grand homme, ou suivant la fécondité de son imagination, inventa des honneurs. On arrêta que son nom serait chanté dans les hymnes des Saliens *; qu'il y aurait toujours aux spectacles sa chaire curule, à la place réservée pour les prêtres d'Auguste, et qu'au-dessus de cette chaire on placerait des couronnes de chêne ; qu'à l'ouverture des jeux du cirque, on promènerait sa statue en ivoire ** ; que les flamines, et les augures qui lui succéderaient ne seraient jamais pris que dans la maison des Jules. On lui érigea un *tribunal* *** à Épidaphne ****, où il avait fini ses jours ; un tombeau à Antioche, où son corps avait été brûlé ; et de nouveaux arcs de triomphe à Rome, sur les bords du Rhin et sur le mont Amanus en Syrie *****, avec une inscription portant, outre le détail de ses exploits, qu'il était mort pour la république. Il serait difficile de compter toutes les statues qu'on lui érigea, tous les lieux où on leur rendit un culte. On voulait encore, en plaçant le portrait de Germanicus parmi ceux des orateurs (24) célèbres, le distinguer par la grandeur et par la

* Prêtres de Mars. Cet honneur n'était rendu qu'au nom des dieux. Il n'eut depuis qu'un seul autre exemple.

** Honneur également réservé, dans l'origine, aux dieux.

*** *Tribunal*, monument funéraire, ainsi nommé de son élévation, semblable à celle du siége des juges ou des empereurs.

**** Faubourg d'Antioche.

***** Aujourd'hui le mont Bailan.

tituitque uti turmæ idibus juliis imaginem ejus sequerentur : pleraque manent; quædam statim omissa sunt, aut vetustas obliteravit.

LXXXIV. Ceterùm, recenti adhuc moestitiâ, soror Germanici Livia, nupta Druso, duos virilis sexûs simul enixa est : quod rarum lætumque etiam modicis penatibus, tanto gaudio principem adfecit ut non temperaverit quin jactaret apud patres nulli antè Romanorum, ejusdem fastigii viro, geminam stirpem editam. Nam cuncta, etiam fortuita, ad gloriam vertebat. Sed populo, tali in tempore, id quoque dolorem tulit; tanquàm auctus liberis Drusus domum Germanici magis urgeret.

LXXXV. Eodem anno, gravibus senatûs decretis libido feminarum coërcita, cautumque ne quæstum corpore faceret cui avus, aut pater, aut maritus eques romanus fuisset. Nam Vistilia, prætoriâ familiâ genita, licentiam stupri apud ædiles vulgaverat; more inter veteres recepto, qui satis poenarum adversùm impudicas in ipsâ professione flagitii credebant. Exactum et à Titidio Labeone, Vistiliæ marito, cur in uxore delicti manifestâ ultionem legis omisis-

richesse. Tibère insista pour qu'il fût en tout semblable aux autres ; il dit que l'éloquence ne se réglait pas sur le rang, et qu'il suffisait à la gloire de Germanicus d'avoir une place parmi les grands écrivains. L'ordre des chevaliers appela du nom de Germanicus un escadron qui se nommait *Junien*, et l'on voulut que sa statue fût portée à la tête de la procession équestre qui se fait aux ides de juillet. La plupart de ces distinctions subsistent encore. Quelques-unes furent négligées presque aussitôt, ou abolies avec le temps.

LXXXIV. On pleurait encore Germanicus, lorsque sa sœur Livie, mariée à Drusus, accoucha de deux fils jumeaux. Cette fécondité peu commune, et qui est un sujet de satisfaction dans les familles même ordinaires, donna au prince une telle joie, qu'il ne put s'empêcher de se glorifier dans le sénat d'une préférence que les dieux n'avaient encore, selon lui, accordée à aucun Romain de son rang. Car Tibère tournait tout à sa gloire, les choses même les plus fortuites. Mais, dans ce moment, ce fut un chagrin de plus pour le peuple, qui vit, dans l'accroissement de cette famille, un nouveau sujet d'oppression pour celle de Germanicus.

LXXXV. Le sénat fit cette année des réglements sévères pour réprimer les dissolutions des femmes ; on interdit le métier de courtisane à celles qui auraient un aïeul, un père, ou un mari chevalier romain ; car Vistilia, d'une famille prétorienne, pour avoir toute licence, avait été chez les édiles se faire inscrire sur le rôle des prostituées, d'après un ancien usage de nos pères, qui pensaient qu'une femme serait assez punie par la seule déclaration de son impudicité. On voulut aussi rechercher Labéon, mari de Vistilia, sur ce qu'il n'avait point sollicité les rigueurs de la loi contre

set ? atque illo prætendente sexaginta dies, ad consultandum datos, necdùm præteriisse, satis visum de Vistiliâ statuere : eaque in insulam Seriphon abdita est. Actum et de sacris Ægyptiis Judaïcisque pellendis : factumque patrum consultum ut quatuor millia libertini generis, eâ superstitione infecta, quîs idonea ætas, in insulam Sardiniam veherentur coërcendis illìc latrociniis; et, si ob gravitatem cœli interissent, vile damnum : ceteri cederent Italiâ, nisi certam ante diem profanos ritus exuissent.

LXXXVI. Post quæ retulit Cæsar capiendam virginem in locum Occiæ, quæ, septem et quinquaginta per annos, summâ sanctimoniâ, Vestalibus sacris præsederat; egitque grates Fonteio Agrippæ et Domitio Pollioni quòd, offerendo filias, de officio in rempublicam certarent. Prælata est Pollionis filia, non ob aliud quàm quòd mater ejus in eodem conjugio manebat; nam Agrippa discidio domum imminuerat : et Cæsar, quamvis posthabitam, decies sestertii dote solatus est.

LXXXVII. Sævitiam annonæ incusante plebe, statuit frumento pretium quod emptor penderet, binosque nummos se additurum negotiatoribus in singulos modios. Neque tamen, ob ea, Parentis patriæ, delatum et anteà, vocabulum adsumpsit; acerbèque increpuit eos qui *divinas* occupationes, ipsumque *dominum* dixerant : undè angusta et lubrica

une femme si manifestement coupable. Comme il allégua que les soixante jours de délai n'étaient point encore expirés, on se contenta de punir la femme; elle fut confinée sur le rocher de Sériphe *, pour y être cachée à tous les yeux. On s'occupa aussi de purger l'Italie des superstitions égyptiennes et judaïques. Quatre mille hommes de race d'affranchis, imbus de ces pratiques étrangères et en âge de servir, furent envoyés, par un décret du sénat, en Sardaigne, pour y être employés contre les brigands de l'île; et, si l'insalubrité de l'air venait à les faire périr, on était consolé d'avance. On fixa aux autres un terme pour quitter l'Italie ou leurs rites profanes.

LXXXVI. Tibère proposa ensuite de remplacer Occie, qui avait présidé pendant cinquante-sept ans les vestales (25) avec une pureté irréprochable; et il remercia Fontéius et Pollion du zèle qu'ils marquaient pour l'État en offrant à l'envi leurs filles. On préféra celle de Pollion, uniquement parce qu'il avait persévéré dans son premier mariage, au lieu que le divorce de Fontéius parut une tache pour sa famille. Mais le prince le consola par une dot d'un million de sesterces ** pour sa fille.

LXXXVII. Le peuple se plaignit de la cherté des grains. Tibère en fit baisser le prix pour l'acheteur, et tint compte au marchand de deux sesterces *** de plus par boisseau. La reconnaissance de la nation lui déféra de nouveau le titre de père de la patrie : il le refusa, et fit de sévères réprimandes à ceux qui, en parlant de ses occupations, les avaient

* Serpho.
** Cent quatre-vingt-quatorze mille cinq cent trente-une livres.
*** Huit sous deux deniers.

oratio sub principe qui libertatem metuebat, adulationem oderat.

LXXXVIII. Reperio, apud scriptores senatoresque eorumdem temporum, Adgandestrii principis Cattorum lectas in senatu litteras, quibus mortem Arminii promittebat, si patrandæ neci venenum mitteretur : responsumque esse non fraude, neque occultis, sed palàm et armatum populum romanum hostes suos ulcisci : quâ gloriâ æquabat se Tiberius priscis imperatoribus, qui venenum in Pyrrhum regem vetuerant prodiderantque. Ceterùm Arminius, abscedentibus Romanis, et pulso Maroboduo, regnum adfectans, libertatem popularium adversam habuit : petitusque armis, cùm variâ fortunâ certaret, dolo propinquorum cecidit : liberator haud dubiè Germaniæ, et qui, non primordia populi romani, sicut alii reges ducesque, sed florentissimum imperium lacessierit : præliis ambiguus, bello non victus : septem et triginta annos vitæ, duodecim potentiæ explevit : caniturque adhuc barbaras apud gentes ; Græcorum annalibus ignotus, qui sua tantùm mirantur ; Romanis haud perindè celebris, dùm vetera extollimus, recentium incuriosi.

appelées *divines*, et qui lui avaient donné le titre de *seigneur* (26) *et maître* ; tant on était à la gêne et toujours près d'un écueil avec un prince qui craignait la liberté, qui haïssait l'adulation.

LXXXVIII. Je trouve, dans les mémoires de quelques sénateurs et historiens de ce temps, qu'on lut dans le sénat des lettres d'Adgandestrius, chef des Cattes, qui promettait la mort d'Arminius si l'on voulait lui fournir du poison. Tibère lui fit répondre que ce n'était point dans l'ombre du mystère et par la perfidie que les Romains se vengeaient de leurs ennemis, mais publiquement et par les armes (27) : réponse digne de ces anciens Romains qui refusèrent et décelèrent l'empoisonnement de Pyrrhus. Au reste, Arminius, après la retraite des Romains et l'expulsion de Maroboduus, ambitionna de régner. Ses concitoyens, jaloux de leur liberté, prirent les armes. Il les combattit avec des succès divers, et périt enfin par la trahison de ses proches. Il avait été, sans contredit, le libérateur de la Germanie, et avec d'autant plus de gloire qu'il ne trouva point, comme d'autres rois et d'autres généraux, le peuple romain dans les commencements, mais dans tout l'éclat de sa puissance. Battu quelquefois, il ne fut point vaincu. Il vécut trente-sept ans, et garda douze ans la suprême puissance; il est encore chanté par les Barbares, inconnu aux Grecs, qui n'admirent que leur histoire, et peu célèbre chez les Romains, qui ne vantent que ce qui est ancien et négligent ce qui est moderne.

NOTES

DU SECOND LIVRE.

---

(1) CHAP. Ier., PAGE 267.

Le premier mouvement vint des Parthes. Les Parthes étaient un petit peuple indépendant, enclavé dans le vaste empire des Perses. Ils tiraient leur nom de la Parthiène, petite province où ils étaient cantonnés. Ils y restèrent inconnus jusqu'au moment où un de leurs chefs, nommé Arsace, profitant des divisions qui déchiraient les États des successeurs d'Alexandre, les fit sortir de leurs déserts, envahit la Perse et fonda une nouvelle puissance. C'est de son nom que tous les rois Parthes se sont appelés Arsacides.

(2) CHAP. II, PAGE 269.

Le soin avec lequel il tenait renfermées les choses les plus viles. Les Romains, du temps des Césars, avaient conservé des traces de la parcimonie de l'ancienne république. Ils étaient dans l'usage de sceller avec leur cachet, non-seulement leurs effets les plus précieux, mais jusqu'aux choses les plus communes, le pain, le vin, la viande, etc. C'était pour prévenir la négligence ou la friponnerie de leurs valets.

(3) CHAP. XI, PAGE 281.

Æmilius, un des primipilaires. Le primipilaire était le centurion de la première centurie de la première cohorte de la légion : c'était un grade fort distingué. L'aigle de la légion était confiée à la garde du primipilaire. C'était lui qui la levait de terre, quand l'armée se mettait en marche. Il la déposait entre les mains de l'aquilifère, qui marchait devant lui dans la bataille : le primipilaire était, surtout, chargé de la défense de l'aigle.

Voici l'origine de ce mot. Avant Marius, il y avait dans la légion trois différentes espèces de soldats, les *hastats*, les *princes* et les *triaires*. Les triaires étaient les plus vieux et les plus braves : ils formaient le premier corps de la légion. Ces triaires s'appelaient aussi *pilani*, parce qu'originairement ils étaient les seuls qui se servissent de *pilum* *. On désignait les manipules ** par le nom de *pilus*. Ainsi, *primus pilus* signifiait la première compagnie des triaires, et le primipilaire était le commandant de cette première compagnie.

(4) CHAP. XIV, PAGE 285.

Les Barbares avec leurs énormes boucliers. Que devaient donc être ces boucliers des Barbares, puisque le bouclier des légionnaires avait quatre pieds de long, suivant Polybe ?

---

* Voyez ci-après la note sur le *pilum*.

** Le manipule était composé de deux centuries. Marius supprima cette division de manipule.

(5) CHAP. XIV, PAGE 285.

Les Romains avec leur pilum. Le *pilum* était l'arme distinctive du soldat légionnaire. On appelait ainsi une arme de trait fort pesante, qui ne se lançait que de près. C'était à la lancer qu'on exerçait surtout les soldats romains; jetée avec force et avec adresse, elle perçait souvent les fantassins avec leurs boucliers, et les cavaliers avec leur cuirasse.

On faisait tous les jours ce qu'on appelait l'exercice de la *quintane*, espèce de poteau, ainsi nommé parce qu'il était planté dans la rue du camp nommée la *quintane*; et cette rue portait ce nom, parce qu'elle passait le long de la cinquième cohorte de chaque légion (*quinta*). Dans cette rue, fantassins et cavaliers, armés d'une pique sans fer, les uns marchant à grands pas, les autres courant à toute bride, tâchaient de toucher le poteau.

Suivant Polybe, le *pilum* avait quatre coudées et demie de longueur, c'est-à-dire, six pieds * neuf pouces. Le fer qui surmontait la hampe de bois destinée à le porter, avait deux pieds trois pouces de long, et se terminait par une pointe triangulaire, longue de neuf pouces, assez déliée pour qu'elle pût se recourber au moment qu'elle perçait le bouclier de l'ennemi; moyennant cette précaution, l'ennemi ne pouvait se servir à son tour du *pilum*, et l'on avait toutes les peines du monde à le retirer sitôt qu'il était entré une fois.

(6) CHAP. XIV, PAGE 285.

Leur épée. L'épée des Romains, *gladius*, n'avait, suivant

---

* Il faut remarquer que le pied romain était plus petit que le nôtre d'un pouce.

DU LIVRE II.

Le Beau, que dix-huit à vingt pouces de long; mais elle était fort pesante, la lame tranchante des deux côtés, très-renfoncée dans l'arête, et large de près de deux pouces, la pointe en langue de carpe. Il fallait qu'elle fût bien forte et d'une excellente trempe, puisqu'elle mettait un bouclier en pièces, qu'on s'en servait pour briser des portes.

Cette épée fut le principal instrument des victoires des Romains; mais, pour manier avec succès une arme pesante, il fallait des bras nerveux et exercés; pour qu'une arme aussi courte fût avantageuse, il fallait joindre de très-près l'ennemi et avoir le courage d'envisager cette approche. Quand les soldats dégénérèrent, dans la décadence de l'empire, leur premier soin fut d'allonger leur épée, qui dès-lors s'appela *spatha*, d'où s'est formé le mot italien de *spada*. Les légionnaires, armés pesamment, ne furent plus alors les troupes favorisées; on préféra les troupes légères; les flèches et les autres armes de jet se multiplièrent. On ne savait plus que combattre de loin et fuir.

(7) CHAP. XIV, PAGE 285.

Scuta quidem ferro nervove firmata. Le *scutum*, ou bouclier romain allongé, dit Polybe, est formé de deux planches rendues compactes par le gluten du bœuf et du lin. *Taureo glutino*, dit Juste-Lipse (*Milit. roman.*, lib. III, dialog. 11, tom. III, pag. 73), en commentant Polybe, *quod et linteum tabellis unxit (de quo linteo hic in Polybio) et tabellas ipsas inter sese deniquè et corium firmavit. Ausonius : Tergora dic clypeis accommoda quid faciat? glux. Videntur et nervo aut ferro vinxisse ex Tacito*, ne *scuta quidem ferro nervove firmata. Sed ferrum referri ad orbem vel ad umbonem ; nervi, non nisi huic rei et tabulis vinciendis fuisse videntur.* Juste-Lipse n'a compris, comme on le voit, ni Tacite, ni Polybe.

qui est beaucoup plus clair. Les meilleurs bois pour les boucliers sont les bois mous et légers, dit Pline, lib. XVI, XL : *Lentissima, et ideò scutis faciendis aptissima, quorum plaga contrahit se protinùs, clauditque suum vulnus, in quo sunt ficus, salix,* tilia, *betula, sambucus, populus utraque.* Ce sont, en effet, les bois seuls propres à être nervés, à admettre dans leurs pores cette bouillie, ou ce gluten de nerfs de bœuf, qui, s'identifiant ensuite avec eux, les rend si légers et si impénétrables, deux conditions bien avantageuses pour un bouclier. Ce sont ces bois aussi dont on fait choix pour l'*étançon*, le vrai bouclier de la raquette, qui supporte souvent le choc des balles lancées avec une grande roideur. On se sert généralement à Paris de tilleul, plus commun et peut-être plus fort que le figuier, le saule, le bouleau, le sureau et le peuplier. On couvrait enfin de cuir ces planches nervées, selon Polybe : *Dehinc vituli bovisve corio tegitur exteriorem superficiem ;* et la même chose se fait pour l'étançon, le bouclier de la raquette. Après qu'on a fait bouillir le bois avec les nerfs de bœuf, que l'étançon de tilleul en est bien pénétré, bien couvert, on applique sur les deux surfaces une peau de parchemin, qui se colle au gluten des nerfs avec une force extrême, contient, protége et solidifie tout l'ouvrage. On voit donc que nos paumiers, sans le savoir, fabriquent tous les jours de vrais boucliers de bois mous, fortifiés par le nerf et revêtus de cuir ; et ce fut, je n'en doute pas, ainsi qu'étaient fabriqués les boucliers romains, le *scutum* de Tacite, le θυρεὸς de Polybe. Forcellini rend *scutum* par ἀσπὶς, à tort, je crois : l'ἀσπὶς est le *clypeus*, bouclier rond ; Joseph, *scuta romana* par θυρεοὺς ἐπιμήκεις, et Denys d'Halicarnasse, toujours *clypeus* par ἀσπὶς, *scutum* par θυρεὸς ; en effet, le *scutum* ressemble à une porte (*Vid.* H. Steph., h. v. θυρεὸς).

(*Note de M. Dureau de Lamalle le fils.*)

(8) chap. XX, page 293.

Quantòque conspicui magis propugnatores, tantò pluribus vulneribus dejecti. Le mot *conspicui* offre deux sens, entre lesquels on peut hésiter. D'abord il peut signifier, *et plus leur position mettait les Barbares en vue, et plus ils furent criblés de blessures ;* il peut signifier encore, *on ajustait surtout les plus apparents d'entre les ennemis, qui furent criblés de blessures.* J'avais préféré le dernier sens ; la déférence pour mes amis m'a fait revenir à l'autre. On ne trouve pas de note sur ce passage, ni dans Ernesti, ni dans Brotier. Cela n'est point étonnant ; il y a des difficultés qu'on ne soupçonne point quand on commente : c'est quand on traduit qu'on les sent.

(9) chap. XXVI, page 303.

Tibère, plus pressant, attaque sa vanité. Pour exprimer la même chose, le latin emploie le mot opposé, *attaque sa modestie.*

(10) chap. XXVII, page 305.

Partageant et ses plaisirs et ses liaisons. Necessitates, comme *necessitudines,* signifie *liaison d'amitié.* C'est ainsi que l'entend l'abbé Brotier ; et ce sens me paraît plus naturel que celui que La Bletterie, Gordon, Ernesti, donnent à ce mot. Ils l'expliquent par *engagements onéreux, œs alienum.*

(11) chap. XXVIII, page 305.

On convoque les pères. Du temps de la république, il n'y avait rien de fixé bien précisément pour les assemblées du sé nat. Ce fut Auguste qui ordonna qu'elles auraient lieu aux calendes et aux ides de chaque mois. Chaque sénateur était obligé de s'y trouver; et, pour leur ôter tout prétexte de s'absenter, Auguste eut soin que, les jours d'assemblées, il n'y eût aucune autre affaire, aucun jugement qui pût les distraire. Il y avait depuis long-temps une amende établie contre ceux qui s'absentaient sans cause légitime. Auguste l'augmenta, et comme le grand nombre des coupables empêche ordinairement, en pareil cas, la punition, Auguste établit que, lorsqu'il y en aurait un certain nombre, on les ferait tirer au sort : un sur cinq était condamné à l'amende.

Indépendamment de ces assemblées fixes et régulières, qui se nommaient *senatus legitimus*, il y en avait d'extraordinaires, comme dans cette affaire de Libon : cela s'appelait *senatus indictus*.

Il fallait le concours de quatre cents sénateurs pour que les sénatus-consultes eussent force de loi : Auguste établit qu'au-dessous de ce nombre ils l'auraient encore, et il fit un règlement, une espèce de tarif, sur le nombre de sénateurs nécessaire pour chaque genre d'affaires. On sent qu'un plus grand concours était exigé pour les affaires plus importantes.

Lorsqu'il ne se trouvait pas le nombre de sénateurs nécessaire, on n'en prenait pas moins les conclusions; mais cela s'appelait *senatûs auctoritas* (délibéré du sénat), et non plus *senatûs-consultum*. La même chose se pratiquait encore lorsqu'il y avait une opposition de quelque tribun qui empêchait la rédaction du sénatus-consulte, ou bien lorsque le sénat s'était assemblé précipitamment, sans convocation régulière.

Depuis la réforme faite par Auguste, le nombre des sénateurs était de six cents : leurs noms étaient inscrits sur un tableau qui était public. (*Voyez* Dion, *Histoire d'Auguste.*)

(12) CHAP. XXX, PAGE 309.

Tibère, fécond en ressources, et habile à inventer des formes nouvelles. Dion attribue ce réglement à Auguste. Il prétend que Tibère ne fit que lui donner plus d'extension, en soumettant à la question non-seulement les esclaves, mais les enfants même de l'accusé. L'empereur Tacite, digne descendant de l'historien, supprima cette horrible loi.

(13) CHAP. XXX, PAGE 309.

Fit vendre les esclaves à un homme du fisc. Cet homme du fisc, *actor publicus*, était un esclave qui ne faisait que prêter son nom, comme parmi nous, Henri Clavel, Laurent David, pour les baux des fermes générales.

(14) CHAP. XXXI, PAGE 309.

Afin qu'on pût les voir, etc. On pourrait entendre aussi que les soldats faisaient assez de bruit pour qu'on pût les voir, etc.

(15) CHAP. XXXIII, PAGE 313.

Et que, s'il apercevait du relâchement dans les mœurs, il serait le premier à proposer une réforme. La Bletterie et le père Dotteville entendent vaguement *qu'on ne manquerait pas de réformateurs;* mais qui pouvait être ce réformateur, si ce n'était le prince, qui, en qualité de maître des mœurs *, avait le pouvoir de la censure ?

* Titre donné par le sénat à Auguste, pour tenir lieu de la censure que ce prince avait refusée.

NOTES

(16) CHAP. XXXIV, PAGE 315.

De se rendre au tribunal du préteur, et de plaider pour Urgulanie. C'est ce que signifie *adfuturum*. Qu'on lise les lettres de Pline, on ne doutera pas que ce ne soit la vraie signification de ce mot en pareil cas. Auguste avait plaidé aussi quelquefois pour des particuliers.

(17) CHAP. XXXVI, PAGE 317.

Et qu'il ébranlait un des ressorts du pouvoir impérial. En effet, par cet arrangement, les lieutenants des légions seraient devenus moins dépendants du prince, puisque, sans sa faveur, et par le seul privilége de leurs commandements, ils auraient été assurés de devenir magistrats. Et ensuite les magistrats eux-mêmes, nommés si long-temps d'avance, n'auraient plus eu le même intérêt de ménager le prince, qui, en se liant les mains pour un terme aussi long, se serait ôté les facilités de s'attacher de nouvelles créatures.

(18) CHAP. XXXVI, PAGE 317.

Comment prévoir de si loin les révolutions qui surviendraient dans les caractères ? Ceci est une excellente critique des survivances, qui tendent à ôter aux rois le plus beau de leurs priviléges, celui des bienfaits.

(19) CHAP. XLI, PAGE 327.

Un temple à la déesse Fors-fortuna. Cette déesse *Fors-fortuna, la fortune imprévue, la fortune-hasard*, n'était adorée que par la populace, qui, en effet, ne peut espérer de fortune que par des hasards très-imprévus. Elle avait son temple dans le quatorzième quartier de Rome.

(20) CHAP. XLVII, PAGE 339.

L'Asie étant gouvernée par un consulaire. De toutes les provinces sénatoriales, il n'y avait que l'Asie et l'Afrique qui fussent gouvernées par des consulaires. On choisissait pour les autres des ex-préteurs. Ces deux gouvernements de l'Asie et de l'Afrique étaient dévolus de droit aux consulaires les plus anciens. Comme ils se trouvaient tous deux vacants à la fois, les proconsulats étant annuels, c'était le sort qui décidait, entre les deux plus anciens consulaires, à qui aurait l'un ou l'autre.

(21) CHAP. L, PAGE 341.

La loi Julia. Cette loi contre l'adultère est d'Auguste. Elle est rapportée dans le *Digeste* ; et la première chose qui a été omise, c'est la peine que la loi décernait. On est assuré pourtant, par différents passages de Tacite, que cette peine n'était ni la mort, ni l'exil ; on croit que c'était simplement la relégation. (*Note de Juste-Lipse.*)

(22) CHAP. LIII, PAGE 345.

Quand celui-ci prit possession de sa dignité, il se trouvait à Nicopolis. Lorsqu'après la fuite de Pompée et du sénat, Jules-César prit possession dans Brindes de son second consulat, cela fut regardé comme une innovation qui révolta ; mais c'était là une de ces lois dont Auguste, et depuis les empereurs, avaient été dispensés par une loi expresse du sénat.

ANNAL. II, CHAP. LX, PAGE 357.

Cette ville avait autrefois contenu sept cent mille hommes en état de porter les armes. M. Le Tronne, dans ses *Éclaircissemens sur l'Histoire Ancienne* de Rollin, n°. 2, a établi d'une manière incontestable que, dans les plus anciens auteurs, *Thèbes* a été le nom d'abord de la Haute-Égypte, puis de l'Égypte entière, et par-là tombe toute l'exagération de la fameuse Thèbes aux cent portes.

(23) CHAP. LXXI, PAGE 375.

La pitié, cette fois, parlera pour les accusateurs.—*Misericordia cum accusantibus erit.* Ce passage, un des plus concis de Tacite, présente, au premier aspect, une ambiguité qui le rend assez difficile. Germanicus, dans ses récriminations générales, n'a point précisé de corps de délit. Quels sont donc ces *accusantes*, et surtout, sont-ils les mêmes que les *fingentes* indiqués immédiatement après? Le sens ne peut guère ici être déterminé que par l'analogie. Brotier commente ainsi ce passage : *Misericordiam commovebitis, hæc recensentes, accusantes scelera*, et prouve ainsi que *accusantes* doit se rapporter aux amis de Germanicus, qui se constitueront les *accusateurs* de ses ennemis. La traduction de M. Dureau rend ce sens assez exactement. Peut-être d'Alembert l'a-t-il plus clairement encore exprimé, en disant : *Vous intéresserez* (ou bien *on vous plaindra*) QUOIQUE *accusateurs*. Quant aux *fingentes scelesta mandata*, il est hors de doute que Tacite veut parler de Pison et des autres ennemis de Germanicus.

(24) CHAP. LXXXIII, PAGE 389.

On voulait encore, en plaçant le portrait de Germanicus parmi ceux des orateurs célèbres.... Germanicus plaidait les causes des moindres citoyens, avec autant de zèle et d'assiduité que si son avancement et sa fortune en eussent dépendu. Dans son consulat même, au milieu des fonctions les plus importantes, il vaquait encore à celle-là, et ce fut une des choses qui lui concilièrent le plus l'affection des Romains.

(25) CHAP. LXXXVI, PAGE 393.

Qui avait présidé pendant cinquante-sept ans les vestales. Elles n'étaient qu'au nombre de six : sous les empereurs suivants, on en ajouta une de plus. On ne les admettait pas au-dessous de sept ans, ni au-dessus de dix. Elles restaient trente ans au service des autels; après quoi elles étaient libres de se retirer, de se marier même; et, pendant la durée de leur sacerdoce, elles n'étaient exclues ni des jeux, ni des spectacles, ni des amusements de la société. Depuis Auguste, comme une des vestales fut insultée le soir, on leur accorda un licteur. (Voyez l'*Histoire des Vestales*, par l'abbé Nadal, dans le recueil des *Mémoires de l'Académie des Inscriptions.*)

(26) CHAP. LXXXVII, PAGE 395.

Qui lui avaient donné le titre de seigneur et maître. Le mot *dominus* marquait proprement le pouvoir des maîtres sur les esclaves. Sous Auguste, les enfants donnaient déjà ce nom à leurs pères; quelquefois les frères le donnaient à leurs frères, et les femmes à leurs maris, qui leur rendaient celui de *domina.* Auguste ne souffrit point que personne, excepté ses esclaves, l'appelât ainsi, ni que ses enfants et ses petits-fils se traitassent entre eux de *seigneur*, même en plaisantant. *Dominum appellari se nec à liberis quidem aut nepotibus suis vel serió vel joco passus est, atque hujusmodi blanditias inter ipsos prohibuit.* Lorsqu'on appela Tibère de ce nom, il répondit : « Je suis le

» prince du sénat, le général des soldats ; je ne suis maître que
» de mes esclaves. » Caligula prit le nom de seigneur, et même
celui de dieu : mais aucun des empereurs qui lui succédèrent,
pas même Néron, ne suivirent son exemple ; jusqu'à Domitien,
qui commanda expressément qu'on l'appelât *maître, seigneur
et dieu*, soit qu'on lui écrivît, soit qu'on lui parlât. Lorsqu'il
dictait un édit, il commençait par ces mots : « Notre maître et
» notre dieu ordonne ce qui suit. » *Dominus et deus noster sic
fieri jubet.* Dès le temps de Sénèque, on se donnait les uns aux
autres le titre de *dominus. Obvios, si nomen non succurrit,
dominos appellamus.* Pline, dans ses lettres, le donne à Trajan. On ne sait pas comment en usèrent les successeurs de ce
prince. Ce qu'il y a de certain, c'est qu'Alexandre, fils de Mammée, rejeta le titre de *dominus*, comme trop fastueux. A la fin,
ce nom fit partie de l'étiquette de la cour, et passa jusque dans
les monuments publics. On assure qu'il ne se trouve dans aucune
médaille, jusqu'à celles d'Aurélien, où même on le rencontre
rarement. Il est plus commun dans celles de Carus, fréquent
dans celles de Dioclétien, de ses collègues et de ses successeurs.
Julien n'eut pas le temps de l'abolir. On le lit dans un grand
nombre des siennes.

(*Note de La Bletterie sur le* Misopogon *de Julien.*)

(27) CHAP. LXXXVIII, PAGE 395.

Quâ gloriâ æquabat se... Il semble que par cette tournure
Tacite ait voulu taxer Tibère d'une affectation de sentiments généreux qui n'étaient pas dans son cœur, ce qui s'accorde d'ailleurs avec la réflexion *Etiam fortuita ad gloriam vertebat.*
Peut-être pourrait-on traduire : en quoi Tibère se piquait d'imiter.....

DU LIVRE II. 409

Chap. XIII, page 282.

Fruiturque famâ sui. Ces trois mots, souvent cités, et qui ont servi d'épigraphe à un livre * auquel les débats judiciaires ont donné une sorte de célébrité, ne semblent présenter aucune difficulté ; et cependant, tel est le vague dont on se contente, lorsqu'on lit ou lorsqu'on traduit les auteurs anciens, que je suis convaincu qu'on n'avait pas encore saisi le sens profond que Tacite y avait attaché.

D'abord, nul commentateur latin n'a fait de note sur ce passage, assez difficile à entendre et encore plus à rendre en français, s'il n'est tout-à-fait impossible d'y réussir, en lui conservant son énergie et sa concision. Suivons la liaison des idées de Tacite, ce grand maître en l'art d'écrire : « Germanicus, se
» voyant à la veille d'une affaire décisive (contre les Germains),
» et résolu d'éprouver les dispositions de ses soldats, songeait
» aux moyens de rendre l'épreuve sûre. Il se défiait des nou-
» velles, plus flatteuses qu'exactes, débitées par les tribuns
» et les centurions ; de l'esprit servile des affranchis, de l'adu-
» lation de ses amis, même des assemblées générales de l'ar-
» mée, où le petit nombre dicte à la multitude ce qu'elle ré-
» pète. Enfin, pour bien connaître l'esprit de ses soldats, il
» voulut les voir libres, sans surveillants, lorsque, dans leurs
» repas militaires, ils déploient leurs craintes et leurs espé-
» rances **.

» La nuit venue, il s'échappe de l'*augural;* prenant des rou-
» tes détournées, inconnues aux sentinelles, enveloppé de la
» dépouille d'un animal sauvage, suivi d'un seul homme, il
» parcourt les rues du camp, il s'arrête à chaque tente, *il*

---

* *Éloge de Carnot*, par M. Rioust.
** Liv. II, cap. 12, tom. I, pag. 325, traduction de Tacite par Dureau de Lamalle, 3ᵉ. édition.

» *jouit d'entendre sa renommée;* l'un exaltait sa haute nais-
» sance, l'autre les grâces de sa personne, la plupart sa pa-
» tience, son humeur toujours égale dans les affaires comme
» dans les plaisirs *. »

Je ne me dissimule pas que cette expression, *il jouit d'entendre sa renommée*, ne soit un peu sauvage, un peu étrangère
au génie de notre langue, et je ne l'ai laissée que faute de
trouver mieux, que parce que des littérateurs éclairés l'ont jugée encore moins mauvaise que les traductions existantes, et,
surtout, parce qu'elle fait comprendre au moins la pensée de
l'auteur.

*Il jouit de sa réputation, il jouit de sa renommée, il jouit
de sa propre réputation, de sa propre renommée; il jouit de
ce qu'on dit de lui, il a le plaisir d'entendre ce qu'on disait de
lui.* Telles étaient les différentes versions de ce passage.

J'ai pensé que Tacite, en faisant assister Germanicus, dé-
guisé, au jugement que ses soldats portent de lui, comme s'il
était absent, n'a pas seulement voulu exprimer par ces mots,
brefs et énergiques, qui terminent la phrase, *fruiturque famâ
sui*, que ce prince, peu habitué, comme ils le sont tous, à entendre la vérité, *jouit d'entendre ce qu'on dit de lui*, sans
déguisement et sans flatterie. Je me suis persuadé que, dans
cette circonstance, où, à la faveur de son travestissement,
Germanicus est, à-la-fois, invisible et présent, Tacite avait
voulu réaliser, pour son héros, qu'il compare plus loin à
Alexandre, le souhait si connu du fils de Philippe, qui nous a

---

* Nocte cœptâ, egressus augurali, per occulta et vigilibus ignara, comite uno, contectus humeros ferinâ pelle, adit castrorum vias, adsistit
tabernaculis, *fruiturque famâ sui*: cùm hic nobilitatem ducis, decorem
alius, plurimi patientiam, comitatem, per seria, per jocos eumdem animum laudibus ferrent. (*Annal.*, lib. II, cap. 13, *ibid.*)

DU LIVRE II.   411

été conservé par Lucien * : « Avec quel plaisir, Onésicrite, disait
» ce héros, je reviendrais au monde après ma mort, ne fût-ce
» que pour quelques instants, afin de connaître quelle impres-
» sion aurait fait sur les hommes la lecture de mon histoire. »

Je me suis confirmé dans l'opinion que c'est la vraie pensée
de Tacite, par le rapprochement d'un passage du même auteur, dans le même livre **, où il compare Germanicus à Alexandre : « Nulle image de ses aïeux n'orna ses funérailles ; sa gloire
» et le souvenir de ses vertus en firent toute la pompe. Plusieurs,
» frappés de quelques rapports entre la figure, l'âge des deux
» héros, le genre et le théâtre de leur mort, *comparaient ses*
» *destinées à celles du grand Alexandre.* »

Deux passages de Pline le Jeune qui semblent lui avoir été
inspirés par son admiration pour ce beau trait de Tacite, et
qui me paraissent en être une heureuse imitation, lèveront,
j'espère, tous les doutes.

On connaît l'amitié qui unissait ensemble ces deux grands
écrivains. On se rappellera que Tacite était plus âgé que Pline
de quatre à cinq ans, qu'ils se communiquaient tous leurs travaux, toutes leurs pensées. On n'ignore pas l'enthousiasme
qu'inspiraient à Pline le noble caractère et le sublime talent de
son ami.

Je cite maintenant le passage ***. C'est une lettre où il décrit

---

* Quo modo historia conscribenda. (Tom. II, pag. 53, ed. Reiske, 1743, in-4°.)

** *Et erant qui formam, ætatem, genus mortis, ob propinquitatem etiam locorum in quibus interiit, magni Alexandri fatis adæquarent.* Voyez de plus la suite du parallèle, lib. II, cap. 73, tom. 1er., pag. 283, de cette 4e. édition.

*** Insigne spectaculum exhibuit publicum funus Verginii Rufi, maximi et clarissimi civis, perinde felicis. Triginta annis gloriæ suæ supervixit. Legit scripta de se carmina, legit historias, et posteritati suæ interfuit. (Plin., *Epist.*, lib. II, Ep. 1, pag. 93, lin. 1-5. ed. Cortii, Amstel., 1734.)

les obsèques de Verginius Rufus, citoyen aussi grand, aussi illustre que fortuné. Il survécut trente ans à sa gloire ; il lut les vers, il lut les histoires composées sur lui-même, et il assista au jugement de sa postérité, *et posteritati suæ interfuit.*

On voit que Germanicus, comme Verginius, mais d'une manière différente, assiste en quelque sorte au jugement de la postérité ; il jouit, lui présent, lui vivant, de la réputation qui lui sera départie après sa mort par l'opinion publique.

L'autre passage * a un rapport non moins direct avec celui de Tacite : *Fruiturque famâ sui.* La source en est là, ou je me trompe.

« Un autre peut être d'un autre avis ; pour moi, je regarde
» comme l'être le plus heureux celui qui jouit d'avance de la
» présomption d'une bonne et durable renommée ; et, sûr de
» la postérité, vit avec sa gloire future. » On retrouve dans cette phrase, *qui bonæ mansuræque famâ perfruitur,* une analogie frappante avec la phrase de l'auteur des *Annales.*

(*Note de M. Dureau de Lamalle le fils.*)

---

* Alius alium, ego beatissimum existimo, qui *bonæ mansuræque famæ præsumptione perfruitur,* certusque posteritatis, cum futurâ gloriâ vivit. (*Ibid.,* lib. IX, Epist. IV, lin. 1-3.)

NOTICE

DU

CONGIARIUM.

Comme le *Congiarium* revient souvent dans l'Histoire romaine et notamment dans celle des empereurs, on a jugé à propos de reproduire et de placer ici la notice savante que M. l'abbé Brotier a insérée dans les notes du *Dialogue des Orateurs*, sur ce sujet que personne n'avait traité avant lui [*].

Dans les humbles commencements de Rome, les rois cherchèrent à se populariser par des distributions publiques en blé, en vin, en huile et autres denrées; et ces distributions prirent le nom de *Congiarium*, du mot latin *congius*, mesure qui pouvait contenir six setiers romains, et peser neuf livres en huile, dix en vin, et treize et demie en miel. Ancus Martius profita de cette institution politique pour ren-

---

[*] On s'était d'abord proposé de la mettre parmi les notes sur le chapitre XVII de ce dialogue.

dre les impôts moins odieux, et, lorsqu'il établit celui du sel, il fit donner au peuple six mille boisseaux de cette denrée. *Pline*, XXXI, 7.

Le Congiarium fut toujours une partie essentielle des réjouissances publiques. L. Lucullus, à son retour d'Asie, distribua mille tonneaux de vin grec. Pline, XIV, 14. Suivant cet ancien usage, le dictateur J. César donna dans chacun des repas qui signalèrent son triomphe une amphore de Falerne et un tonneau de vin de Chio. C'était sans doute un grand sujet de joie pour le peuple romain, assis à des tables publiques, de célébrer, avec les louanges de la patrie et des triomphateurs, sa gloire et sa félicité. Mais, pour l'ordinaire, ces présents cachent des vues intéressées. Aussi Jules-César, qui sut faire servir à son ambition le vice et la vertu, fit-il un usage politique du Congiarium, et employa contre la liberté l'or et l'argent, moyen bien plus actif que tous les raffinements de la gourmandise. Auguste plus heureux imita son exemple. Tibère lui-même ne dédaigna pas cette ressource, quoique avec plus de réserve, parce qu'il était, à d'autres égards, plus habile dans l'art de régner. Tous ses successeurs suivirent la même route, les uns par générosité, les autres par habitude et par prodigalité; ceux-ci par avarice, donnant pour ravir avec plus d'audace, ceux-là par nécessité. Le peuple, accoutumé à ces libéralités, en devenait plus insolent, toujours avide, toujours indigent.

Pour mieux faire sentir à quelles sommes prodigieuses devaient monter ces gratifications, je dois observer avant tout que le Congiaire était donné au peuple romain et à ses enfants depuis l'âge de onze ans et même au-dessous; que sous Auguste, par exemple, jamais moins de deux cent cinquante mille citoyens n'y eurent part. Bien plus, la douzième année de sa puissance tribunitienne, et dans son douzième consulat, ce nombre s'éleva jusqu'à trois cent vingt mille. Or, comme depuis Auguste les tribus ne cessèrent de recevoir de nouveaux citoyens, ce ne sera pas un calcul exagéré de porter ce nombre, de Jules-César à Trajan, jusqu'à deux cent cinquante mille âmes, et jusqu'à trois cent mille, de Trajan à Marc-Aurèle, époques de la plus grande population de Rome et de la plus grande libéralité des princes. Ensuite la population fut moins forte, ou le prince moins généreux, comme on le verra de Septime Sévère. Mais alors même il y eut encore cent cinquante mille âmes. Qu'on observe de plus, pour se faire une idée de ces immenses profusions, qu'outre les Congiaires distribués au peuple il y avait des gratifications pour les soldats, et que les unes étaient encore plus dispendieuses que les autres.

Maintenant je vais exposer les Congiaires des empereurs, d'après les auteurs anciens, les médailles, les inscriptions, et surtout le manuscrit de Vienne [*].

C. Julius César donna cent deniers par tête, 77 fr. de notre monnaie, plus, suivant Suétone, une mesure de blé et d'huile. *Jul. Cæs.* XXXVIII.

Auguste, après la mort de son père adoptif, d'après son testament, donna au peuple romain trois cents sesterces

---

[*] Le P. Brotier l'a fait imprimer dans sa première édition de Tacite, tom. IV, pag. 234 et suiv.

par tête, 58 fr. Le même, dans son cinquième consulat, l'an de R. 725, distribua, en son nom, quatre cents sesterces, 77 fr. Dans son dixième, il tira pareille somme de son patrimoine. Dans la douzième année de sa puissance tribunitienne, un troisième Congiaire fut d'une somme égale, et jamais il n'y eut moins de deux cent cinquante mille têtes. Chacun de ces Congiaires s'éleva donc à un milliard de sesterces, 19,455,025 fr. Dans le douzième consulat d'Auguste et l'année dix-huitième de sa puissance tribunitienne, soixante deniers, 46 fr., furent distribués à trois cent vingt mille têtes. Suétone, *Aug.* XLI, rend raison de cette augmentation de nombre, en observant que les enfants du plus bas âge n'en furent pas exclus, quoique l'usage fût de ne les y admettre que depuis l'âge de onze ans. Consul pour la treizième fois, ce prince fit donner encore soixante deniers par tête au peuple qui avait part aux distributions publiques de blé, et dont le nombre montait alors à plus de deux cent mille hommes. En outre, il légua au peuple, par son testament, quarante-trois millions cinq cent mille sesterces, 8,463,059 fr. *V.* Ann. I, 8.

Tibère, du vivant d'Auguste, triomphant des Germains, l'an de R. 765, fit dresser mille tables, et donna un Congiaire de trois cents sesterces, 58 fr. Suét. *Tib.* XX. Parvenu à l'empire, il accompagna d'un Congiaire la présentation qu'il fit au sénat de Néron et de Drusus. Suét. *Tib.* LIV, et Tac. *Ann.* III, 29. C'est apparemment celui que le manuscrit de Vienne porte à soixante-douze deniers, 56 fr. Tibère, en mourant, légua au peuple quarante-cinq millions de sesterces, 8,754,856 fr. Dion, LIX.

DU CONGIARIUM.

Caius Caligula fit au peuple deux gratifications, chacune de trois cents sesterces, 56 fr. En outre, il jeta, du haut de la Basilique Julia, trente-deux mille pièces d'or et d'argent. C'est dans cette bagarre qu'il périt deux cent quarante-sept mille personnes.

Claude, l'an de R. 798, fit une largesse de soixante-quinze deniers, 58 fr. Dion, LX, ajoute que, dans cette distribution, il y en eut de mieux partagés que les autres, et que quelques-uns reçurent jusqu'à douze cents sesterces, 243 fr. Ensuite, l'an de R. 804, un autre Congiaire fut donné au nom de Néron, lorsqu'il reçut le titre de *Prince de la jeunesse*. Tac. *Annal.* XII, 41.

Néron, rivalisant de magnificence avec Auguste, signala la sienne par un Congiaire de quatre cents sesterces, 77 fr. Tac. *Annal.* XIII, 31; libéralité qui commença pour lors à être célébrée par des médailles; une porte avec une tête couronnée de lauriers : Nero Clavd. Caes. Avg. Germ. P. R. TR. P. IMP. P. P., et au revers, congiar. dat. pop., *congiaire donné au peuple*. Sur deux autres de ses médailles, on lit : cong. ii et congiar. iii, ce qui prouve qu'il y en a eu plusieurs. *V*. le P. Hardouin, *Selecta opera*, p. 721 et 722; et Cl. Vaillant, *Hist. de l'Acad. R. des Inscriptions*, tom. I, p. 245.

Galba, vieux et avare, promit un Congiaire, mais ne tint point sa promesse.

Othon et Vitellius. Leur mort précipitée et l'épuisement du trésor public, causé par les guerres civiles, ne leur laissèrent ni le temps ni les moyens de faire ces sortes de largesses.

Vespasien, après avoir rendu la paix à l'univers, donna un Congiaire de soixante-quinze deniers, 58 fr. Voulant que ses fils lui parussent égaux en toutes choses, et pour accoutumer le peuple romain à voir de bon œil la maison régnante, il eut soin que Titus et Domitien eussent recours aux mêmes moyens de popularité. D'après les médailles, Titus, alors consul pour la seconde fois, donna le premier Congiaire, l'an de R. 825 : T. Caes. Vespasian., imp. pont. tr. pot. cos. ii, et au revers, congiar. primvm p. r. dat. L'année suivante, Domitien, aussi consul pour la seconde fois, donna le second, comme le prouve sa médaille, cong. ii, cos. ii. La même année, Titus donna le troisième, mais beaucoup plus magnifique, comme l'aîné, comme honoré du triomphe, et comme héritier de l'empire. Sa médaille a la même empreinte que la première; au revers on lit : cong. ter. p. r. imp. max. dat. sc., c'est-à-dire *congiarium tertium populo romano impensis maximis datum; senatûs-consulto*. C'est de ce Congiaire que parle Tacite, *Dial. des orat.*, ch. XVII. *V.* ces médailles dans Médiobarbus, p. 121; dans le P. Hardouin, p. 735, et dans Cl. Vaillant.

Titus, les délices du genre humain, parvenu à l'empire, promit un Congiaire qu'une mort prématurée ne lui permit pas d'effectuer. On trouve bien dans le médailler d'Arschot, tab. XXIX, n°. 20, une médaille de Titus, régnant, et consul pour la huitième fois, imp. t. caes. vesp. avg. p. m. tr. p. p. p. cos. viii; et au revers, congiar. ter. p. r. imp. dat. Mais cette médaille est suspecte et paraît avoir été faite sur le modèle de celle qu'on a vue plus haut.

DU CONGIARIUM.

Domitien donna un Congiaire de soixante-quinze deniers, 58 fr. Suét. *Domit.* IV. Ses médailles rappellent les Congiaires qui ont eu lieu sous son second consulat, dont on vient de parler, et sous son onzième. Le troisième Congiaire n'a encore été vu sur aucune; elles n'en relatent point le nombre. *V.* Cl. Vaillant.

Nerva. Sous son principat, le Congiaire fut de soixante-quinze deniers, 58 fr. Il en eût donné d'autres, si sa vie eût été plus longue; c'est ce qu'atteste sa médaille, Imp. Nerva Caes. Avg. p. m. tr. p. cos. ii. p. p., et au revers, congia-rivm pr. sc.; même en mourant il donna une preuve de ses intentions généreuses, et laissa au peuple de Rome, un legs de soixante-deux deniers, 48 fr. et quelques sous. Cette gratification paraît n'avoir eu lieu qu'à ses funérailles, et ne s'être pas renouvelée à son anniversaire.

Trajan, originaire d'Espagne, fut le premier étranger qui parvint à l'empire. Pour empêcher les Romains de regretter des princes nés parmi eux, il surpassa en largesses tous ses prédécesseurs, et donna en Congiaire jusqu'à cinq cent soixante deniers, 505 fr. Il ne faut pas croire pourtant que ce fut en une seule fois, la somme eût été énorme. D'ailleurs ses médailles portent trois Congiaires : le premier, l'année même de son avénement, l'an de R. 951, Imp. Caes. Nerv. Trajan Avg. Germ. p. m. tr. p., et au revers, cos. ii, p. p., cong. pr., c'est-à-dire *consul secundò, pater patriæ, congiarium primum*; au-dessous, sc., c'est-à-dire *senatûs-consulto*. C'est ce Congiaire dont Pline fait un si magnifique éloge dans les chapitres XXV, XXVI, XXVII et XXVIII de son *Panégyrique*, où l'on voit les précautions prises par ce bon prince, pour que personne ne fût privé des effets de sa munificence. Ensuite, après son cinquième consulat, il y out encore deux Congiaires, comme on le voit par ses médailles, COS. V, CONGIARIVM SECVND. et COS. V, CONGIARIVM TERTIVM. Cependant ils ne furent pas donnés la même année, car il s'écoula neuf ans entre le cinquième et sixième consulat de Trajan. *V.* ses médailles dans le P. Hardouin, p. 747 et suiv.

HADRIEN, qui eut l'apparence plutôt que la réalité des vertus, se piqua d'imiter la générosité de Trajan. Avant son arrivée à Rome, il avait déjà fait distribuer au peuple trois pièces d'or par tête. De retour dans la capitale, il donna un double Congiaire; et pour se faire un grand renom de libéralité, « il remit aux débiteurs particuliers de Rome et de » l'Italie tout l'argent qu'ils devaient au fisc, et aux pro- » vinces des sommes immenses, faisant brûler, dans le Fo- » rum du divin Trajan, toutes les obligations, pour assurer » la tranquillité des débiteurs. » Spartien, *Hadrian.*, c. VII, Dion, LXIX, nous apprend que cette remise embrassa tout ce qui était dû depuis seize ans, savoir, depuis l'an de R. 855, jusqu'à l'année 871. Quant au reliquat des dettes remises, il se monta à neuf milliards de sesterces, 175,095,225 fr. Ces profusions firent donner à Hadrien, le titre de BIENFAITEUR DE L'UNIVERS [*]. Sept Congiaires eurent lieu pendant la durée de son règne; ce terme alors commença à faire place à celui de *libéralité*. Ainsi on lit sur

---

[*] L'OCUPLETATOR ORBIS UNIVERSI, mot à mot, *celui* qui enrichit le monde entier.

DU CONGIARIUM.

les médailles de ce prince: LIBERALITAS AVG., LIBERALITAS AVG. II, LIBERALITAS AVG. III. *V.* ces médailles dans le P. Hardouin, p. 756 et suiv., et Cl. Vaillant. Il paraît, d'après le manuscrit de Vienne, que les Congiaires ou libéralités d'Hadrien allèrent jusqu'à mille deniers, 778 fr.

MARC-ANTONIN, sous le règne duquel l'empire jouit de la plus grande prospérité, entretint l'affection du peuple romain par de continuelles largesses. On a de lui neuf médailles, dont la dernière porte également LIBERALITAS AVG. VIIII, COS. IIII, et CONG. AVG. VIIII, COS. IIII, c'est-à-dire *congiarium Augusti nonum, consulis quartùm*. Ces libéralités furent de huit cents deniers, 662 fr.

LUCIUS VÉRUS, que Marc-Aurèle s'associa avec plus de générosité que de politique, donna quatre cents deniers, 311 fr. Les médailles portent quatre Congiaires donnés par ce prince, de concert avec Marc-Aurèle; car on lit sur la médaille de Lucius Vérus, frappée l'an de R. 914, LIB. AVGVSTORVM; et sur celle de Marc-Aurèle, frappée l'an de R. 921, CONG. AVG. IIII. Au revers, on voit les deux empereurs qui, d'un lieu élevé, donnent le Congiaire au peuple. *V.* Cl. Vaillant, p. 246, et le P. Hardouin, p. 777 et 781.

MARC-AURÈLE surpassa ses prédécesseurs en générosité comme en sagesse. Il signala cette vertu par un acte mémorable, l'an de R. 917, qui fut la dix-huitième de sa puissance tribunitienne; car c'est ainsi, à ce qu'il paraît, qu'il faut entendre ce passage d'Eusèbe dans sa Chronique sur l'an XVIII. « Les empereurs firent de grandes largesses à un

» grand nombre de personnes; et, remettant aux provinces
» tout ce qui est dû au fisc, firent brûler, dans le Forum,
» les rôles des débiteurs. » Cette remise comprit un espace
de quarante ans. En outre, Marc-Aurèle dépensa, en gratifications de cette nature, huit cent cinquante deniers, 651 fr.
Elles eurent lieu en sept fois, la dernière desquelles fut de
huit pièces d'or, 168 fr. Jamais le peuple romain n'avait
reçu de si magnifiques largesses. Le souvenir de cette septième libéralité est conservé sur une médaille qu'on voit
dans l'ouvrage du cardinal Noris, Epist., Consular, p. 49,
M. ANTONINVS AVG. TR. P. XXIX, et au revers, LIBERA-
LITAS AVG. VII. Ensuite, lorsque Marc-Aurèle eut associé à
l'empire, son fils L. Aurélius Commode, il ajouta une nouvelle *libéralité*. De là, cette médaille de Commode, COS. II,
TR. P. V. LIB. AVG., c'est-à-dire *liberalitas Augusti*.

M. AURELIUS COMMODUS donna en Congiaires huit cent
cinquante deniers par tête, 651 fr. Les médailles en portent
huit, dont plusieurs furent de cent quarante deniers, 108 fr.
Dion, LXXII. *V*. le P. Hardouin, p. 795. Cl. Vaillant n'en
compte que sept.

P. HELVIUS PERTINAX, suivant le manuscrit de Vienne,
donna cent cinquante deniers, 116 fr. Dion, LXXIII, et Capitolinus, *in Pertinace*, cap. 15, ne parlent que de cent deniers.
Mais si l'on fait attention que Capitolinus a dit auparavant,
cap. 7, *il acquitta les gratifications et les congiaires promis par Commode*, on verra que cette différence n'est
qu'apparente. Pertinax donna cent deniers; ce qu'atteste
sa médaille : LIB. AVG. TR. P. COS. II. Les cinquante autres

auront servi à compléter les Congiaires promis par Commode.

Salvius Julianus régna trop peu de temps pour donner un Congiaire; il ne put même effectuer la gratification promise aux soldats; ce qui fut cause de sa mort.

Septime Sévère donna mille deniers, 855 fr. Les médailles rappellent huit de ces *libéralités*. *V*. Cl. Vaillant, p. 246. La plus remarquable est la troisième, lorsqu'il célébrait la dixième année de son empire, l'an de R. 955. En effet, le petit peuple qui avait des distributions publiques de blé, et les prétoriens reçurent dix pièces d'or, 210 fr. Cette somme s'éleva à deux milliards de sesterces, 58,910,050 fr. Jamais la quote-part n'avait été aussi forte, Dion, LXXVI. Une observation importante, que ce passage donne lieu de faire, c'est que le nombre des individus qui recevaient du blé des greniers publics était diminué depuis le siècle d'Auguste; car alors, comme on le voit sur le marbre d'Ancyre, il y eut plus de deux cent mille âmes; et sous Septime Sévère, il n'y en eut qu'un peu plus de cent quatre-vingt-dix mille.

Septimius Géta, monté sur le trône et presque aussitôt assassiné par son frère Caracalla, n'eut pas le temps de donner de Congiaire. Il en avait donné un du vivant de son père, qui avait associé ses deux fils à l'empire. Témoin les médailles de Géta et de Caracalla, ayant pour inscription : liberalitas avgg. vi et v, c'est-à-dire *liberalitas Augustorum sexta et quinta;* la sixième de Caracalla, comme le prouve une autre de ses médailles, et la cinquième de Géta.

V. le P. Hardouin, p. 807 et suiv., et la Dissertation de Cl. Vaillant, complétée par de Boze, p. 247.

Antoninus Caracalla distribua, en Congiaires, quatre cents deniers, 311 fr. On trouve sur les médailles, *neuvième libéralité de Caracalla*, de Boze, p. 247, apparemment à partir de la première de Septime Sévère, l'an de R. 948. *V.* dans le P. Hardouin, les médailles de Sévère et de ses fils.

Macrinus. Le Congiaire de cet empereur fut de cent cinquante deniers, 116 fr., Dion, LXXVIII. Il est porté sur les médailles. *V.* de Boze, p. 247.

Antoninus Elagabale. Congiaire de deux cent cinquante deniers, 194 fr. Les médailles attestent trois de ces libéralités. *V.* le P. Hardouin, p. 314, et de Boze, p. 247.

Alexandre Sévère. Le peuple reçut de ce prince six cents deniers, 466 fr. On compte cinq de ses *libéralités* sur les médailles. *V.* le P. Hardouin, p. 819, et de Boze, p. 247.

Maximin. Cent cinquante deniers, 116 fr. Ce Congiaire se trouve constaté par les médailles. *V.* de Boze, p. 247.

Gordien (les deux), le père et le fils, n'ont été que des fantômes d'empereurs. Hérodien, VI, 9.

Pupiénus et Balbinus donnèrent un Congiaire de deux cent cinquante deniers, 194 fr. Leurs médailles portent liberalitas Avgvstorvm; et Gordien, dont on va parler, ayant été nommé Auguste, sur une des médailles de Pupiénus, non-seulement on lit : LIBERALITAS AVGVSTORVM, SC., mais on y voit les trois Augustes assis, savoir : Pupiénus, Balbinus et Gordien.

GORDIEN, petit-fils de Gordien. Trois cent cinquante deniers, 272 fr. De Boze a trouvé sur ses médailles cinq de ces *libéralités*. La première est sans doute celle dont on vient de parler à l'article de Pupiénus. Il paraît, d'après le manuscrit de Vienne, que ces largesses de Gordien n'ont pas été aussi inconnues des historiens, que l'a pensé le P. Hardouin, p. 829.

PHILIPPE (les deux), père et fils. Trois cent cinquante deniers, 272 fr. On voit sur leurs médailles trois *libéralités*.

TRAJAN DÉCE. Deux cent cinquante deniers, 194 fr. Il existe une médaille qui atteste cette *libéralité*.

TRÉBONIANUS GALLUS et VOLUSIANUS, pareille somme. Les médailles de ces deux princes portent LIBERALITAS AVGG., c'est-à-dire Augustorum.

ŒMILIANUS. Son règne fut encore plus obscur que sa naissance; il mourut dans le troisième mois de son élévation à l'empire.

VALÉRIEN et GALLIEN. Gallien donna en Congiaires mille deux cent cinquante deniers, 972 fr., et une pièce d'or par deux têtes, 42 fr. De ces largesses, Gallien en donna trois avec Valérien, ce que prouvent plusieurs médailles de ces deux princes, où sont les têtes en regard de Gallien et de Valérien, avec cette légende: CONCORDIA AVGVSTOR., et au revers, LIBERALITAS AVGG.; d'autres portent, LIBERALITAS AVGG. III. Gallien eut l'honneur de la quatrième. La médaille qui constate ce fait, se trouve dans le Recueil de Banduri, *Numismata imperatorum roman.*, tom. I, p. 133: LIBERALITAS AVG. IIII.

POSTUMUS, qui prit la pourpre et tous les insignes de la dignité impériale, donna aussi un Congiaire, à ce qu'il paraît par ses médailles, ayant pour légende: POSTVMVS PIVS AVG., et au revers, LIBERALITAS AVG.

CLAUDE *le Gothique* donna en Congiaire deux cent cinquante deniers, 194 fr. On lit sur ses médailles: IMP. C. CLAVDIVS AVG., et au revers, LIBERALITAS AVG.

QUINTILLUS promit un Congiaire, mais n'en donna point; d'après cela, on suspectera peut-être la médaille rapportée par Banduri, *ibid.*, tom. II, p. 361, avec cette légende: IMP. C. M. AVR. CL. QVINTILLVS AVG., et au revers, LIBERALITAS AVG. D'ailleurs cette médaille est d'un module peu exact, et l'on ignore dans quel Musée on la trouve. De Boze la cite aussi p. 248. Malgré toute son habileté dans la numismatique, ce savant s'est trompé, lorsqu'il a pensé que, depuis cette époque, les empereurs romains n'ont plus donné de Congiaires, ou qu'il n'en existe pas de médailles.

AURÉLIEN a distribué en Congiaires cinq cents deniers, 389 fr. On n'en trouve point de traces sur les médailles.

Tacite, Florianus, Probus, Carus, n'en ont point donné. Cependant il existe plusieurs médailles de l'empereur Carus avec la légende ABVNDANTIA AVG. Mais peut-être ces largesses ne furent-elles pas distribuées par tête, et n'eurent-elles pas le peuple pour objet.

Carinus et Numérien donnèrent en Congiaires cinq cents pièces, 389 fr. A ce mot fut substitué celui d'*abundantia*; aussi lit-on sur les médailles de Carinus et de Numérien, ABVNDANTIA AVGG. L'abondance y répand des pièces d'or de sa corne.

Dioclétien et Maximien Herculius distribuèrent en Congiaires mille cinq cent cinquante pièces, 1,206 fr. En outre ils jetèrent dans le cirque de la monnaie d'or et d'argent. Le recueil de Banduri, tom. II, p. 25 et 67, présente leurs médailles avec la légende ABVNDANTIA AVGG. A. B. T., c'est-à-dire, à ce qu'il semble, *Abundantia Augustorum prima, secunda, tertia.*

Constance et Galère Maximien imitèrent la libéralité de Dioclétien et de Maximien Herculius. Ils distribuèrent, en deux fois, mille cinq cents pièces, 1,167 fr. A ces Congiaires appartient peut-être une médaille très-rare rapportée par le P. Hardouin, p. 451. On y voit une tête couronnée de rayons, avec cette légende : MAXIMIANVS P. F. AVG., et au revers, ABVNDANTIA AVGG. ET CAESS. NN. La déesse y verse de l'argent que reçoit un homme prosterné à ses pieds.

Après ces deux princes, il n'est plus question de Congiaires. L'empire, partagé entre plusieurs têtes, ne conserva aucune trace de son ancienne magnificence.

FIN DU PREMIER VOLUME.

www.ingramcontent.com/pod-product-compliance
Lightning Source LLC
Chambersburg PA
CBHW070211240426
43671CB00007B/615